U1073859

广视角 · 全方位 · 多品种

权威 · 前沿 · 原创

皮书系列为

"十二五"国家重点图书出版规划项目

中国社会科学院创新工程学术出版资助项目

国际形势黄皮书
YELLOW BOOK OF
INTERNATIONAL POLITICS

中国社会科学院世界经济与政治研究所

# 全球政治与安全报告
# （2014）

ANNUAL REPORT ON INTERNATIONAL POLITICS AND SECURITY
(2014)

主　编／李慎明　张宇燕
副主编／李东燕

社会科学文献出版社
SOCIAL SCIENCES ACADEMIC PRESS (CHINA)

**图书在版编目(CIP)数据**

全球政治与安全报告．2014/李慎明，张宇燕主编．—北京：社会科学文献出版社，2014.1
（国际形势黄皮书）
ISBN 978-7-5097-5445-0

Ⅰ.①全…　Ⅱ.①李…　②张…　Ⅲ.①国际政治-研究报告-2014　②国家安全-研究报告-世界-2014　Ⅳ.①D5　②D815.5

中国版本图书馆 CIP 数据核字（2013）第 306277 号

**国际形势黄皮书**
**全球政治与安全报告（2014）**

主　　编／李慎明　张宇燕
副 主 编／李东燕

出 版 人／谢寿光
出 版 者／社会科学文献出版社
地　　址／北京市西城区北三环中路甲 29 号院 3 号楼华龙大厦
邮政编码／100029

责任部门／皮书出版中心（010）59367127　　　责任编辑／周映希
电子信箱／pishubu@ssap.cn　　　责任校对／张立生
项目统筹／邓泳红　　　责任印制／岳　阳
经　　销／社会科学文献出版社市场营销中心（010）59367081　59367089
读者服务／读者服务中心（010）59367028

印　　装／北京季蜂印刷有限公司
开　　本／787mm×1092mm　1/16　　　印　　张／23.75
版　　次／2014 年 1 月第 1 版　　　字　　数／383 千字
印　　次／2014 年 1 月第 1 次印刷
书　　号／ISBN 978-7-5097-5445-0
定　　价／69.00 元

# 国际形势黄皮书编委会

# 主要编撰者简介

**李慎明**　中国社会科学院前副院长，研究员、博士生导师，1997 年被授予少将军衔。主要从事党的建设、民主政治、国际战略研究。主要著作有：《全球化背景下的中国大党建》、《中国和平发展与国际战略》、《李慎明自选集》、《战争、和平与社会主义》、《纵马湘赣》、《王震传》（合著，上、下册），主编《世界社会主义跟踪研究报告——且听低谷新潮声》（系列）、《全球政治与安全报告》（系列）、《邓小平理论研究前沿报告》、《历史的风》等数十部。先后在中央重要报刊发表文章 100 多篇。

**张宇燕**　经济学博士，中国社会科学院世界经济与政治研究所研究员、所长。中国世界经济学会副会长，中国国际关系学会副会长，中华美国学会副会长。曾先后就读于北京大学和中国社会科学院研究生院。主要研究领域包括国际政治经济学、制度经济学等。著有《经济发展与制度选择》（1992）、《国际经济政治学》（2008）、《美国经济论集》（2008）等。

**李东燕**　现为中国社会科学院世界经济与政治研究所研究员，全球治理室主任，博士生导师，创新工程项目首席研究员。专业方向为国际政治，主要研究领域为联合国与全球安全和全球治理问题，包括联合国改革、冲突解决及维持和平行动等。主要研究成果有《秘书长对联合国变革的影响：安南与潘基文之比较》（2008）、《如何评价联合国价值与价值整合》（2010）、《从国际责任的认定与特征看中国的国际责任》（2011）、《中国参与联合国维和建和的前景与路径分析》（2012）、《全球安全治理与中国的选择》（2013）等。

# 摘　要


《全球政治与安全报告（2014 年）》为“国际形势黄皮书”系列年度报告之一。报告旨在对 2013 年度国际政治及安全形势的总体情况和变化进行回顾与分析，并提出一定的预测。

围绕大国关系与国际安全，本书对中美“新型大国关系”及当前中、俄、美三国关系的现状和特点进行了专门分析和评估。中国周边安全环境，以及全球重大武装冲突和军事形势也是这一部分的重点内容。在全球问题与全球治理部分，本书对恐怖主义、能源形势、全球公域、国际移民等当前最受关注的全球问题进行了深度分析，既揭示了围绕这些全球问题展开的国际竞争与大国博弈，也讨论了正在进行的多边合作与全球治理。朝核危机、网络安全、海洋与岛屿争端、西亚北非局势及拉美热点是本报告关注的焦点问题，作者对中美网络问题、斯诺登事件、后查韦斯时代及叙利亚危机等本年度热点做了点评。在国际组织部分，本书着重分析了联合国和北约组织在国际和平与安全领域的动向。本书也对一年来国际关系研究的热点及西方学者对中东北非政治动荡与民主化关系的看法进行了专门的回顾与评析。

作者通过事实梳理、数据分析、政策分析，阐释了本年度国际关系及全球安全形势发展的基本特点，并在此基础上提出了具有启示意义的前瞻性结论。本书兼知识性、理论性、战略性和对策性之特点，可供国际问题研究者、外交决策者以及对国际问题感兴趣的广大读者阅读。

# 目录

## Y I 总论



## Y II 特稿



## Y III 国际格局与国际安全



## Y IV 全球问题与全球治理

## Ⅴ Ⅴ 国际组织



## Ⅴ Ⅵ 2013 年全球热点聚焦



## Ⅴ Ⅷ 国际关系理论与当代思潮



皮书数据库阅读**使用指南**

# 总　论

Introduction

Y.1

## 2012～2013 年全球政治与安全形势：分析与展望

“全球政治与安全报告”课题组*

**摘　要：**

2012～2013 年度的国际形势仍处于结构性调整的过渡时期。中、美、俄三个大国均完成了政府换届选举，大国间互动呈现出新的特征。中东北非动荡进入第三年，叙利亚内战继续胶着，而已经实现政权更迭的国家政局依然动荡不安。全球军费开支的增长状况与地区安全形势密切相关，发展海军成世界军备建设的重要趋势。恐怖主义依然猖獗，国际反恐的重心开始转向非洲；美国有望超过俄罗斯成为全球最大油气生产国，从而可能重塑世界能源市场的格局。在中国周边，领土海洋权益争端仍是中国周边安全的最大挑战，中国外交亟待更大的突破。

* 本文参考了本书各分报告，执笔人为郎平，并由李慎明、张宇燕修改定稿。郎平，中国社会科学院世界经济与政治研究所副研究员。

**关键词：**

世界格局　中东北非　亚太再平衡　边界争端　全球问题

2012～2013年度，全球政治与安全形势的主要特征是地区热点之上的大国博弈，而各国目光依然聚焦于“中东北非”和“亚太”。中东北非动荡进入第三年，地区局势更加动荡，越来越多的国家陷入危机的泥潭；美国“亚太再平衡”战略继续推进，亚太地区热度不减。如果说当前亚太地区是世界格局的战略重心，中东北非则始终是国际安全形势的“火药库”。国际形势诡谲多变，大国外交和国际机制仍是解决当前地区热点和全球问题的主要途径。

## 一　大国关系与国际格局

大国关系的变化与走势决定了世界格局的新动向。2013年，中国、美国和俄罗斯均实现了最高领导人的换届选举，以习近平为总书记的新一届中国领导集体崭新亮相于国际舞台，奥巴马携诸多国内国外难题进入第二届总统任期，普京则在5年后再度回到俄罗斯最高权力的宝座。在多个大国博弈的舞台上，新上任的三大国领导人所提出的新思想和“新政”，为当今世界格局的变化注入了新的推动力。

### （一）美国外交新举措

2013年伊始，新一届的奥巴马政府在一些地区热点问题上表现更加灵活与务实。就叙利亚化学武器袭击事件，美国与俄罗斯达成共识，联合国安理会一致通过销毁叙利亚化学武器决议，这也是2011年叙利亚危机以来安理会通过的首项涉叙决议，由联合国和国际禁止化学武器组织核查和消除叙利亚化武库存。10月7日，正在印度尼西亚巴厘岛参加亚太经合组织会议的美国国务卿克里高度评价此次叙利亚化武危机的外交解决，他认为“叙利亚政府销毁化学武器是全球合作的一个‘极佳范例’，如果叙政府按承诺迅速配合行动，全面执行联合国有关销毁化学武器的决定，叙政府也将‘重新赢回信誉'"①。

另外，美国与伊朗的关系近期也有了新的突破，2013 年 9 月 27 日，美国总统奥巴马与伊朗新任总统鲁哈尼就伊朗核问题与进展进行了 15 分钟的历史性通话，这也是两国自 1979 年断绝外交关系以来 34 年中首次实现总统的直接对话。奥巴马表示尽管仍然存在诸多障碍，但他相信各方有可能找到"全面的解决办法"，而伊朗问题的缓和将大大改善两国关系，也有助于整个中东地区的稳定。虽然伊朗核问题的真正解决还很遥远，但作为一个积极的信号，有理由相信伊朗核危机有可能会就此峰回路转，展现外交和平解决的曙光。美国智库布鲁金斯学会撰文称，"两国'鸽派'总统为终结美伊 30 多年来的敌对关系提供了难得的历史机遇，必须不能错过。"②

"亚太再平衡"战略是美国对外政策的重点，2013 年，这项战略在军事与经济两个支柱之间的重心出现了一定的调整。正如国务卿克里 1 月 24 日出席参议院听证会所说，目前增加美国在亚太军事部署"并非至关重要"，美国与中国之间虽然是竞争者，但并不是敌手，他将会在这个问题上考虑采取"更加周到"的方式。③ 鉴于这种考虑，美国在亚太的战略目前更多强调经济层面，通过大力推行与亚太国家的 TPP 谈判，在美国与亚太国家之间推行符合美国利益的高门槛的贸易谈判。目前，TPP 谈判国扩大到 12 个，经济总量占全球 40%，贸易额占全球三成以上。但是，随着谈判国的扩大，谈判的进程将会很艰难，原定 2013 年 12 月底之前结束谈判的计划面临着很大的不确定性。当然，这并不意味着美国将弱化在军事和安全领域与亚太盟友及有关国家的支持与合作，只是进程会有所放缓。美国国防部长查克·哈格尔 6 月初在香格里拉安全对话会上曾表示，美国将加大在亚太地区的军事资源投入，计划在 2020 年前把美军 60% 的海军力量部署在亚太地区。④ 目前，这一计划还并未

① 冯武勇、乌迪塔：《美俄外长呼吁尽早召开叙利亚问题第二次国际会议》，新华网，2013 年 10 月 7 日电。

② Bessma Momani, "15-Minute Phone Call Cause for Hope in U. S. -Iran Relations," *Brookings*, Oct. 2, 2013.

③ 冉维：《美国或微调亚太再平衡战略》，新华网，2013 年 1 月 29 日。

④ Shangri-La Security Dialogue, Delivered by Secretary of Defense Leon E. Panetta, Shangri-La Hotel, Singapore, Saturday, June 02, 2012, http: //www. defense. gov/speeches/speech. aspx? speechid =1681.

真正开始落实。

值得一提的是，由于美国决定继续“留在”中东，美国目前对亚太的关注程度必然会有所下降。10 月 4 日，由于联邦政府预算在国会陷入僵局，联邦政府关门，奥巴马宣布取消赴印尼巴厘岛参加 APEC 峰会。《纽约时报》等媒体和很多美国学者认为，奥巴马缺席 APEC 峰会将会使美国错失加深与东南亚四国政治、经济、安全联系的良机，令美国的亚洲盟友失去对美国的信任，将加剧这些盟友对美国是否会继续履行其亚太承诺的担忧。显然，由于内忧外患，美国政府如今的确没有能力同时兼顾多个地区，短期看，美国对亚太的承诺会面临诸多的掣肘。但从战略层面上看，亚太在美国对外战略中的地位并没有下降，这也是由其在美国国家利益中的重要性所决定的。因此，判断美国的亚太“再平衡”战略将从此后继乏力还为时尚早。

### （二）俄罗斯强势出击

作为俄罗斯的铁腕总统，普京再度回到总统宝座之后，俄罗斯以强有力的气势出现在国际舞台。之所以称之为“强势”，是因为俄罗斯在叙利亚、斯诺登避难申请等诸多问题上立场鲜明，言辞锋利，直言不讳，毫不畏惧与美国分庭抗礼。2013 年 8 月 1 日，俄罗斯不顾美国外交抗议给予“棱镜门”爆料人爱德华·斯诺登为期 1 年的临时庇护权。9 月 11 日，总统普京在美国《纽约时报》就叙利亚问题公开撰文，批评“美国对其他国家内部冲突的军事干预已经成常态，而这并不符合美国的长期利益，美国只知一味诉诸野蛮的武力，打着‘非友即敌’的口号拉帮结派，如何能成为民主的榜样”[①]。然而，普京与美国的“针锋相对”并未使两国关系进一步交恶，仅在 2 日之后，美俄就在叙利亚化武问题上达成一致。美国布鲁金斯学会撰文称：“这个协议的达成与其说是奥巴马的‘胜利’——他仅仅是避免了一场他不想要的战争，即使是‘胜利’也是狭义的——不如说是阿萨德和普京的胜利，他们利用了奥巴马不想卷入军事冲突的弱点，从而使自己处于更有利的地位，只要不使用化武

① Vladimir Putin, “A Plea for Caution from Russia,” *The New York Times*, Sept. 11, 2013.

就好。”①

近年来，俄罗斯与美国的矛盾主要集中在民主和人权、欧洲导弹防御系统、叙利亚以及核裁军等几个方面，其中，核裁军和叙利亚两大议题是两国利益争夺的焦点。2013年6月19日，美国总统奥巴马在柏林公开表示要与俄罗斯重启削减核武器谈判，继续削减多达1/3的进攻性战略和战术核武器，普京总统则回应称绝不允许出现打破战略核威慑体系平衡以及降低本国核力量的情况。如果说核力量是俄罗斯保持其世界军事大国地位的重要基础，那么叙利亚对于俄罗斯来说有着极其重要的战略意义。叙利亚的塔尔图斯港是俄罗斯在独联体国家以外的唯一军事基地，它是俄罗斯遏制北约东扩、应对中东地区冲突及极端主义威胁的重要保障，不能有失。在俄罗斯经济难有起色的情况下，俄罗斯强势的外交是确保其世界军事大国地位的有力手段。

最近一段时间，由于俄美之间的激烈交锋，关于俄罗斯与美国或再现“新冷战”的观点与日俱增。2013年10月8日，据俄罗斯舆情中心调查，在最近一段时间里，持莫斯科和华盛顿或将展开“新冷战”观点的俄罗斯人数量已经达到46%；大约有80%的互联网政治用户认为，俄罗斯和美国的“冷战”是完全有可能的，甚至已经在进行之中。② 尽管这一观点反映出民众对美俄关系陷入低谷的担忧，但是两国之间的冲突目前仍仅停留在外交层面的斗争，仍处于可控的情形，并没有冲突升级为冷战的可能。正如俄罗斯总统普京在9月份接受美联社和一家电视台联合采访时谈到俄美关系所说：“我们也是人，我们有时也会发怒，但我们在全球的共同利益是寻求合作与共识的良好基础。”③ 而这段话也恰好回应了美国总统奥巴马8月份在白宫记者会上称美俄关系需要“重新评估”和“校准”的判断。可以判断，俄美关系在近期仍将会起起伏伏，在一些热点问题上激烈交锋，但从目前的形势来看，两国关系尚不至于恶化至“冷战”的对立状态。

---

① Shadi Hamid, “The US-Russian Deal on Syria: A Victory for Assad,” *Brookings*, Sept. 14, 2013.

② RIA Novosti, “Russians Divided on New'Cold War' with US, Poll Says,” *The Moscow Times*, Oct. 8, 2013.

③ CCTV新闻频道：《普京谈俄美关系称我们会发怒但基础良好》，2013年9月6日。

## （三）中美关系的新起点

2013 年 6 月，中国国家主席习近平与美国总统奥巴马在美国加利福尼亚州的“庄园会晤”为新时期的中美关系定下了新的基调。如习近平主席所说，中美关系正站在一个新起点上，中美合作构建“新型大国关系”，“不冲突、不对抗、相互尊重、合作共赢”；奥巴马总统也表示将“探讨构建在互利互尊基础上的国与国之间新型合作（new model of cooperation）”①。尽管此次会晤只是不戴领带的“庄园外交”，但是其意义却非同一般，它是当今世界两个大国的新领导人（或在新任期）的首次面对面接触；与正式的领导人会晤相比，它更有助于两个领导人之间建立起更加信任和良好的个人关系，为今后中美合作奠定基础，铺平道路。

习奥会谈开启了良好的开端，之后的四个月中，中美高层会晤和交流与往年相比明显增多。7 月 11 日，第五轮中美战略与经济对话在八个领域共取得 91 项成果。尤其值得一提的是，两国军方的交流大大加强。8 月，中国国防部长常万全成功访问夏威夷的美国太平洋舰队和科罗拉多的北美防空司令部；9 月，中国海军 3 艘舰艇对美国进行了为期 3 天的正式友好访问，两国海军在夏威夷海域进行联合搜救演习；同月，中国海军司令员吴胜利访美；中国人民解放军副总参谋长王冠中与美国国防部副部长米勒共同主持了第 14 次中美国防部防务磋商。9 月 19 日，中国外交部长王毅上任后首次访美，表示希望与美方一道拓展与深化双方合作的空间。

2013 年，中美关系基本上保持了良好的发展势头，既有竞争也有合作。目前摆在两国面前的最大难题是双方之间的战略互疑。中国问题专家葛莱仪在一次访谈中说，中国很多人并不理解美国的外交政策，美国从来没有想过要制衡或遏制中国，美国的亚太再平衡只是希望能够维持该地区的和平与稳定。但是很显然，这一观点并不能压盖美国试图遏制中国的声音，也并不能得到中国

① The White House Office of the Press Secretary, “Remarks by President Obama and President Xi Jinping of the People's Republic of China Before Bilateral Meeting,” transcript, June 7, 2013. http://www.whitehouse.gov/the-press-office/2013/06/07/remarks-president-obama-and-president-xi-jinping-peoples-republic-china.

大多数人的认同。尽管这一难题很难在短期内得以解决，但是中美之间有非常广阔的合作空间，在共同利益的基础上，中美双方克服战略互疑的最好办法是继续拓宽和加深现有合作，并在现有制度框架内就可能引发双方误判的冲突议题加强沟通和交流，拓宽沟通渠道和领域，真正把“不冲突、不对抗、相互尊重、合作共赢”落到实处。

## 二　传统安全：武装冲突与军事态势

本年度，全球重大武装冲突态势与上年度相比基本保持不变，冲突热点仍然集中在中东北非、南亚和非洲。中东北非动荡进入第三年，叙利亚内战继续胶着，而已经实现政权更迭的国家政局依然动荡不安。全球军费开支的状况与地区安全形势密切相关，亚太和中东北非国家的军事开支继续增长，亚太国家军费增长有放缓的趋势，而中东北非依然保持较高的增速。

### （一）全球重大武装冲突

2012～2013年度，全球重大武装冲突数量与上一年度基本持平。冲突国家和地区主要包括亚洲的阿富汗、印度、巴基斯坦、缅甸；中东的叙利亚、伊拉克和也门；南美洲的哥伦比亚；非洲的索马里、苏丹、南苏丹、马里和尼日利亚。据美国“系统和平研究中心”的统计数据，到2013年6月仍在延续的冲突有22场，冲突程度大大减弱甚至停止的冲突有8场，另有16场冲突有死灰复燃的危险。[①] 这些冲突造成地区局部动荡，主要表现为国内政府与反政府武装、分离主义势力的冲突以及国内各派系之间的冲突。值得关注的新动向主要有：

第一，距离北约军队撤离阿富汗仅剩一年的时间，阿富汗安全局势有所好转，阿、美、塔三方和谈进展缓慢。阿富汗塔利班虽然表示了和谈的意愿，但由于缺乏互信，塔利班坚持认为阿政府军是美国的“傀儡”，拒绝与其直接谈判，而阿政府则强调和谈必须由阿政府主导。此外，2012年11月，阿政府与

① 更新于2012年6月12日，http：//www. systemicpeace. org/warlist. htm。

美方开始就《双边安全协议》进行谈判，但双方在2014年撤军后驻阿美军人数、驻阿美军刑事豁免权等问题上仍有较大的分歧，卡尔扎伊明确表示，除非阿方的利益得到保障，否则不会签署该协议。

为了推动阿富汗和平进程，从2012年11月起，应阿富汗政府要求，巴基斯坦政府先后释放了33名阿富汗塔利班人员，2013年9月21日，阿富汗塔利班二号人物阿卜杜勒·加尼·巴拉达尔也被释放。2013年10月11日，美国国务卿克里突访阿富汗，探讨尽快签署协议的可能性。虽然阿富汗和平进程困难重重，但随着联军撤军最后期限的到来，三方和谈终会摆在谈判桌上，阿富汗也将迎来一个重要的转折关头。

第二，叙利亚内战跌宕起伏，叙利亚政府平安度过化武危机。2013年7月以来，叙利亚政府军终于结束了长达半年多的战略僵持，逐渐取得战略优势。叙政府军制订了全国作战计划，与反政府武装在多地展开激战。8月21日，叙利亚政府军被爆在内战中使用化学武器，引发以美国为首的西方国家的严厉指责和声讨，美国参议院外委会甚至通过了有条件授权总统进行军事打击的议案。然而，随着9月14日美俄协议的达成，叙利亚政府同意执行安理会决议，在一年内销毁或转移全部化学武器，终于避免了遭受军事打击的危险。

叙利亚目前的战况极为复杂，境内有超过1万人的外国极端分子，成为全世界最适合训练“圣战组织”的国家，既有以伊朗为首的挺叙派和以沙特、土耳其为首的倒叙派的区域对峙，也有俄罗斯与美国两大阵营的对立。叙利亚内战引发的难民潮和动荡已经波及周边诸多国家，10月11日，叙利亚总统阿萨德在接受电视采访时承认，所有邻国都在为叙利亚战争付出代价。销毁化武之后的叙利亚内战将走向何方，最终将取决于各方利益的博弈，而目前仍看不到和谈的曙光。

第三，伊拉克教派冲突加剧，安全形势不容乐观。伊拉克战争打破了伊拉克的教派平衡，什叶派穆斯林掌权，而逊尼派穆斯林则在经济和政治上完全被边缘化，两派冲突不断激化。2013年4月，伊拉克举行美军撤离以来的首次省级议会选举，由于暴力冲突持续升级，伊拉克1/3的省份取消了投票。2013年以来，伊拉克恐怖活动和暴力袭击事件频发，伊拉克境内平民死亡和受伤人数分别为近6000人和1.4万人；9月份死亡979人，2133人受伤；仅10月5

日一天，伊拉克就发生多起爆炸事件，导致200多人死亡。[①] 伊拉克的教派冲突不断升级，几近失控，联合国驻伊拉克代表团发出警告，呼吁什叶派和逊尼派停止报复行动，以避免曾血洗伊拉克的教派战争再次爆发。

### （二）中东北非局势

中东北非动荡进入第三年，整个地区依然笼罩在骚乱和炮火的巨大阴影之下。除原有的热点如叙利亚内战、伊朗核问题、巴以冲突之外，无论是已经“革命成功”的国家还是原本“置身事外”的国家无一例外都难以独善其身。埃及街头骚乱卷土重来，脆弱的民主不堪一击；突尼斯爆发“二次革命”，民选联合政府濒临解体；派系斗争、武装割据、暴力犯罪令新生的利比亚政府寸步难行，中央政府俨如空置；伊拉克教派冲突加剧，暴力活动不断升级。最令人意外的是作为中东民主典范的土耳其，一项公园拆迁项目引发大规模的广场骚乱，宗教和世俗派系冲突被瞬间点燃，骚乱愈演愈烈并迅速蔓延至全国。虽然土耳其政府高压平息了此次骚乱，但是深层次的冲突却成为一颗定时炸弹，随时可能将脆弱的政局炸得四分五裂。

2013 年，中东北非的地区政治格局继续处于此消彼长的重组阶段，埃及、沙特阿拉伯、伊朗、土耳其和以色列构成了五大力量中心。埃及影响力下滑，沙特阿拉伯借助海合会在阿拉伯世界崛起，虽然其影响力尚不足以取埃及而代之，但足以成为阿拉伯领袖的有力争夺者。伊朗大选后，温和派的鲁哈尼上台执政，外交政策趋向灵活，鲁哈尼与奥巴马的历史性通话为伊朗与美国终结长达34 年的敌对状态提供了转机，有助于伊朗改善经济形势和扩大外交空间。土耳其原本希望在中东北非乱局中抢占地区主导权的设想受阻，国内乱局与外交上对叙利亚局势的误判让土耳其失分不少。相比较之下，对这场动荡始终冷眼旁观的以色列反而在一定程度上改善了其地缘政治环境，土以关系、埃以关系，甚至是巴以冲突都出现了难得的转机。

从目前的形势来看，中东北非局势近期内难以改观，动荡还将在很长一段

① 梁有昶、张淑惠：《伊拉克5 日多起暴力袭击致两百多人伤亡》，新华网，巴格达2013 年10 月5 日电。

时间持续，地区力量以及美俄等大国的介入，将使局面更加混乱和复杂。10月9日，埃及军方宣布正式取缔穆斯林兄弟会，民主进程大幅倒退，埃及的政治动荡很可能会加剧。同日，美国政府随即宣布，鉴于埃及目前的民主和人权状况，决定暂停部分对埃及的军事援助以示警告。作为中东北非民主革命的重要推手，美国如今的境地颇为尴尬。一方面，两年来取得的民主果实在残酷的现实面前脆弱不堪；另一方面，不愿意卷入军事冲突的美国不得不与俄罗斯妥协，将叙利亚的主导权拱手相让，有媒体称美国的中东政策濒临破产。[①] 鉴于此，美国未来的中东政策会有微妙的转变，2013 年 9 月 25 日，美国总统奥巴马在联合国大会讲话时表示，虽然对于他寻求军事打击的摇摆进程让一些盟友失去了信心，但是美国不会退出该地区，因为退出会更加危险。美国的中东政策将会很大程度上影响大中东地区的政治生态和力量对比，美国与伊朗关系的缓和将大大有助于土耳其中东抱负的实现，但另一方面也令美国的传统盟友沙特非常不快。10 月初，沙特有史以来第一次取消了在联合国大会的发言，[②] 18日更是在当选后拒绝出任联合国安理会非常任理事国，以示对联合国在叙利亚问题上“不作为”的抗议。

### （三）军费与军备发展动向

2012 年，全球军费开支比上一年度略有下降，降幅为 0.4%。[③] 从地区层面来看，军费开支情况与该地区的安全局势紧密相关：北美、西欧和中欧国家继续削减军费开支；亚太国家军费继续增长，但增速放缓；中东、北非国家军费开支增长速度加快。从国别情况看，美国军费开支虽然比上一年度减少 5.6%，但仍以绝对优势高居世界榜首；中国的军费开支虽然排名世界第二，但其 GDP 占比仅为 1.3%，远低于 2.5% 的世界平均水平；俄罗斯则有望超越日本，成为第三大国防支出国。

军事技术的研发仍是各国军备开支的重头戏，并不会因为军费的削减受到

① Tom Nichols, John R. Schindler, "America's Middle East Policy Collapses," *The National Interest*, Sept. 16, 2013.

② Rick Gladstone, "In a first, Saudis cancel a speech at the UN," *The New York Times*, Oct. 3, 2013.

③ SIPRI Yearbook 2013 Military expenditure, http://www.sipri.org/yearbook/2013/03.

影响。以美国为例，2013年7月，美国国防部公布了国防预算削减对军队建设影响的评估报告，美国削减预算将主要用于缩减军队规模，而军事现代化项目的研究反而会有所加强，例如美国近期研发的无人机空中自主互助加油技术、导弹防御系统试验、短程导弹射程提高以及新一代战略轰炸机。与此同时，面对网络安全的威胁，美国国防部还加强了网络军事技术和网络武器的研发，确保美国在未来的网络战中具有先发制人的攻击能力。2013年，中国的国防预算比上年增加了10.7%，中国无人机的发展、战略武器的研发、海军的现代化进程以及陆基中段反导拦截试验都取得了相当的进展，备受世界瞩目。

此外，海军装备是当今世界军备建设的重要发展方向。2013年9月，北约潜艇部队总指挥——美国海军少将罗伯特·卡门斯基在一次演讲会上指出，海权在当今世界的重要性再次呈现上升态势，尽管美国因国家巨额负债和预算紧张等财政原因造成海军舰船数量整体上的减少，但正致力于把高质量海空力量从大西洋重新部署到太平洋地区。而过去五年，亚太地区武器进口额约占全球军火贸易量的70%，并一举垄断了全球军火进口额的前五名，其军费开支的重点就是加强海空军的装备。英国BBC发表文章称，历经冷战后近30年的相对平稳局势，亚太诸国和传统欧美海上强国正在掀起新一轮的大规模海军军备竞赛，而亚太地区将是海军军备竞赛的主赛场；以中国、印度和日本为主的亚洲各大国将在未来20年中支出2000亿美元扩充海军力量，占全球海军支出的1/4。①

## 三　非传统安全：全球问题与治理

在非传统安全层面，恐怖主义、能源政治以及新兴的全球公域问题都是值得关注的热点问题。自“9·11”以来，恐怖主义就成为国际社会难以根治的毒瘤，近几年来更是在中东、南亚和非洲等国家与当地的反政府武装联系密切，助燃了地区冲突和动荡。能源作为世界经济发展的重要动脉始终有着重要

① 《亚太与中东局势促发全球海军军备竞赛》，BBC中文网，2013年9月30日。

的政治意义，能源外交更是多个国家在国际政治舞台上纵横捭阖的主要手段。全球公域问题聚焦于北极、南海、太空和网络空间，是大国利益争夺的新兴安全议题，也是未来全球治理的重要内容。

### （一）恐怖主义

2012 年，全球恐怖主义活动涉及的国家增多，但是恐怖袭击的次数和伤亡程度都比上一年有明显的好转。遭受恐怖主义袭击最多的 10 个国家是巴基斯坦、伊拉克、阿富汗、印度、尼日利亚、泰国、也门、索马里、菲律宾和叙利亚，主要集中在南亚、非洲和中东地区；恐怖袭击的主要手段是爆炸或武装袭击。[①] 目前，中东北非地区的动荡为伊斯兰激进团体和恐怖主义分子提供了发展、壮大的温床，而目前各派极端分子云集的叙利亚更是成为恐怖主义分子的"乐土"，叙利亚恐怖袭击平均死亡率目前是这些国家中最高的。

尽管"基地"组织已经转入低潮期，但是全力在世界范围内打击"基地"各分支机构仍然是美国政府反恐的重中之重。"9·11"事件以来，美国总是将巴基斯坦、阿富汗和中东地区作为全球恐怖主义的中心，而当前值得关注的是，美国开始重新定向"恐怖主义"地图，逐渐将反恐行动的力量转向非洲，尤其是北非那些贫困落后的边缘国家，它标志着奥巴马政府的全球反恐行动进入了一个新的视野。与此相呼应，2013 年 1 月法国出兵马里也凸显了非洲恐怖主义组织对当地政权的威胁以及西方国家新干预主义的开始。

2013 年 10 月，美国总统奥巴马亲自下令美国特种部队在利比亚和索马里抓捕藏匿在当地的"基地"组织头目，而这两个国家以前并非美国反恐的焦点地区。10 月 7 日，美国国务院在此次非洲反恐行动中加入了新的围剿点，将"基地"组织头目艾曼·扎瓦赫里的亲信、埃及恐怖分子网络及其建立者穆罕默德·贾马尔列入国际恐怖主义黑名单，理由是该网络与马格里布伊斯兰"基地"组织关系密切，并为埃及和利比亚的恐怖分子提供训练场地。美国此次在非洲的抓捕和围剿行动有着重要的意义，因为这是奥巴马政府自 2001 年

① The US Department of State, " National Consortium for the Study of Terrorism and Responses to Terrorism: Annex of Statistical Information," *Country Reports on Terrorism* 2012, May 30, 2013.

美国国会批准动用军事力量进行反恐怖主义战争以来，首次在利比亚展开反恐行动。随着基地组织的势力逐渐向非洲地区转移和蔓延，美国打击“基地”组织的新一轮战斗还任重而道远。

## （二）能源政治

2013年，全球能源经济依然保持了“生产重心西移、消费重心东移”的格局。在全球能源政治版图上，俄罗斯加大能源外交力度，在巩固欧洲市场的前提下，加强了与中国、日本的能源合作；伊朗新总统上台，将大力推进油气开发，但在核问题上可能会与美国适度妥协；伊拉克的石油产量和炼油能力继续保持一定的增幅，没有受到安全局势的影响，但是派系冲突引发的国内动荡会对国际能源公司的投资带来不利影响；加拿大着手调整能源政策，加快开发亚洲市场，并与新兴经济体合作开发油砂资源；委内瑞拉面临着石油储量上升但石油产量下降的尴尬局面，新政府在“继续维持查韦斯政策”与“调整对美政策”中掌握平衡；利比亚的政治局势趋于稳定，有利于油气工业的复苏，但是战后利益分配的内部冲突造成部分石油设施被破坏，能源环境有待改善。最大的亮点是苏丹与南苏丹在2013年9月就输油管道问题达成协议，这对战后百废待兴的两个国家来说意义重大。

值得关注的是，据《华尔街日报》2013年10月最新的数据分析，今年美国有望超过俄罗斯成为全球最大油气生产国，从而可能重塑世界能源市场的格局。① 不同于俄罗斯一直艰难维持能源产量，美国得益于页岩气的开采，近年来油气产量迅速回升，对外能源依赖程度大幅降低，过去5年中，美国天然气和原油进口量分别下降了32%和15%。这一变化也意味着那些依靠能源出口来获得经济实力和政治影响力的国家将处于不利的地位，他们所掌握的能源外交杠杆将会减弱。俄罗斯科学院能源研究所认为，俄罗斯可能成为全球市场的一大输家，因为俄罗斯超过40%的预算资金来自与油气相关的税收。

全球核电的整体发展趋势保持稳定，但是由于核电站安全标准的提高，发

① Russell Gold, Daniel Gilbert, “US is Overtaking Russia as Largest Oil and Gas Producer,” *The Wall Street Journal*, Oct. 2, 2013.

展速度有所放缓。根据国际原子能机构的最新统计数据，截止到2013年9月，全球正在运行的核反应堆共有434个，分布在14个国家，中国、俄罗斯、印度排在前三位。日本的核电发展陷入低谷，2013年6月，日本福岛核污水泄漏事件升级为三级核事故；9月，日本再度停运一年前重启的两个核电站机组进行检修，再度进入“零核时代”；10月，福岛核电站再出污水泄漏事故，6人遭辐射。当然，这并不意味着日本将放弃核电，安倍晋三政府一直在积极酝酿核电站的重启。此外，美国的核电发展一直遭受民众的质疑，2013年以来，美国有四座核电站被关闭，另有数十座核电站面临提前关闭的危险。①

### （三）全球公域

全球公域亦称“全球公地”，是近年来新出现的概念，而对这个概念的界定也多有不同。根据联合国的定义，全球公域是指超出国家管辖范围的国际社会共有的自然资产，包括海洋、太空和极地等。美国2010年发布的《四年防务评估报告》的定义是“不受单个国家控制，同时又为各国所依赖的领域或区域，它们构成了国际体系的网络结构，主要包括海洋、航空、太空和网络空间四大领域”。② 作为世界秩序的一部分，全球公域体现了大国间利益的争夺，因而不同国家对全球公域的关注问题和程度也不相同。目前，在全球公域中，国际社会最为关注、争夺最为激烈的热点是北极和公海。

鉴于北极在能源、航道、环保以及军事等方面的重要战略意义，美国、俄罗斯等大国间围绕北极的争夺也愈发激烈。2013年5月，美国公布了新的北极战略，决定加强美国在北极的安全存在和防卫，修建基础军事设施，开展双边或多边合作减少该地区的潜在冲突，积极参与北极事务；俄罗斯一向将北极看成是自家“战略资源基地”，9月，俄罗斯派遣一支包括10艘常规舰船与核动力破冰舰在内的舰队前往北极地区巡逻，并重建苏联时代在北冰洋新西伯利亚岛上的空军基地，以确保俄罗斯在北极地区的国防和经济利益的安全。10

---

① David J. Unger, “Nuclear Power: Why US nuclear'renaissance' fizzled and plants are closing,” *Christian Science Monitor*, Oct. 10, 2013.

② Magnus Wijkman, “Managing the Global Commons,” *International Organization*, Vol. 36, No. 3, Summer, 1982, pp. 512 – 513.

月，普京总统强硬表态，北极的主权归属俄罗斯，俄罗斯将继续扩展在北极的存在，严厉驳斥了北极应交由国际社会共管的说法。目前，北极地区的治理平台是 1991 年由八个北极国家组成的北极理事会，2013 年，北极理事会的观察员国实现了扩容，中国、印度等亚洲国家的加入增加了亚洲国家对北极事务的发言权，但也使得北极地区的利益冲突更加复杂化。

公海的治理是当前国际社会关注的另一焦点。按照《联合国海洋法公约》的规定，公海不属于任何国家，是人类的共同财富。目前，公海治理的核心问题是自由航海权和海上安全问题，前者主要是指公海的航行自由，后者则包括海盗、海上犯罪和恐怖主义活动等。近年来，随着海洋争端的不断升温，公海与领海的概念常被混淆。在南海问题上，美国积极倡导“全球公域”理论的开放原则，试图以南海自由航行为借口，将南海问题国际化，混淆公海与领海的属性。此外，美国所倡导的领海以外 12 海里的所有海域可以自由航行和飞行跃过，模糊了民用、商用和军用的公海权益，很容易导致该原则的滥用。公海治理之所以升温，是与美国亚太再平衡的大战略及其所引发的海权争夺分不开的，如何在确保公海权益和维护海洋主权之间做出明确区分，是当前公海治理面临的一个迫切任务。

## 四　中国周边安全局势

2012 ~2013 年度，中国周边的安全环境基本保持稳定。美国、日本、韩国等国家进行了大选或者政府换届选举，有的国家则实现了领导人更替，这些国家对外政策的调整给地区形势带来了新的变化；朝鲜核问题、钓鱼岛及南海问题等地区热点形势依然严峻，但冲突均在可控的范围内，不存在冲突升级的风险；中国周边军事压力持续增大，南亚国家的安全局势也给中国边界带来了一定的安全压力。总的来看，中国的周边安全格局仍然处于中国崛起而带来的结构性调整之中，合作与发展仍是地区格局的主流趋势。

### （一）周边国家外交战略新变化

由于大选带来的政府更替和地缘政治环境的转变，周边一些国家的外交政策和对外战略出现了新的调整，总体上向更加务实的方向转变。第一，美国的“亚太再平衡”战略在微调后有所低调，除继续加强与日、韩、澳等盟国的军事合作之外，也拓展了与印度等新兴国家的伙伴关系；在钓鱼岛、南海等争端中，强调美国“不持任何立场”，在减轻美国压力的同时，也确保了美国在事实上对亚太事务的介入。10 月，奥巴马取消 APEC 峰会之行进一步加深了外界对美国无力兼顾多个地区事务的担忧。

第二，日本提出“积极和平主义”的外交政策和防务主张。2013 年初，日本首相安倍晋三提出了日本外交五原则的“安倍主义”，主张以共同价值观为基础，与东盟、印度、澳大利亚等国家构建全方位的合作，以此作为对日美同盟的补充。10 月 15 日，安倍在国会发表施政演说，提出“如果不能积极地为世界和平与稳定尽到责任，就不能守护日本的和平”，并表示将推动“日本国家安全委员会”的创办和“国家安全保障战略”的制定。

第三，朝鲜顺利完成了新旧领导人权力交接，外交政策中经济因素比重增大。2013 年 3 月，朝鲜劳动党中央委员会全体会议通过了“经济建设与核武建设并举”的新路线，在坚持核武和导弹试验的同时，积极开展外交活动，以求走出经济困境。10 月 16 日，朝鲜经济开发协会负责人尹永锡在平壤表示，目前有数百家外国投资企业在朝鲜从事生产和服务业活动，朝鲜将在各地区成立经济开发区以吸引外资。①

第四，韩国新总统朴槿惠提出“信任政治”的新理念，主张改善持续恶化的朝韩关系，发展双边互利的双边伙伴关系。目前来看，该政策进展并不顺利，韩国的对朝政策转向强硬，强化美韩同盟关系。与此同时，韩国的对美外交仍然表现出很大的自主性。鉴于朝鲜不断增加的核威胁以及导弹力量，韩国鹰派强烈呼吁政府加入美国导弹防御系统，10 月 16 日，韩国国防长金宽镇明确表示，韩国“没有理由和必要性”加入美国导弹防御系统，以避免加剧地区紧张局势。

第五，印度和澳大利亚加大了“外交平衡性”，谋求更大的战略自主性。印度政府强调，印度不能成为大国地区战略的棋子，积极推行“向东看”的

① 张利、杜白羽：《朝鲜各地区积极准备成立经济开发区》，新华网，平壤2013 年10 月16 日电。

外交政策，强化了与越南、日本的军事合作以及在阿富汗和缅甸的战略投入。9 月 18 日，澳大利亚新总理阿博特宣誓就职，在一个月内，阿博特与安倍通电话确认了日澳军事合作，并顺利完成了印尼的首次公开外交活动，以灵活的外交手段化解了两国就难民偷渡引发的尖锐矛盾，赢得国内一片赞誉。澳大利亚外交政策的新思路可见一斑。

### （二）周边安全环境的不稳定因素

中国的周边安全环境基本良好，但是仍面临着三方面的不稳定因素：一是东北亚的朝核问题；二是中亚和南亚的安全局势；三是东北亚和东南亚持续增大的军事压力。从目前的走势来看，这三方面的不稳定因素都已经持续多年或者数年，问题的积累非一日之功，因而也很难在短期内得到消除或改善。多边机制和对话仍是解决这些问题的根本途径。

朝核问题始于 20 世纪 90 年代初，迄今已有 20 多年的历史。过去的一年中，朝鲜核问题再度陷入僵局，朝鲜宣布退出“六方会谈”和废除“9·19 共同声明”，不再进行半岛无核化对话，废除《韩朝互不侵犯协议》。下半年以来，朝鲜半岛的高度紧张局势有所缓和，朝韩对话恢复，但朝鲜与美国在各自的谈判条件上互不妥协，朝鲜核问题的谈判仍然止步不前。进入 10 月份，国际社会就朝核问题的解决开始加强沟通，中方呼吁各方将朝核问题纳入可信赖和可持续的对话进程；日俄将举行首次外交部长和国防部长的“2＋2”会议，就朝核问题交换意见；韩国青瓦台国家安全室室长金章洙将访问美国并出席韩美高层战略对话，重点就朝核问题进行磋商。

南亚和中亚的动荡局势给中国边界地区的安全带来了很大的威胁。随着北约联军 2014 年从阿富汗撤军的期限临近，阿富汗各方的和平进程仍停步不前，巴基斯坦的恐怖袭击愈发猖獗，教派冲突不断，安全局势非常复杂。在中亚，民族矛盾、宗教纷争、水资源、能源、地缘政治等因素引发的纷争使得整个中亚地区安全局势混乱，也成为东突分子和其他恐怖分子的温床。由于地缘因素，这些地区的动荡对中国在该地区的经贸投资、能源合作、多边合作以及边境安全稳定都会带来十分不利的影响。

近年来，在东北亚和东南亚方向，周边国家不断扩充军备和军事部署使中国面临的军事压力有增无减。美国大规模调整了太平洋地区的兵力部署，计划将60%的海军兵力部署在亚太，号称近海“战斗之王”的濒海战斗舰已于2013年4月派驻新加坡军事基地，并将向新加坡、泰国、菲律宾、印尼和马来西亚的空军基地派驻先进战机。此外，在东海和南海，美国及其盟友频繁进行军事演习，有些目标直指中国。这些军事演习非但不能维护地区的和平和稳定，反而会加剧地区紧张局势，从而导致地区局势陷入恶性循环。中国反对以维护私利为目的的军事演习，并会采取必要的反制措施。

### （三）中国在周边的领土海洋权益争端

近几年来，中国与周边国家的领土海洋权益争端始终是中国周边安全的最大挑战。钓鱼岛问题和南海问题在过去一年中没有取得明显的进展，但仍处于可控的状态。而中印之间的领土争端也有所抬头，并出现了历时三周的“帐篷对峙”事件。

过去一年中，日本政府立场强硬，钓鱼岛争端不断升温。从大肆炒作自卫队军舰被中国海军雷达瞄准到发表《外交蓝皮书》和《防务白皮书》指责中国侵犯日本“领海”，日本政府以“受害者”自居，拒不承认钓鱼岛存有主权争议。日本政府不断加强在钓鱼岛附近海域的警备力量，10月，美日联合举行登陆演习，日本派出大型海巡舰入役钓鱼岛，拟对抗中国公务船。10月18日，安倍内阁部分成员参拜靖国神社，更是引发中国强烈的反日情绪。目前，中日两国外交降至冰点，正常的经贸关系也受到影响，安倍政府也感受到了巨大的压力，在钓鱼岛问题上开始趋于克制。在10月16日众议院全体会议上，安倍在回答日本维新会共同代表石原慎太郎“为何迟迟没有在钓鱼岛修建灯塔”的质询时表示，日本应从战略的高度考虑这一问题。当前，日本政府对钓鱼岛的实际控制权已被打破，而面对国内右翼的巨大压力，日本政府很难有所作为，钓鱼岛争端短期内很难摆脱目前的僵局。

在南海，菲律宾的一系列举措也使得黄岩岛争端出现扩大化的趋势。2013年1月，菲律宾单方面将争端提交联合国海洋法法庭仲裁，决意使争端国际化；5月9日，菲律宾海岸警卫队野蛮射杀台湾渔民；同日，菲律宾出动3艘军舰前赴南海仁爱礁，企图修建永久性设施，强化非法占领，南海局势骤然升温；9 月，菲律宾防长公开指责中国在黄岩岛修建“混凝土块”，违背《南海行为宣言》；10 月，在东亚首脑峰会上，菲律宾总统阿基诺与日本首相安倍晋三达成一致，合作提升海上警备力量。菲律宾的强硬立场和不断挑衅使得中菲两国关系严重受损，中国对仁爱礁开始进行海空一体化巡逻，加强了相关海域的实际控制。从近期走势来看，中菲在黄岩岛问题上的对峙还将持续，并且不排除菲律宾继续挑衅的行为，有报道称，菲律宾将在距离南沙群岛 160 公里的前沿建立海军基地，以加强对南海的控制。①

值得赞许的是，中国与越南在南海问题上取得突破，这也是本年度中国外交在周边安全层面的一大亮点。10 月 13 日，中国总理李克强在越南河内与越南总理阮晋勇达成共识，双方将成立海上、陆上、金融三个联合工作组。在南海领土纠纷中，中越之间的争议范围最大，历史上，中越曾经发生过陆上边界战争，也发生了多次海上军事冲突和摩擦事件，至今双方除北部湾以外的海上划界尚未解决，越南还占据着中国 29 个南沙岛屿。相比菲律宾，中越之间的领土纠纷“危害性”更大。尽管中越成立海上共同开发磋商工作组并不意味着两国海上边界争端会很快解决，但这会是一个双方和平解决争端的良好开端，它不仅为两国争端的处理提供了渠道和平台，还有助于缓解两国民众之间的敌意，为今后争端的解决创造更好的氛围。

此外，中印边界问题在 2013 年也出现了一个小插曲。4 月 15 日，印度方面宣称，中国士兵“越过实际控制线入侵印度”并搭起帐篷，印度军方随即也在附近搭帐篷，双方形成特有的“帐篷对峙”局面。5 月 5 日，中印双方达成一致，各自退回原点。中印双方边界问题由来已久，两国边界从未正式划定。10 月 22 日，印度总理辛格访华期间，两国将会就新的边界协议进行集中讨论，并签署边防合作协议。中印之间通过深化贸易关系加强合作，也为两国边界争端的解决创造良好的条件。正如辛格总理所说，虽然两国并未达成最终解决方案，但双方有义务超越争端和问题，这也意味着边界问题将不再是两国间其他领域合作不可逾越的障碍。

① Zachary Keck, “The Philippines is Building a New Naval Base in South China Sea,” *the Diplomat*, Oct. 8, 2013.

领土是关乎主权的敏感问题，对国家来说更是属于最高级别的核心利益，因而争端的解决既需要维护主权的坚定决心，又要有智慧的外交手段。从上述不同边界争端的处理方式和结果可以看到，如果一方不断挑衅，就很容易走上骑虎难下的恶性循环，双边其他领域的合作也会受到影响，对任何一方都没有好处。反之，如果双方能够理智地将争端限定在某个框架之内，不让它妨碍其他领域的合作，是完全可能的。只有这样，才能确保周边稳定的大局，实现双方共赢的局面。

# 特 稿

Special Report

## Y.2

# 美国“亚太再平衡战略”的目的与手段*

李慎明**

**摘 要：**

本文统筹国际国内两大局势，对美国“重返亚洲战略”和“亚太再平衡战略”的依据、目的和本质进行了分析。作者认为，当前资本主义积累的危机是十分深重的，美国当局把“重返亚洲战略”改为现在的“亚太再平衡战略”，是他们经济“灾难深重”并企图主要运用“软实力”把危机转移给亚洲的策略。作者强调，现在世界社会主义仍然处于低潮，但在国际大局中要与资本主义社会打交道并尽最大可能合作，但同时也必须了解世界社会主义的现状及发展趋势。

* 这是作者于2013年8月22日在中联部召开的“冷战后世界社会主义总体态势、面临挑战及发展趋势”研讨会上的发言。

** 李慎明，中国社会科学院世界社会主义研究中心主任、研究员。

**关键词：**

社会主义　资本主义　亚太再平衡战略

中联部组织对“冷战后世界社会主义总体态势、面临挑战及发展趋势”这一重大战略问题研讨，十分重要。理论是先决、先导和指导。具体工作部门讨论理论和战略问题，真正搞清楚，然后用以指导具体工作，至关重要。理论及战略正确，事半功倍；理论及战略错误，事倍功半，甚至会出现大的失误与大的损失。跳出庐山看庐山，才能识得庐山真面貌。中联部的同志们在理论和战略研讨方面带了个好头。

有的同志讲，社会主义由科学社会主义、民主社会主义和民族社会主义三种社会主义组成，不能只讲科学社会主义，不讲民主社会主义和民族社会主义。这一论点，值得探讨。我们所讲的社会主义，是科学社会主义的省略与简称。里面不掺和也不能掺和任何杂质。2013 年 1 月 5 日，习近平同志在新进中央委员会委员、候补委员学习贯彻党的十八大精神研讨班开班式上的讲话中明确强调，中国特色社会主义是社会主义而不是其他什么主义，科学社会主义基本原则不能丢，丢了就不是社会主义。这十分重要。科学社会主义理论有其明确的基本内涵、基本原则、精神实质。习近平同志在 2013 年 1 月 5 日新进“两委”研讨班的讲话中提出了科学社会主义在实践方面的五个原则：一是在生产资料公有制基础上组织生产，满足全体社会成员的需要是社会主义生产的根本目的。这是科学社会主义生产的根本目的和要实现这一目的的根本途径。二是对社会生产进行有计划的指导和调节，实行等量劳动领取等量产品的按劳分配原则。这是科学社会主义所有制在分配制度上的必然体现。三是合乎自然规律地改造和利用自然。这是科学社会主义经济、政治、精神文明在经济规律和生态文明上的根本体现。四是无产阶级革命是无产阶级进行斗争的最高形式、必须由无产阶级政党领导、以建立无产阶级专政的国家为目的。这是科学社会主义武装起来的无产阶级和最广大人民群众在资本主义自由竞争和帝国主义阶段夺取和建立自己政权的根本道路。五是通过无产阶级专政和社会主义高度发展最终实现向消灭阶级、消灭剥削、实现人的全面而自由发展的共产主义社会过渡等。这是科学社会主义要实现的最终目标。这五条基本原则，本质上与民主社会主义或叫社会民主主义与民族社会主义是格格不入的。质而言之，民主社会主义或叫社会民主主义与民族社会主义，是资产阶级甚至是封建或法西斯主义的主张。如果把民主社会主义或叫社会民主主义与民族社会主义纳入我们常说的社会主义即科学社会主义的范畴，就可能好心办坏事，无意甚至是有意把中国特色社会主义引向其他方向。因此，我们说，民主社会主义和民族社会主义不是科学社会主义即我们通常所说的社会主义，不能把它们列入社会主义即科学社会主义的范畴。

真正的共产党人从来不隐瞒自己的政治与理论观点，而资产阶级在多数情况下总是把自己的一己狭隘私利说成是全民甚至全人类的利益，总是打着马克思主义和共产党人的旗帜和口号，欺骗人民，借用人民的力量来暗度陈仓，这也在本质上说明了它们的虚弱。过去，我说对资产阶级总体上是虚伪的这一点认识不深，现在有了较为深刻的体会。

统筹国际国内两个大局是科学发展观的重要内容。尽管现在世界社会主义仍然处于低潮，但在国际这个大局中，世界社会主义仍然属不同于资本主义社会的一家。我们当然要与资本主义社会打交道并尽最大可能合作，但同时，我们也必须了解世界社会主义这一家的现状及发展趋势。在当今国际社会和世界格局中，要不要提出“谁是我们的敌人，谁是我们的朋友”这一问题？我个人认为，搞清楚这一重大问题，至少对于我们应当采取哪些战略、策略异常重要。

为讨论冷战后世界社会主义总体态势、面临挑战及发展趋势，我在这里列一组数据和两段话。

一组数据：2013 年 8 月 5 日阿根廷南南网站报道：“现在，世界上最富有的 300 人拥有的财富比全球最穷的 30 亿人的总财富还要多。全球最富有的 200 人拥有大约 2.7 万亿美元财富，远远多于 35 亿最穷人口 2.2 万亿美元财富总和。”全球范围的贫富差距竟达如此之巨，这才是全球范围内需启不动的本质原因。2013 年 8 月 14 日，美国福克斯新闻电视台网站报道说：“加利福尼亚大学圣迭戈分校一名经济教授詹姆斯·汉密尔顿说，美国联邦政府多年来一直向公众低报其债务额，实际的债务额是 70 万亿美元，而不是 16.9 万亿美元。”该报道说：“汉密尔顿已经不是第一个说政府低报债务的经济学家了。

几年前就有人说政府债务实际上有 70 万亿美元。前美国总审计长和美国复苏项目执行官戴维·沃克在2012 年也发表过类似观点。”以上数据说明，这次所谓的国际金融危机不是我们有些同志想象的那么简单。这从一个角度可以看出，资本主义积累的危机十分沉重。不可否认，他们依靠各种霸权，仍然有各种甚至是很大的调节余地。但这种余地不是无限的，也不是既定不变的，它是随着对手的应对举措对错或扩大或减小的。不管合作、竞争、博弈乃至较量在可以预见的将来的结果如何，当前资本主义危机积累的危机是十分深重的，这一点已经是既定的了。也可以说，这也正是他们实行“重返亚洲战略”现在改为“亚太再平衡战略”的根本依据。

把“重返亚洲战略”改为现在的“亚太再平衡战略”，不仅进一步表明了他们的欺骗性和危险性，同时也表明了其本质上的虚弱性。“好汉”做事而“好汉”不敢当，恰恰说明做事者并不是好汉。我个人认为，美国当局把匆匆提出的标明其实质的“重返亚洲战略”改为现在的“亚太再平衡战略”，是他们经济“灾难深重”并企图主要运用“软实力”把危机转移给亚洲的策略性提法，本质上没有丝毫的改变。

我们再列举奥巴马与小布什各自如下的一段话来看看美国的“亚太再平衡战略”是要干什么。

2010 年 4 月 15 日，美国总统奥巴马在其出访澳大利亚的前夕接受了澳大利亚电视台的专访。奥巴马通过电视镜头向全世界明确宣布：如果 10 多亿中国人口也过上与美国和澳大利亚同样的生活，那将是人类的悲剧和灾难，地球根本承受不了，全世界将陷入非常悲惨的境地。而奥巴马和我们都知道，美国人口不到全球的 5%，却消耗着全球 20% 的能源、16% 的淡水、15% 的木材，生产 10% 的垃圾和 25% 的 $CO_2$。奥巴马上述这段话是在明确告诉我们，当今世界上的一切合作、竞争、博弈乃至较量，说到底，是为了资源的实际控制、占有与消费。地球上的资源越来越少，合作背后的竞争、博弈乃至较量只能越来越激烈甚至是越来越残酷并最终将直指保障其控制、占有与消费实物资源的社会制度。当然，合作背后的竞争、博弈乃至较量的手段会更加多种多样，或更加明火执仗，或更加温柔隐蔽。奥巴马总统坦诚得可爱，上述话语就是毫不隐讳地公然宣告了美国搞“亚太再平衡战略”的根本目的。

大家再看看小布什如下一段话，能否反映这种合作、竞争、博弈乃至较量的隐蔽性。2006 年，时任美国总统的布什曾明确表示：中美关系的最大障碍，一是人民币汇率问题；二是知识产权问题；三是信仰自由问题。小布什这段话明确告诉我们，美国的软实力绝不仅仅是意识形态及其价值观念，小布什所说的美国在人民币汇率和知识产权问题上的战略则同样是美国强大“软实力”的重要甚至是根本的表现，从一定意义上讲，这是他们西化分化我国的物质基础，是掏空其他国家物质财富的根本途径和最有效的“软手段”。小布什以上的话语在轻巧中透露着残酷。

新中国成立后，美国对我国始终是“软”“硬”两手。五六十年代，不惜大肆举兵入侵朝鲜、越南；对我国长期进行政治孤立、经济封锁，并始终实施军事包围，后来又制造 2001 年 4 月 1 日“撞机事件”、1999 年 5 月 8 日炸我大使馆事件，这是“硬”的一手。总的来说，“硬”的一手效果不大。因此，“软”的一手便被美国提到更加重要的战略位置，且这一手段在瓦解苏联苏共中起了关键性的作用又被其和平演变的实践所证明极其有效。完全可以说，美国为首的西方世界，今后将主要对我采用其“软手段”。

西方发达国家为代表的国际金融垄断资本，以“金融创新”名义，垄断盘剥甚至掠夺发展中国家各种实物资源与实物产品。这一过程非常巧妙“温柔”，但也非常残酷甚至血腥。恰如马克思所说，资本可以从一头牛身上剥下几张牛皮来。苏联金融“改革”在美国的引导下损失巨大。1961 年卢布与美元的比价为 1∶1.1。从1989 年开始，苏联由原来的固定汇率制“转型”为双重汇率制。各种国际金融机构蜂拥进入苏联境内，他们用美元购置卢布，并在苏联境内高息揽储和借贷巨额卢布，推高卢布比值。外汇市场上卢布兑美元的比价很快接近为1∶2。苏联中央银行发行的卢布的相当部分就到了外资手中。苏联国有企业流动资金严重匮乏，企业效益严重下滑，接着，“苏联国企没有自生能力”“苏联国企债券被严重估高”“卢布应更加自由浮动”等各种研究报告充斥“国际社会”特别是苏联境内。苏联国企证券价格快速下跌。外来投资者则在卢布高位时又乘机大批收购了十分廉价的苏联国有企业。此时的大量卢布又回到苏联政府和居民手中。但大量实物包括企业，已经易手他人。实物资产的贬值又引发苏联国内急遽的通货膨胀。1990 年 11 月，外资银行乘苏联汇率改革之机又开始抛售卢布，并引导着卢布对美元的贬值预期，卢布兑美元的比值很快下跌为 100:1。卢布的外汇市场被彻底击垮。1993 年，卢布与美元的比值为 1400:1，加上国际套利者低价购入的苏联国有资产和卢布贬值所逃掉的巨额卢布债务，最后卢布对美元的实际贬值程度竟达 112000 倍这一天文数据。美国仅动用区区几亿美元在几年内就洗劫了苏联人民 70 多年辛辛苦苦积累的 28 万亿美元的巨额财富。①

以广义金融中的人民币汇率，看看美国是如何想以此对付中国的。我国经济高速增长 30 多年，这充分证明中国特色社会主义制度的无比优越性，的确可喜可贺。我们要充分肯定这一点，决不能否定。但与此同时也要看到事物的另一面。这 30 多年，我国境内所生产的产品基本上都处于实物生产的低端环节，这既消耗我们的资源又污染着我们的环境，并且是用我们农民工十分低廉的血汗钱生产出物美价廉的产品，然后成飞机成轮船不舍昼夜地运到美国去，而美国给我们的是美元。他们迫使人民币升值，让美元贬值，贬值的那部分就等于白白把我们的物美价廉的产品拿走，但却反过来指责我们碳排放太多了，对他们又是搞倾销，中国的 GDP 增长对他们还是威胁等等。几来几去，里里外外，全是我们的不是，而他们全是理。真是岂有此理。而他们把我们存到美国去的钱，再反向投到中国来，人民币在升值，美元在贬值，他们又赚了第二道汇率差。我们购买美国的国债，十年期收获的年息不到 3%，而他们反向投到中国来的美元，就按照高盛公司的统计，年利润是 33%。两道汇率差，加上利息与利润之差为 30%，这三者相加是多少？而这还没有把我们是以低于实际生产成本出口，而国家实行的是出口退税政策这一点计算在内。2012 年，我国的财政收入为 11 万多亿元，而出口退税则为 1.1 万亿元。出口退税占财政收入高达 1/10。所以说，美国金融垄断集团的战略很成熟。不认清美国战略，就认不清这个世界的基本矛盾及其特征，认不清世界社会主义的现状及发展趋势。从重视战略的研究与实施这一点上看，我们着实应该向美国“学习”。

① 参见刘福堆《金融殖民》，中信出版社，2011，第 5 ~ 10 页。

2007 年美国爆发金融危机、2008 年爆发国际金融危机以来，受冲击最小的一个是美国，而另一个则是我们中国。美国之所以受冲击小，就是因为美元是国际货币。一是从 2007 年 8 月开始，美联储连续 10 次降息，隔夜拆借利率由 5.25% 降至 0 ~0.25% 之间。2008 年 11 月 25 日至 2010 年 4 月 28 日，美联储首轮实行量化宽松政策，在此期间共购买了 1.725 万亿美元资产。二是美联储 2010 年 11 月 4 日至 2011 年 6 月实行第二轮量化宽松政策，收购 6000 亿美元的较长期美国国债。三是 2012 年 9 月 14 日至 2015 年实行第三次量化宽松政策，每月采购 400 亿美元的抵押贷款支持证券。四是 2012 年 12 月 13 日，美联储推出第四轮量化宽松政策，每月采购 450 亿美元国债，加上 QE3 每月 400 亿美元的宽松额度，联储每月资产采购额达到 850 亿美元。这期间，美联储将可能把利率保持在 0 ~0.25% 的极低水平。这四次量化宽松美国等于多发行多少美元的广义货币？这也等于说，美国在自 2007 年金融危机爆发以来，从全球各地，特别是从发展中国家白白拿走几万亿美元的物美价廉的物品。其他国家为了维持自己的一定的 GDP 和就业率的增长，还心甘情愿地排着队“求着”给美国送去这些物美价廉的产品。近几年，到美国去的人回来都说，国际金融危机发源于美国，而现在美国几乎看不到危机。这就是美国量化宽松美元，从境外进口大量的物美价廉的产品，使其境内的“吃穿住行”这些生活必需品依然保持十分低廉价格。美国就是依靠这一“软实力”而在其国内实行全面、全民的社会福利的。这与欧洲做“做实账”的社会保险的形式与方法不同。而我国受冲击小，就是因为中央政府果断决策，毅然投入四万亿元，带动地方政府和社会、外资几十万亿元人民币的投资，从而保障了较高增长的 GDP 和就业率。当然，这也为今后政府与社会经济发展方式的转变增加了很多困难。

平心而论，我国改革开放这 30 多年所积累的 3.5 万亿美元的外汇储备，对美国而言，总是悬在其头上一座不小的山。为维持甚至加强现有的对美元霸权极其有利的国际金融体系，化解其在国际金融危机中的窘境，美国未雨绸缪，提出所谓的“重返亚太战略”即“亚太再平衡战略”，就是企图通过汇率、知识产权、意识形态等“软手段”，继续巧取豪夺其他国家的资源，让其他国家继续为美国经济繁荣、制度稳定和价值观的常青做贡献。

因此，我个人认为，美国等西方国家说亚太不平衡了，主要是说，他们欠了我们3.5万亿美元的债务，如何平衡呢？设法把这些债务赖掉了，不用还了，这就平衡了。这种平衡，是掠夺中国人民辛辛苦苦积累的巨额财富的平衡。

经过30多年的改革开放特别是加入WTO以来，我国已有外汇储备3.5万亿美元。西方主要国家和战略集团似乎正在酝酿着抛开WTO框架，大搞贸易保护主义，以把我国巨额外汇储备晾在WTO框架之外。以美国为主导的“跨太平洋伙伴关系协定”（TPP）＋“跨大西洋贸易与投资协定”（TTIP）＋多边服务业协议（PSA），跨两大洋，三大洲，覆盖全球经济总量60%以上。我们必须认真应对。

改革开放以后中国绝大部分人生活水平提高了，大家拥护改革开放，改革开放的巨大成就和正确方向也绝对不容否定。但是这种仅以保持GDP增长为目标的经济发展方式不可持续。我们国家的经济发展高速增长10%以上有30多年了，这30多年增长主要是依靠七个实物性资源：第一是土地资源。2亿多亩耕地卖出去了，现在有些省要不卖地，公务员的工资都发不出去，但我国去年进口的农副产品折合成耕地是9亿亩。国务院发展研究中心一位副主任对我说，这一数据是经过他们认真计算的。我国现在却只有18亿亩耕地呀。今后，我们不可能再卖多少年的地了。第二是城乡居民存款。现共40多万亿元，但基本上都被各级政府贷出去了，贷出去的往往是二三十年收不回投资的，这40多万亿元再投入的资源没了，再投入就要通货膨胀了。第三是物资资源。我们是粗放型发展，产能单位消耗水量比发达国家要高出500多倍，木材高出8倍，包括铁矿砂、石油进口的比例这么高，我们有限的物质资源不可能支撑目前这种粗放式的经济发展方式了。第四是环境资源。淮河污染很厉害；长江污染也很厉害，沿岸不少地方往里排污；渤海已无法养殖了，现在不仅不能先污染后治理，而且过去欠的债要还了。第五是市场资源。我国GDP变成全球第二，无非是三个出路，一个为出口，而目前正在深化的国际金融危机本质上是经济危机而不是金融危机，它是资本主义经济、制度和价值观念的危机，是推迟多年、推迟多次不得不爆发的，掩盖不了了，绝不是三五年能轻易走得出去的。原来我们的年出口都是20%以上的增长，现在不仅不能这样，有可能还要继续下滑。另外就是基础设施建设，我们长期搞“铁、公、机”，各级政府办公大楼，包括各部委在京郊的培训中心都盖得差不多了，西部高速公路没有车跑了，高速铁路和民航的竞争开始了，还有小轿车产业，都堵成这样了，确实不行了。修地铁是真正利国利民的好方向，但这却是公益事业，收回投资很难。所以基础设施建设大规模地投入也难。现在铁道部变成总公司了，亏了本不干，去西部修铁路，很难。最后一个出路是城乡居民消费，这是真正需要启动的内需，但这个内需很难真正启动。因为养老、医疗、住房、教育改革都到位了，一个小孩选一个好的幼儿园要十万元，你有点钱还敢花吗？不敢花，内需启不动，我们也是典型的生产能力相对过剩的问题。比如钢铁、水泥、平板玻璃、光伏产业等，都严重过剩。普通城乡居民内需启不动，所有问题都解决不了。这就必须考虑分配了，不解决分配绝对不行。第六是劳动力资源。现在普通劳动力平均月工资是 2000 元上下人民币，而越南、东南亚和非洲是 700 元人民币，一些企业原来赚的就是血汗钱、低工资钱，现在办不下去了干脆就走了。所以低工资这一劳动力资源也逐渐没了，吃了 30 多年的红利了，现在没有了，进入准老龄化社会了。第七是外资资源。以上六个资源丰厚，外资进来赚钱非常容易，以上六个资源一旦萎缩和相对萎缩，外资必然走。我个人认为，国际金融危机尚未见底，中国经济困难还没有开始，什么时候开始？等外资大规模撤资那天。大家都明白，美国不可能一直量化宽松，而我国也不可能一直高投入。现在必须要转变经济发展方式，否则 GDP 的高速增长不可能长期保持下去。GDP 增速一下来，失业就会增加，从一定意义上，我们现在几乎所有信心都是建立在 GDP 高速增长这一基础之上的。有的经济学家说我们现在 GDP 的增长中，污染这一部分实际可以扣掉 2～3 个百分点。不知这一说法可不可靠？但目前这种经济发展方式，只能是留给后代的资源越来越少，而留给后代的污染却是越来越多。

当然，我们的各项改革举措包括我们的国有企业进一步重组，实行混合所有制，都可以有一定的资金回笼到政府手中，完全能够在今后几年释放红利，在一定时段内维持和促进国内生产总值的增长，并设法留住甚至吸引新的外资。但资本项下的热钱，也有可能趁机在房市、股市、期货、汇率等各种金融衍生品领域，炒上你几轮。到低点时，你救市他跟你进入，股市抬上去了，他就抽，抽上你几轮，赚上几笔，没有多少油水可抽之时，他随时可以撤走。外资大规模撤资的那一天，也可能是我国经济困难到来的那一天。这七个资源在未来的十年内都可能会萎缩或者相对萎缩，真正靠得住的还是我们自己，靠我们启动自己广大老百姓的内需。这就必须从解决收入分配入手。科学发展观非常好，调整经济结构调整了 20 多年了，但很难调。真要调整，就有可能要过一段苦日子。上下一起过苦日子，没有过不去的难关。真正的创新，应是国家与企业两条腿走路。企业主要是讲效益的，搞大的创新很难，创新往往要冒风险。企业怕钱白投了，它承担不了。所以转变经济发展方式搞创新，主体不仅仅是市场和企业，政府也非常重要。创新就是政府与企业并重。我认为转变经济发展方式和深化收入分配改革，是牛鼻子，这两个牛鼻孔被抓住了，牛就跟着你走，否则就会出现大麻烦。当然目前这种经济发展方式有其重大的历史作用，这支撑了我国 30 多年的经济高速增长。我们在充分肯定改革开放巨大成就和正确方向的同时，也亟须继续解放思想，大胆探索，与时俱进，通过深化改革收入分配来解决我们经济中出现的很多新情况、新问题。

外资若能在我国赚钱，不仅依然会留下来，而且还会蜂拥跟进。我们的各项改革举措包括我们的国有企业进一步重组，实行混合所有制，都可以有资金回笼到政府手中，完全能够在近几年甚至更长一点年份释放改革红利，在一定时段内维持和促进国内生产总值的增长。但应注意资本项下的热钱，也有可能在房市、股市、期货、汇率等各种金融衍生品领域，再炒作上你几轮。逢到低点时，我们政府救市他跟你进入，把股市抬上去了，他就抽，抽上你几轮，赚上几笔，等到各种主要资源基本萎缩时，通货膨胀就会接踵而来，外资也必然会果断撤走。就像今天在印度开始发生的情况一样。我个人认为，国际金融危机尚未见底，我国经济困难没有开始。等到外资大规模撤资的那一天，也可能是我国经济困难到来的那一天。随着我国市场改革开放的全面深化，极有可能推高新一轮的外资进入。当然加上留存我国的资本项下的热钱，将有可能在短时期内进一步推高中国相关楼市和相关金融衍生品市场。相关楼市和个股大涨，就为国际金融垄断资本的洗劫准备了条件，为将来各种金融衍生品市场的大跌准备了势差。

苏联解体后，美国垄断资本失去苏联社会主义高福利这一对立面的竞争，在权衡效率与公平时，更偏重效率即更多地考虑资本收益。这也就是布莱尔与撒切尔夫人所讲的“第三条道路”，这是在资本主义生产关系框架内，资本与劳动收益多寡的再调整。原来有苏联高福利的参照系，西方国家的资本被迫让利给劳动多一点，普通民众的社会福利多一点，以防止“劳动造反”。对此，1991 年撒切尔在美国休斯敦明确表示，苏联对西方真正构成威胁的是社会主义制度及其生产方式，她说：“苏联是一个对西方世界构成严重威胁的国家。我讲是不是军事威胁。从本质上讲，军事上的威胁并不存在。我们这些国家装备精良，包括核武器。我指的是经济上的威胁。借助计划经济，加上与独特的精神和物质刺激手段相结合，苏联的经济发展指标很高。其国民生产总值增长率过去比我们高出一倍。如果我们再考虑到苏联丰厚的自然资源，如果加以合理地运营，那么苏联完全有可能将我们挤出世界市场。因此，我们一直采取行动，旨在削弱苏联经济，制造其内部问题。”①

东欧剧变后，西方世界普遍实行“第三条道路”，让资本更多地盘剥劳动。美国现在大部分民众的实际生活水平不及 20 世纪 70 年代。因此，“第三条道路”并不是资本主义与社会主义之间的道路，而是资本主义生产关系框架内的“文明资本主义”或“温柔资本主义”与“野蛮资本主义”或“血腥资本主义”之间的道路。正是这种“第三条道路”即资本嗜血过多这一本质引发了冷战后全球范围内的贫富差距急遽拉大。也正是这一经济基础而孕育和产生了必然爆发的国际金融危机。

生产力决定生产关系，而生产力的最直接、最具体的表现是生产工具。从一定意义上讲，石器时代决定原始社会形态，青铜器时代决定奴隶社会形态，铁器时代决定封建社会形态，蒸汽机和电力决定资本主义社会形态。而现在信息网络技术 + 机器人 + 3D 制造技术等，极有可能是一种崭新的生产工具。科技进步促使物美价廉的产品增多，经济全球化促进产品的社会化乃至全球化。科技进步乃至大量的无人工厂的出现，终会使得雇佣工人在全球范围内急遽减少。如科技进步到都变成了无人工厂，都不雇佣工人，你的产品再好、价格再

① 李慎明主编《世界社会主义跟踪研究报告（2010 ~ 2011）》，中国社会科学出版社，2011，第 424 页。

便宜，谁来买你的东西呢？这就必然产生马克思所说的生产社会化与生产资料私有制的矛盾。这次金融危机说到底不是金融家的贪婪，不是监管制度缺失，不是消费信心不足，而是广大普通百姓没钱去购买充斥各种大商场和超市中的琳琅满目的商品。这场金融危机本质是资本主义经济、制度和价值观的危机。这场危机还在深化，并随着经济全球化向世界各个角落进一步蔓延。

邓小平同志讲“科学技术是第一生产力”，他是把科学技术的发展放在社会主义生产框架内去讲的。在以获取剩余价值为绝对目标的资本主义框架内，只能说科技在有利可图的范围和时段内是第一生产力，超出这个范围、超出这个时段就可能导致就业人数的持续减少和社会有效需求的急遽减少。社会有效需求的减少，必然使一些工厂进一步倒闭，进一步引起另一些工人失业的恶性循环。任何真理，都是有条件的。因此，我们不能笼统地说在资本主义生产关系的框架内，科学技术就是第一生产力。

冷战结束以后，两种制度的发展趋势是有合作、有竞争、有博弈，本质上还在进行着两种价值观念的较量以及资源上的较量。较量的结果有两种可能，最大一种可能就是中国特色社会主义巍然屹立东方。如果是这样，美国就会在其巅峰上逐步跌落。但也绝不排除另外一种可能，这就是美国软硬兼施，使得我国步入特殊困难的历史时期。如果这种状况出现，美国的经济、制度及价值观念就会有一个新的反弹。世界社会主义就可能步入一个比东欧剧变之后还要大的低谷。我们只有做好这一准备和应对，才能避免这一严重状况的出现。

我们在这里交流，我个人认为，有两点很重要。第一，为什么人的问题，也就是站在什么立场的问题。为什么人的问题，始终是一个根本的问题，原则的问题。我们的学者应该站在绝大多数人立场上考虑问题，不能站在一己私利和少数新贵的立场上对历史进行研究，对现状进行判断，对未来提出建议举措。第二，时空观的问题。必须用“社会实践是检验真理的唯一标准”来对待实践和真理。马克思主义说的是几百年、几千年甚至几万年的事，不能仅仅用 20、30 年甚至是眼前一个极短时间段来衡量其看法和举措的对错与功过。如果仅从个人或小集团的私利出发，以实用主义的态度对待实践和看待真理，我们就会失去交流的前提，也必然是各说各的道理，各说各的利益，就不可能有所谓的“共识”与“普世价值”。

# 国际格局与国际安全

Great Power Relations and International Security

## Y.3

## 中美俄大国关系：现状与前景

王鸣鸣*

**摘　要：**

习奥“庄园会晤”后“新型大国关系”成为中国处理中美关系的主旋律。两国各领域交流互动频繁，意在建立战略互信。尽管中美矛盾有深层次、结构性特点，只要建立好沟通机制和刹车程序，重大冲突就可以避免。美俄关系遇到近年来的最大困难，奥巴马“重启”计划彻底失败。但美俄矛盾主要是非深层次和非结构性的，一旦双方做一些调整，双边关系就会回暖。中俄关系平稳发展，彼此虽有疑虑和戒心，但由于面临着相似的国际压力，会继续在国际和地区事务中协调立场。中美俄三国之间本质上还是三个相对独立的双边关系，之间有联系也有互动，但无论从主观意愿上，还是客观能力上都没有出现两方牵制第三方并左右着全球总体安全局势的大三角形关系。

* 王鸣鸣，硕士学位，中国社会科学院世界经济与政治研究所研究员，主要研究外交政策分析。

**关键词：**

新型大国关系　中美关系　美俄关系　中俄关系　三边关系

2013 年全球局势有许多新特点，其中最为引人瞩目的是大国关系的变化与走势。中国、美国和俄罗斯都在前一年完成最高领导人选举程序，除美国总统奥巴马连任成功开始第二任期外，以习近平为首的中国新的领导集体首次亮相，普京则是时隔 5 年再次当选俄罗斯总统。人们对这三个具有全球影响力的大国之间关系的变与不变倍加关注，怀有这样那样的期许。而从过去一年中大国互动的实际情况看，在三个新的领导团队带领下，面对全球和地区局势的种种不确定性，三国关系也的确表现出与以往不同的新局面和新特点。

## 一　中美“新型大国关系”：内涵与走向

2013 年，中美两国关系同时成为两国外交的重头戏。

这一年，两国领导人提前举行特别会晤，各部门各级官员频繁对话交流。究其原因，第一，中国完成党政领导层的全面换届，美国奥巴马政府进入第二任期而且国务卿、国防部长、财政部长也全部更新；第二，过去一年，与中美密切相关的亚太地区热点危机频发，美国亚洲转向（Asian Pivot）或称“亚太再平衡”引人注目，意味深远。因此，人们期望在看到决策层变化后中美关系总体走向的同时，了解双方各领域决策者在处理具体问题和事件上有什么新举措和新特点。

### （一）习奥“庄园会晤”与中美一系列高层互动

2013 年 6 月，中国新任国家主席习近平与美国总统奥巴马在加州安纳伯格庄园举行为期两天的非正式会晤。在时间上，习近平就任国家主席后与奥巴马的首次见面本应在当年 9 月的 G20 彼得堡峰会期间。但是，中美双方利用习近平 6 月份拉美之行的机会，临时安排加州“庄园会晤”，充分说明中美对新环境下彼此关系的高度重视和决策者之间对加深彼此了解的迫切期待。在方式上，习奥之间进行了总计长达 8 小时的“不戴领带”的非正式密切沟通。

地点选在远离都市的度假庄园。虽然美国有强调领导人私人关系的所谓“庄园外交”的传统，如1959年美苏“戴维营会谈”和江泽民2002年对“克劳福德农场”的访问。但习奥会的不同寻常在于，它不是正式访问行程的一站或以签署协议为目的，而是纯粹的“思想交流”之举。

如杨洁篪国务委员所说，“庄园会晤”不仅是两国政府换届后元首第一次面对面接触和交流，也是中美高层交往的一个创举。① 奥巴马也表示，“今天这样一个不同寻常的安排，体现出美中关系的重要性”。② 也就是说，会晤的成果之一就体现在会晤的时机和方式上。中美首脑这种方式的交流今后有可能不定期地由两国轮流安排。据香港中评社报道：美国智库布鲁金斯学会年初向白宫提交的报告建议，美中元首每年至少要进行4个半天的会晤，而不是如以往每次1小时的“浅尝辄止”。③

从中方的角度看，“庄园会晤”最主要的意义是给未来中美关系定调，即中美合作构建新型大国关系（new model of major country relations）。其内涵就是：不冲突、不对抗；相互尊重；合作共赢。习近平主席说，我同奥巴马总统在这里举行会晤，主要目的就是为中美关系发展规划蓝图，开展“跨越太平洋的合作”。与此相对应，奥巴马表示将“探讨构建在互利互尊基础上的国与国之间新型合作（new model of cooperation）”④。此后，中美各方面一系列互动设置和展开思路就以习奥会晤为基础，以设想中的中美未来主旋律为指导；尽可能多地体现习的“新型关系”和奥的“新型合作”。

习奥会晤后四个月内，中美双方进行了密集的交流与对话，主要有：

2013年7月11日，第五轮中美战略与经济对话在美国首都华盛顿举行，

---

① 人民网：《杨洁篪谈习近平与奥巴马安纳伯格庄园会晤成果》，2013年6月9日，参见 http：//politics. people. com. cn/n/2013/0609/c1001 -21803579. html。

② 新华网：《中美元首同意共同构建新型大国关系》，2013年6月9日，参见 http：//www. news. xinhuanet. com/mrdx/2013 -06/09/c_ 132442453. htm。

③ 中评社：《华府观察：加州庄园六月上演“习奥会”》，2013年5月21日。参见 http：//www. zhgpl. com/doc/1025/4/6/9/102546905. html？ coluid =0&kindid =0&docid =102546905。

④ The White House Office of the Press Secretary，“Remarks by President Obama and President Xi Jinping of the People's Republic of China Before Bilateral Meeting，” transcript，June 7，2013. http：//www. whitehouse. gov/the – press – office/2013/06/07/remarks – president – obama – and – president – xi – jinping – peoples – republic – china.

四位元首特别代表全部为新面孔。根据双方事后公报，战略轨对话在加强双边合作，应对地区和全球性挑战，地方合作，能源合作，环保合作，科技与农业合作，卫生合作，双边能源、环境、科技对话八个领域取得91项成果。经济轨对话在强化经济政策、促进开放的贸易和投资、提升全球合作和国际规则、支持金融稳定和改革四大方面取得进展。在投资领域取得突破：中方将以准入前国民待遇和负面清单为基础与美方进行投资协定实质性谈判。

8月，中国国防部长常万全成功访美，行程包括夏威夷的美国太平洋舰队和科罗拉多的北美防空司令部；9月6日，中国海军三艘舰艇对美国进行了为期3天的正式友好访问，两国海军在夏威夷海域进行联合搜救演习；9月8日至14日，中国海军司令员吴胜利率代表团对美国进行正式友好访问，中国第一艘航母“辽宁舰”舰长随行；9月9日，中国人民解放军副总参谋长王冠中与美国国防部副部长米勒在八一大楼共同主持了第14次中美国防部防务磋商。

9月13日，中国国家发改委副主任解振华与美国加州州长杰瑞·布朗在旧金山签署关于气候变化、清洁能源以及低碳减排合作备忘录。该协议是中国发改委首次与外国州省级地方政府签署的有关应对气候变化的相关协议。9月19日，中国外交部长王毅展开访美之行，这是他今年3月就任外长以来首次访美。

### （二）习奥会的背景与中美关系现状

如习近平主席在“庄园会晤”时所说：“当前，中美关系站在一个新起点上。”这有两层意思：第一，当前，中美各自国内和国际环境已完全不同于40年前两国领导人首次“跨越太平洋的握手”时的情况；第二，在当前这个历史时刻，中美关系向何处去，双方都面临新的选择。

与40年前不同，当前的中美关系在某种意义上已经成为世界最重要的双边关系。其重要性在于：在规模上两国人口和GDP之和分别占世界总量的1/4和1/3；同时，两国之间又存在深层和结构性分歧与矛盾。也就是说，这一关系既事关各自国内亿万人民的福祉，也影响着亚太地区乃至全世界的繁荣、安全和稳定。因此，两国必须为彼此关系的未来做出正确的战略和策略选择。

然而，这一最重要的双边关系近年来不进反退，甚至出现某些危机征兆。其中最根本的表现就是虽然意在增强战略互信的对话机制越来越多，但实际情况却是双方之间“战略互疑”（strategic distrust）日甚一日。

这种“战略互疑”主要表现在两国决策层、大众传媒、学术精英乃至一般民意对对方战略意图持负面看法或者疑虑重重。中国许多人认为以“亚太再平衡”为基调的美国对华战略意在遏制和围堵中国，最终扼杀中国的崛起；美国许多人则将中国不断增强的经济军事力量和某些对外行为看作挑战美国在亚太地区乃至全球的地位，意欲取而代之。

这从中美军政学界诸多言论中都能清楚地看到。仅从民意角度，据美国皮尤研究中心调查，过去两年，美国公众舆论对中国持正面看法的比例下降了14个百分点至37%，为全球最低；而中国对美国持负面看法的人数达到53%，上升了9个百分点。[①] 如一位美国学者所说：“（战略互疑）问题并不是一方将另一方看作是好战（warlike），双方都想要和平，但有自己的解释。中国认为是‘防卫’的，美国认为是侵略，美国所定义的地区‘稳定’，在中国看来是‘遏制’。”[②]

何来“战略互疑”？中美两国学者共同总结了三个主要来源：第一，不同的政治传统、价值体系和文化；第二，对彼此的决策过程以及政府和其他实体之间关系的理解和认识不够；第三，对中美之间实力差距日益缩小的认识。如何化解“战略互疑”呢？第一个因素强调的是中美之间结构性和深层次的因素，不大可能出现重大变化。更为实际的做法是，华盛顿和北京应该解析和处理产生战略互疑的第二个和第三个来源，通过改善彼此对对方国家国内形势的认识，更加有效地开展双边以及与其他国家的国际合作。[③]

中美战略互疑的现实危险表现在两个方面：第一，最近几年，由历史原因造成的、与中国直接相关的东亚、东南亚领土争端不断升温，导致地区安全局

---

① Caucus Brief：In China and U. S. , Mutual Distrust Grows, Study Finds, Posted by The Congressional China Caucus, July 18, 2013, http：//www. nytimes. com/2013/07/18/world/asia/in – china – and – us – mutual – distrust – grows – study – finds. html？ pagewanted = all.

② Denny Roy, “U. S. -China Relations：Stop Striving For “Trust’,” http：//thediplomat. com/2013/06/07/u – s – china – relations – stop – striving – for – trust/.

③ 王缉思、李侃如：《中美战略互疑：解析与应对》，社会科学文献出版社，2013。

势恶化。这其中包括中日、中菲，还有暂时平静的台湾问题，而这三者都与美国有着军事同盟关系（尽管台湾有所不同）。第二，美国战略重心东移，即所谓“亚太再平衡”。“再平衡”战略的军事内涵阐明于2012年1月发表的《美国国防战略纲要》。纲要提出要强化美国与地区盟国（日、韩、澳、菲、泰、新）以及“新兴伙伴”（emerging partners）的合作关系，以加强“确保共同利益的集体能力”①。在2013年6月初的香格里拉亚洲安全对话会上，美防长哈格尔再次表示，美国将加大对亚太地区军事资源的投入，2020年前，把美军60%的海军力量部署在亚太地区。② 将这两方面联系起来，中美关系雪上加霜。

## （三）建立新型大国关系的内涵与分歧

如何化解“战略互疑”？用中方的思路和话语就是建立“新型大国关系”。中国国务委员杨洁篪在第五轮中美战略经济对话中提出两点看法。其一，要从历史和发展的角度建设这一关系，为此中美应从前人智慧中汲取力量，从过往经验中寻找灵感，不断为中美构建新型大国关系注入新的努力。其二，要本着相互尊重、合作共赢的精神推进这一关系。③

什么是“历史的角度”和“过往经验”？就是避免所谓“修昔底德陷阱”，④ 即新兴大国挑战守成大国，通过战争实现霸权轮替。国际关系史研究表明，“1500年以来的15个案例中的11个是崛起国挑战治理国，结局都是战争。”⑤ 简单说，争霸就是“旧型”大国关系，反之就是“新型”关系。

---

① U. S. Department of Defense, Sustaining U. S. Global Leadership: Priorities for 21st Century Defense, Washington, DC, January 2012. http://www.hsdl.org/?view&did=696019.

② Secretary of Defense Leon E. Panetta, Shangri-La Security Dialogue, Shangri-La Hotel, Singapore, June 02, 2012. http://www.defense.gov/speeches/speech.aspx?speechid=1681.

③ 中国新闻网：《杨洁篪：中美一荣俱荣一损俱损　需弃零和思维》，2013年7月12日，参见http://www.chinanews.com/gn/2013/07-12/5032805.shtml。

④ 古希腊著名历史学家修昔底德说，雅典和斯巴达的战争之所以最终变得不可避免，是因为雅典实力的增长，以及这种增长在斯巴达所引起的恐惧。即在现实中，两个大国的战略判断与感情好恶的致命结合，随着时间的流逝，会导致健康的竞争变成你死我活的敌对，甚至更糟。

⑤ Graham T. Allison, “Obama and Xi Must Think Broadly to Avoid a Classic Trap,” *The New York Times*, June 6, 2013.

虽然奥巴马表示他将此次峰会看作一次讨论“我们如何构筑一个建立在共同利益和彼此尊重基础上的新型合作”的机会，[①] 以响应中方这一表述，但“新型关系”一词在美国对华关系的话语中很少使用。如某些美国高官所说，对中国提议的这一概念美方仍有疑义，在期望值上形成了一个潜在的巨大差距。[②] 在一次发布会上，一美方高官在回答“新型”关系时说：“过去几个月，我们有过许多高级别会议讨论中方提出的新型关系。我个人认为还是去问中方这一表述的定义是什么。如果我们想建成一种新型关系，我们希望看到的是某些非常具体的合作内容。我们理解中方有兴趣实现一种新型关系，但对我方重要的是找到一种实践方式并建立互信，以使我们能够在实际中实现我们所希望的。”[③] 还有美方官员提出，这种新型关系的核心应该是“在某些领域存在竞争和重大分歧时，我们在另外的领域能够很好合作”[④]。

实际上，在中方的新型大国关系定义中，美方对“不冲突、不对抗”、“合作共赢”没有异议，不愿接受的是“相互尊重”一条。因为中方对此的解释是：“尊重各自选择的社会制度和发展道路，尊重彼此核心利益和重大关切，求同存异，包容互鉴，共同进步。”[⑤] 美国学者认为，这种“相互尊重”就需要与美国长期坚持推进民主和普遍人权的政策进行协调。中国所要求的“尊重主权”对美国提出了如下挑战：如何对待美国对台湾依据“台湾关系

① The White House Office of the Press Secretary, “Remarks by President Obama and President Xi Jinping of the People's Republic of China Before Bilateral Meeting,” transcript, June 7, 2013. http://www.whitehouse.gov/the-press-office/2013/06/07/remarks-president-obama-and-president-xi-jinping-peoples-republic-china.

② Susan V. Lawrence, “U. S. -China Relations: An Overview of Policy Issues,” http://www.fas.org/sgp/crs/row/R41108.pdf.

③ U. S. Department of State, “Background Briefing on the Upcoming Strategic and Economic Dialogue and U. S. -China Relations,” transcript, July 8, 2013, http://www.state.gov/r/pa/prs/ps/2013/07/211606.htm.

④ The White House Office of the Press Secretary, “Background Conference Call by Senior Administration Officials on the President's Meetings with President Xi Jinping of China,” transcript, June 4, 2013, http://www.whitehouse.gov/thepress-office/2013/06/04/background-conference-call-senior-administration-officials-presidents-me.

⑤ 中国新闻网：《中方表述中美新型大国关系的核心内涵和努力方向》，2013 年 6 月 10 日，参见 http://news.xinhuanet.com/world/2013-06/10/c_116107914.htm。

法”所做出的承诺；美国对条约盟国日本和菲律宾所作出的安全承诺。①

尽管对中方倡导的“新型关系”，美方勉强回应“新型合作”。但为消除疑虑增加合作与共识，奥巴马还是在加州庄园会晤上表示：“中国继续和平崛起符合美国的利益。因为，如果中国获得成功，不仅对驱动世界经济有帮助，而且也使中国作为一个平等伙伴与我们合作应对许多全球性挑战，而这非一国之力所能承担。”②

### （四）中美亚太良性互动

新型大国关系在政治军事层面落到实处还要靠中美各个方面的良性互动，而且主要是在亚太，所以习近平一再说：开展“跨越太平洋的合作”，“太平洋已经足够大，容得下中美两国”。这就牵扯到美国的“亚太再平衡”战略，它是中方对中美能否“战略互信”的最大疑虑；也是美方在坚持既定战略的同时消除中方疑虑的政策难点。

美国政府当然也看到“再平衡”对中美关系的负面作用。美国国内就有观点认为，“再平衡”战略形成了一种不必要的对抗中国的氛围，使菲律宾、日本、越南认为在与中国的领土争端中，美国支持它们，而实际上美国并没有准备这样做。批评者还认为，“再平衡”战略过于强调军事问题，侵蚀已经十分有限的中美战略互信，增加而非减少地区不稳定因素。③ 所以，哈格尔在今年香格里拉对话会上回应中方疑问时说，“我们不希望有误判、误解和误读。而避免这一情况发生的唯一途径就是保持沟通，同时直接面对彼此（关切）。”④ 习奥会谈结束时，美国国家安全顾问也表示，双方构筑建设性关系的努力是美国“亚太再平衡”政策的一部分。这标志着美国在面对压力的情况

---

① Susan V. Lawrence, “U. S. -China Relations: An Overview of Policy Issues,” http: //www. fas. org/sgp/crs/row/R41108. pdf.

② The White House Office of the Press Secretary, “Remarks by President Obama and President Xi Jinping of the People’s Republic of China After Bilateral Meeting,” transcript, June 8, 2013. http: //www. whitehouse. gov/the – pressoffice/2013/06/08/remarks – president – obama – and – president – xi – jinping – peoples – republic – china.

③ Robert S. Ross, “Obama’s New Asia Policy Is Unnecessary and Counterproductive,” *Foreign Affairs*, Vol. 91, No. 6, November/December 2012, pp. 70 – 82.

④ http: //news. xinhuanet. com/mil/2013 – 06/02/c_ 124798937_ 2. htm? prolongation = 1.

下，对“亚太再平衡”战略做出一些新的解释，有其积极的意义。

尽管“再平衡”是奥巴马从军事角度提出的，从迄今的实际情况看，军事上美方说得多，做得少；经济上说得多做得也多。美国海军60%实力转移到亚洲至今只说未做，而跨太平洋伙伴关系协议（TPP）的推进速度就要快得多。而美国早先提出的“重返亚洲”战略的着眼点就是经济层面。在军事实力上，中美差距有目共睹。曾在白宫任顾问的美国哥伦比亚大学前教授阿米泰·艾次亚尼（Amitai Etzioni）撰文说：“虽然中国在2011年下水了第一艘常规动力航母，但同期美国拥有11艘核动力航母。随着中国经济增速放缓以及中国在社会、环境问题上的开支的增加，未来中国军费增长很可能受到限制，除非美国的某些行动刺激了中国。美国几乎所有的鹰派并不认为中国会在近期，甚至中远期威胁到美国的核心利益。有观点认为，如果中国的军事力量想转变成为左右一个地区的战略性力量，至少需要几十年。至于成为一支全球性的战略力量，那更是非常遥远的事了。因此，在做出中美之间必有一战的结论前，美国可以放心地继续寻求将中国转变成为一个合作伙伴。”①

在这里，我们有必要回到“新型大国关系”的初衷，即新兴国与守成国的“修昔底德类比”。历史类比是有用的，但对历史的解读也要慎重和细致。人们关注“修昔底德类比”，即斯巴达对雅典的“恐惧”构成了冲突的基础，于是选择政策的标准就是消除和减轻恐惧与互不信任。但仅仅消除恐惧和互疑则是忽略了另一个同样重要的历史教训——对联盟管理的缺失。伯罗奔尼撒战争史还告诉我们，战争爆发的最直接原因是联盟管理问题。不是雅典和斯巴达直接的利益冲突，而是雅典与斯巴达各自盟国科林斯（Corinth）和米加腊（Megara）的纠纷，导致两大联盟之间战争的爆发。斯巴达人选择战争，是因为荣誉和承诺让他们不能无视对自己盟友的损害。② 在思考中美关系未来时，双方特别是美国应该接受上述教训，即在建立互信的同时，管控好盟友的行为。

中国外长王毅访美时的一段话为中美在亚太良性互动的重要性做了很好的

① 转引自和讯评论《中国是美国的敌人吗?》，2012年1月15日，参见 http://opinion.hexun.com/2012-01-15/137282132.html。

② 参见 zh.wikipedia.org/wiki/。

说明："亚太是当今世界发展速度最快、潜力最大的地区，也是热点问题最多的地区，中美两国在亚太的利益交织最为密集，互动最为频繁。如果中美在亚太能够不冲突、不对抗，那么在其他地方就都可以和平相处；如果中美在亚太事务上能够相互尊重、合作共赢，那么在其他问题上也可以开展合作。"①

## 二　美俄关系："重启"还是"校准"

2013 年，美俄关系经历了"重启"以来的最低谷。

2013 年 9 月 11 日，俄罗斯总统普京在美国《纽约时报》就叙利亚问题撰文批评美国，他说："令人担忧的是，对其他国家的内部冲突进行军事干预已经成了美国的常态。这符合美国的长期利益吗？我很怀疑。世界各地有很多人越来越觉得，美国不是一个民主的榜样，而是只知一味诉诸野蛮的武力，打着非友即敌的口号拉帮结派。"② 该文引起美国朝野哗然，19 日，参议员麦凯恩在俄罗斯《真理报》网站发表题为《俄罗斯值得拥有比普京更好的领导人》的文章进行反击。这一事件从一个侧面反映出美俄关系目前的氛围。

一年以来，美俄之间还发生了一系列令双方不快的事件。2012 年 12 月，美国国会通过《马格尼茨基法案》，对俄罗斯有践踏人权纪录的官员进行冻结资产和禁止签证等处罚。③ 同月，普京总统签署法案，禁止美国公民领养俄罗斯孤儿。2013 年 8 月 1 日，美国国家安全局雇员、"棱镜门"爆料人斯诺登获俄罗斯临时庇护权。8 月 6 日，美国国务院通知俄罗斯方面，奥巴马取消与普京 9 月 6 日在莫斯科的双边会晤。8 月 9 日，奥巴马在白宫记者会上说，我们或许应该停下来，"重估"和"校准"（reassess and calibrate）美俄关系。他指出，过去几个月的美俄分歧不仅在斯诺登事件，还有叙利亚和人权问题，调

---

① 中新社：《王毅：中美要重点加强亚太事务合作》，2013 年 9 月 21 日，参见新华网，http：//news. xinhuanet. com/world/2013 - 09/21/c_ 117440353. htm。

② 原载于《纽约时报》中文版，参见 http：//wenku. baidu. com/view/cbaa194c7e21af45b207a814. html。

③ 2009 年，美国地产基金的雇员马格尼茨基入狱一年后死在俄罗斯监狱里。他被捕前，曾在一宗俄罗斯起诉美国地产基金逃税的案件中做出对俄罗斯内政部官员不利的证词。为此美国国会议员要求进行立法，对俄罗斯有践踏人权纪录的官员进行冻结资产和禁止签证等处罚。

侃普京就像坐在教室后面“无聊的孩子”[1]。奥普的不和谐还表现在一些小事情上，如被传为笑谈的“健身房事件”和“住宿事件”。[2]

回顾过去几年的美俄关系，在布什执政后期，由于美方导弹防御计划、北约东扩和格鲁吉亚问题，特别是2008年8月俄格军事冲突使两国关系降到冰点。奥巴马2009年就任后首先提出“重启”美俄关系的概念，就职仪式当月，美国国务卿希拉里·克林顿与俄罗斯时任外长拉夫罗夫在莫斯科按下用英语和俄语写着“重启”二字的红色按钮。4月，双方在G20峰会上达成削减核武器协议；9月，俄罗斯允许美国和北约取道俄领土向驻阿富汗联军提供物资。

2010年4月8日，《削减和限制进攻性战略武器条约》到期后，梅德韦杰夫与奥巴马在捷克首都布拉格签署新核裁军条约。根据该条约，美俄两国7年内将部署的战略核运载工具数量削减到700件以下，削减幅度约30%。两个月后，梅德韦杰夫的美国之行号称“创新峰会”，两位总统在街边汉堡店吃着“汉堡”共商美俄关系“重启”大计的画面被称为“汉堡外交”。二人共同出席新闻发布会，宣布美俄关系已“成功重塑”。

然而，美俄的关系仅仅重启不到两年，就遇到“瓶颈”。2011年11月，时任俄总统梅德韦杰夫指出，如果美国不顾俄罗斯反对在北约部署计划中的反导系统将会导致新一轮军备竞赛，甚至葬送改进俄美关系的所有努力。12月，时任俄罗斯总理普京指责美国国务卿希拉里鼓励俄罗斯国内反对派的大规模抗议活动，说她“所定的调子给俄国内积极分子发去了信号”[3]。普京当选总统伊始即表示由于内政繁忙不出席2012年5月在美国戴维营举行的8国集团首脑会议；美国总统奥巴马随后表示由于竞选日程冲突也不出席同年9月在俄罗

① Office of the Press Secretary, White House, “Remarks by the President in a Press Conference.” http://www.whitehouse.gov/the-press-office/2013/08/09/remarks-president-press-conference.

② 2013年6月的G8会议期间，普奥都住在了英国当地一家五星级酒店，并在同一时间都想占用健身房锻炼，普奥二人都不想让步，也不愿意一起锻炼，结果奥巴马“捷足先登”，普京无奈地说，“我更愿意到冰冷的厄恩湖中游泳。”9月彼得堡G20会议，奥巴马不愿按照俄方安排住在郊区，要求改住在市内。

③ 中国新闻网：《普京指责希拉里批评俄议会选举是煽动动乱》，2011年12月8日，参见http://www.chinanews.com/gj/2011/12-08/3519063.shtml。

斯海参崴举行的亚太经合组织领导人峰会。二人关系从一开始即蒙上阴影。

美国和俄罗斯的分歧和摩擦主要集中在以下方面。

**1. 俄罗斯的民主进程和国内人权记录**

在俄内政方面，许多俄罗斯民众，特别是中产阶级对普京政府的高压政策、行政腐败、自由缩水、经济单一不满，近年来连续爆发万人规模反政府抗议集会和游行，对普梅体制构成一定程度的威胁。美国政府和人权组织支持反对派，对俄政府施压。美国前国务卿希拉里曾公开指责俄罗斯大踏步迈向集权政治老路，宪政民主进程受到威胁。美国国会更是关注俄罗斯抗议示威的进程，将普京当选总统称为“俄罗斯之冬”到来了！美国资深参议员、上届（共和党）总统候选人麦凯恩说：“我们应该扩大马格尼茨基法案的适用范围，将俄罗斯那些侵犯人权又不受惩处者包括进去。”① 他还指责普京“蔑视民主”，令其想起冷战时的美苏关系。2013 年 9 月，美国总统奥巴马在彼得堡出席 G20 峰会时也特别安排时间会见俄罗斯公民社会团体代表。

作为反制措施，普京政府对非政府组织的打压也日渐强硬。据报道，普京去年当选总统以后，俄罗斯通过一项法律，要求受到外国资助的非政府间组织必须注册为“外国办事处”。过去几个月，俄国数百家非政府组织受到搜查。2013 年 9 月 22 日，著名的“支持人权”组织被驱逐出办公室，72 岁的人权活动人士波诺马利约夫受到粗暴对待。② 早在 2012 年 9 月中旬，俄罗斯官方向美方宣布停止美国国际开发署（USAID）在俄罗斯的援助活动。俄罗斯外交部发言人卢卡申维奇表示，该署在俄境内的工作并不总是符合促进双边人道主义合作发展的既定目标，而是试图通过提供资金影响俄的政治进程，包括各阶层的选举。③ 美国国务院则表示，过去 20 年美国国际开发署在俄援助共花费约 27 亿美元，美方对美国国际开发署俄罗斯的工作“感到骄傲”，美国“仍将致力于支持俄罗斯的民主、人权和更强健的

① 中国新闻网：《麦凯恩：美应用北约扩张等手段回应斯诺登事件》，2013 年 8 月 2 日，参见人民网，http：//world. people. com. cn/n/2013/0802/c157278 – 22426353. html。

② BBC：“Leading human rights group evicted from Moscow office,” http：//www. bbc. co. uk/news/world – europe – 23015336.

③ 中国新闻网：《美援助组织被“赶出”俄罗斯或资金支持反对派》，2012 年 9 月 20 日，参见 http：//www. chinanews. com/gj/2012/09 – 20/4197608. shtml。

公民社会的发展”。①

**2. 欧洲导弹防御系统**

2009年上任之初奥巴马放弃“东欧反导计划”，代之以“欧洲导弹防御系统”，并邀请俄罗斯加入。俄罗斯与北约在2010年里斯本峰会上商定就欧洲导弹防御系统展开合作，但要求美国提供不针对俄罗斯的法律承诺和技术保障。尽管美国政府先是说该系统是为防御来自伊朗的导弹，后又说主要针对朝鲜导弹，但俄方认为没有上述承诺和保障，该系统就是要打破从美苏冷战时期延续下来的双方战略平衡，是针对俄罗斯的。

2011年11月底，俄罗斯宣布了一系列针对该系统的措施，甚至表示如果情况恶化，还将退出俄美核裁军条约，并停止在裁军和军备控制领域的行动。美国一直拒绝提供反导系统不针对俄罗斯核威慑力量的法律保障，谈判始终没有结果。由于反导系统是美国及其盟国获取战略优势、防范各种可能攻击的既定目标，难以改变，而俄罗斯用退出核裁军相应对，美俄僵局就此形成。虽然2012年3月奥巴马在与时任俄总统梅德韦杰夫在首尔核峰会期间曾有过“悄悄话”说：“如我连任成功，将在欧洲导弹防御系统谈判中采取‘更加灵活’的立场。”现在的情况是，美国未见“灵活”，俄罗斯却更加强硬。

**3. 叙利亚问题**

冷战时期，俄罗斯与叙利亚互为盟友，关系一直稳定友好。依据1971年协议，叙利亚的塔尔图斯港成为苏联海军补给和养护基地。苏联解体后，俄罗斯保留了该基地。在俄罗斯免除叙利亚欠苏联总债务的约3/4（98亿美元）后，双方开始讨论扩大俄海军基地的规模和用途。2008年南奥塞梯战争后，俄罗斯与西方关系恶化，叙利亚同意俄罗斯将塔尔图斯港改造成俄罗斯海军在中东停靠有核舰队的永久性基地。这是俄罗斯设在独联体国家以外的唯一军事基地，保留该基地对于遏制日益逼近俄边界的北约，应对中东地区冲突和极端主义威胁无疑具有重要的战略意义。同时，俄罗斯向叙利亚政府出口战斗机、防空系统、战术导弹和潜艇。

---

① Victoria Nuland, “On Russian Decision to End USAID Activities in Russia.” Office of the Spokesperson. Washington, DC., September 18, 2012. http://www.state.gov/r/pa/prs/ps/2012/09/197846.htm.

2011年以来，在叙利亚问题上，俄罗斯同美国“对着干”的态势明显，反对制裁，反对军事禁运，更反对诉诸武力，并在联合国安理会否决谴责叙利亚政府的议案。在2013年3月，叙利亚发生化学武器袭击事件，由此引发美国等准备空中打击叙政府军的危机，俄罗斯继续反对动武。在俄的主导下，叙利亚政府同意向有关国际机构交出化学武器，战争危机暂时得以化解。

**4. 俄罗斯国内的反美情绪**

俄罗斯朝野的反美情绪自普京重任总统以来有所上升，这也是普京对美强硬的底气之一，也是美俄麻烦不断的背后原因。美国认为这种情绪来自普京的政治联盟和媒体。在俄罗斯媒体评论文字中经常可以看到“美国在具有重要影响的国际问题上不能严肃对待他国的意见”，“美国对待我们像对待一个小国，一个无足轻重的国家，这不能令人容忍”一类的文字。[①] 2012年底，美国国会通过《马格尼茨基法案》后，俄罗斯杜马以大多数票通过停止美国公民领养俄罗斯孤儿议案。2013年4月，俄罗斯民调机构列瓦达中心进行全俄民意调查，结果显示在发展与美国关系方面，43%的受访者建议俄国家领导人应该与美“保持很大距离”，31%主张“保持现状”，12%认为俄应密切与美关系。[②]

**5. 核裁军问题**

美俄裁军谈判历经20载一波三折，第一阶段条约2009年到期，第二阶段条约夭折。在2010年“重启”蜜月期，双方终于达成第三阶段《削减和限制进攻性战略武器条约》，并于2011年2月生效。根据新条约，双方各自部署的核弹头数量不得超过1550枚，核导弹数量不超过700枚，发射装置不超过800个。核弹头数量减少了约1/3，运载工具减少1/2。条约生效后7年内完成。

该条约生效当年11月，针对美国在欧洲部署反导系统，俄总统发表电视讲话说：“若事态恶化，俄罗斯有权停止裁军和军控进程。”[③] 2013年6月19日，美国总统奥巴马在柏林勃兰登堡公开表示要与俄罗斯重启削减核武器谈

---

① “Another Cold Spell for U. S. -Russia Relations,” interview. http：//www. cfr. org/russian - federation/another - cold - spell - us - russia - relations/p31214.

② 新华网：《俄罗斯民众认为中国是俄主要对外政治伙伴》，2013年4月27日。参见 http：//news. xinhuanet. com/2013 - 04/27/c_ 124637976. htm。

③ 中国新闻网：《俄总统叫板美国：将退出进攻性战略武器削减条约》，2011年11月24日。参见 http：//www. chinanews. com/gj/2011/11 - 24/3482290. shtml。

判，继续削减多达1/3的进攻性战略和战术核武器。俄罗斯总统普京公开回应，绝不允许出现打破战略核威慑体系平衡以及降低本国核力量效能的情况。俄罗斯之所以能够在全球事务中举足轻重，一个重要原因就是其世界一流、以核武器为代表的军事力量。美国不遗余力推进核裁军和反导系统，让俄罗斯十分警惕。

那么，2013年美俄关系的大幅度降温后，其出路和趋势怎样？

美俄的分歧和摩擦看来挺多，甚至有领导人之间的言语交锋，但仔细观察，两国之间少有深层次、结构性的矛盾和冲突。首先，美俄之间虽然政治体制不同，美国对俄罗斯的政治体制、人权纪录、言论控制乃至普京一人执政十数年多有诟病，但还是在政治制度上把当今俄罗斯与苏联从本质上区别开来。最主要的是，两国当政者在意识形态上没有根本差异。其次，两国在反导裁军方面的分歧更多源于影响力和利益得失的不同考虑，甚至有些是讨价还价的技术手段，民族存亡、国家安全、政权稳定层次的因素基本没有。再次，叙利亚、伊朗，乃至斯诺登事件也都是相对浅层次、短时间的分歧或摩擦，不会让双方反目成仇甚至兵戎相见。叙利亚问题虽然更麻烦，也可能持久一些，但双方在意图和目的上并不是针锋相对的，美国的主要目的在于阿萨德政权更替，总体战略还是从中东北非“离岸”；俄罗斯意在保住仅存的海外军事基地和相关经济利益，最多还有叫板西方，彰显俄罗斯大国地位的考虑。

由于美俄矛盾主要还是非深层次、非结构性的，两国关系不会持续恶化至分歧不可弥合。一旦双方在技术层面做一些调整，批评的声音小一些、裁军的要价低一些、对叙动武缓一些，美俄关系就会向回走。正如奥巴马所说，美国需要“校准”对俄关系。如果此次叙利亚危机中美国暂缓国会投票授权动武，属于“校准”的一部分的话，一旦俄罗斯投桃报李，美俄在叙问题上的分歧就会缩小。

总的来看，作为两个有全球性影响的大国，美俄存在分歧和摩擦在所难免，但2013年的状况比往年严重一些，新的一年或会好转。当然，由于美俄两国战略利益的错位和政治制度的差异，也由于俄罗斯不断增强的国力以及普京的个人风格，两国关系转暖的过程也会起起伏伏。

## 三　中俄关系：战略协作与重心选择

2013年，中俄关系平稳推进。

2013年3月，与十年前的新任国家主席胡锦涛一样，习近平选择俄罗斯作为任职后的首访国家，说明中国决策层对中俄关系的重视和今后进一步发展中俄全面战略协作伙伴关系的决心。回顾冷战后两国关系史，从1994年建立建设性伙伴关系、1996年确立战略协作伙伴关系，到2011年升级为全面战略协作伙伴关系，十几年关系稳步持续发展，合作水平不断提高，交流范围愈加广阔，密切程度不断加深。

纵观2013年，除习近平主席3月对俄罗斯的国事访问，8月在俄罗斯彼得堡举行的20国首脑会议和10月在吉隆坡的亚太经合组织首脑会议上与普京总统两次会晤外，两国军民领域交往也引人注目。军事上，7月，中俄在日本海进行了两国史上第二次海上联合军演，随后，两国在俄罗斯乌拉尔山举行"和平使命－2013"联合反恐军演，展示了双方在军事领域的高度信任；民间交往上，今年是俄罗斯的"中国年"，两国之间的人员往来从20世纪90年代初的20万～30万人次，扩展到2012年超过300万人次。

在俄罗斯人民心目中，中国形象明显改善。2013年4月，俄罗斯民调机构列瓦达中心就"俄在对外政治领域应优先加强与哪些国家协作"问题进行全俄民意调查。结果显示，28%的受访者认为俄应该优先发展与独联体国家的关系，21%的人认为俄应扩大与中国合作，排在第三位的是西欧国家（20%），接下来是美国（9%）和伊斯兰国家（3%）。①

在经贸方面，双方的贸易额从20年前的30亿～40亿美元，发展到2012年882亿美元的新高，增长了约25倍。中国已连续3年成为俄罗斯第一大贸易伙伴，俄在中国贸易伙伴中排名第九位。在能源领域，过去两年中国通过斯科沃罗季诺至大庆的输油管道从俄罗斯进口了3000万吨原油，占中国每年石

① 新华网：《俄罗斯民众认为中国是俄主要对外政治伙伴》，2013年4月27日。参见 http://news.xinhuanet.com/2013-04/27/c_124637976.htm。

油进口总量的约8%。2013年6月，两国确定签署史无前例的大宗石油合同，首付款超过600亿美元。按照合同，俄方将在25年内向中国增供3.6亿吨原油（每年1440万吨），按照目前的油价，合同总价值达到2700亿美元。

中国与俄罗斯关系呈现这种良性状态，除了过去20多年来双方领导人都对对方的战略地位和作用有着清醒认识，对两国关系小心呵护之外，还有以下几个原因。

第一，如前所述，中俄大国相邻，有长达3000多公里的共同边界，历史上曾兵戎相见、教训惨痛，因此必须和睦相处。2008年，中俄双方完成勘定全部共同边界工作，以黑瞎子岛协议为标志，中俄长期存在的边界问题得以全部解决。

第二，一百年前，中国民主革命的先驱者们经历了从“西学东渐”到“以俄为师”的转变，而工农革命的领袖们干脆就将自己作为莫斯科领导的共产国际的一部分，更不用说1949年后中国的10年全盘苏化。苏俄的观念、制度、文化、科技乃至思维方法影响了几代中国人，直到今日。所以，中俄之间有着“传统”关系，从民间到决策者“旧情”难割。

第三，中俄政治体制有相近之处，在人权、体制、民族、领土等方面两国面临着相似的来自西方主要是美国的压力，两国领导层难免有彼此扶持、抱团取暖的倾向。

第四，两国有经济上的互补性，比如中国发展迅速，对能源和原材料需求持续旺盛，而俄罗斯地大物博，是全球第一大能源出口国。俄罗斯远东开发需要资金，中国的大量资金在寻找投资渠道。中国正在发展与自身规模相适应的海空军力量，与西方技术管制相反，俄罗斯成为中国从境外获取武器技术和装备的最主要国家。

第五，在全球战略层面，中俄需要相互借重，实现各自的战略目标。在欧洲和中东方向，美国和欧盟利用北约东扩和“颜色革命”不断挤压俄罗斯的势力范围和发展空间；在东亚和东南亚，美国利用“亚太再平衡”强化与传统盟国的军事纽带，对中国包括南海、东海乃至台湾的领土主张形成压力。两国在战略层面的相互借重，既表现在实质上的对某些安理会决议的共同立场，也有心理上和道义上的彼此倚重。

中俄全面战略协作伙伴关系是中俄总体关系的概括性描述，这里的关键词是“协作伙伴”（partnership）[①]，伙伴的意思是合作、互助，但不勉强，远不像“盟友”（allies）那样有严格、具体、对等的权利和义务，特别在军事政治方面。所以，现在的中俄伙伴关系截然不同于过去的中苏同盟关系。俄科学院世界经济和国际关系研究所高级研究员格奥尔基·库纳泽说，俄罗斯未必愿意成为中国的盟友，尽管一直说在主要问题上立场相近。从战略层面说，这种联盟对莫斯科是非常麻烦的。但任何情况下，俄都不会在中国同第三国可能发生的冲突中反对中国。俄会不会支持中国则另当别论。[②]

的确，与这种战略协作伙伴关系同时存在的是中俄之间的疑虑和戒心。

中国的快速发展除为俄罗斯创造了更多商业机会和能源出路外，也使对方警惕中国的经济扩张和人口流动。俄远东地区面积占全俄的40%，但只有650万人口，过去20年一直还在减少。相比之下，中国与俄罗斯接壤的边境地区有1.4亿人口。也正是由于这种戒心，俄罗斯在远东开发方面，与积极引入中国资金的政策相比，对中国劳动力的进入则壁垒重重。中国媒体批评俄罗斯政府没有负起保护在俄工作的中国公民的权利与安全的责任。而俄罗斯一些人抱怨中国在该地区造成的环境破坏，担心中国移民会持久留在俄罗斯的远东地区。

在经济领域，中俄都没有把对方当作主要经济伙伴，俄罗斯主要关注欧洲特别是德国，将苏联加盟共和国作为原料供应地。中国在发展与欧洲经贸关系的同时，仍将美国作为其最主要的贸易对象国。尽管双方都在努力实现2015年1000亿美元的双边贸易目标，但这个数字仅相当于2012年中美贸易额的1/5和中韩贸易额的1/2。

在军事战略上，尽管双方都担心美国的导弹防御系统，但并没有进行合作开发或分享技术成果加以应对。更没有协调立场，对部署反导系统的邻国施加压力。更有甚者，尽管俄罗斯军事实力远超中国，俄罗斯的裁军专家仍以中国军力增长为理由，提出将中国纳入核裁军谈判。而且有迹象表明，俄罗斯的军

---

① 战略协作伙伴英文为：strategic partnership。

② 《俄媒：中国旁观“俄美斗”坐收“渔翁之利”》，《参考消息》2013年9月19日，参见http：//world. cankaoxiaoxi. com/2013/0919/274629. shtml。

事力量也在逐步向亚洲调整。

在安全领域，俄罗斯所致力建立的是没有中国参加的集体安全条约组织（Collective Security Treaty Organization，CSTO），并将其作为中亚的安全机制。2012年在北京举行的上海合作组织首脑会议暴露出了两国在战略选择上的分歧。首脑会议讨论经济议题时，中国本想充分讨论自己提出的上合组织发展银行等经济议题，但由于俄罗斯的阻延而未能实现。相同的情况还发生在此前中国提出的上合组织自由贸易区的问题上。其原因在于莫斯科担心中国在中亚经济影响力的扩大。在东亚、中东和其他一些地区，中俄安全政策也是平行而非协调的。

总之，中国有GDP世界第二的经济力量，俄罗斯是世界第二的军事强国，虽然两国互存疑虑和担心，但尚无明显的矛盾冲突。两国有着共同的政治和经济利益，面临着相似的国际压力。如习近平主席2013年3月访俄所说："今后一个时期，中俄全方位战略合作重点要加大相互政治支持，坚定支持对方维护国家主权、安全、发展利益的努力；全面扩大务实合作，把两国高水平的政治关系优势转化为务实合作的实际成果；密切在国际和地区事务中的协调和配合，维护两国共同战略安全。"①

## 结　语

2013年对于中美、中俄、美俄三个双边关系来说是不同寻常的一年。面对中美关系的艰难、美俄之间的摩擦和中俄彼此的亲近，中美俄大三角关系的话题悄然变热。面对来自美国的压力，相关方会本能地寻找一起抗压的伙伴，毕竟二人挑担比一人肩扛轻松许多。但现实总是比愿望残酷，中美俄之间目前的状态本质上还是三个相对独立的双边关系。三个关系之间有联系、有互动、有影响，但在主观意愿、客观能力、实际情况上都没有出现两方联手牵制第三方并左右着全球总体安全局势的类似冷战时期的大三角形关系。

① 新华网：《习近平同俄罗斯总统普京举行会谈》，2013年3月22日，参见http：//news.xinhuanet.com/2013-03/22/c_124493917.htm。

首先，无论从经济、政治还是意识形态看，21 世纪的世界已根本不同于 20 世纪 70 年代的冷战高潮时期。各国人民更多关注的是幸福、健康与进步，政治家与社会精英们已经或多或少地能够摆脱民族、宗教、意识形态的束缚，共同应对资源枯竭、生态恶化、环境污染、恐怖主义、社会不公、践踏人权等全球性挑战已经成为共识。将过去中美苏大三角关系中那种争霸、对抗、利用的模式借鉴到今天，是一种早已过时的冷战思维，与习近平主席所说的新型大国关系迥异。

其次，即使从现实主义权力政治角度看，当前的中美俄关系就算是三角也是不在一个层次上的错位的三角。美国是经济、军事、科技全方位的超级大国；俄罗斯是以冷战核武器遗产为主的全球第二军事大国，经济总量则排在意大利之后（世界第九）；中国 GDP 虽世界排名第二，但科技含量较低，军事能力还止于领土和近海防御。中国如果在军事上全力追赶美国，结果就会影响甚至放弃国内的社会经济目标，最终还是掉入所谓“修昔底德陷阱”。

再次，中俄可以在某些具体问题，甚至个别领域采取一致立场对抗美国的傲慢和霸道。但期待中俄形成一种抗衡美国的关系就是一厢情愿了。如前文所述，俄罗斯与美国的分歧是浅层次、非结构性的；而中美矛盾在社会制度、意识形态方面属于深层次，在崛起国与守成国方面又是结构性的。且不说俄罗斯是否愿意在“关系”方面联手，将来一旦撒手后果难料。所以，中国不应刻意追求与俄罗斯采取共同外交立场，还是应该遵循我们的一贯原则，即依各个国际事件本身的是非曲直来决定政策。

因此，中国的大国外交确实应该表里如一地追求新型大国关系，即不冲突、不对抗、互相尊重、合作共赢。这是中国的希望所在，也是世界的希望所在。

## 参考文献

王缉思、李侃如：《中美战略互疑：解析与应对》，社会科学文献出版社，2013。

http：//news. xinhuanet. com/.

http：//www. chinadaily. com. cn/.

http：//www. chinanews. com/.

http：//www. people – press. org/.

http：//www. gallup. com/.

http：//pewresearch. org/.

http：//www. washingtonpost. com/.

http：//online. wsj. com/.

http：//www. cfr. org/.

http：//rt. com/usa/.

http：//www. ft. com/.

http：//www. whitehouse. gov/.

http：//www. defense. gov/.

http：//www. state. gov/.

zh. wikipedia. org/wiki/.

Susan V. Lawrence, "U. S. -China Relations: An Overview of Policy Issues," http://www. fas. org/sgp/crs/row/R41108. pdf.

Robert S. Ross, "Obama's New Asia Policy Is Unnecessary and Counterproductive," *Foreign Affairs*, Vol. 91, No. 6, November/December 2012.

# Y.4

# 中国周边安全形势评估（2012～2013）

王　雷*

**摘　要：**

过去一年，中国周边安全形势面临四大挑战：一是美国继续推进“再平衡”战略，中美外交摩擦、战略竞争显著增多；二是中国与周边国家的海洋领土争端日趋严峻；三是中国在周边面临的军事压力、安全两难明显增多。此外，地区热点问题频繁爆发也削弱了中国周边环境的稳定性。虽然周边环境总体保持相对稳定，冲突并没有代替合作成为主流趋势，但是新时期中国维护周边和平稳定的难度在加大。

**关键词：**

周边安全　再平衡　战略遏制

中国周边安全环境正在经历复杂深刻的变化。随着美国加快推进“亚太再平衡”战略，中美之间的外交摩擦、战略竞争显著增多。当前，地区安全形势、战略环境正在发生深刻转变，中国与周边国家都需要对此不断适应和磨合。新时期中国维护周边安全的难度在加大。从过去一年的实际情况来看，这些挑战主要集中于以下方面：第一，中国需要继续应对美国“再平衡”战略引发的一系列麻烦。第二，中国与周边国家的海洋领土争端日趋严峻。其中，中日两国因钓鱼岛问题摩擦不断，陷入尖锐对立。中菲、中越关系也因南海权益争端，不时发生龃龉。第三，中国在周边面临的军事压力持续增大。过去一年，一些周边国家有意识地加强了针对中国的军备竞赛，相关军事部署和军事

* 王雷，中国社会科学院世界经济与政治研究所助理研究员，主要研究国际战略、中国周边安全等问题。

演习也在不断推进。除此之外，朝核危机等地区热点问题亦给中国维护周边和平稳定带来不小的压力。

## 一　中国继续应对“再平衡”问题

### （一）美国“灵巧”推进“再平衡”战略

过去一年，面对债务上限、军费削减、中东乱局以及中美摩擦增多等难题，美国推行重返亚太战略的调门显著降低。奥巴马胜选连任后，随着其外交团队主要成员的大幅调整，美国推进“亚太再平衡”战略也呈现出新的特点，即注重实干，讲究技巧并异常坚决。

具体来讲，美国的新动作主要体现在以下五方面：第一，继续加强与日、韩、澳等地区盟国的关系，扩展美国主导下的同盟网络，但是侧重于让盟国承担更大的责任，减少美国的压力。当前，美日同盟已由美国单方面向日本提供安全保障转变为双向的军事合作体制。美韩两国也在积极将政治、军事同盟向经济、文化、价值全方位同盟进行转变。第二，为了落实“空海一体战”作战理念，美国积极与澳大利亚、菲律宾、新加坡、越南等国达成使用军事基地或设施的协定或意向，不断进行联合军演，加快先进武器进驻亚太的步伐，试图以最小的成本维持地区军事优势。第三，进一步深化与印度、印尼等新兴国家的伙伴关系，加强与地缘枢纽国家的合作关系，力图为“再平衡”奠定更坚实的战略基础。第四，运用“巧实力”积极介入亚太地区与中国有关的领土主权及海洋权益纠纷，在钓鱼岛和黄岩岛争端中，美国有意偏袒日本和菲律宾，对中国进行战略牵制。第五，大力推进泛太平洋战略经济伙伴关系协定（TPP）。虽然美国表面上宣称，TPP对任何国家均持开放态度，但本质目的还是希望主导亚太多边经济合作的方向，平衡中国在该地区的经济影响力。

### （二）“再平衡”加剧中美摩擦与对立

总体来看，美国上述动作针对中国的指向性比较明显。过去一年，“再平衡”战略至少在三方面对中美关系造成较大冲击。首先，中美之间的战略分歧与矛盾显著增多。对于全球安全领域的热点问题，如伊朗核问题和叙利亚冲突，中美两国政策相左，矛盾明显。在地区安全事务上，中美亦存在众多分歧。比如中方认为经济增长与区域合作是首要议题，而美方则突出军事安全话题。中国主张通过政治外交手段解决地区热点问题，美国则注重强化同盟体系和军事威慑。中国希望保持地区战略环境稳定，美国则在加紧部署亚洲反导系统。

其次，两国关系起伏不定，充满变数。奥巴马连任后，美国对华战略依然维持模糊性，遏制和接触并行。2012 年底，美国国会通过了 2013 财年国防授权法案，其中包括两个涉华条款，一是承认日本对钓鱼岛的行政管辖权，重申其适用于《美日安保条约》第五条；二是呼吁美国向中国台湾地区出售先进战机。[①] 进入 2013 年，美国持续介入与中国相关的海洋领土争端，偏袒日、菲等国。此外，在人民币汇率、中国军力透明度以及网络安全问题上，两国争吵一直不断，这种紧张气氛直到 6 月中美举行首脑会晤才有所缓和，但是两国构建“新型大国关系”的提议更多只是“姿态”，而非行动。

再次，“空海一体战”加剧中美军事竞争态势。对美国来讲，空海一体战的基本考量是确保美国拥有足够的力量击败强敌，并且能够在战争升级中保持优势。因此，其重点任务就是要发展一种能够直接攻击敌人腹地，对其纵深目标进行联合打击的综合力量。面对这种严重的安全威胁和军事挑衅，中国必然要推进海空军事力量的快速发展。受此影响，中美之间安全两难不断加剧，两国军备竞赛存在进一步激化的风险。除此之外，由于美国积极介入与中国有关的海洋领土争端，两国因第三方因素导致关系紧张，甚至卷入地区冲突的危险在增大。

### （三）亚太国家对“再平衡”的最新回应

目前来看，随着美国“再平衡”战略的深入推进，中美之间的战略竞争、博弈显著增多，这种变化无疑加大了地区战略环境的复杂性。面对新形势，亚太各国都需要对外交政策、对外战略进行调整。过去一年，我们大体可以看到

---

① 《美国会涉华法案粗暴干涉中国主权和内政》，《人民日报》2012 年 12 月 23 日。

两种变化：

第一种是与中国存在海洋领土争端的国家，它们的主要做法是“联美制华”。即借美国推进“再平衡”之机，加大针对中国的战略遏制、外交孤立和军事防范。在领土争端问题上，主动挑起事端，激化矛盾，甚至挑动中美对抗，趁机浑水摸鱼。这方面比较典型的例子是日本。

安倍晋三再次当选首相后，推出日本外交五原则，被外界称为“安倍主义”，其主要内容包括：将亚洲外交作为日本外交的基石，主张利用价值观为牵引，在包括东盟、印度及澳大利亚在内的亚太地区构筑双边、多边关系网。① 事实上，早在安倍第一次担任首相时，就倡导建立所谓的“自由与繁荣之弧”。此次组阁后，安倍再次打出“价值观外交”这张牌目的有二：一是借助各国经济增长的动力，促进日本经济复苏，将此作为维持日本增长潜力、强化地区战略地位的重要手段；二是借用凸显重视东盟的姿态，配合美国把战略中心转移至亚太地区，意图打造对华战略包围网，对中国崛起进行牵制。

此外，借美国推进“再平衡”之机，日本新政府也主张修改和平宪法，将自卫队变成国防军，为日本重新军事化，参与海外军事行动打开大门。值得注意的是，在历史问题上，安倍仍拒绝接受国际社会针对日本二战罪行和征用慰安妇等行为的指责。在钓鱼岛问题上，日方不仅顽固采取拒不承认重新存在争议的错误态度，反而挟持美国向中国施压，不断激化矛盾，致使中日关系严重恶化。日本重启军事化、政治右倾化不断加剧的事实已经引发了包括中国在内的周边邻国的普遍担忧。

第二种是与中美两国都存在相互依赖关系，或者是经济上依靠中国、安全上依赖于美国的国家。应该讲，随着美国不断推进“再平衡”战略，亚太地区各种矛盾和摩擦日益多发，一些国家逐渐感受到中美关系恶化带来的负面冲击和影响。出于维护自身利益的需要，它们不希望中国和美国关系不稳定、起冲突，或发生战争，倾向于在中美之间谨慎地寻求平衡。

比如印度，随着经济实力和影响力的快速提升，印度外交战略的自主性日益增强。印度希望在地区和全球事务中发挥更大的作用。在这一过程中，它意

① 《安倍在印尼发表亚洲外交五原则》，日本新闻网，2013年1月18日。

识到与美国、中国、俄国等大国保持良好、均衡的合作关系非常重要。尽管印美关系近几年进展显著，但是印度政府多次表示，其与美国构建的是战略伙伴关系，不是同盟关系，印度不希望成为某大国地区战略的一枚棋子。应该看到，经过不断的调整与磨合，中印之间的舆论氛围已经出现积极的变化。刻薄和找茬开始让位于有意义的接触和对话。过去一年，两国政府互动明显增多，戚建国副总参谋长和李克强总理先后对印度进行访问，印度国家安全顾问梅农、国防部长安东尼等人也对中国进行了回访。尽管“帐篷对峙”事件一度对双边关系造成影响，但两国都希望缓和局势，并就边境问题达成谅解。2013年10月辛格总理对华进行访问，11月两国重启联合军演。种种迹象表明，改善中印关系正在迎来新机遇。

2013年5月，澳大利亚政府公布了新的《国防白皮书》，除强调要继续强化美澳同盟外，也提出了“积极接触亚太”的新战略。澳大利亚认为，新时期应该加强与包括中国在内的所有亚洲国家的关系，通过“积极接触”扩大澳洲大陆在印度洋和太平洋之间独特的地缘价值。[①] 与四年前相比，新白皮书显示出截然不同的论调。澳大利亚表示，视中国为伙伴而不是对手，欢迎并鼓励中国和平崛起。

同样，在东南亚，大多数东盟成员国认为，经济发展仍是该地区的第一要务，主张东盟国家应避免在大国竞争中选边站队。今年6月，越南国家主席张晋创访华，受到中国热烈欢迎，双方表示重视两国传统友谊，希望通过协商妥善处理有关问题。显然，随着愈发察觉美国新政策带来的强烈竞争感，以及地区局势呈现出持续紧张和不稳定事态后，东盟国家的对华政策开始变得更趋冷静和成熟。

## 二　中国周边的领土海洋权益争端日益严峻

过去一年，中国在维护周边领土主权及海洋权益问题上面临着严峻挑战。

---

① Defence White Paper 2013, Australian Department of Defence, May 3, 2013, http://www.defence.gov.au/whitepaper2013/docs/WP_2013_web.pdf.

其中，中日两国在钓鱼岛问题上摩擦不断、陷入尖锐对立；中菲、中越关系也因南海岛礁、海洋权益争端持续紧张，龃龉不断；除此之外，历时近三周的“帐篷对峙”事件也表明，中印在有效缓解边界领土争端问题上面临着显著困难。

安倍上台后在领土争端问题上立场强硬。事实上，为了提高支持率，赢得参议院选举，安倍政府也试图煽动民族主义情绪，在钓鱼岛问题上大做文章。今年2月，日本政府和媒体突然大肆炒作自卫队军舰被中国海军“火控雷达瞄准”一事。与此同时，安倍在访美期间对中国大肆攻击，将日本形容为“受害者”，试图拉拢美国向中国施压。随后，冲绳县石垣市进一步火上浇油，向日本政府提出将钓鱼岛纳入“申遗对象”。4月，80名来自右翼保守组织成员乘船前往钓鱼岛，进行所谓的“主权宣示”。与此同时，日本选择与“台湾”达成“渔业协定”，对中国进行牵制。随后，日本政府接连公布《外交蓝皮书》《防务白皮书》等重要报告，污蔑中国“侵犯”日本“领海”，指责中国海军威胁日本领海、领空安全。[①] 事实上，日本政府颠倒黑白的做法不仅未能打消中国维护领土主权的决心，反而更加激起中国民众对日本的反感。作为对日本不断挑衅的回应，中国在钓鱼岛海域加强了反制措施，不仅增加了海监船、公务船的数量，而且提高了定期巡航、维护主权的力度。

当前，日本政府对钓鱼岛所谓的“实际控制”已被打破。如果日方继续一意孤行，中方势必对钓鱼岛进行更有效的控制。钓鱼岛危机持续紧张已导致中日关系陷入邦交正常化以来最严重的困境。目前两国高层交往陷入停顿，双边经贸关系受到冲击。更令人担忧的是，两国的民族对立情绪不断升温，这使得危机后续发展方向的可测性以及中日通过外交途径缓和紧张局势的灵活性大为缩减。鉴于日方仍在争端中持顽固的强硬立场，拒绝放弃或停止宣传“国有化”，拒绝承认领土争议，而中国维护国家领土主权的决心和行动又非常坚定，因此，不能排除钓鱼岛危机有进一步升级甚至引发冲突的风险。

菲律宾等国在南海问题上不断生事。继2012年4月挑起黄岩岛事件后，

---

① Defene of Japan（2013 White Paper）, Ministry of Defense, Japan, http：//www. mod. go. jp/e/publ/w_ paper/2013. html.

2013 年 1 月菲律宾又单方面将与中国在南海的争议提交联合国海洋法庭仲裁，决意将争端国际化，借助国际舆论向中国施压。对于菲律宾提出的仲裁要求，中国表示不接受，并退回了菲方提请的国际仲裁照会及所附通知。中方希望菲方恪守承诺，不采取使问题复杂化、扩大化的行动。然而菲律宾继续一意孤行，不仅继续向南海地区增派舰只，激化矛盾，而且制造了震惊中外的“射杀台湾渔民”事件。对于菲律宾的野蛮行径，中方表示强烈谴责，并呼吁菲方尽快回到谈判轨道上来，但是菲方不仅关闭谈判大门，而且继续热衷于在国际上攻击中国。进入 5 月，菲律宾派遣军舰前赴仁爱礁，企图修建永久性设施，强化非法占领。针对菲方的挑衅，中方对仁爱礁开始进行海空一体化巡逻，加强了对相关海域的实际控制。8 月以来，中国与东盟就南海行为准则进行磋商。菲律宾借机再次炒作黄岩岛话题，指责中国在黄岩岛修建“混凝土块”，污蔑中国违反《南海行为宣言》。

应该看到，菲律宾、越南等国在南海问题上的强硬立场和冒险行为很大程度上源自外部大国的支持和鼓动。黄岩岛事件爆发以来，美菲在南海地区已多次举行联合军演。目前，美国不仅将其对菲律宾的军事援助提高两倍，而且还增加了本国军舰、核潜艇和军事人员轮流访菲的频率。日本近期也以贷款形式向菲方提供了 10 艘海岸警卫队巡逻艇，以及一系列发展援助。与此相对，美越、印越日益频繁的军事合作也格外引人关注。从目前的发展趋势来看，因为一些域外势力的积极干预和鼓动，南海问题正变得日益复杂和棘手，短期内不能排除菲律宾等国继续挑事的可能性，这些国家的真正目的是把南海问题国际化、司法化，把非法窃取变成“合法所得”，同时进一步制衡中国。

## 三　中国在周边面临的军事压力持续增大

近年来，中国海空投射力量的快速发展引发了外界的高度关注，虽然中国的国防投入与其他主要国家相比仍然较低，但是周边国家特别是与中国存在领土争端的国家对中国军力的快速发展一直比较敏感和警惕。过去一年，一些周边国家有意识地加强了针对中国的军备竞赛，相关军事部署和军事演习也在不断推进。

美国加快落实“空海一体战”作战理念。虽然美国政府和军方一再强调，“空海一体战”理论不针对任何特定地区和国家，但其研究、规划以及执行人员却始终将中国视为假想敌，谋求对中国进行“先发制人”的打击。美军认为，“反介入/区域拒止”能力是美军当前面临的最严峻的挑战，因此新时期其作战力量需要按照任务编组成网络化、一体化的联合部队，以求在海陆空、外太空、网络空间能够实施跨域作战，同步破坏对手的C4ISR系统、摧毁反介入/区域拒止平台和武器，确保美军在全球的行动自由以及能够有效制服强劲对手。① 为实现上述目的，一年来美国主要采取了以下措施。

第一，美军大规模调整了太平洋地区的兵力部署。陆军已开始将兵力由伊拉克和阿富汗向亚太逐步转移。海军按照60%兵力部署亚太的计划，2013年4月已将濒海战斗舰率先派驻新加坡樟宜海军基地，意图加强在马六甲海峡的威慑以及对南海地区快速介入的能力。第二，加快先进战机进驻亚太基地群，其中EA－18G“咆哮者”电子战飞机部署在厚木基地，V－22“鱼鹰”运输机部署于普天间基地、F－22“猛禽”战斗机部署在冲绳嘉手纳基地。此外，美军还计划向新加坡樟宜空军基地、泰国呵叻空军基地、菲律宾的普林塞萨港空军基地以及印尼和马来西亚的空军基地派遣F－22、F－35以及B－2隐形轰炸机。第三，为推进“空海一体战”，美军加快了新武器的研发进度。2012年末空军X－37B空天战机进入实际测试阶段，美军试图利用该武器实现“两小时全球快速打击能力”；另一项突破是，今年7月海军X－47B无人机成功实现航母自主降落。美军希望这种同时具备隐身和长程打击能力的武器，可以帮助航母编队在第一岛链外安全地进行“反介入/区域拒止”作战。

东北亚方向，日本在军事领域的动作引人关注。今年年初，安倍政府宣布将2013年的国防开支提高两个百分点，这是日本11年来首次增加国防预算，理由是要对中日钓鱼岛争端做出更严厉的回应。不仅如此，日本防卫省新近出台的2014年度预算总额较2013年又增加了3%，总额达到了4.89万亿日元。②

① Amitai Etzioni, “Air-Sea Battle: A Dangerous Way to Deal with China,” *The Diplomat*, September 3, 2013.

② “Defense Ministry Seeks Funds To Study Drones,” *NIKKEI*, August 30, 2013.

日本政府增加这些预算到底做什么？目前从各方面消息来看，资金主要用于三个方向：第一，强化两栖作战能力。日本防卫省已决定将效仿美国海军陆战队组建水陆两栖部队，该部队设置目的是要承担从海上登上并夺回被占岛屿的作战任务。作为准备工作的一环，承担特殊作战任务的陆上自卫队中央快速反应集团明年将组建“水陆两栖准备队”。该部队预计将与现有的离岛防御特种部队“西部方面普通科联队”一起，逐步积累两栖作战的战法以及相关登陆设备的使用经验。目前，日本陆上自卫队已经采购了四辆 AAV7 型两栖战车，计划未来再购入 50 辆同类装备。此外，日本防卫省还将改造海上自卫队“大隅级”运输舰，并为两栖部队配备“鱼鹰”型运输机，同时缩短“鱼鹰”从引进到使用的时间。[①] 值得警惕的是，一年来岛屿防御特种部队“西普联”已经同美军联合进行了多次夺岛演练，美日联合军演的目的和假想敌不言自明。第二，加强警戒监视能力。日本自卫队正在加快引进和部署“全球鹰”无人侦察机，该无人机滞空时间长，可获得高精度的图像，日本主要意图是要加强对朝鲜的军事监视，以及监控中国进入海洋的动向。当前，自卫队正以冲绳那霸基地为据点，新建由 E－2C 预警机组成的“第二飞行警戒监视队”，其主要意图是加强对西南诸岛的控制。此外，日本还计划加强反潜巡逻能力，为了保证反潜平台的数量，日本防卫省决定将延长 P－3 巡逻机、潜艇和水面舰只的使用年限。第三，改善海上保安厅装备的质量和数量。为了应对中国海监船日益增加的巡航力度，日本防卫省计划在这方面增加 13% 的预算，总额达 1963 亿日元。主要任务是新建和翻修 12 艘巡逻船，其中 6 艘是千吨级以上的大型船只。[②] 种种迹象表明，日本正在努力强化对离岛的控制和夺取能力。

东南亚方向，菲律宾在全力强化军力建设。2012 年阿基诺宣布了总额达 18 亿美元的防务支出，主要用于采购攻击直升机、海军直升机、轻型飞机、巡逻舰只以及空军防护装备。此外，菲律宾政府还延长了 1995 年通过的《菲律宾武装部队现代化法案》的期限，承诺在未来 15 年里继续投资、打造该国

① “Budget requests reflect Abe’s move to bolster defense capabilities,” *The Asahi Shimbun*, August 31, 2013.

② “Budget requests reflect Abe’s move to bolster defense capabilities,” *The Asahi Shimbun*, August 31, 2013.

防务能力。自去年黄岩岛对峙事件发生后，菲加大了对南海的海空侦察力度。菲律宾空军现有的侦察机被大量部署到巴拉望省，直属于菲律宾西部空军指挥，这些侦察机几乎每天都采取双机编队的飞行方式，对黄岩岛和仁爱礁附近海域进行侦察和巡逻。此外，菲律宾海军和海岸警卫队还动员部分渔船渔民携高分辨率相机和其他电子设备，对南海岛礁进行抵近观察。当前，菲律宾海军已经新购了3架AW109多用途直升机和美国退役的“达拉斯”号巡逻舰。但是，为了进一步增加监视和巡逻力度，菲律宾正准备从韩国购买12架FA－50战机以及两架反潜直升机。[①] 此外，该国还谋求购买“鱼叉”式反舰导弹。近期，日本与菲律宾敲定了一项大规模的军事援助计划，菲律宾海岸警卫队将通过低息贷款的方式从日本购买10艘新式的多用途巡逻舰。

南亚方向，印度扩充军备的步伐不断加快。近10多年来，印度军费以每年7%～8%的速度增长，印度也因此成为世界第一大军火采购国。一年来，印度仍在不断增加其在实际控制线周边的军事存在。2013年印度内阁安全委员会已同意组建一支近4万名官兵的山地打击部队，定于2016年年底前部署于中印存在争议的边境地区，这项计划预计耗资超过100亿美元。[②] 此外，继2012年4月印度首次试射烈火－5型洲际弹道导弹后，2013年9月15日，印度又一次成功试射了该型导弹，印度的战略打击能力以及核威慑能力正在迅速提升。

应该看到，中国周边进行的某些联合军演意图复杂、动机不纯。在东海方向，美日多次演练的联合夺岛军事演习潜在针对目标直指中国；在朝鲜半岛，朝鲜与美韩互为敌视的军事演习实质加剧了该地区本已十分紧张的局势；在南海方向，美国频繁主导的军事演习非但没有稳定地区局势，反而诱使一些国家挟美自重，不断挑衅，抗衡中国，致使南海局势更为凶险和棘手。中国并非反对联合军演这种合作方式。事实上，如果能够增信释疑，降低爆发冲突的风险，有利于维护地区和平稳定，对相关国家安全利益又是双赢的，那么中国对这类性质的军演不仅欢迎，而且热衷于参与。但是反之，那些经常夹带着冷战

① Richard Jacobson, “Modernizing the Philippine Military,” *The Diplomat*, August 22, 2013.

② Kapil Patil, “India's New Mountain Strike Corps: Conventional Deterrence,” *The Diplomat*, August 8, 2013.

思维，打着合作借口，实谋一己私利的联合军演，中国势必会坚决反对，高度警惕，而且不排除必要的反制。

## 四　中国周边其他安全隐患问题

### （一）朝鲜半岛局势扑朔迷离

过去一年，朝鲜两次试射卫星并进行第三次核试验，国际社会对此谴责并进行了新一轮制裁。朝鲜方面则宣布“六方会谈”和“9·19共同声明”不复存在，不再进行半岛“无核化对话”。作为回应，美韩频繁进行高强度联合军演，甚至派遣了具备核打击能力B－2/B－52轰炸机，朝方则宣布1953年停战协定作废、废除韩朝互不侵犯协议，切断韩朝热线电话，并扬言对美日本土进行核打击。自此朝核问题再陷僵局，半岛局势高度紧张。进入5月，由于之前各方的挑衅和威慑均未取得预期效果，紧张局势有所松动。朝鲜方面与外恢复了对话，一方面向中国派遣特使，举行中朝战略对话；另一方面朝韩也就恢复热线电话、重启开城工业园区、朝韩离散家属团聚问题进行接触。韩国方面也主动加强了中韩对话，以及中美韩三边协调，中美之间也进行了有效的沟通。目前，半岛局势逐渐稳定，但是前景不容乐观。

在可见的未来，朝核问题和朝鲜半岛局势仍面临以下严峻挑战：第一，短期内恢复六方会谈比较困难。朝美设定的对话门槛都很高，朝鲜希望美国先解除制裁，签订和平协定，实现关系正常化，美国则要求朝鲜先做出弃核的具体行动。事实上，朝美都很难接受对方的前提条件。第二，如果朝鲜觉得对话没有前景，安全又没有保证，那么很可能再次进行导弹试射和核试验。这种情况下，国际社会可能要面对一个更具核野心以及可观核实力的朝鲜，半岛局势可能因此再度升级甚至爆发冲突。第三，由于长期受到经济制裁和外交孤立，朝鲜内部情况值得担忧，如果金正恩不能有效控制局面，那么半岛的和平稳定恐将面临新的考验。第四，如果各方对话得不到及时恢复，那么在目前半岛局势持续紧张、军事高度对峙的情况下，不能排除发生擦枪走火的风险。

## （二）阿富汗、巴基斯坦、中亚安全局势存在隐患

随着北约驻阿联军可能在2014年完成撤军，阿富汗、巴基斯坦的安全形势可能变得更加严峻。众所周知，美国在阿富汗的十年反恐战争并不成功，一方面“基地”组织在阿富汗依然活动频繁，塔利班虽然已被推翻，但是在阿富汗部分地区仍具活力。与此相对，阿富汗卡尔扎伊政府掌控复杂局面的能力又备受外界质疑。事实上，为了保证明年美国撤军和阿富汗大选的顺利进行，2013年美国和阿富汗的官员一直寻求与塔利班进行谈判，试图缓解紧张局势,① 但目前来看，成效有限，前景黯淡。另一方面，美国的反恐战争非但没有解决阿富汗问题，反而导致巴基斯坦安全局势不断恶化，近年来，巴基斯坦境内的恐怖袭击事件呈上升之势，不仅如此，司法部门和政府间的长期不和，不同教派间的冲突不断，部落武装和恐怖组织活动猖獗，以及经济发展面临困境等问题一直困扰着该国的发展与稳定。多重因素相互交织导致巴基斯坦目前的安全局势十分复杂，巴政府在反恐方面面临着巨大压力。

在中亚地区，随着金融危机持续发酵以及区域外各种势力不断干涉和博弈，中亚各国的安全形势也变得日趋复杂和多变。过去一年，一些国家的政治、经济、社会局势仍然缺乏稳定，民族矛盾、宗教纷争、水资源、能源、地缘政治等因素正导致一些国家的相互关系缺乏稳定，充满变数。这种局势如果得不到有效控制，那么中国在该地区的经贸投资、能源合作，多边合作以及维护边境安全稳定势必会受到较大影响。有证据表明，不少东突恐怖分子在中亚、阿富汗地区曾接受过恐怖组织训练，后又与“基地”组织沆瀣一气，组成“统一战线”，甚至派遣所谓的“斗士”前往叙利亚作战。在中国境内，三股势力长期从事非法毒品、人口以及武器贸易，以“教育、培训穆斯林”为幌子分裂国家，不断制造恐怖袭击事件，恶化中国西北安全与稳定。

---

① Matthew Rosenberg and Alissa J. Rubin, "Taliban Step Toward Afghan Peace Talks Is Hailed by U. S.," *The New York Times*, June 18, 2013.

## 五 总结与展望

总的来看，中国快速崛起引发的权力分布变动仍然是影响地区安全环境变化的最重要的结构性要素。过去一年，尽管中国经济增速有所放缓，但是中美综合国力之间的差距在缩小。与周边其他国家相比，中国经济发展速度更快，国力增长势头更强劲。在可见的未来，这种趋势仍将持续下去，各国都要面对这一客观进程带来的挑战，不断进行适应。同样，美国加快推进“亚太再平衡”战略无疑引发了地区安全形势的巨大震荡。当前亚太各国的内政外交、对外战略、相互关系都在随之进行新的调整与重组。受此影响，中国周边安全环境也变得日益复杂，充满变数。短期来看，一系列消极因素，如冷战思维、地缘政治有所抬头，海洋领土争端加剧，民族对立情绪升温，贸易摩擦日益增多，地区热点问题敏感多发，也在削弱中国周边环境的稳定性。

不过，应该看到，中国周边安全形势的大格局并没有发生根本逆转。和平、发展、合作仍然是主流趋势。中国与周边国家的矛盾、摩擦乃至冲突，尽管存在进一步激化的可能，但失控的风险较小。事实上，中国与周边国家在各个领域的相互依赖仍然是起作用的一种结构性因素。目前，亚太各方都十分清楚，解决相互间存在的分歧与矛盾，最现实、有效的方式还是对话与合作。如果任由摩擦、冲突发展到不可收拾的地步，各方都会付出无法承受的代价。过去一年的事实表明，无论是中美、中日还是中越、中印关系，摩擦发生后，各方都在努力控制局势，避免危机升级到对抗，从而破坏相互间合作的基本关系框架。

事实已经证明，以遏制中国为目标的“亚太再平衡”不仅加剧了中美之间的摩擦与对立，而且增大了两国日后爆发冲突的潜在风险。应该看到，中美关系健康发展对于亚太乃至世界的和平稳定至关重要。太平洋足够宽阔，容得下中美两个大国进行合作，与其将有限的资源投入到军事对抗，不如推动地区经济持续发展，实现长久繁荣，进而促进两国共同利益。对于中美关系来讲，当前最重要的是加强协调，管控分歧。中美都需要对双边关系重新调整定位，减少战略模糊，增加互信，尊重彼此的重大关切和核心利益。建立新型大国关系并非坦途，难免存在波动与起伏，但两国应该努力适应、不断磨合，需要在合作和竞争中找到一种稳定且彼此都能接受的平衡。

过去一年，中国军力快速增长引发了周边国家的一些顾虑。但与许多国家不同，中国军事现代化在20世纪90年代才起步。长期欠缺投入导致中国军备与世界先进水平差距很大，即使到今天，中国军队的现代化水平也十分有限。中国现在的军费投入是理性的，有限的，始终不超过2%的水平，而且随着“补偿性”逐渐到位，今后军备增长速度会稳步放缓。西方国家或者个别周边国家炒作中国军事威胁论、军力发展不透明完全是没有根据的。中国并非现行国际秩序的挑战者，无意与他国争霸或进行军备竞赛。中国一直致力于全面建设小康社会，谋求和平发展。中国力量的增强和利益的扩展是这个进程的必然结果。周边国家面对这种态势实施遏制，损害中国核心利益，势必会导致中国做出强硬回应。

从未来的发展趋势看，随着各方对地区秩序转变逐渐适应，中国和周边国家的关系经过一段时间的波折应会恢复到正常轨道。不过，各方都需要对自身和对方重新审视，需要不断地通过对话调整互动方式，通过合作建立互信。中国需要进一步适应自己的大国身份和责任，周边国家也需要不断适应中国作为大国的和平发展。如果各方当前能够抓住机遇，相向而行，尽快就地区安全行为规范、合作机制达成共识，那么中国与周边国家的调整磨合周期就会显著缩短。反之，则可能陷入长期的困扰与阵痛。显然，前者符合各方的利益。

## 参考文献

《美国会涉华法案粗暴干涉中国主权和内政》，《人民日报》2012年12月23日。

《安倍在印尼发表亚洲外交五原则》，日本新闻网，2013年1月18日。

Amitai Etzioni, “Air – Sea Battle: A Dangerous Way to Deal with China,” *The Diplomat*, September 3, 2013.

“Budget requests reflect Abe’s move to bolster defense capabilities,” *The Asahi Shimbun*, August 31, 2013.

“Defense Ministry Seeks Funds To Study Drones,” *NIKKEI*, August 30, 2013.

Defence White Paper（2013），Australian Department of Defence，May 3，2013，http：//www. defence. gov. au.

Defence of White Paper（2013），Ministry of Defense，Japan，http：//www. mod. go. jp.

Kapil Patil，"India's New Mountain Strike Corps：Conventional Deterrence，" *The Diplomat*，August 08，2013.

Matthew Rosenberg and Alissa J. Rubin，"Taliban Step Toward Afghan Peace Talks Is Hailed by U. S. ，" *The New York Times*，June 18，2013；

Richard Jacobson，"Modernizing the Philippine Military，" *The Diplomat*，August 22，2013.

Y.5

# 全球重大武装冲突与军事形势评估（2012~2013）

徐 进*

**摘 要：**

在2012~2013年度，全球重大武装冲突的数量与上一年度相比基本持平，冲突仍然集中在中东、南亚和非洲东北部。令人瞩目的战争和武装冲突包括阿富汗战争、叙利亚内战、伊拉克、印度、巴基斯坦、马里等国的国内冲突。在世界军事形势方面，2012年全球军费开支比2011年略有下降，美国的年度军费开支继续位居世界第一，西欧和中欧国家继续削减军费开支，亚太国家的军费增长步伐有所减缓，中东和北非国家的军费开支增长速度很快。

**关键词：**

武装冲突 叙利亚战争 派别冲突 军费开支 武器装备

## 一 全球重大武装冲突

2012~2013年度的重大武装冲突数量与上一年度相比基本持平。根据瑞典乌普萨拉大学和平与冲突研究系冲突数据库（UCDP）的统计，在2012年，全球发生了32场重大武装冲突，比2011年减少5场。在这些冲突中，有23场国内冲突，1场国家间冲突和9场国际冲突。① 德国海德堡国际冲突研究所

---

* 徐进，中国社会科学院世界经济与政治研究所副研究员，主要研究领域是国际关系理论和国际安全问题。

① http://www.pcr.uu.se/research/UCDP/.

(HIIK)的年度报告(Conflict Barometer 2012)认为，在2012年，全球有18场战争，比上年减少2场，但有限战争数量略有上升，从19场上升到25场。[①] 系统和平中心(Center for Systemic Peace)主任马歇尔(Monty G. Marshall)汇编的冲突报告(*Major Episodes of Political Violence* 1946～2013)认为，到2013年6月仍在延续的冲突有22场，冲突程度大大减弱甚至停止的冲突有8场，另有16场冲突有死灰复燃的危险。[②]

综合看来，2012～2013年度全球重大武装冲突发生的国家或地区包括：亚洲的阿富汗、印度、巴基斯坦、泰国等；中东的叙利亚、伊拉克和也门；南美洲的哥伦比亚；非洲的索马里、苏丹、南苏丹、马里和尼日利亚。具体情况见表1。

**表1　2012～2013年度全球重大武装冲突**

| 亚洲 | 中东 | 南美洲 | 非洲 |
|---|---|---|---|
| 阿富汗(塔利班)<br>印度(反政府武装)<br>巴基斯坦(派系冲突)<br>泰国(分离主义势力)<br>菲律宾(分离主义势力) | 叙利亚(国内冲突)<br>伊拉克(派系冲突) | 哥伦比亚(反政府武装) | 索马里(反政府武装)<br>刚果(金)(反政府武装)<br>中非(反政府武装)<br>马里(反政府武装)<br>尼日利亚(反政府武装) |

2012～2013年度的国际安全形势继续保持局部动荡的态势。在西亚北非地区，叙利亚内战打得如火如荼，甚至出现了化学武器攻击。伊拉克的派系冲突依然严重，暴力袭击事件不断。“基地”组织阿拉伯半岛分支落户也门南部，实力扩展迅速，因此也门正在成为国际恐怖主义新策源地。2013年8月25日，“基地”组织阿拉伯半岛分支袭击了一辆载有24名也门空军学员的大巴车，造成至少12人死亡，多人受重伤。该组织称这是对也门总统哈迪纵容美国无人机在也门进行屠杀的报复行动。[③] 在非洲，北非马格里布地区恐怖主义猖獗。前几年的中东变局导致大量极端分子和武器涌入该地区，使“伊斯

① Heidelberg Institute for International Conflict Research at The Department of Political Science, University of Heidelberg, Conflict Barometer 2012, http://www.hiik.de/en/konfliktbarometer/pdf/ConflictBarometer_2012.pdf.

② 更新于2013年6月12日。http://www.systemicpeace.org/warlist.htm。

③ 《也门空军大巴遇袭致12人死亡》，《人民日报》2013年8月26日。

兰马格里布基地组织”的势力日益壮大。索马里青年党武装分子窜入肯尼亚首都内罗毕，在该市某商场制造恐怖袭击事件，造成数百人伤亡。① 另外，尼日利亚的“博科圣地”组织、苏丹和南苏丹的反政府武装仍在威胁着各自国家的安全。在亚洲，泰国南部的分离主义势力在2012年10月间连续制造炸弹袭击和枪击事件，造成警察、平民和武装分子数十人伤亡。② 2013年9月上旬以来，菲律宾反政府武装“摩洛民族解放阵线”在三宝颜市附近与政府军爆发激烈冲突，造成至少50多人死亡，数千人流离失所。③

### （一）阿富汗战争

自2012年9月以来，阿富汗的安全形势有所好转，这一点可以从表2的统计数字看出，2012年，北约联军共阵亡402人，比2011年少164人。今年前9个月的阵亡人数为134人，预计今年的总阵亡人数将继续减少。尽管双方有意和谈，但战场上的较量一直未停止。3月11日，正值美国新任国防部长哈格尔访阿之际，塔利班分子冒充阿富汗士兵在瓦尔达克省袭击美军，导致两名美军士兵和三名阿富汗士兵死亡，数人受伤。塔利班这次袭击具有很强的针对性，既试图给哈格尔一个下马威，又意在表明塔利班目前还没有准备与阿政府及美国进行谈判。今年4月开始，塔利班武装发动针对阿政府和外国驻军目标的春季攻势，打死多名联军官兵。5月24日傍晚，6名武装分子潜入喀布尔市，针对国际移民组织大楼发动自杀式汽车炸弹袭击，随后占据大楼同警方展开激烈交火。袭击和枪战造成包括6名袭击者在内共10人死亡。这是塔利班发动“春季攻势”开始以来喀布尔遭遇的最严重袭击事件。④ 而自7月20日起，阿富汗安全部队和北约联军在巴格兰、坎大哈和加兹尼等省份发起清剿行动，21名武装分子被击毙，9人被俘，缴获了大量武器弹药。⑤

① 《肯尼亚遇袭案死伤数百，震惊世界》，《新华每日电讯》2013年9月23日。

② 《泰国南部发生多起暴力袭击事件，总理英拉赴南部视察》，http：//gb. cri. cn/27824/2012/10/22/2225s3894786. htm。

③ 《菲武装冲突已致52人死》，《新华每日电讯》2013年9月15日。

④ 《联合国要求严惩阿富汗喀布尔袭击事件肇事者》，《人民日报》2013年5月28日。

⑤ 《阿富汗政府对塔利班展开清剿》，《人民日报》2013年7月22日。

**表 2　阿富汗战争联军死亡人数**

单位：人

| 年份 | 1月 | 2月 | 3月 | 4月 | 5月 | 6月 | 7月 | 8月 | 9月 | 10月 | 11月 | 12月 | 总计 |
|---|---|---|---|---|---|---|---|---|---|---|---|---|---|
| 2001 | 0 | 0 | 0 | 0 | 0 | 0 | 0 | 0 | 0 | 3 | 5 | 5 | 12 |
| 2002 | 10 | 12 | 14 | 10 | 1 | 3 | 0 | 3 | 1 | 6 | 1 | 8 | 69 |
| 2003 | 4 |  | 12 | 2 | 2 | 7 | 2 | 4 | 2 | 6 | 8 | 1 | 57 |
| 2004 | 11 | 2 | 3 | 3 | 9 | 5 | 2 | 4 | 4 | 8 | 7 | 2 | 60 |
| 2005 | 2 | 3 | 6 | 19 | 4 | 29 | 2 | 33 | 12 | 10 | 7 | 4 | 131 |
| 2006 | 1 | 17 | 13 | 5 | 17 | 22 | 19 | 29 | 38 | 17 | 9 | 4 | 191 |
| 2007 | 2 | 18 | 10 | 20 | 25 | 24 | 29 | 34 | 24 | 15 | 22 | 9 | 232 |
| 2008 | 14 | 7 | 20 | 14 | 23 | 46 | 30 | 46 | 37 | 19 | 12 | 27 | 295 |
| 2009 | 25 | 25 | 28 | 14 | 27 | 38 | 76 | 77 | 70 | 74 | 32 | 35 | 521 |
| 2010 | 43 | 53 | 39 | 34 | 51 | 102 | 88 | 79 | 57 | 65 | 58 | 41 | 711 |
| 2011 | 32 | 38 | 39 | 51 | 56 | 66 | 53 | 82 | 53 | 42 | 27 | 27 | 566 |
| 2012 | 34 | 24 | 39 | 39 | 45 | 39 | 46 | 52 | 27 | 24 | 17 | 14 | 402 |
| 2013 | 8 | 1 | 16 | 17 | 26 | 27 | 14 | 13 | 12 |  |  |  | 134 |

注：2013 年数据截止到 9 月 30 日。

资料来源：http：//icasualties. org/OEF/ByMonth. aspx。

2013 年以来，阿、美、塔三方的关系日趋复杂化。在阿美关系一边，虽然双方同意将美军向阿富汗安全部队移交作战任务的期限由原定的今年夏天提前至今年春天，但在驻阿美军人数、驻阿美军豁免权等问题上依然分歧较大。卡尔扎伊希望美军驻留人数约为 1.5 万人，而奥巴马政府急欲缩减国防支出，可能打算在阿富汗保留 3000 ~ 9000 人，执行反恐和培训阿富汗部队的任务。美方要求驻阿部队享有无条件司法豁免权，但卡尔扎伊宣称美军享受司法豁免权的前提是不损害阿方主权。①

今年以来，阿富汗总统卡尔扎伊摆出一副好斗姿态，频频发声指责美国的一些做法，引起外界对阿美关系的广泛猜测。2 月 16 日，卡尔扎伊在喀布尔国家军事学院发表演讲，指责北约使用无人机误杀阿平民事件，声称："我们的军队向外国人请求空中支援，结果，我们的孩子被炸死。"他随即下令，规定阿军在任何情况下都不能请求外国军队空袭阿国民的住宅或村庄。② 2 月 28 日，卡尔扎伊颁布总统令，要求北约在三个月内将阿民兵武装指挥权移交给阿

① 《美提前撤军能否解阿富汗之忧》，《新华每日电讯》2013 年 1 月 12 日。

② 《阿富汗叫停北约空中支援》，《人民日报》2013 年 2 月 18 日。

富汗政府。据悉，诸多针对联军组建的民兵武装拷打和虐待指控是卡尔扎伊颁布总统令的缘由。[①] 3月10日，正当美国新任国防部长查克·哈格尔访问阿富汗之际，阿富汗总统卡尔扎伊发表讲话，猛烈抨击美国和塔利班的私下“日常接触”意在合伙恐吓阿富汗人民，并称美阿之间缺乏政治互信。[②] 8月24日，阿富汗总统卡尔扎伊表示，阿美双边安全协议必须符合阿富汗政府的利益，如果在他任期内没有考虑好签署该协议，将由下一任总统定夺。而美方希望能在2013年10月前签署该协议，以免影响明年的阿富汗总统选举。[③]

卡尔扎伊多次指责美国旨在表明自己并非美国的傀儡，宣示自己对阿富汗事务的控制权，并赢得阿国内反美力量的支持，为他参加2014年阿富汗大选做准备。不过，阿富汗经济不振，军队作战力较弱，卡尔扎伊也不会完全搞坏与美国的关系，他还需要后者提供必要的经济和军事援助。因此，虽然美阿之间存在一定分歧，但合作仍是主流。

在阿塔关系和美塔关系两边，各方都有意和谈，但进程并不顺利，主要原因在于各方缺乏政治互信。卡尔扎伊对塔利班绕过阿政府，在多哈设立办公室并与美国谈判感到愤怒，称和谈必须由阿政府主导。卡尔扎伊还宣称，阿政府与塔利班举行和谈的前提条件是塔利班移除在多哈办公室的旗帜和“阿富汗伊斯兰酋长国”的牌子。[④] 8月底，卡尔扎伊出访巴基斯坦，一是希望巴基斯坦出面劝说塔利班与阿富汗政府和谈，二是希望巴基斯坦释放被关押的塔利班高层领导人，包括塔利班前二号人物阿卜杜勒·加尼·巴拉达，以便为和谈创造良好气氛。[⑤] 塔利班方面则将卡尔扎伊政府视为美国政府的“傀儡”，拒绝与其进行和谈。塔利班发言人表示，塔利班在卡塔尔开设办事处是其与卡塔尔政府之间的事情，和卡尔扎伊政府无关，塔利班在卡塔尔的代表不会与卡尔扎伊见面或对话。[⑥] 美国由于顾忌与卡尔扎伊的关系，暂时停止6月份与塔利班

① 《阿富汗总统要求北约在三个月内交出民兵指挥权》，http：//world. huanqiu. com/exclusive/2013－03/3693613. html。

② 《卡尔扎伊再次猛批美国和塔利班接触》，《人民日报》2013年3月12日。

③ 《阿富汗不急于与美签署安全协议》，《人民日报》2013年8月26日。

④ 《美与塔利班多哈和谈未如期举行》，《人民日报》2013年6月22日。

⑤ 《阿富汗迫切寻求与塔利班直谈》，《人民日报》2013年8月27日。

⑥ 《阿政府向塔利班示好》，《人民日报》2013年4月4日。

的会谈，而塔利班指责美国和卡尔扎伊以标志为借口，使得谈判陷入僵局，故于7月暂时关闭在多哈的办公室。

总之，未来一年是阿富汗局势的关键一年，而最关键的是阿军是否能掌控安全局势。北约联军正在争分夺秒地训练阿富汗军队，阿军也正从北约手上接管越来越多地区的控制权。但阿军的状况并不令人放心。根据美方的评估，23个阿军旅中只有1个能独立运转。阿军还存在识字率低、擅离职守率高等问题。2014年后美军的留驻规模和地位也不清楚。阿富汗民众担心一旦联军撤离，阿将陷入另一场内战。① 另外，明年卡尔扎伊就将卸任，谁将在他之后领导阿富汗？该国能否实现平衡的政治过渡？阿塔之间的和谈能否顺利进行，这些问题都值得我们继续关注。

## （二）印度的国内武装冲突

如表3所示，2012年，印度军警共打死恐怖分子412人，政府军和平民各有139人和252人死亡。总的来说，2012年印度安全形势比2011年继续好转，尤其是平民死亡人数大幅下降。2013年前9个月，有329名恐怖分子被击毙，政府军阵亡147人，平民死亡人数为215人。估计今年这三项统计数字将继续下降，安全形势将继续好转。

如表4所示，纳萨尔武装是印度政府面临的最大安全威胁。2013年前9个月，印度国内冲突一共造成691人死亡，而因纳萨尔武装造成的死亡人数为345人，约占50%。2013年2月21日，纳萨尔武装分子在印度海德拉巴市制造炸弹爆炸事件，造成至少20人死亡，80多人受伤。22日，该组织又在比哈尔邦警察部队汽车经过的路上埋设地雷，造成至少三名警察死亡，多名警察受重伤。② 5月26日，250余名纳萨尔武装分子在恰蒂斯加尔邦伏击了一个国大党高级成员的车队，造成至少25人死亡，包括该邦国大党高级官员马亨德拉·卡尔马，该邦国大党主席南德·帕特尔在被绑架后也遭到杀害。印度总理辛格发表声明称袭击是“懦弱的行为”，政府将更严厉地打击

① 《卡尔扎伊禁止救援北约空袭　美媒称其摆出好斗姿态》，http：//world. huanqiu. com/exclusive/2013－02/3648973. html。

② 《6名印度警察遭毛派武装袭击身亡》，http：//www. csstoday. net/Item. aspx？ id＝50080。

纳萨尔武装。① 7 月 17 日，50 余名纳萨尔武装分子在北方邦破坏一个隧道工地时与赶来的警察发生交火，造成 8 名警察身亡。8 月 14 日，纳萨尔武装在恰蒂斯加尔邦的核心人物库玛·克拉姆被捕，此人被指在大选期间参与多起谋杀、爆炸案。

**表 3　印度国内冲突死亡人数**

单位：人

| 年份 | 平民 | 政府军 | 恐怖分子 | 总计 |
|---|---|---|---|---|
| 2005 | 913 | 287 | 1319 | 2519 |
| 2006 | 1104 | 388 | 1273 | 2765 |
| 2007 | 1009 | 404 | 1185 | 2598 |
| 2008 | 1019 | 372 | 1220 | 2611 |
| 2009 | 720 | 431 | 1080 | 2231 |
| 2010 | 759 | 371 | 772 | 1902 |
| 2011 | 430 | 194 | 450 | 1074 |
| 2012 | 252 | 139 | 412 | 803 |
| 2013 | 215 | 147 | 329 | 691 |

注：2013 年数据截至 9 月 30 日。

资料来源：http：//www. satp. org/satporgtp/countries/india/database/indiafatalities. htm。

**表 4　2013 年印度各邦及武装的冲突死亡人数**

单位：人

| | 平民 | 政府军 | 恐怖分子 | 总计 |
|---|---|---|---|---|
| 安德拉邦 | 17 | 0 | 0 | 17 |
| 阿鲁那恰尔邦 | 0 | 0 | 3 | 3 |
| 阿萨姆邦 | 12 | 4 | 40 | 56 |
| 查谟和克什米尔邦 | 19 | 53 | 91 | 163 |
| 曼尼普尔邦 | 16 | 5 | 24 | 45 |
| 梅加拉亚邦 | 18 | 2 | 18 | 38 |
| 那加兰邦 | 7 | 0 | 16 | 23 |
| 西孟加拉邦 | 1 | 0 | 0 | 1 |
| 纳萨尔武装 | 125 | 83 | 137 | 345 |
| 总计 | 215 | 147 | 329 | 691 |

注：2013 年数据截至 9 月 30 日。

资料来源：http：//www. satp. org/satporgtp/countries/india/database/indiafatalities. htm。

① 《印度国大党车队遇袭》，《人民日报》2013 年 5 月 27 日。

纳萨尔武装是印度社会的顽疾之一。其近年来在印度各地相当活跃的原因之一是印度各地区经济发展不平衡、贫富差距日趋严重。纳萨尔武装所处的“红色走廊”地带地处高山密林当中，均属欠发达地区。政府关注度不够再加上施政失误迫使不少民众加入或支持纳萨尔武装。今年2月，印度北方邦前首席部长称，由于国大党政府无法减少贫困、降低失业，迫使该邦一部分人加入纳萨尔武装。同时一些部族的土地被卖给大公司，部族居民被从传统定居的森林中赶出来，这些人自然成为该派武装的支持者。另一原因是政府应对失误。比如，5月被纳萨尔武装分子杀害的国大党恰蒂斯加尔邦领导人卡尔马曾于2005年发起针对纳萨尔派的准军事打击，但在打击过程中出现多起侵犯百姓人权的事件，这一行动在2011年被印度最高法院废止。2013年5月17日，印度安全部队在一次打击纳萨尔武装的行动中，就杀害了8名地方部族成员，包括3名儿童。印度政府对边远地区的警务人员缺乏培训，而这些低素质警务人员容易侵犯平民的权益，这是促使纳萨尔武装能够长期存在的一个重要原因。①

## （三）巴基斯坦的国内武装冲突

表5显示，2012年巴基斯坦有6211人死于恐怖暴力活动，其中2472名恐怖分子被击毙，732名政府军官兵阵亡，3007名平民死亡。2012年的总死亡人数略少于2011年的6303人，但平民死亡人数有所增加，而恐怖分子死亡人数减少，这可能表明恐怖分子更加狡猾与隐蔽，同时其袭击质量与规模有所提高。从今年前九个月的数据看，今年的安全形势可能与去年大致持平。巴基斯坦面对的主要安全问题有两个：一是各派武装分子发动的暴力袭击；二是美国对于巴基斯坦的无人机空袭。

2013年以来，巴基斯坦已经遭到多起严重的恐怖爆炸袭击。1月10日，巴基斯坦西南部城市奎达和西北部城市明戈拉接连发生四起爆炸事件，共造成至少115人死亡，261人受伤。逊尼派武装组织“坚格维军”宣布对此负责。②

① 《印度“毛派”让政府难根除》，http://world.huanqiu.com/exclusive/2013-08/4248738.html。

② 《巴基斯坦经历“黑暗”一天》，《人民日报》2013年1月12日。

3月3日，卡拉奇市发生连环爆炸袭击事件，造成至少40人死亡，超过135人受伤。① 6月15日，奎达市接连发生两起爆炸袭击事件，共造成至少23人死亡，27人受伤。② 7月29日，德拉伊斯梅尔汗市中央监狱深夜遭到塔利班分子袭击，导致243名犯人越狱。警方在随后的搜捕行动中逮捕6人，并击毙5名自杀式爆炸袭击者。③ 9月22日，白沙瓦市发生连环爆炸，导致至少75人死亡，120余人受伤。④

**表5　巴基斯坦死于恐怖暴力的人数**

| 年份 | 平民 | 政府军 | 恐怖分子 | 总计 |
|---|---|---|---|---|
| 2005 | 430 | 81 | 137 | 648 |
| 2006 | 608 | 325 | 538 | 1471 |
| 2007 | 1523 | 597 | 1479 | 3599 |
| 2008 | 2155 | 654 | 3906 | 6715 |
| 2009 | 2324 | 991 | 8389 | 11704 |
| 2010 | 1796 | 469 | 5170 | 7435 |
| 2011 | 2738 | 765 | 2800 | 6303 |
| 2012 | 3007 | 732 | 2472 | 6211 |
| 2013 | 2638 | 574 | 1493 | 4705 |

注：2013年数据截至9月30日。

资料来源：http：//www. satp. org/satporgtp/countries/pakistan/database/casualties. htm。

尽管巴基斯坦政府坚决反对美军对巴境内目标实施无人机攻击，但这类攻击一直未能停止。据统计，美军2012年在巴基斯坦共实施46次无人机轰炸，共造成337人死亡、34人受伤。美国对巴无人机空袭，主要是针对在巴基斯坦北瓦济里斯坦地区活动的“哈卡尼网络”武装。2013年8月1日，美国国务卿克里访巴，与巴总理谢里夫举行会晤，双方一致同意修复因美国无人机越境空袭而受损的“全面伙伴关系”，重启中断将近三年的“战略对话”。但双

① 新华网伊斯兰堡2013年3月3日电（记者殷夏　贾瀚龙）：《巴基斯坦卡拉奇连环爆炸死亡人数升至至少40人》，http：//news. xinhuanet. com/2013－03/04/c_ 124410356. htm。

② 《巴基斯坦两起爆炸致50人伤亡》，《人民日报》2013年6月17日。

③ 《侯赛因当选巴基斯坦总统》，《人民日报》2013年7月21日。

④ 《巴基斯坦连环爆炸致百余人伤亡》，《人民日报》2013年9月23日。

方在关键问题上仍未达成一致。美方拒绝承诺停止无人机空袭，并希望巴方采取更多军事行动去铲除反政府武装据点。巴方则希望采取军事打击和对话谈判并举的策略。谢里夫总理的外交顾问阿齐兹说，“如果对话没有作用，我们会研究在什么条件下、在什么时间范围内选择另一个选项。”[①] 巴政府无人制止美军的无人机空袭导致巴方一些民众认为美军行动得到了巴政府的授权，这客观上加深了巴基斯坦民众与政府的对立情绪。另外，随着美军无人机打击精准度的提高，塔利班和“基地”组织的损失也在增大，恐怖分子开始加强搜查、恐吓，甚至报复巴部落地区的平民，这些地区脆弱的形势更加严峻。美国《纽约时报》2012 年 12 月 30 日报道称，“无人机是美军的高科技武器，而塔利班武装分子应对这一武器的利器是给当地民众注入‘恐惧’。”[②]

### （四）叙利亚内战

从 2012 年秋季至 2013 年夏季，叙利亚内战双方基本处于战略僵持阶段，政府军与反政府武装在大马士革、阿勒颇等地反复拉锯。反政府武装以游击战为主要作战策略，通常在暂时占领部分战略据点后即作高调宣传，并在政府军反攻时撤离。政府军虽每天都在播放成功清剿恐怖分子的消息，但亦无力取得战略突破或围歼反政府武装的主力部队。2013 年 7 月中旬之后，叙政府军逐渐取得战略优势，接连攻占反政府武装在大马士革郊区、霍姆斯、德拉等地的重点据点。到 7 月底时，政府军基本控制了霍姆斯市。霍姆斯市位于叙利亚南北交接地区，战略位置非常重要。危机之初反对派就致力于控制霍姆斯，并准备在该市以北地区建立根据地。而政府军在收复霍姆斯后，即可一路向北收复阿勒颇。[③] 叙政府此时信心大增，抛出了全国作战计划，第一阶段目标是恢复大马士革周边地区控制权，第二阶段致力于完成对叙黎边境、中部省份霍姆斯和哈马的武装清剿，第三阶段集中力量攻打阿勒颇，预计将在三个月内完成军事行动。[④] 但是反政府武装的反扑也很严重，8 月以来，双方在大马士革周边、

---

① 《美巴重启战略对话》，《人民日报》2013 年 8 月 2 日。

② 《无人机空袭加剧美巴对立》，《人民日报》2013 年 1 月 5 日。

③ 《叙政府军攻占霍姆斯重要区域》，《人民日报》2013 年 7 月 30 日。

④ 《叙利亚战火中期盼和平曙光》，《人民日报》2013 年 8 月 14 日。

德拉、拉塔基亚、伊德利卜等地激战。

叙政府军目前能取得战场优势的一个重要原因是反对派内部一直矛盾重重，无法整合在一起，甚至为争权夺利而相互攻击。“叙利亚反对派和革命力量全国联盟”主席曾提出各派武装组成统一的“叙利亚国民军”，但遭到“叙利亚自由军”总指挥伊德里斯的“抵制”。“叙利亚自由军”是叙境内上千个反政府武装的总称，它只是一个空壳，无法统筹各派的武装战斗。自由军的指挥官伊德里斯是叛逃军官，缺乏对地方武装的指挥权。而且，各主要反对派武装都有独立的境外资助团体和国家，相互之间没有协调，反倒在利益分配上矛盾重重，呈现出代理人武装割据的特点，这大大削弱了外部援助的有效性。反政府武装各派中，宗教极端派与世俗派之间的矛盾也在深化。比如，反对派控制下的拉卡市爆发示威活动，要求驱逐城内的极端武装“胜利阵线”和“伊拉克和沙姆伊斯兰国”，指责这些组织实施绑架等犯罪行为。[①] 在哈塞克省，极端武装与当地库尔德人武装的矛盾导致一度频繁交火。库尔德团体首领呼吁全面团结对抗圣战组织。[②]

目前在叙利亚作战的外国极端分子已经超过1万人，主要来源地包括俄罗斯车臣、阿富汗、伊拉克、巴基斯坦、黎巴嫩、突尼斯和利比亚等国家和地区。叙利亚已超越阿富汗、巴基斯坦和索马里，成为全世界最适合训练“圣战组织”的国家。未能进入叙利亚的极端分子人数可能更多，比如8月初突尼斯就宣布已经拦截约5000名极端分子进入叙利亚，并指责卡塔尔向每名前往叙利亚的极端分子提供3000美元的酬劳。

正当叙政府军节节胜利之时，叙战场再现化学武器疑云。一些亲反对派的中东电视台声称，从8月21日凌晨起，叙利亚政府军使用含有沙林毒气的火箭弹袭击大马士革郊区一些地区。反对派称至少有1300人死于袭击。但叙政府对此予以否认。22日，联合国安理会就此事件进行紧急磋商，并要求叙政

① “伊拉克和沙姆伊斯兰国”是“基地”组织在伊拉克的分支，其首领巴格达迪是全球“基地”组织的主要领导人之一。该组织从2013年起介入叙利亚战事，并希望兼并叙境内效忠于“基地”组织的极端派别“胜利阵线”，但遭到“胜利阵线”以及“基地”组织领导人扎瓦赫里的反对。《叙利亚局势向有利于政府的方向偏转》，《人民日报》2013年7月15日。

② 《叙利亚战火中期盼和平曙光》，《人民日报》2013年8月14日。

府和反对派允许调查小组进入事发地区。26 日，联合国调查叙利亚化学武器问题真相小组前往化武传闻现场调查。车队在途中遭不明身份狙击手多次枪击。[①] 24～26 日，美英法德等国密集磋商对叙政策，并异口同声地认定叙政府是主凶。美国国防部长哈格尔对外宣称已做好对叙进攻准备，就等奥巴马总统下令。俄外交部则严厉警告美国不要再犯伊拉克战争的错误。[②] 31 日，美国总统奥巴马正式向国会提案，要求国会通过决议授权总统对叙利亚采取军事行动。奥巴马说，军事打击叙利亚没有紧迫的时间表，美国可以自行选择打击时间。他已同国会领导人通电话，国会将在结束休会后尽快就此展开辩论和投票。奥巴马的这一表态立即在美国国内和国际社会引起轩然大波，主战派和主和派纷纷因此行动起来。奥巴马行政团队连续游说国会领导人，参院外委会通过有条件同意总统进行有限军事打击的议案。英国首相卡梅伦表示尊重该国议会不参与军事打击行动的决定，德国、欧盟、北约等国家和组织也表示不参加美国的军事行动。

9 月 9 日，俄罗斯建议叙利亚公布化学武器存储地点并将其置于国际社会监督之下，同时逐步销毁，全面加入《禁止化学武器公约》。叙利亚立即同意这一建议。美国总统奥巴马称俄罗斯的建议是“潜在的积极进展”，可能为当前危机带来“重大突破”。国际社会也对这一建议表示欢迎。联合国秘书长潘基文表示，他建议安理会要求叙利亚将化学武器转移至能够安全存放和销毁的地点。[③] 14 日，美国国务卿克里和俄罗斯外长拉夫罗夫就销毁叙利亚化学武器问题达成一项框架协议，即叙利亚在一周时间内公布化学武器的详细情况，联合国武器核查人员必须能在 11 月前进入叙境内开展工作，在 2014 年年中前全部销毁或转移化学武器。[④] 21 日，叙利亚向禁止化学武器组织提交了化学武器清单。

这是 2013 年以来叙战场第二次出现化学武器传闻。第一次传闻出现在 4 月 25 日。当时美国白宫官员表示，美国情报界相信叙政府军小规模使用了化

---

① 《叙化武屠杀疑云惊扰安理会》，http：//world. huanqiu. com/exclusive/2013－08/4276708. htm。

② 《美集结兵力欲对叙动武》，http：//world. huanqiu. com/exclusive/2013－08/4284250. html。

③ 《叙利亚接受交出化武建议》，《新华每日电讯》2013 年 9 月 11 日。

④ 《美俄就销毁叙化武达成框架协议》，《人民日报》2013 年 9 月 15 日。

学武器，特别是沙林毒气。若调查属实，那将意味着叙政府已跨过了美国总统奥巴马此前划定的“红线”。不过，白宫以“需要更确凿的证据”为由，没有明确表示美国将采取何种措施。[①] 8 月这次“化武”传闻出现的时机及事件本身都十分蹊跷。反对派宣称的伤亡数字惊人，而且正值联合国化学武器调查小组在叙开展调查期间。无论是从战场形势，还是政治需要，叙政权使用化学武器自己都是百害而无一利的。对于政府军来说，最大的困境不是战场，而是国际博弈，而化学武器则是这个博弈的关键点。叙政府军战场劣势时都没用化武，在战场占优的情况下，它有必要使用化武吗？另外，这个事件的出现从后果来看显然有利于叙反对派博取外界的同情、甚至援助，有利于西方制造对叙军事打击的口实。

叙利亚危机从一开就不仅仅是叙利亚政府军与反对派之间的内战，它是由三个战场组成的：第一个战场是由叙利亚政府军和叙利亚反对派之间的对抗组成的国内战场，它是叙利亚危机最直观的表现；第二个战场是由以伊朗为首的挺叙派和以沙特阿拉伯、卡塔尔、土耳其为核心的倒叙派之间的对峙组成的区域战场，它是叙利亚危机区域化的呈现；第三个战场是由以美国为首的倒叙阵营和以俄罗斯为首的挺叙阵营之间的对立组成的国际战场，它是叙利亚危机的地缘政治斗争性的体现。这三个战场完整地构成了当前叙利亚危机的本质，它们也决定着叙利亚危机的发展：内战是关键，区域斗争是助动力，国际较量则是最大的不定因素和变量。叙利亚问题作为群雄逐鹿的一场大戏，它的内战输赢本身已经没有特别的意义了，相反，它所反映的区域对峙和国际对立，以及它最后可能的结果，必将成为若干年后人们反思这段历史的一块关键的里程碑。

### （五）伊拉克教派冲突

2013 年 4 月以来，受地方选举等因素的影响，伊拉克教派冲突有加剧之势，全国的安全形势不容乐观。4 月 20 日，伊拉克迎来美军撤离后的首次省级议会选举。但在选举之前暴力冲突不断升级，成为自去年夏季以来死于暴力

① 《美国鹰派逼奥巴马对叙动武》，http：//mil. huanqiu. com/paper/2013 - 04/3879855. html。

活动的人数最多的一个月。4 月 18 日晚，巴格达一家咖啡馆遭到炸弹袭击，造成 27 人死亡，超过 50 人受伤。没有任何组织宣布对这起袭击事件负责。据统计，在选举之前已经有 14 名候选人被杀，很多候选人由于担心遭到暗杀不得不退出选举。鉴于安全形势不佳，伊拉克全国 1/3 的省份不会进行投票。[①]

选举之后的安全形势亦未见好转。4 月 22 日，伊拉克安全部队在西北部城镇哈维杰展开“清剿行动”，造成数十人死亡。25 日，在伊拉克北部城市摩苏尔，警察与武装分子发生激烈交火，造成至少 10 名警察和 15 名武装分子死亡。24 ~25 日，伊拉克各地有超过 120 人在各类冲突中丧生。摩苏尔是伊拉克北部重镇，一直以来形势相对稳定，现在该城也发生事端，表明伊国内的暴力冲突正在不断蔓延，安全局势已近乎失控。据悉，此轮冲突与“基地”组织无关，而是教派之间的冲突，以及伊拉克警方和安全部队为了维稳对武装分子展开的行动。25 日下午，伊拉克总理马利基发表电视讲话，呼吁“通过对话和法律的手段实现政治诉求，而不是动辄诉诸武力和极端方式”，并强调“伊拉克属于全国人民，各社会阶层和教派都一视同仁，没有任何区别”。[②]

据联合国伊拉克援助团的统计，今年 5 月份死于恐怖袭击和暴力冲突的人数达到 1045 人，创近五年来单月新高。6 月，这一数字为 761 人，包括 554 名平民、131 名警察和 76 名安全部队官兵。另有 1389 名平民、221 名警察和 161 名安全部队士兵受伤。巴格达省是伤亡人数最多的省份，其后分别是萨拉赫丁省、尼尼微省和迪亚拉等省。[③]

由于伊拉克战争打破了教派之间的平衡状态，并且由于现在什叶派穆斯林掌握国家实权，逊尼派穆斯林时常抱怨在政治和经济上被边缘化，受到什叶派主导的政府压制。因此，两派穆斯林经常因争权夺利而冲突不断。由于中央政府的软弱，伊拉克的教派冲突还将持续下去。

### （六）非洲国家的武装冲突

2012 年 12 月 10 日以来，中非共和国的反政府武装联盟“塞雷卡”开始向

① 《伊拉克地方选举前爆炸不断》，http：//world. huanqiu. com/exclusive/2013 –04/3851634. html。
② 《伊拉克教派冲突加剧》，《人民日报》2013 年 4 月 26 日。
③ 《伊拉克上月 700 多人死于恐怖袭击和暴力冲突》，《人民日报》2013 年 7 月 1 日。

首都发动大规模攻击，中非军队无力抵挡，到2013年1月初时“塞雷卡”武装已经逼近首都班吉。中非总统博齐泽多次呼吁法国、美国帮助他与叛军作战，但法美两国均予以拒绝。联合国、欧盟、非盟、中非国家经济共同体等组织纷纷要求反政府武装停止进攻，避免造成更大的人道主义灾难。中非国家经济共同体外长在加蓬召开紧急会议，同意向中非派遣干预部队支持博齐泽政府。[①] 2月，中非政府与“塞雷卡”武装经过谈判，签署了停火协议，组建联合政府。但“塞雷卡”武装以政府方面未充分履行协议为由，再次发起攻势，并要求博齐泽下台。3月24日，“塞雷卡”武装攻占首都班吉，博齐泽总统及其家人逃到刚果（金）避难。4月15日，“塞雷卡”领导人多托贾当选为该国临时总统。多托贾表示，他将在18个月的任期内促进政权过渡，并在过渡期结束后不参加总统大选。据联合国难民署统计显示，自2012年12月“塞雷卡”展开军事活动以来，已有约4万名平民逃往邻国避难，其中大部分难民逃到刚果（金）。[②]

2012年11月中旬，刚果（金）政府军同叛军“3月23日运动”在戈马和基巴蒂等地附近展开激烈交火，并使用了重型武器。刚果（金）官方称，有4000名卢旺达军人越过边境进入其境内，并向叛军提供了先进的装备和重武器。但卢旺达方面坚决予以否认。11月17日，联合国安理会召开紧急会议并发表声明称，对“3月23日运动”恢复军事行动予以强烈谴责，敦促其立即停火。同时，要求为该派武装提供支持的外部势力停止相关行动，呼吁该地区所有国家行动起来使叛军发动的武装进攻得以立即停止。[③] 此后，刚果（金）和“3月23日运动”举行和谈，危机暂时得到缓解，但双方的谈判进程并不顺利。2013年5月20日，双方在戈马市冲突再起。22日，正在刚果（金）进行工作访问的联合国秘书长潘基文呼吁双方立即停止冲突，“3月23日运动”则发表声明称，双方应签署停火协议，让刚果（金）人民通过政治途径重获和平。[④]

① 《美法拒帮中非政府平叛》，http：//world. huanqiu. com/exclusive/2012－12/3433142_ 2. html。

② 《多托贾当选中非共和国临时总统》，《人民日报》2013年4月15日。

③ 《刚果（金）战火不断致25万难民》，《人民日报》2013年11月19日。

④ 新华网金沙萨2013年5月22日电（记者邢建桥）：《潘基文呼吁刚果（金）东部武装冲突各方立即停火》，http：//news. xinhuanet. com/world/2013－05/23/c_ 124750093. htm。

“博科圣地”组织是尼日利亚境内主要的恐怖组织。2012 年 12 月 29 日下午，尼军警特别行动队在该国约贝州波蒂斯库姆市同“博科圣地”武装分子发生交火，打死 4 名武装分子。2013 年 1 月 1 日，尼军警特别行动队在博尔诺州首府迈杜古里再次与该派人员发生交火，打死 13 名武装分子。① 4 月 19 日，尼军警在博尔诺州巴加镇同该派武装发生激烈交火，造成至少 185 人死亡。② 5 月 17 日，尼日利亚政府宣布东北部三个州进入“紧急状态”，政府军针对“博科圣地”组织的清剿行动打响。尼总统乔纳森强调，“博科圣地”组织最近的一系列行动将不再被视为“战术性的”或者简单的犯罪行为，而是一场真正意义上的战争。据悉，政府军切断了行动地区的通信信号，防止武装分子组织反击，并在边境地区布设密集防线，防止武装分子越境逃窜。③

但是，“博科圣地”组织仍有相当实力制造恐怖事件。2013 年 6 月 16 日，该组织袭击了约贝州首府达马图鲁的一所中学，造成 9 名师生死亡。7 月 6 日，该组织又袭击了约贝州玛姆多村的一所公立寄宿中学，造成至少 30 名师生死亡。④ 8 月 10 日和 11 日，该组织在博尔诺州制造了两起恐怖袭击，共造成 56 人死亡，数十人受伤。⑤ 9 月 29 日，该组织武装分子在偷袭约贝州农业大学宿舍时枪杀睡梦中的学生，造成至少 50 名学生死亡，18 人受伤。⑥

2013 年 1 月 11 日，盘踞在马里北方的图阿格里叛军主力突然挥师南下，迅速攻占中部城市康纳，随后推进至距首都巴马科 350 公里的迪亚巴雷。眼看抵挡不住叛军的攻势，马里政府请求法国出兵。法国反应迅速，展开行动。法国空军轰炸叛军部队，陆军协助马里政府军夺回康纳。英国随即亦宣布向法军

---

① 新华网阿布贾 2013 年 1 月 1 日电（记者李怀林　陈淑品）：《尼日利亚军警击毙 13 名武装分子》，http：//news. xinhuanet. com/world/2013 - 01/02/c_ 124175194. htm？prolongation = 1。

② 新华网阿布贾 2013 年 4 月 22 日电（记者牛小溪　陈淑品）：《尼日利亚军方与武装分子交火致 185 人死亡》，http：//news. xinhuanet. com/world/2013 - 04/22/c_ 115493242. htm。

③ 国际在线消息（记者李晋）：《尼日利亚打响对博科圣地清剿行动》，http：//gb. cri. cn/42071/2013/05/18/5892s4119854. htm。

④《尼日利亚极端组织血腥屠校震惊世界》，http：//world. huanqiu. com/exclusive/2013 - 07/4101017. html。

⑤《尼日利亚清真寺遭恐怖分子袭击》，http：//world. huanqiu. com/exclusive/2013 - 08/4239225. html。

⑥《尼日利亚武装分子枪击熟睡大学生约 50 人丧生》，http：//news. xinhuanet. com/yzyd/sports/20130930/c_ 117569166. htm。

提供后勤支持。西非国家也迅速行动起来，提供各项援助。1月12日，西共体特别首脑会议决定向马里派遣3300名士兵，协助马里政府收复被叛军占领的北方地区。尼日利亚的空军技术团和指挥官于当日抵达马里，布基纳法索和尼日尔分别派出的500名士兵于次日陆续抵达马里。有消息称，尼日利亚和塞内加尔陆军部队在法国空军掩护下参加了在康纳地区击退反政府武装的战斗。[①]在各方特别是法国的军事援助下，马里政府军陆续收复失地。21日，马里政府军在法国空军支援下，收复迪亚巴雷市。26日，马法联军攻占叛军大本营之一的加奥。31日，法军收复叛军控制的最后一个大区首府基达尔，后者的有组织抵抗基本消失。同时，法军特种部队深入马里乡间，搜剿残匪。进入2月，双方在马里北方地区仍不时有交火事件发生，不过马里总理在访问法国时表示，大规模战事已结束，非洲国家正加紧增兵，准备接替从马里撤离的法军。法国国防部长勒德里昂表示，由于法军执行清剿任务的马里伊福拉斯高原地区山势险峻，地形复杂，加之不少极端势力武装人员已混进平民之中，这一行动将至少持续数周。[②] 4月25日，联合国安理会通过决议，将由非洲国家主导的国际支助团（非洲支助团）的任务于7月1日起移交给新设立的马里多层面综合稳定团。决议还授权法国部队在马里稳定团受到严重威胁时，进行干预和提供支持。马里稳定团将由1.12万名军人和1440名警察组成，部署在马里的加奥、通布图和基达尔三个地区。[③]

6月18日，马里当局同国家北部代表签署《总统选举与马里和平全面谈判初步协议》得到马里各界广泛欢迎。7～8月，马里经过两轮选举，前总理易卜拉欣·凯塔当选为马里总统。欧盟选举观察团与西非经济共同体观察团均表示，马里大选进展顺利，总体上透明、可信。当选总统凯塔表示，他将坚决履行同北部群体签署的协议，优先促进民族和解，在2013年底前召开全国大会讨论北部经济、社会发展和反恐等问题，并在北部建立经济发展特区。[④]

---

① 《马里内战全面展开》，《人民日报》2013年1月14日。
② 《马里北部爆发激战》，《人民日报》2013年2月23日。
③ 《联合国将在马里展开维和使命》，《人民日报》2013年6月27日。
④ 《马里前总理当选总统成定局》，《人民日报》2013年8月14日。

## 二　世界主要国家的军费与军备建设

根据斯德哥尔摩国际和平研究所（SIPRI）公布的数据，2012 年全球军费开支总额约为 1.756 万亿美元，占全球 GDP 的 2.5%，这一数字比 2011 年下降了 0.4%（见表 6）。就各地区的军费开支情况来说，西欧和中欧国家继续削减军费开支，而亚太国家的军费继续增长，但步伐减缓，中东和北非国家的军费开支增长速度很快，这与近年来该地区接连发生战争和内部社会动荡有关。① 截止到 2013 年初，全球八个核国家共有约 4400 枚现役核弹头，其中近 2000 枚处于高度戒备状态。如果将现役、存储中的和准备被拆解的核弹头计算在一起，全球一共约有 17270 枚核弹头（见表 7）。

**表 6　2012 年全球各地区军费开支情况**

| 地区 | 军费(十亿美元) | 增长率(%) |
|---|---|---|
| 非洲 | 39.1 | 1.2 |
| 北非 | 16.4 | 7.8 |
| 黑非洲 | 22.7 | -3.2 |
| 美洲 | 782.5 | -4.7 |
| 中美洲 | 8.6 | 8.1 |
| 北美洲 | 708 | -5.5 |
| 南美洲 | 65.9 | 3.8 |
| 亚洲和大洋洲 | 390 | 3.3 |
| 中亚和南亚 | 59.8 | -1.6 |
| 东亚 | 268 | 5.0 |
| 大洋洲 | 28.2 | -3.7 |
| 东南亚 | 33.7 | 6.0 |
| 欧洲 | 407 | 2.0 |
| 东欧 | 100 | 1.5 |
| 西欧和中欧 | 307 | -1.6 |
| 中东 | 138 | 8.3 |
| 总　计 | 1756.6 | -0.4 |

资料来源：SIPRI Yearbook 2013 Summary，http：//www.sipri.org/yearbook/2013/03。

① SIPRI Yearbook 2013 Military expenditure，http：//www.sipri.org/yearbook/2013/03.

**表 7　2013 年全球核力量的分布**

| 国家 | 现役核弹头 | 其他核弹头 | 总量 |
| --- | --- | --- | --- |
| 美国 | 2150 | 5550 | 7700 |
| 俄罗斯 | 1800 | 6700 | 8500 |
| 英国 | 160 | 65 | 225 |
| 法国 | 约 290 | 约 10 | 约 300 |
| 中国 | | 约 250 | 约 250 |
| 印度 | | 90～110 | 90～110 |
| 巴基斯坦 | | 100～120 | 100～120 |
| 以色列 | | 约 80 | 约 80 |
| 朝鲜 | | 46.7 | 6～8? |
| 总计 | 约 4400 | 约 12865 | 约 17270 |

资料来源：SIPRI Yearbook 2013 World nuclear forces，http：//www. sipri. org/yearbook/2013/06。

## （一）美国的军费与军备发展动向

根据斯德哥尔摩国际和平研究所的统计，美国在 2012 年的军费开支为 6853 亿美元，比 2011 年减少 5.6%，仍然雄踞世界第一。不过，由于美国未来十年需要削减巨额政府开支，因此国防经费将总体呈下降趋势。2013 年 3 月 1 日，由于民主、共和两党未能达成延缓执行或替代方案，美国联邦政府开支自动削减高达 1.2 万亿美元的“财政触发器”生效。自动减支对美国军费开支影响巨大。根据计划，美国 2013～2021 年度国防开支将被强制削减约 5000 亿美元，其中 2013 财政年度将削减 460 亿美元。美国此前已决定十年内削减约 4870 亿美元国防开支，加上强制削减部分，总额将达到 1 万亿美元。

7 月 31 日，美国国防部发布预算削减在未来十年内对军队影响的详细评估报告。该报告指出，美国陆军和海军陆战队的规模可能降到历史最低水平、海军的航母数量或将减至 8～9 艘，空军一些战斗机中队将永久性裁撤。国防部、参联会和各军种总部的工作人员在未来五年内将裁员 20%。美军官兵的工资和福利也会缩水。[①] 不过，哈格尔也表示，美军宁可缩小部队规模，也不

① 《美防长细数预算削减对军队的影响》，http：//finance. huanqiu. com/world/2013－08/4200494. htm。

能影响现代化项目。美军在研的装备现代化项目很多，以下三例具备一定的代表性。

2012 年 10 月，美国国防部先进研究项目局验证了改进型 RQ - 4 “全球鹰” 无人机的空中自主互助加油技术，结果使其续航时间从 41 个小时延长至 160 个小时以上。在空中加油技术取得突破之后，无人机可以实现 “全球到达、全球作战”，使美军变得 “眼睛更亮、胳膊更长”，大幅增强其远程空中打击能力。美国空军对无人机的经费投入已从 2000 年的 2. 84 亿美元增至 2010 年的 37. 66 亿美元，更多的飞行员在接受操控无人机而不是驾驶飞机的训练。美军公布的《2009 ~ 2047 年无人机飞行路线图》表明，美军已经开始考虑在多个作战领域以无人机取代有人机。甚至不排除无人机将取代有人机的主角地位。也有军事专家预测，到 2025 年，美军 90% 的战机都将是无人机。①

2012 年 10 月 24 日，美国进行了有史以来规模最大、最为复杂的导弹防御试验，在接近实战场景下成功拦截了 5 枚目标靶弹中的 4 枚。这次试验涉及三个军种，耗资 1. 88 亿美元，持续 30 分钟，标志着美国导弹防御系统从关键装备研制阶段进入系统集成阶段。② 另外，美国导弹防御局还调整了预警雷达发展计划，大幅削减了海基 X 波段雷达 2013 年的预算经费。未来美国将主要以 AN/TPY - 2 雷达、改进型早期预警雷达以及 “丹麦眼镜蛇” 雷达提供探测信息。

美国海军正计划将 AIM - 9X Block III 导弹射程增加 60%，使原来短程导弹的射程提高到接近 50 ~ 55 公里，实际上将变成中程导弹，从而将大幅度提高战斗机消灭视距外目标的能力。AIM - 9X Block III 新型导弹将装备美国及其盟友的各种战斗机以及未来的 F - 35 第五代战斗机。预计，Block III 型导弹将在 2020 年开始试用，2022 年大规模交货。③

美国国防部正在研发新一代未来战略轰炸机，以期在将来能部分或完全取代 B - 52、B - 1B 和 B - 2 轰炸机。新型远程轰炸机计划（Long Range Strike-

---

① 边振杰：《美无人机实现实时加油将带来什么》，《解放军报》2012 年 10 月 16 日。

② 陈兢：《美国最大规模导弹防御拦截试验特点及影响分析》，《现代军事》2013 年第 2 期。

③ 《美大幅提高空空导弹性能　弥补 F - 35 机载武器数量不足》，http：//www. knowfar. org. cn/enews/c_ 2013 - 08 - 02. htm#content2001。

Bomber，LRS－B）的目标首先是只取代不符合现代作战要求的部分现役轰炸机。美国空军部长唐利说，按LRS－B计划研制的第一批飞行器将是有人驾驶型。无人驾驶型飞机暂时还是个问题，但美国空军考虑到新飞机的服役期限，希望保留它。如果研发计划的这一部分不会因财政因素而终止，那么第一批无人驾驶型LRS－B列装时间不会早于21世纪30年代中期。[①]

## （二）中国的军费与军备发展动向

2013年中国的国防预算为7202亿元人民币（约1143亿美元），比2012年增长10.7%，低于前两年的涨幅。过去十年，中国军费的确增长较快，但基本上属于补偿性增长。中国军费开支的绝对额虽然已经居世界第二，但军费占GDP的比重仍处于较低水平。目前，中国的国防费占GDP的比重仅为1.3%，并常年处于1.5%之内，远低于2.5%的世界平均水平，而美、俄、英、法等大国的国防费占GDP的比重均在2.5%～5%。中国GDP已超过美国的一半，但军费支出却不到美国的1/5。[②]

2013年4月，中国发布了2013年版国防白皮书《中国武装力量的多样化运用》。该白皮书在前言指出，建设与中国国际地位相称、与国家安全和发展利益相适应的坚固国防和强大军队，是中国现代化建设的战略任务，也是中国实现和平发展的坚强保障。中国武装力量适应国家发展战略和安全战略的新要求，坚持科学发展观的指导思想地位，加快转变战斗力生成模式，构建中国特色现代军事力量体系，与时俱进加强军事战略指导，拓展武装力量运用方式，为国家发展提供安全保障和战略支撑，为维护世界和平和地区稳定做出应有贡献。[③] 这段话是中国人民解放军未来发展的总目标与总原则。

一年来，中国军备的发展动向继续引起外国政府、媒体和专业人士的高度关注。2013年5月6日，美国国防部发布了《2013年度中国军力和防务发展

① 《美国空军LRS－B未来轰炸机计划的新进展》，http：//www.knowfar.org.cn/enews/c_2013－05－09.htm#content1913。

② 陈航辉、鲁俊乙：《被误读的“亚洲扩军潮”》，《世界军事》2013年第10期。

③ 《中国武装力量的多样化运用》，http：//news.xinhuanet.com/politics/2013－04/16/c_115403491.htm。

报告书》。这份报告的措辞与内容表明，美军对中国军事力量的快速发展变得更加“焦虑”，并重弹所谓“中国军力缺乏透明度”的老调。报告对中国的网络战能力横加指责，对中国的网络安全意图进行主观臆测和恶意渲染。该报告认为，中国正在以“反介入和区域拒止”为中心任务提升各类武器，如巡航导弹、中短程常规弹道导弹、反舰弹道导弹、反太空武器，并提高网络战能力。歼－20和歼－31的试飞表明中国在先进战机研制方面有明显提升。辽宁号航母的海试标志着中国具备了有限区域力量投送能力。该报告继续对中国的“反介入和区域拒止”装备的发展忧心忡忡，认为类似于DF－21D反舰弹道导弹这样的武器旨在封锁美海军进入西太平洋地区的通道并抵制其行动能力。这对美国维持亚太地区稳定的关键战略目标构成重要挑战。到2020年左右，美国在亚太地区的军事设施都将暴露在中国远程导弹和巡航导弹的火力覆盖范围内。①

中国无人机的发展现在是外界关注的重点军备领域之一。美国智库“2049项目研究所”公布的研究报告表明，解放军在2011年可能已装备超过280架无人机，二炮掌管高空长航时无人机，而海陆空三军掌握战术无人机和训练用靶机。短期内无人机在监视中国的争议海域与陆上边界任务时扮演关键角色；而长期来看，无人机将支援解放军扩大作战范围，将侦察打击的能力延伸到西太平洋。《外交政策》杂志宣称，中国装备了两种与美军“捕食者”和“死神”无人机相似的型号，分别是“翼龙”和CH－4无人机。中国在研的“翔龙”酷似美军RQ－4“全球鹰”，“利剑”则综合了美国的X－47B、X－45G以及法国的“神经元”无人机的特点。中国还有两款在研的隐形无人机分别名为“风刃”和“暗剑”。②

中国战略武器的研发与部署同样受到外界的高度关注。美国空军下属的国家航空航天情报中心（NASIC）最新发布的《弹道导弹和巡航导弹威胁》报告宣称，中国军队目前拥有世界上最有效、最多样化的弹道导弹计划，同时还

① 《美国国防部2013年中国军力报告全文》，http：//mil. news. sina. com. cn/2013－05－10/1025724249. html。

② 《美设想中国无人机围攻美航母》，http：//mil. huanqiu. com/paper/2013－03/3727430. html；本刊编辑部：《外媒称中国军机技术进步神速》，《世界军事》2013年第17期。

在增加能够直接打到美国的核弹头的数量。中国正在研制和测试进攻型导弹，扩充“二炮”导弹部队，对导弹系统进行质量方面的升级，同时研究如何攻克弹道导弹防御。①

美国国会下属的美中经济与安全评估委员会最新报告称，中国海军的现代化进程将进一步加快。中国部署了多种反舰巡航导弹，并还在发展对地攻击巡航导弹，可攻击西太平洋甚至更远的地面目标。中国的海基核武器“巨浪－2”型潜射导弹将于2013年年底服役，并装备“晋”级战略导弹核潜艇，这将首次赋予中国可靠的海基核威慑能力。② 在中国未来的海军规模方面，该报告推测称，到2020年，中国将拥有59～64艘常规潜艇、6～9艘攻击核潜艇、4～5艘战略核潜艇、1～2艘航母、30～34艘驱逐舰、54～58艘护卫舰、50～55艘两栖舰艇。③

2013年1月27日，中国进行了陆基中段反导拦截试验并取得成功。这是中国第二次进行陆基中段反导拦截试验。中国专家称，两次反导试验的成功，标志着我国的反导技术达到了一个新的阶段。但从试验次数上、系统成熟度上、接近实战部署程度上而言，中国距离美国还有一定的差距。

## （三）日本的军费与军备发展动向

2012年日本的防卫经费约为4.71万亿日元，2013年约为4.75万亿日元。日防卫省拟向国会申请在明年将防卫费再增加4%，达到约4.94万亿日元。日本的防卫预算虽在发达国家中较为靠后，但自卫队的现代化水平堪称世界一流，也是亚洲人均军费最多的国家。2012年这一数字为427美元，为中国的5倍。

2013年8月6日，日本海上自卫队的“出云”号护卫舰下水。该舰长248米、满载排水量2.7万吨，有飞行甲板，长约250米，可以搭载14架直升机，

① 《美军智库鼓吹中国导弹实力》，《东方早报》2013年7月12日。

② 有消息称，中国的“巨浪－3”型潜射导弹亦已完工，何时装备部队尚不得而知。《日媒称中国巨浪－3完工或已具备空射核武能力》，http：//mil. huanqiu. com/observation/2013－09/4319061. html。

③ 《美报告评估中国海军20年现代化》，http：//mil. huanqiu. com/paper/2013－08/4298495. html。

因此它的各项技术参数都更像一艘直升机航空母舰。日本官员说，“出云”号日后将主要用于海上自卫队的反潜作战和监视任务，并提升日本运输人员和补给的能力，应对大规模自然灾害。相比此前能搭载直升机的“日向”号和“伊势”号，“出云”号在舰载机运用能力和输送方面有了质的提升。该舰可同时进行5架直升机起飞，可以搭载常规的SH－60K反潜直升机，还能搭载固定翼战斗机、旋翼飞机乃至无人机，甚至在需要的情况下搭载美式F－35B战机，从而在远洋空战方面具备更强的打击能力。① 另外，自卫队还将采购一定数量的爱国者－3导弹、直升机和03式中程地对空导弹、5架直升机，并改进4架F－15战机的性能。

由于日本长期以来受和平宪法限制而实行专守防卫战略，日本自卫队在经费、规模和武器等方面有诸多限制。所以，在自卫队装备的现代化水平已为世界一流的情况下，日本想要再提高部队的装备水平已经不容易了。因此，日本自卫队每年在装备研发方面的突破很少，而且也不会大规模换装。自卫队更多的是在部队编制体制方面进行一些调整和整合，以期在装备水平没有实质性突破的情况下发挥更大作战能力。比如，日本防卫省正在考虑设立“离岛夺还部队”，以便在他国进攻钓鱼岛等离岛时进行有效应对，并使陆上自卫队具备海军陆战队的能力。②

### （四）亚太国家的军费与军备发展动向

根据斯德哥尔摩国际和平研究所的统计，亚太地区的军费为3900亿美元，正在接近欧洲地区的军费总额（4070亿美元），这与国际体系的重心向亚太地区转移的大趋势相一致。全球金融危机并未重创亚太，而且亚太地区的热点问题多，这都使亚太国家有实力有动力进行军事消费。过去五年，亚太地区武器进口额约占全球军火贸易量的70%左右。全球军火进口额前五名的国家都在这一地区。

受南海问题升温的影响，越南近年来加大军费投入力度，大力提升部队的

---

① 《日本最大战舰下水刺激中韩》，http://news.xinhuanet.com/world/2013－08/07/c_125130729.htm。

② 《日本防卫省拟创建“离岛夺还部队”》，http://world.huanqiu.com/regions/2013－06/4020013.html。

装备水平。2011 年 1 月，越共十一大报告明确指出要重点加强海空军装备。2011 年，越南国防经费约为 24.5 亿美元，比前一年增长 70%。2012 年，越南军费约为 33 亿美元，比 2011 年又增长 35%。考虑到未来数年内，越军将淘汰大批老旧装备，该国可能在 2013～2017 年间投入 60 亿美元采购更新装备。长期以来，俄罗斯都是越南军备的主要供应商。近年来，越南陆续购买了一批俄式苏－30 战机、基洛级潜艇、S－300 防空导弹，采购额占俄军火外销额的 9%。据越南媒体报道，越南未来可能还将采购至少 90 架苏－30 战机，可装备几个营的 S－300 导弹，以及一定数量的潜艇和护卫舰。①

澳大利亚未来几年将大幅度更新军事装备。根据 2013 年 5 月初澳大利亚政府公布的国防新蓝图，澳军将购买 100 架美式 F－35 战斗机，十多架 EA－18G“咆哮者”电子战攻击机，12 艘常规动力潜艇，一定数量的 RQ－4“全球鹰”无人侦察机，以及数艘驱逐舰和补给舰。②

亚太其他一些国家的军费或军备动向也值得我们关注。韩国 2013 年的国防预算为 34.6 万亿韩元（约合 311 亿美元），较 2012 年增加 5.1%。韩国军方将扩大海务观测雷达、海上射频识别系统的投入，陆续部署新一代护卫舰 FFX 和高速艇，采购能低空探测朝鲜远程火炮的三维探测雷达，继续开发 130 毫米弹道导弹和国产战斗机 KF－X。③ 2011～2012 年，印尼国防预算增加近 70%，充足的资金是该国成为东南亚头号军购大国的基础。印尼未来几年的国防预算仍将以年均 20% 的速度递增，2014～2015 年的国防经费将突破百亿美元。新加坡 2012 年的国防预算为 97 亿美元，占该国 GDP 的 2.4%。新加坡还是世界第五大武器进口国。2013 年 8 月 12 日，印度首艘国产航母“维克兰特”号下水。该舰排水量为 4 万吨、长 260 米，拥有两条起飞跑道和一条降落跑道。同月，印度首艘国产核潜艇“歼敌者”号的核反应堆开始运转，潜艇也将进行海试。④

---

① 杨桥光：《越南军费面面观》，《世界军事》2013 年第 16 期。

② 《澳拟购十余艘新攻击潜艇　作战范围延伸至南海》，http：//mil. huanqiu. com/paper/2013－05/3895322. html。

③ 《韩国确定 2013 年国防预算　欲建设郁陵岛海军基地》，http：//www. chinanews. com/mil/2012/09－25/4210730. shtml。

④ 《印国产核潜艇激活反应堆》，http：//mil. huanqiu. com/paper/2013－08/4232941. html。

## 结 语

本年度的全球重大武装冲突数量与上一年度相比，没有发生大的变化。主要冲突仍然集中在中东、南亚和非洲等地。叙利亚内战未有穷期，正当政府军逐渐扭转战场局势时，化武疑云的出现使该国局势更加变幻莫测。美国等西方国家欲借机军事干涉叙利亚，既可以给无法拧成一股绳的反政府武装打一针强心剂，也可以给巴沙尔政府一个严厉警告。中俄与美英法在安理会内的对立使西方国家难以拿到军事打击叙利亚的通行证。

在美国撤出阿富汗的日期越来越近时，美、阿、塔三方的关系变得复杂而微妙，互不信任的气氛正在迅速增长。三方都有意和谈，但又相互提防对手。卡尔扎伊的总统任期将于明年结束，他的继任者能否在美军撤出之后有效领导这个国家还是个未知数。美军在2014年之后的留驻规模和任务还在商谈当中。塔利班并不急于和谈，而是在“等待尘埃落定”，看明年美军撤出和阿新总统选出后的情况再定。

2012年全球军费开支总额与上一年度略有下降，美国仍是全球军费开支最大的国家，但在未来十年可能削减5000亿～10000亿美元的军费开支。不过，美国宁愿牺牲部队规模，也不愿在装备现代化方面大幅度减少投入。中国军费开支已经居世界第二，按现有的发展速度，未来十年中国将有效缩小与美国的军费差距。中国军备的研发和更新速度也令世人惊异，未来十年中国也将有效缩小与美国的军备水平差距。

2012年亚太地区的军费为3900亿美元，而且继续呈现增长趋势。越南、印尼、印度、韩国、澳大利亚等国都在加大军费投入，以应对各自的安全威胁。这与亚太正在成为国际体系的中心的趋势保持一致。所谓国际体系的中心，不仅表明该地区是世界的力量中心，而且也是问题和麻烦的中心。亚太地区正好符合这两个特点，而该地区军费的增长也是上述两个特点的后果。

**参考文献**

SIPRI Yearbook 2013, Summary, http://www.sipri.org/yearbook/2013/03, http://

www. pcr. uu. se/research/UCDP/.

Heidelberg Institute for International Conflict Research at The Department of Political Science, University of Heidelberg, *Conflict Barometer* 2012, http：//www. hiik. de/konfliktbarometer/pdf/ConflictBarometer_ 2012. pd.

http：//www. systemicpeace. org/warlist. htm.

http：//www. satp. org.

http：//icasualties. org.

新华网，http：//www. xinhuanet. com。

环球网，http：//www. huanqiu. com。

中新网，http：//www. chinanews. com。

国际在线，http：//gb. cri. cn。

《人民日报》。

《解放军报》。

《东方早报》。

杨桥光：《越南军费面面观》，《世界军事》2013 年第 16 期。

本刊编辑部：《外媒称中国军机技术进步神速》，《世界军事》2013 年第 17 期。

# 全球问题与全球治理

Global Issues and Global Governance

## Y.6
## 全球恐怖主义与反恐怖斗争（2012～2013）

邵 峰*

**摘 要：**

从权威数字统计来看，2012年国际反恐形势在保持平稳的同时有所缓解。但是，从全球恐怖主义的发展态势看，“基地”组织的分支独立性增强，更具危险性；恐怖主义活跃地区扩大，反恐战线进一步拉长；世界多个国家大案要案频仍，恐怖分子的手段更趋残暴和冷血。2013年的反恐形势不容乐观，有可能出现反弹的走势。若干重大事件反映出本年度全球反恐形势的几个特点：恐怖组织的坐大对一些国家政权的威胁不可小视；“独狼”式恐怖袭击对西方社会的威胁日益上升，美国本土并未获得绝对安全；国家安全与公民个人自由的内在矛盾趋于激化；

* 邵峰，中国社会科学院世界经济与政治研究所研究员，主要研究领域为国际反恐、核扩散问题和中国的对外战略。

化学武器与恐怖主义的结合正在从担心变成现实威胁；非洲已经成为反恐的主战场之一；恐怖主义带有日益强烈的教派冲突色彩。

**关键词：**

恐怖主义　基地分支　化武袭击　非洲

## 一　从权威数字统计看全球反恐形势

2013年5月30日，美国国务院发布《2012年度国家反恐报告》,[①] 显示2012年全年，全球共有85个国家发生6771起恐怖袭击，造成逾11098人死亡，21652人受伤。与2011年相比，虽然2012年发生恐怖袭击的国家从70个增至85个，但恐怖袭击次数减少三成多，死亡人数也比2011年减少1300多人。

从国别看，恐怖主义的重灾区依然是传统的三个国家（见表1）。2012年一半以上的恐怖袭击发生在巴基斯坦、阿富汗和伊拉克三国，其中巴基斯坦发生的恐怖袭击次数最多（55%），阿富汗的死亡人数最多（62%），伊拉克的受伤人数最多（65%）。在内战持续升级的叙利亚，恐怖袭击的平均死伤率最高。报告显示，2012年叙利亚共发生133次恐怖袭击，造成657人死亡，1787人受伤，死伤率远远高于全球平均水平。

从袭击手段看，2012年最常见的恐怖袭击手段是炸弹袭击，占袭击总数的62%，其次是使用枪械等武器的武装袭击，占到袭击总数的25%。同时，2012年全球共发生340起自杀式恐怖袭击，导致2223人死亡、4410人受伤，死亡总数是非自杀式袭击的4.7倍。

比较权威的地区统计数字也反映出相同的趋势。根据印度的冲突管理研究所（The Institute for Conflict Management）提供的数据，2012年南亚地区死于

① U. S. Department of State, *Country Reports on Terrorism* 2012, http://www.state.gov/j/ct/rls/crt/2012/index.htm.

与恐怖主义相关的人数是7043人，而2011年是7419人。2013年截止到9月30日，与恐怖主义相关的死亡人数是5540人。[①] 从南亚地区的统计数字看，2012年与恐怖袭击有关的死亡人数比上一年略有减少，但进入2013年的反恐形势又趋于严峻。

**表1　2012年遭受恐怖袭击最多的10个国家[②]**

| 国家 | 恐怖袭击次数 | 死亡人数 | 受伤人数 |
|---|---|---|---|
| 巴基斯坦 | 1404 | 1848 | 3643 |
| 伊拉克 | 1271 | 2436 | 6641 |
| 阿富汗 | 1023 | 2632 | 3715 |
| 印度 | 557 | 231 | 559 |
| 尼日利亚 | 546 | 1386 | 1019 |
| 泰国 | 222 | 174 | 897 |
| 也门 | 203 | 365 | 427 |
| 索马里 | 185 | 323 | 397 |
| 菲律宾 | 141 | 109 | 270 |
| 叙利亚 | 133 | 657 | 1787 |

欧洲刑警组织2013年4月发表的2013年度《欧盟恐怖主义形势和发展趋势报告》指出，2012年度，欧盟有7个成员国共发生了219次恐怖袭击，相比2011年的174次略有回升，造成17人死亡，46人受伤。大多数袭击案件发生在法国、西班牙和英国，如同前几年，大多数恐怖袭击都属于分离型恐怖主义所为。[③] 总体来看，欧洲的反恐形势变化不大，保持比较稳定的局势。

从这些能查到的数据来看，总体上2012年国际反恐形势在保持平稳的同时有所缓解。但是，由于2013年的最新数据看不到，或者如非洲、中东等恐怖主义盛行的地区缺乏有权威的数据统计，仅从全球媒体报道和专家意见来看，2013年的反恐形势恐怕不容乐观，有可能出现反弹的走势。

① The South Asia Terrorism Portal, http://www.satp.org/satporgtp/southasia/datasheets/Fatalities.html.

② 数据引自"National Consortium for the Study of Terrorism and Responses to Terrorism: Annex of Statistical Information", *Country Reports on Terrorism* 2012。

③ Europol, *EU Terrorism Situation and Trend Report* 2013 (TE-SAT 2013), https://www.europol.europa.eu/sites/default/files/publications/europol_te-sat2013_lr_0.pdf.

## 二 全球恐怖主义发展态势

### （一）“基地”组织的分支独立性增强，更具危险性

美国《2012年度国家反恐报告》指出，在全球范围的持续打击下，扎瓦赫里领导的“基地”组织核心继续式微，几十名“基地”高级领导人在巴基斯坦和阿富汗被清除。“基地”核心领导下属组织活动和发动恐怖袭击的能力已经减弱，因为他们正越来越关注自身的生存问题。尽管如此，“基地”核心仍然有能力号召、策划并发动地区或跨国恐怖袭击，同时阿富汗塔利班、哈卡尼网络、巴基斯坦塔利班和其他相关组织持续对美国及其盟友的利益发动袭击。

报告指出，领导层的衰落导致“基地”分支更具独立性，它们逐渐设定自己的目标和袭击对象。由于资金转移的困难，几个分支已经开始从事绑架或其他犯罪活动，同时这种“自筹资金”的方式也增加了它们的财务独立性。虽然没有放弃寻求攻击远敌，但“基地”分支更倾向于攻击近距离目标。“基地”组织半岛分支和伊斯兰马格里布分支已经采取步骤夺取土地并向当地人民强加它们的残暴统治。利比亚、马里、叙利亚等国出现的混乱局势为恐怖分子提供了新的机会。①

经过12年的反恐战争，美国并没有获得绝对安全。美国总统奥巴马8月4日迎来了自己52岁的生日，就在奥巴马生日前夕，美国截获情报获悉，“基地”组织正在策划可能针对美国外交人员的恐怖袭击，美国2日发布全球旅行警告，并在周末关闭了全球21个驻外使领馆，这是美国历史上最大规模的一次关闭使领馆行动。

有学者指出，反恐战争十年多后，“基地”组织为什么仍然具备迫使美国关闭使领馆的能力，这似乎与美国在军事和反恐领域取得的胜利不太一致。这种矛盾的根源在于我们没有意识到，尽管美国的反恐活动严重削弱了“基地”

① U. S. Department of State, *Country Reports on Terrorism* 2012.

组织的核心，但该组织还远未被摧毁。它适应了新形势。它把更多的权力交给了“阿拉伯半岛基地组织”等半独立分支机构以及“博科圣地”组织等联系比较松散的团伙。尽管反恐战争取得了种种胜利，但“基地”组织仍然源源不断地招募到新成员，以替换被美国消灭或抓获的成员。①

法里德·扎卡里亚指出，“基地”组织位于阿富汗与巴基斯坦的老巢受到打击，支离破碎，但是“基地”组织的思想在其他地方仍然充满活力，特别是在政府极其弱小而不能实际控制领土的地方。“基地”附属组织在也门、索马里、马里、尼日利亚北部壮大起来，其中一些组织与“基地”组织有真正的联系，拥有共同目标；另一些组织，比如非洲的一些组织，看起来就像当地的军阀贴上“基地”的标签来装点门面。②

美国反恐专家布鲁斯·里德尔日前将“基地”组织十几年来的历史进行了划分。他认为，自2001年以来，“基地”组织不断演变，现在已达到第三代或者说“3.0时代”。“1.0时代”始于本·拉登20世纪90年代在阿富汗建立团伙，至2001年“9·11”恐怖袭击；“2.0时代”是“9·11”后在巴基斯坦、伊拉克继而整个伊斯兰世界“基地”组织的重新崛起；自本·拉登被击毙和“阿拉伯之春”开始，目前国际社会面对的是“基地”组织“3.0时代”。从很多方面来看，“3.0时代”比以往更危险，因为“基地”组织正在利用“阿拉伯之春”导致的大片无政府管理地区建立恐怖分子的避难所，例如利比亚东部、马里北部、埃及西奈半岛以及叙利亚部分地区。③

### （二）恐怖主义活跃地区扩大，反恐战线进一步拉长

以往，国际社会关注的反恐重点区域除伊拉克、阿富汗、巴基斯坦三国外，主要是也门和索马里的局势发展。但是，2013年一个非常明显的趋势是，作为中东、北非长期政治动荡的后果之一，又有一些国家成为恐怖主义的肆虐

---

① Ali Soufan, “How Al Qaeda Made Its Comeback,” August 7, 2013, http://online.wsj.com/article/SB10001.

② Fareed Zakaria, “Little al-Qaedas Loom Large”, *TIME*, August 19, 2013.

③ Bruce Riedel, “New Al-Qaeda Generation May Be Deadliest One,” January 24, 2013. http://www.brookings.edu/research/opinions/2013/01/24 – al – qaeda – riedel.

之地，包括埃及、利比亚、马里、叙利亚以及尼日利亚等国家。过去所说的恐怖主义弧形地带变成了一个从整个北部非洲—中东地区—中亚和南亚—东南亚的连成一片的广袤地带。

最近全球发布的恐怖袭击警报表明，“基地”组织正在发展壮大。埃及政变以及阿拉伯觉醒运动导致的混乱局面只会为这支激进分子大军注入更多的好战分子。失败的革命和正走向失败的国家就像是圣战分子的孵化器，它们就像是孕育敌意和格格不入感的潘多拉盒子。两年前席卷中东的起义最初对“基地”组织构成威胁，因为这些起义代表着一种以民主与和平变革方式取代恐怖主义和圣战的更好办法。现在，这些革命差不多都失败了，与其说它们制定了法规，不如说制造了更多的混乱。眼下，“基地”组织的大部分精力以及扎瓦赫里的大部分努力都集中在阿拉伯和伊斯兰世界内部的危机上。“基地”组织的终结还是遥遥无期，“基地”组织 3.0 可能会伴随我们许多年。①

## （三）2013 年多国大案要案频发 恐怖分子手段更趋残暴

经过 2012 年的短暂缓和之后，2013 年很多国家相继发生重大恐怖袭击案件，造成重大人员伤亡，对国家安全、社会稳定和国际和平构成严峻挑战。伊拉克、阿富汗、巴基斯坦三国自不必说，发生恐怖袭击简直就是一种常态，国际媒体几乎每天都能看到各种爆炸、枪杀、劫持等恐怖案件，其中很大一部分都属于重大袭击的水平。北非的马里，如果不是法国军队的果断介入，激进的伊斯兰反政府组织“伊斯兰支持者”几乎就要夺取整个国家的控制权，让国际社会吃惊不小。肯尼亚首都内罗毕豪华商场上演对普通顾客的大屠杀，激烈的战斗持续了四天。尼日利亚的“博科圣地”竟然把魔爪伸向了大学校园，对睡梦中的学生大开杀戒。叙利亚在反对派与政府军的持续争斗中，不时发生对平民的恐怖袭击事件，最可怕的是多次上演化学武器攻击事件，最多一次毒杀一千多人。“9・11”事件后，美国在战战兢兢中度过了相对平静的 12 年，但今年也发生了波士顿马拉松爆炸案，造成重大伤亡，对美国反恐的自信心和

① Bruce Riedel, “The Coming of Al Qaeda 3.0,” August 6, 2013. http://www.brookings.edu/research/opinions/2013/08/06 - new - terror - generation - al - qaeda - version - 3 - riedel.

自以为是的战略提出了挑战。

在这些重大恐怖袭击中，最突出的一点就是恐怖分子的手段更趋残暴和冷血。恐怖分子对目标的选择全都是毫无戒备的平民设施或人群密集场合，极容易造成重大人员伤亡。而面对这些手无寸铁、毫无还手之力的普通民众包括妇女儿童，这些恐怖分子似乎完全丧失了基本的人性，采用冲锋枪、手榴弹、炸弹甚至化学武器这些两军对垒战场上的作战手段，大杀四方而无愧色，凸显了恐怖主义的反人类的邪恶本质。

### （四）美国目前的反恐战略仍存诸多问题

2013 年 5 月 23 日，奥巴马总统在美国国防大学发表了一场关于调整美国反恐政策的演讲，最核心的内容就是结束反恐战争。奥巴马在演讲中告诉世界，今天的美国，正处在历史的十字路口。正如第四任总统詹姆斯·麦迪逊所警告的“没有任何一个国家能在不断的战争中保持她的自由”，我们也应该为美国旷日持久的反恐战争画上一个句号了。不再搞“无限的全球反恐战争”，限制海外无人机攻击，提议关闭关塔那摩监狱。①

奥巴马总统准备结束为期 12 年的全球反恐战争，使反恐战略回归“9·11”前的常态。以此为标志，美国开始全面告别反恐战争。奥巴马重新评估了美国当前面临的恐怖威胁，试图缩小打击面，减少恐怖敌手。奥巴马在第一任期已将反恐目标缩小为击败和瓦解“基地”组织，这一目标已随着击毙本·拉登和定点清除“基地”组织核心成员而基本实现。此次奥巴马进一步将某些特定区域的圣战者和国内极端分子确定为美国面临的新威胁，事实上明确了今后反恐的两个重点方向：一是国内本土恐怖威胁，这也是波士顿案反映出的趋势；二是特定国家和地区对美国本土和海外利益构成严重威胁的恐怖势力，这明显是一个动态变化的指标，可以随着美对威胁的判断而变化。基于这种判断，美国虽然会继续努力铲除恐怖组织，但全球范围内无边无际的反恐战

---

① President Obama's Speech at National Defense University: The Future of our Fight against Terrorism, http://www.cfr.org/counterterrorism/president - obamas - speech - national - defense - university - future - our - fight - against - terrorism - may - 2013/p30771? cid = rss - fullfeed - president_ obama_ s_ speech_ at_ na - 052313.

争则必须结束了。奥巴马此轮反恐政策调整延续了收缩反恐战线的思路。①

对奥巴马的这一政策转变，不少主流媒体给予积极评价。《纽约时报》社论认为，这是“9·11”恐怖袭击之后美国反恐进程的一个转折点。但也有人对奥巴马终结反恐战争的“诚意”提出质疑，奥巴马的观点与反恐政策批评者的看法极为相似，但一旦落实到具体操作上，却似乎又在努力确保当前的各种做法得以延续。也有人反对，眼下停止反恐战争，过去十多年的努力岂不是白费了？奥巴马这条新的反恐道路注定不会一帆风顺。②

自“9·11”后，美国一直在调整反恐战略，但是从实际效果来看仍然难以达到预期目标，甚至被有些专家和媒体批评为糟糕。有美国媒体指出，反恐可能是美国至今都不知如何开展工作的最重要的政府政策领域。美国每年投入巨额资金反恐，却几乎没有投入任何精力评估美国的措施是否奏效。这一点必须改变。③

不仅如此，美国在反恐行动中侵犯人权的行为和顽固不化的双重标准问题始终困扰着国际社会的反恐合作。

2013 年 2 月 5 日，开放社会基金会发布了一份调查报告《全球化酷刑》，以来自“可信的公共资源”和“知名人权机构”的翔实细节为证，指出全球至少有 54 个国家的政府参与了美国中央情报局（CIA）在“9·11”之后发起的反恐行动，包括秘密绑架、拘留、刑讯和将恐怖活动嫌疑人非法秘密引渡给外国政府，其中有相当一部分是被错抓的无辜者，这是对人权的极大侵犯。主要撰稿人艾默瑞特·辛格生于 1969 年，是印度总理辛格 3 个女儿中最小的一个。④

“9·11”事件后，美国曾经不得不与国际社会开展合作，并在 2002 年支

① 傅小强：《奥巴马作别反恐战争》，《瞭望》新闻周刊，2013 年 6 月 1 日。

② 参见《奥巴马的另一场“反恐战争”》，中评网，2013 年 5 月 30 日电，http：//www.zhgpl.com/doc/1025/5/9。

③ 《美报：“9·11”12 年后美仍不知如何反恐》，新华网，2013 年 9 月 13 日，http：//news.xinhuanet.com/cankao/2013－09/13/c_ 132717632.htm。

④ Open Society Foundations, *Globalizing Torture: CIA Secret Detention and Extraordinary Rendition*, February 2013, http：//www.opensocietyfoundations.org/reports/globalizing－torture－cia－secret－detention－and.

持联合国安理会将“东突”列入恐怖主义组织名单。然而，出于某种狭隘的利益考虑，美国在反恐问题上从来没有放弃奉行双重标准，最突出的表现是对俄罗斯的车臣问题和中国的“东突”问题。2013 年 4 月 23 日，中国新疆巴楚县发生的严重暴力恐怖案件，美国国务院发言人不仅不予以谴责，反而指责中国的民族宗教政策。这种在反恐问题上搞双重标准的做派最终只会损人不利己。随着全球化进程不断加深，恐怖组织开始呈现分散化、本土化和网络化的趋势，开始借助新的技术手段，利用地区冲突、民族矛盾和社会矛盾等扩大影响，并寻求跨国、跨地区发展。因此，反恐的国际合作显得尤为重要，任何置身事外、祸水他引的做法都是不明智的。①

## 三　从本年度重大事件看全球反恐形势特点

### （一）法国出兵马里凸显恐怖组织坐大对一些国家政权的威胁

马里是西非一个内陆国家，也是世界最穷的国家之一。生活在马里北部的图阿雷格人要求建立独立政权。图阿雷格人称政府没有信守和平协议，自己被政府边缘化。图阿雷格人曾在 1962 ~ 1964、1990 ~ 1995 和 2007 ~ 009 年先后发生过三次大规模反政府叛乱。

此次武装叛乱的起因是大约两三千名曾经服务于卡扎菲政权的图阿雷格雇佣军，带着较先进的武器和丰富的作战经验回到了当地，与图阿雷格反政府组织合兵一处，成立了“阿扎瓦德民族解放运动”（MNLA）。该组织和同样在这一地区活动的宗教极端组织“伊斯兰支持者”2012 年 5 月 26 日达成一致，决定在马里北部建立一个推行教法统治的“独立国家”。“伊斯兰支持者”势力较大，据信与“基地”组织北非分支“伊斯兰马格里布基地组织”关系密切。

2012 年初，图阿雷格人在北方发动新的武装叛乱，一批士兵也在首都巴马科发动政变。在国际社会压力下，政变军人 4 月 6 日与西非国家经济共同体

---

① 吴黎明：《美搞反恐“双重标准”损人不利己》，2013 年 4 月 26 日，新华网，http：//news. xinhuanet. com/mil/2013 －4/26/c_ 124637279. htm。

签署协议，同意交权，由国民议会议长出任临时总统。图阿雷格分离主义者则在伊斯兰激进分子帮助下趁机控制了马里北部地区。稍后，强硬派伊斯兰激进分子击败图阿雷格分离主义者，控制了马里北部。2013 年 1 月，伊斯兰反政府武装向南方进军，政府军难以抵挡。在马里政府请求之下，法国出兵马里，非洲与美国等西方多国承诺提供军事及后勤的援助。

自 1 月 11 日法国出手干预马里危机以来，在法国、马里政府和非洲联军的联手攻势下，基本收复了被反政府武装占领的马里北部各大城市，但仍有少部分叛军据守在位于马里东北部与阿尔及利亚交界的山区。联合国安理会 4 月 25 日通过决议，决定设立联合国马里多层面综合稳定团（马里稳定团），并决定将此前部署的由非洲主导的国际支助团（非洲支助团）于 7 月 1 日起移交给马里稳定团。

马里之所以出现伊斯兰激进组织几乎夺取政权的危机，主要有三个方面的原因：其一，历史的原因，图阿雷格人长期存在要求独立的传统，历史上曾多次发生大规模反政府叛乱。其二，2012 年 3 月马里发生军事政变，此后政局动荡不安，给北方的反政府武装提供了可乘之机。其三，西方国家在把利比亚战争的胜利当作新干涉主义的成功案例时，却忽视了对马里造成危害的副作用，大批从利比亚流散的军人携带武器加盟马里反政府武装，壮大了叛军的实力，导致马里对峙双方力量失衡。

法国果断出兵马里的战略目的或者说原因除了马里拥有丰富的自然资源，法国试图提升自己大国地位，保护在非洲的战略利益外，也是由于这里有着广袤的沙漠，地域辽阔，难以控制，近年正日益成为恐怖组织的中心地带。法国担心马里的“沦陷”将使其变成一个恐怖主义国家，失去马里，法国将失去在这一地区的控制权。

法国这次行动得到了西方、非洲和联合国的支持。就连一向对军事干预他国事务持高度谨慎态度的中俄两国，也对法国的行动持肯定态度。其中一个原因是，联合国部队组建缓慢，反政府军越来越逼近首都，马里民选政府眼看被叛军推翻，在此情况下，法国应马里政府邀请出兵平叛，也可以说是在行使联合国和非洲国家的授权。另外，马里的反政府叛军从事的活动很像阿富汗塔利班的做事风格，所以法国的这次行动也可以说是一场反恐战争，以避免又一个阿富汗的产生，因而得到了国际上的支持。加上马里北部曾经有多名法国公民被反政府武装劫持为人质，解救人质的正当性也无可置疑。①

当然，也有学者持不同看法。法军介入马里可能会为“新干涉主义”在非洲的合法化提供案例。法国人出兵马里，旗号是“打击恐怖主义”，实际上马里问题的实质更接近于国内各派政治势力的一场内战。虽然法国辩解其行动是应马里现任政府的平叛请求，但当同样的请求来自同样面临叛军进攻的中非共和国总统时，法国却根据自己的利益和好恶取舍而按兵不动。这就使法国背负了“非洲宪兵”在干预非洲事务问题上持有“双重标准”的骂名。②

事实上，马里只是冰山的一角。在其他一些国家也存在着国家政权面临恐怖组织夺取政权的威胁，或者建立国中之国的可能，比如也门、叙利亚、曾经的索马里。最近引起关注的是叙利亚反对派中的极端派别“胜利阵线”（Jabhat al-Nusra）。“胜利阵线”根据“圣战”意识形态作战，与多数以推翻巴沙尔政权为直接目标的派别不同，有更远大的目标规划，企图建立伊斯兰国家。“胜利阵线”是目前在叙境内最有实力的反政府武装之一，拥有战斗人员6000～10000人。2013年4月10日，“基地”伊拉克领导人巴格达迪在圣战网站上宣布，叙利亚“胜利阵线”和“基地”伊拉克分支正式合并，新组织名为“伊斯兰国家伊拉克和黎凡特”（the Islamic State of Iraq and the Levant，黎凡特是一个不精确的历史上的古代地理名称，它指的是土耳其南部托罗斯山脉以南、地中海东岸、阿拉伯沙漠以北和上美索不达米亚以西的一大片地区），共同致力于建立伊斯兰国家。这让西方援助叙反对派的行动变得十分尴尬。

### （二）波士顿案件凸显“独狼”式恐怖袭击的威胁日益上升

2013年4月15日下午2时50分，美国马萨诸塞州波士顿科普里广场的马拉松赛终点附近发生爆炸，有两枚炸弹分别于终点线附近观众区及一家体育用品店先后引爆。此次爆炸造成3人死亡，183人受伤，17人情况危急。其中一枚炸弹用高压锅制成，并藏在背包中，爆炸后的残片显示，制造这枚简易炸弹

---

① 余永胜：《出兵马里国际社会为何支持法国》，《中国评论月刊》网络版，2013年1月22日。

② 贺文萍：《警惕“新干涉主义”在非洲合法化》，《环球时报》2013年1月18日。

的凶手在锅里放了钉子、钢珠等材料。

调查显示，26 岁的塔梅尔兰·萨纳耶夫与 19 岁的弟弟焦哈尔一道在波士顿市中心的两个地点放置了爆炸物。两名犯罪嫌疑人在制造了马拉松现场爆炸案后，试图抢劫马萨诸塞州剑桥市一家便利店，随后前往麻省理工学院，18 日晚打死一名校园警察。美国警方出动 9000 多名警察进行地毯式搜索，在追捕过程中，焦哈尔开车撞向警察，但却撞死了塔梅尔兰，最终焦哈尔被擒获。

波士顿马拉松爆炸案说明了三点：

第一，经过 12 年的反恐战争，美国付出了巨大的人力、财力和战略资源，但是仍然无法获得绝对的安全。这必然会引起美国对反恐战略的反思，同时也会对奥巴马调整全球战略带来很大的影响。

波士顿是美国立国精神的策源地，当年华盛顿也是在波士顿独立厅宣布《独立宣言》的。在众目睽睽之下，炸弹袭击事件发生在波士顿，起到了打击美国民众士气的作用。这起袭击案使得美国民众本已松弛的反恐神经再次紧绷，也使得美国国家和民众的安全感再度破灭，其后果及横向效应的力度是不容低估的。民众痛定思痛，不禁要问：美国发动的反恐战争，业已倾举国之力，耗时十余年，究竟是否取得了胜利?①

波士顿爆炸案是自“9·11”以来针对美国的另一起造成严重损失的爆炸案件，此事对美国政府和公众的心理造成相当冲击，重新意识到恐怖主义威胁的严重性与现实性。“9·11”让美国陷入两场反恐战争。十年之后，美国与其他大国以及新兴市场大国的经济、军事力量的对比发生了不利于美国的变化。奥巴马政府决心结束战争，重新将军事战略重心转向与地区大国的可能冲突。然而，这一切计划和思维都有赖于一个实际的前提，那就是全球国际恐怖主义浪潮得到有效制止，最起码不会再及于美国本土。本次爆炸则暴露了一个不得不正视的现实：即使在本·拉登死后，现在也还远不能说对恐怖主义的战争已经基本结束，美国战略决策者需要对现有战略进行反思和调整，以适应未来的反恐需求。②

① 薛理泰：《波士顿爆炸案所引发的深层变化》，新加坡《联合早报》2013 年 4 月 19 日。

② 赵楚：《波士顿爆炸案或影响美国军事战略》，人民论坛网站，http：//theory. rmlt. com. cn/2013/0416/68681. shtml。

第二，如同以前发生的一些恐怖袭击，波士顿爆炸案再次表明“独狼”式的恐怖分子对欧美国家的威胁日益突出。没有组织的单个人因狂热思想或仇恨心理实施“独狼”行动，随机性更高、更易于隐蔽，且袭击目标不确定，致使其难以被发现和追踪，因此危害性更大。

目前美国所受到的恐怖主义威胁主要来自两个方面。第一个方面是本土的恐怖分子，即在美国土生土长的恐怖分子，就像1995年在俄克拉何马城麦克维制造的恐怖事件一样。第二个方面是与国际恐怖势力有联系的恐怖分子，主要包括两种：一种是以“基地”组织为核心的国际恐怖组织直接派到美国，或者说与这些组织有直接联系的人；另一种是和境外的“基地”及其分支组织并没有直接联系的个人，但是他受到“基地”反美意识形态以及恐怖理念的影响，认同恐怖袭击的理念和做法，甚至只是从网上学习一些制造炸弹的技术，在美国本土制造这样的恐怖袭击事件，这就是人们所谓的网上有个“恐怖大学”。[①] 此次两名袭击者显然属于后一种。

波士顿爆炸案说明，在美国这个号称“民族熔炉”的移民国家，其多民族融合的政策显然并不成功。两名嫌疑犯未成年即生活在美国，完全是美国培养出来的，并非境外“基地”组织“洗脑”的结果。萨尔纳耶夫兄弟在2000～2001年间自车臣移民到美国后，定居在麻州剑桥市，但显然始终无法融入美国的文化和生活。这种生存于其中但又格格不入的生活状态是产生“独狼”式恐怖分子的温床。

第三，恐怖主义是全人类的共同敌人，在反恐问题上国际社会必须通力合作。

这次恐怖袭击，美国人犹如哑巴吃黄连，有苦说不出，嫌犯竟然有车臣共和国家庭背景。20世纪90年代，俄罗斯爆发了两次车臣战争。美国人不但不是车臣人的敌人，而且当年还站在车臣人的立场说过话。而且制造波士顿爆炸案的人是已经获得了美国永久居住权的车臣人。他们为什么要制造爆炸案呢？

波士顿爆炸案对美国是一个生动的教训，也是对所有国家的一次警示。现在，所有国家都应该清醒地认识到，恐怖主义并非只针对哪个民族或哪个国

① 李伟：《波士顿爆炸案影响将不亚于9·11》，《21世纪经济报道》2013年4月17日。

家，而是整个文明世界的共同敌人。世界各国应该团结起来共同打击恐怖主义，而不是互相诋毁和拆台。那种出于狭隘的民族利益和国家战略利益而对某些恐怖主义采取姑息、纵容的做法，不仅是不道德的和短视的，而且必将祸及自身。

### （三）叙利亚化武事件表明大规模杀伤性武器与恐怖主义结合的危险

2013 年 8 月 21 日，总部设在阿联酋迪拜的阿拉比亚电视台和卡塔尔半岛电视台报道称，叙利亚政府军从当天凌晨起使用含有沙林毒气的火箭弹对姑塔东区进行袭击。叙利亚反对派指责政府当天在大马士革附近使用化学武器，造成超 1300 人死亡。自年初开始，叙政府和反对派便相互指责对方使用化学武器。

此次化武事件对美国意味深长。2012 年 8 月 20 日，奥巴马曾向叙利亚政府发出警告，一旦叙政府使用化学武器，甚至只是“移动”它们，就是触及美国的“红线”，美国将予以军事打击。许多美国媒体认为，这次屠杀是对美国的挑战和羞辱，事关奥巴马的权威和美国的脸面。鉴于使用化学武器属于无差别屠杀，常规武器是可以人为选定对某个目标或人进行轰炸或打击，不容易造成无辜平民伤亡，而化学物质会使所污染区域内所有生物死亡或致残，必然导致大量无辜平民，尤其是妇女儿童伤亡。因此，化学武器历来被视为军事行动的“红线”。

美国《外交政策》（双月刊）网站 8 月 26 日刊文称，在叙利亚拥有大规模杀伤性武器库，尤其是巴沙尔·阿萨德政权显然对本国民众使用化学武器方面，美国及其盟友至少有三个明显的利益，按重要程度从低到高的排序如下：①阻止对叙利亚无辜平民不加区分地使用这些武器的人道主义利益；②加大力度以长期禁止使用这些武器的安全利益；③确保叙利亚的化学武器受到严密控制，不会落到恐怖分子手上的安全利益。[①]

美国、法国、德国等西方国家多次提出报告，证明叙利亚政府军使用化学

① Peter Feaver, “U. S Interests and the Syrian Chemical Weapons Challenge”, *Foreign Policy*, August 26, 2013. http://shadow.foreignpolicy.com/posts/2013/08/26/us_interests_and_the_syrian_chemical_weapons_challenge.

武器。西方媒体称叙利亚总统巴沙尔·阿萨德发动了毒气袭击。联合国9月16日公布叙利亚化武调查报告，认为8月21日在叙大马士革姑塔东区存在较大规模使用化学武器的行为，但报告没有说明究竟是政府军还是反对派武装使用了化学武器。目前，我们没有客观真实可信的证据来判定到底是谁发动了化武袭击，有专家分析，这场卑劣的“化学屠杀”，很有可能就是一桩阴谋，而且是精心策划。但不管是叙政府还是反对派，“化学屠杀”的制造者都会成为国际社会的公敌。① 如果如反对派所言是叙利亚政府所为，那便是典型的国家恐怖主义行为，不仅理应受到全世界人民的谴责，而且实施化武袭击的叙利亚政府也失去了存在的合法性；如果是反对派中的某个激进团体所为，那便说明当前已经有某些恐怖组织掌握了化学武器这种大规模杀伤性武器的制造、存储、发射、使用的技术和能力，并且有决心使用这种不道德的武器来残害广大的无辜百姓，以达到他们不可告人的政治目标，这对全球反恐事业和国际社会的安全构成了更严峻的挑战。

当务之急，国际社会有两点需要重点关注：

其一，如何保证有效监督和销毁叙利亚政府承诺交出的化学武器，这是刻不容缓的要务，同时也是一个重要的尝试，即美国和俄罗斯两个军事超级大国出于各自的利益和全球安全的考量，齐心协力销毁一个国家的化学武器。这或许可以创造一种解决某些不稳定国家违法拥有大规模杀伤性武器的管理和最终销毁的模式。果如此，当是国际社会的大幸。

其二，在如何防止某些国家违法偷偷制造大规模杀伤性武器的问题上，相关国家需要从全人类安全这个战略高度出发，而不是狭隘的经济利益和政治考虑，对自己的敏感商业行为或者军事援助行为加强自律，同时加强在这方面的国际合作。据香港《文汇报》综合外电消息称，美国曾以拥有大规模杀伤性武器为由入侵伊拉克，结果一无所获。事实上，这些大规模杀伤性武器很多都来自美国或其盟友如英国等本身。美国当年指责伊拉克收藏大规模杀伤性武器，但1994年一份参院报告披露，不少私营企业曾获美国商务部许可，在两

① 张敬伟：《化学武器疑云下的叙利亚危局》，观点中国网站，2013年8月27日，http://opinion.china.com.cn/opinion_80_80080.html。

伊战争期间向伊拉克出口生物武器原料，包括炭疽菌、肉毒杆菌、荚膜组织浆菌、羊布鲁氏菌等，这些原料都可制成生化武器。近日，叙利亚出现化武危机，但这些化学武器并非叙利亚以一己之力就可以制造，很多原料都是从欧美国家进口，其中英国早前就被指于2004～2010年间，五度批准两家英国出口商向叙利亚出口可用作化武原料的氟化钠。英国政府曾声称这些原料是用于化妆品及医疗产品用途。①

## （四）肯尼亚商场案和尼日利亚校园案表明非洲已成反恐主战场之一

2013年9月24日晚，肯尼亚总统肯雅塔宣布，安全部队终于战胜了恐怖分子，结束了在内罗毕韦斯特盖特购物中心持续了四天的恐怖袭击事件。他证实，事件造成72人死亡，其中61名平民在袭击中丧生，6名士兵被打死，175人受伤。在死者当中至少有18名外国人，其中包括6名英国人，还有法国人、加拿大人、荷兰人、澳大利亚人、秘鲁人、印度人、加纳人、南非人和1名中国人。5名袭击者被军队击毙，11名嫌疑人被捕。肯尼亚军方发言人10月5日确认4名韦斯特盖特购物中心袭击者，称他们均命丧与军方的交火中。这一人数低于肯尼亚方面先前认定的10～15名袭击者。头目苏丹尼来自苏丹，在“基地”组织接受过训练。

索马里反政府武装青年党通过微博宣称策划实施了袭击。青年党公开宣布效忠“基地”组织，一度控制索马里大片领土，被视作“非洲之角”稳定的最大威胁。青年党发动此次商场袭击案的目的在于：第一，发泄对肯尼亚政府出兵索马里的不满和愤怒。青年党宣称，此举意在报复肯尼亚政府出兵参与非洲联盟驻索马里部队、支持索马里过渡政府镇压包括该组织在内的反政府武装。青年党警告说，如果肯尼亚政府仍然不从索马里撤军，它将在肯尼亚境内发动更多袭击。第二，破坏肯尼亚的社会稳定，打击肯尼亚的旅游业，从而削弱肯尼亚的经济基础，促使肯尼亚早日从索马里撤出军队。韦斯特盖特购物中心是内罗毕最繁华的购物中心之一，恐怖分子选择这种高档购物中心进行袭击可以产生更强烈的国际影响和警示作用。

① 《生化武元凶　美英自作孽》，香港《文汇报》2013年9月13日。

2011年10月，肯尼亚以北部旅游胜地频遭越境袭击为由，出兵进入索马里，打击威胁边境安全和经济发展的青年党，从南部对这一武装组织形成压力；埃塞俄比亚军队则响应非盟号召，从西部对青年党发动攻势，帮助索马里政府军夺取两处中部重镇。联合攻势下，青年党抵抗不力，屡屡失守重要据点，2011年撤出首都摩加迪沙，2012年9月放弃位于南部的最后主要城市据点、同时作为主要收入来源的基斯马尤，遭受重创。2013年5月26日，正在亚的斯亚贝巴参加第21届非洲联盟首脑会议的索马里总统哈桑·谢赫·马哈茂德表示，索马里反政府武装组织青年党已被击溃，但其对索马里及周边地区乃至世界安全的威胁依然存在。

肯尼亚治安状况本来在非洲国家中比较好，有武装抢劫，但少有抢劫杀人。然而，肯尼亚2011年出兵索马里、参与打击索马里极端组织青年党后，情况恶化，内罗毕等地发生多起小规模恐怖袭击。

几天后的9月29日凌晨，尼日利亚博科圣地组织武装分子闯入东北部约贝州古杰巴市一所大学的农业学院宿舍，向熟睡的学生开枪，造成约50人丧生。博科圣地组织试图推翻政府建立伊斯兰国家。这个被称为“尼日利亚塔利班”的组织曾经几次袭击学校。2009年，博科圣地组织在波诺州成立，经常使用炸弹袭击来扩大自己的影响力。博科圣地的意思是“西方教育是亵渎”或“西方教育是罪恶”。

马里、肯尼亚、索马里、尼日利亚等国的恐怖主义肆虐，表明北部非洲已经成为国际恐怖组织发展的重点地区之一，自然也将成为国际社会反恐的主战场之一。非洲国家普遍存在着种族、部族、宗教和宗派矛盾，政府力量和统治力一般比较弱小，再加上地域广大，自然条件恶劣，这些都为国际恐怖组织的发展提供了有利条件。同时，恐怖主义的国际化也必然带动反恐的国际合作的深入发展。肯尼亚警察总监基迈约说，情报显示，购物中心内的武装分子来自不同国家，这是一起国际恐怖主义事件。肯尼亚安全机构人士证实，以色列、美国和英国特工参与到解救人质的行动。恐怖主义的国际化和反恐的国际合作在这次事件中都得到了展示，表明国际社会在防恐、反恐、打恐等各领域，切实加强合作是大势所趋。

国际社会对此已经有了比较一致的认识，尤其是美国学者进行了大量的研究。史蒂文·梅茨认为，撒哈拉地区不断扩大的暴力局面说明，北非加入了阿富汗、巴基斯坦、也门和索马里的行列，成为全世界最危险的地区之一。所有冲突都有共同的特点：与“基地”组织有关或受其教唆的极端分子与种族、宗派或部族矛盾导致的紧张局势混杂在一起，使原有冲突更加严重、更具破坏性。这就要求美国采取谨慎的应对措施，既解决眼前的挑战，又减少极端分子今后的机会。为此，美国应该采取冷战时期的遏制战略来应对非洲的恐怖主义组织。当接受“基地”意识形态的组织者在一个地区出现时具有一些最初的吸引力，显得虔诚而强大，但这些组织偏执、高压和残忍的手段很快会耗尽他们所受到的欢迎。因此，受到遏制时，这些组织要么有所节制，要么被当地力量消灭。遏制撒哈拉地区的“基地”组织应有两个支柱：一是阻止与“基地”有关联的组织夺取一个国家的全面控制权，包括直接向打击极端分子的安全部队提供支持，乃至直接诉诸军事干预行动；二是向还没有陷入与极端分子全面冲突的国家提供安全和经济援助。①

### （五）巴基斯坦基督教堂爆炸案表明恐怖分子意图挑起教派对立

伊拉克、阿富汗、巴基斯坦三国多年来一直是遭受恐怖主义袭击和伤亡人数最多的国家，爆炸和枪击事件如家常便饭，几乎每天都可从新闻媒体上看到恐怖袭击的新闻，让世人早已见怪不怪。如今，美国已经从伊拉克撤军，明年也将按计划从阿富汗撤军，但是三国动荡的安全局势却不见好转，着实让国际社会对三国普通民众的安全状况担心不已。

2013 年 9 月 22 日，巴基斯坦西北部城市白沙瓦的一座基督教堂遭两名自杀袭击者攻击，死亡 82 人，另有超过 140 人受伤。遇袭地点是有 100 多年历史的“全圣人教堂”，在信徒做完祈祷走出教堂时，两名自杀式袭击者在入口附近引爆了身上的炸药。此前，巴基斯坦教派冲突主要集中在穆斯林逊尼派和什叶派之间，教堂爆炸案发生后，基督教团体感受到了巨大威胁，对未来忧心忡忡，不少人认为，基督徒和穆斯林和谐共处的日子一去不复返了。在巴基斯

---

① Steven Metz, “Containment Should Guide U. S. Approach to al-Qaida in Africa”, *World Politics Review*, Jan. 23, 2013. http://www.worldpoliticsreview.com/authors/790/steven-metz? page=2.

坦1.8亿人口中，逊尼派穆斯林占80%，什叶派穆斯林占15%，基督教徒仅占2%。这是有史以来巴基斯坦发生的针对基督教徒伤亡最惨重的袭击，巴基斯坦塔利班一个分支声称对袭击负责，并表示他们将继续对非穆斯林教徒进行袭击，直到美军无人机永远停止对巴基斯坦西北部的空袭。袭击发生后，谢里夫总理表示，巴政府不会再继续推进同塔利班的对话。①

9月30日，伊拉克首都巴格达发生十余起汽车炸弹爆炸，主要发生在什叶派穆斯林社区，造成至少51人死亡，155人受伤。伊拉克内政部谴责与“基地”组织有联系的反政府武装分子制造了这次连环爆炸，称他们抓住伊拉克的政治内斗与安全漏洞的时机发动袭击。

本年度，巴基斯坦、伊拉克和阿富汗三国的恐怖袭击大案不断，并且很多带有强烈的教派冲突色彩。巴基斯坦的基督教徒与美国人有什么关系？难道只是因为他们的宗教信仰与美国人相同，他们就应该成为美国反恐战争的替罪羊吗？这是典型的恐怖主义逻辑，凸显其反人类的残暴本性。按理说，美国撤出，伊拉克重新获得了完整的主权，各派别应该团结互谅，共同建设国家美好的未来。但是，心怀叵测的恐怖分子和极端分子为了达到制造教派对立的目标，或者仅仅为了宣泄对局势的不满，不断制造动乱。美军已走，抗击侵略的借口已荡然无存，目下的恐怖袭击只能解释成为了教派利益或者出于制造更大混乱的考虑而不惜置国家利益于不顾。这样冤冤相报、恶性循环，国家安全和人民福祉什么时候才能得到保证呢？

在南亚、中亚、中东和非洲地区，伊斯兰教与其他宗教之间、伊斯兰内部各教派之间的矛盾和斗争由来已久。在各种国际国内问题上，一些政府和很多民众评价任何事情的是非对错经常不是根据具体情况、道德诉求和法律的规定，而完全变成了教派之间的区隔，似乎作为文明人的是非观念丧失殆尽。这种趋势早已存在，现在看起来日趋严重。这对于一个民族、一个国家乃至整个地区和世界的和平稳定必然带来深远的负面影响。这一点不是简单地呼吁各种宗教和文化的相互理解和包容能够解决的，而是需要各种宗教和教派的领袖和

① 王琦：《巴基斯坦教堂爆炸案已致82人死亡》，国际在线专稿，http：//gb.cri.cn/42071/2013/09/25/6071s4265199.htm。

正义人士认清问题的严重性，与那些别有用心地以宗教为工具的激进分子划清界限，站在人类命运和宗教的历史使命的高度，重新树立并向教徒灌输正确的是非观和道德责任，真正发挥宗教的真善美、人类友爱、世界和平的伟大作用。

## 结　语

从数字统计看，2012年的全球反恐形势得到了一定的缓解，但是从2013年恐怖主义发展的态势和表现出的一些新特点看，全球反恐形势仍然不太乐观，很可能出现反弹的走势，国际社会对打击恐怖主义问题不应该有丝毫的放松。

展望2014年，在反恐问题上有四个主要问题需要重点关注：其一，美国和北约能否顺利完成从阿富汗撤军，其对中亚、南亚乃至全球的反恐格局会带来怎样的影响？其二，恐怖组织在中东持续动荡的乱局中会起怎样的作用，发展动向如何？其三，北部非洲国家的反恐形势如何发展，其对世界反恐走势会带来什么影响？其四，叙利亚的化学武器销毁工作能否如期顺畅地得到执行，其对叙利亚的局势发展将起到什么样的作用？能不能成为国际社会销毁大规模杀伤性武器的一个模板？

恐怖主义是文明世界的公敌，其对国际社会的稳定和持久繁荣发展构成巨大的威胁。反对和打击恐怖主义作为各国政府的长期重点议程之一，需要各国付出艰辛的努力，更需要真诚、切实的国际合作。

### 参考文献

U. S. Department of State, *Country Reports on Terrorism* 2012.

Europol, *EU Terrorism Situation and Trend Report* 2013（TE－SAT 2013）.

Fareed Zakaria, "Little al－Qaedas Loom Large," *TIME*, August 19, 2013.

Open Society Foundations, *Globalizing Torture: CIA Secret Detention and Extraordinary Rendition*, February 2013.

Joe Glenton, "Don't forget the critical role of China in Mali," *The Independent*, January 15, 2013.

John Gapper, "Big data has to show that it's not like Big Brother," *Financial Times*, *June* 12, 2013.

Peter Feaver, "U. S Interests and the Syrian Chemical Weapons Challenge," *Foreign Policy*, August 26, 2013.

Steven Metz, " Containment Should Guide U. S. Approach to al – Qaida in Africa," *World Politics Review*, Jan. 23, 2013.

傅小强:《奥巴马作别反恐战争》,《瞭望》新闻周刊, 2013 年 6 月 1 日。

张敬伟:《化学武器疑云下的叙利亚危局》, 观点中国网站, 2013 年 8 月 27 日。

贺文萍:《警惕"新干涉主义"在非洲合法化》,《环球时报》2013 年 1 月 18 日。

Y.7

# 2012～2013年全球能源政治：形势与热点

薛 力*

**摘 要：**

过去一年多里，全球能源政治形势相对稳定，比较引人关注的热点有：加拿大能源多元化政策进展明显，委内瑞拉新总统调整对美关系成效不大，治安形势不佳没有影响利比亚油气工业的快速复苏，苏丹与南苏丹政治关系缓和带动能源合作初步恢复，伊拉克能源开发加速但南北各行其是，伊朗新总统调整对美政策获得积极的回应，普京重新上台后在能源开发"向东看"上取得相当成果，北极争端出现双重奏，全球核电开发在谨慎中复苏。

**关键词：**

2013 全球能源政治 整体趋势 热点

过去一年多，全球能源经济总体上继续着"生产重心西移、消费重心东移"的趋势，① 石油价格相对稳定，天然气价格呈现"美国低位微升、欧洲下降、东方上升"的势头。② 中国煤炭消费占全球的43%，受中国市场影响，全

---

* 薛力，中国社会科学院世界经济与政治研究所副研究员，主要研究领域：国际战略、能源政治、东亚整合、南海问题。

① 张国宝：《2013年全球能源形势展望》，《第一财经日报》2012年12月27日。

② 美国价格以亨利中心（henry hub）为准，其每百万英热单位（mmbtu）的周平均价格从2012年7月6日的2.84美元，上升到2013年4月29日的4.25美元，又下降到8月23日的3.49美元。参见 *Henry Hub Gulf Coast Natural Gas Spot Price*, http://www.eia.gov/dnav/ng/hist/rngwhhdW.htm。而全球最大LNG消费国日本的LNG价格却上升到16～18美元/mmbtu，参见张国宝《2013年全球能源形势展望》，《第一财经日报》2012年12月27日。欧洲从俄罗斯进口管道天然气的价格从400美元/千立方米以上下降到400美元以下，其中比利时就从Gazprom获得20%的折扣，参见《页岩效应：俄罗斯天然气大棒失势欧洲》，http://wallstreetcn.com/node/24391。

球煤炭价格大幅度下降。[①] 核电领域，出现了日本福岛核电站核污水泄漏事故。此外，气候变化对能源政治的影响不如前几年强烈。基于上述因素，过去一年多的全球能源政治形势大体稳定，但依然有一些相对热点事件。因此，今年的报告将评析以下国家：欧洲的俄罗斯，亚洲的伊朗、伊拉克，非洲的苏丹、南苏丹与利比亚，美洲的加拿大与委内瑞拉。在热点议题上，北极争端出现了一些新进展，因此时隔一年后再次予以分析。全球核电开发则是另一个值得继续关注的议题。本文分析的能源限于化石能源与核电。

## 一 欧洲与北极地区能源政治热点

俄罗斯在国际能源政治版图中的地位在下降，但依然保持相当的影响力，尤其是在普京重新就任总统后。由于涉及主要大国的利益，北极争端一直是全球关注的热点，这一年多出现了一些新动向。

### （一）俄罗斯：巩固西方市场、控制南方过境国、扩大与东方国家合作

欧洲是俄罗斯最大的油气消费市场，俄罗斯提供欧盟天然气消费量的1/4，并掌控着中亚对欧洲的油气出口管道。经过白俄罗斯与乌克兰的过境输气管道是俄罗斯天然气出口的软肋。但是，开通北溪管道、控制白俄罗斯输气管道、计划修建南溪管道等，使得俄罗斯对天然气出口的控制力明显增强。不幸的是，欧洲陷入主权债务危机，经济陷入持久的衰退，油气消费量减少。这严重影响了俄罗斯经济，并可能危及普京在2020年实现“俄罗斯奇迹”的计划。[②] 为此，他在2012年5月第三次就任总统后，围绕能源政治很快布局新一轮的纵横捭阖。

---

① 2011年年底以来，国际煤炭价格下降了1/3，何丽：《中国能源业围绕煤炭进口发生分歧》，http://www.ftchinese.com/story/001050870。

② 普京在本世纪初上任时的雄心是“给我20年，我还你一个奇迹般的俄罗斯”，《普京豪言壮语：给我20年还给你奇迹般的俄罗斯》，新华网，http://news.xinhuanet.com/newscenter/2002-12/03/content_647418.htm。

首先是巩固欧洲市场，其中，仿照白俄罗斯模式，控制乌克兰的天然气输送管道是一个关键环节，尤其在南溪项目迟迟不能开工的情况下。在谈判难以取得突破时，俄罗斯 2013 年 2 月又以“70 亿美元罚款单”的方式向乌克兰施压。[①] 乌克兰意识到前几年与俄罗斯“斗气”的做法不符合自己的长远利益，也希望俄罗斯降低天然气价格，但又不甘心成为“白俄罗斯第二”。因此，乌克兰极力主张把欧盟拉入、成立三方财团来管理天然气输送管道系统。[②] 以煤代气、开发页岩气等方面的进展则增加了乌克兰谈判的资本，但主权债务危机、不想过度刺激俄罗斯等因素使得欧盟对这一设想的兴趣下降。由于各方立场僵持不下，预计这一财团 2013 年难以成立。[③]

其次是大力开拓中国市场。中国油气市场潜力远远大于日本与韩国，因此也是俄罗斯开拓的重心。双方良好的政治关系为俄罗斯实现“向东看”目标提供了前提条件。能源合作也是双边经济合作的优先方向。在过去一年里，这方面进展迅速：2012 年 12 月，双方签署四项能源合作文件；2013 年 3 月，两国领导人定调扩大能源合作；6 月签署向中国供应石油的长期协定，金额达 2700 亿美元；[④] 9 月初，签署《俄罗斯通过东线管道向中国供应天然气的框架协议》，合作开发北冰洋液化天然气也达成协议。[⑤] 迁延多年的东线天然气管道项目也终于落实，只剩价格问题有待敲定。俄罗斯在发展液化天然气方面也借此迈出了坚实的一大步，这有利于俄罗斯天然气出口方式的多样化，增强了俄罗斯在国际能源博弈中的地位。

再次是尝试强化与日本的能源合作。日本既是石油与天然气消费大国，也能在俄罗斯油气开发上提供技术与资金，与日本合作还有助于增加俄罗斯与中

---

① 《俄乌天然气风波再起乌拒绝支付 70 亿美元罚款》，中国网，http：//finance. china. com. cn/industry/energy/sytrq/20130218/1286190. shtml。

② 《俄罗斯驻乌克兰大使祖拉波夫表示可由财团共同管理乌克兰天然气管道运输系统》，中国商务部网站，http：//www. mofcom. gov. cn/article/i/jyjl/m/201303/20130300041450. shtml。

③ 《米勒：俄乌未就成立财团管理天然气运输系统谈判》，俄罗斯新闻网，http：//rusnews. cn/guojiyaowen/guoji_ cis/20130628/43801070. html。

④ 《中俄签 2700 亿美元石油大单能源议程优先贸易方向》，新华网，http：//news. xinhuanet. com/energy/2013 －06/23/c_ 124896719. htm。

⑤ 《中俄天然气东线管道框架协议签署》，新华网，http：//news. xinhuanet. com/world/2013 －09/06/c_ 125338049. htm。

国进行能源谈判的筹码。因而普京在2012年建议，与日本就领土争端达成妥协。[①] 日本对此反应积极，认为或可望在普京任内解决领土问题。因此，日本派出多人访问俄罗斯。安倍晋三更是在2013年4月带领120人的代表团访问莫斯科，成为十年来第一次正式访问俄罗斯的日本首相，希望通过经济合作来促成领土问题的解决。双方签署了不少协议，包括能源合作开发、加快和平条约谈判等。但双方立场差异明显，日本方面希望签署和平条约是基于领土争端的解决，而俄罗斯则希望基于共同开发。[②] 在北方四岛问题上双方立场依然南辕北辙，这将限制俄日双边能源合作的进一步深化。俄罗斯外长拉夫罗夫把北方四岛问题列为2013年9月28～29日东京之行的重点，但获得重大进展的可能性甚微，倒是在合作开采萨哈林海域油气方面有望获得一些成果。

此外，普京还试图通过强化欧亚联盟来保持俄罗斯在中亚的影响力。2012年5月，上任不到一个月的普京就访问了乌兹别克斯坦与哈萨克斯坦，并在2013年3月接受了土库曼斯坦总统的访土邀请。但由于自身经济实力不足，加之中亚国家希望推进市场多元化，以及其他大国也进一步涉入这一地区，俄罗斯对中亚的影响力有下降的趋势。最大产油国哈萨克斯坦几个主要油田的开发由欧美日公司主导，最大天然气生产国土库曼斯坦对绕过俄罗斯通往欧洲的纳布科管道依然心怀希望。中亚五个国家都与中国建立了战略伙伴关系，加大了与中国经济合作的力度，旨在建立新的丝绸之路经济带，合作领域涉及油气、水电、铀矿、交通基础设施等许多方面。[③]

### （二）北极争端："军演频频"与"北极理事会扩容"的双重奏

作为全球能源政治的一个长久热点，北极过去一年多在能源开发上没有出现大的进展，但周边主要国家的大规模军事演习在2012年轮番上演，同时也强化了对北极的管理，各方对抗性与竞争性在加强。进入2013年，俄罗斯与

---

① 《日媒：俄日领土争端即将终结?》，新华网，http://big5.xinhuanet.com/gate/big5/japan.xinhuanet.com/2013-08/20/c_132646768.htm。

② 燕玺：《安倍访俄达成最低目标领土问题处处碰壁》，新华网，http://news.xinhuanet.com/world/2013-05/01/c_124651433.htm。

③ 杜尚泽：《习近平访问中亚四国：梦想，从历史深处走来》，人民网，http://cq.people.com.cn/news/2013913/20139137185051000652.htm。

加拿大依然在北极进行大规模军演。但北极合作方面也出现了新进展：又一批国家获得了进一步的发言权。

2012 年 1 月，丹麦宣布任命北极大使，同月美国首次派出 B－2 战略轰炸机进行北极长航时飞行，并在返回途中投掷了 4 枚炸弹。① 4 月，美国海岸警卫队表示，正考虑在北极地区建立永久性基地，并将在夏天派出全新的国家安全巡逻艇“伯索夫”号到北极展开军事行动。② 继 1 月份宣布在康沃利斯岛设立北极基地后，加拿大武装部队先是 4 月份举行了代号为“我们的土地”的军事演习，8 月份举行了规模空前的北极年度军演，参演人数达 1250 人。③ 俄罗斯在 8 月份宣布将在北极地区建立若干海军基地，④ 9 月又在巴伦支海、喀拉海等北极地区组织三军 7000 多人进行多次军事演习。⑤

2013 年北极周边各国军演规模比上年缩小，8 月，加拿大进行年度军演的人数保持在 1000 人以上，而且宣布把北方民兵巡护队从 4000 人扩充到 5000 多人。⑥ 俄罗斯则在 9 月初把十多艘北方舰队船只派到北极东部参与军事演习。⑦

引人注目的是北极理事会的“扩容”。2013 年 5 月中旬，在瑞典科罗娜举行的北极理事会部长级会议上，中国、印度、意大利、日本、韩国和新加坡被接纳为正式观察员，欧盟等 8 个组织也最终成为正式观察员。⑧ 扩容体现了两种趋势：越来越多的国家重视北极地区改变带来的商业机遇，北极理事会也提升了自己的地位。北极占全球未探明天然气储量的 30% 与未探明石油储量的

---

① 李大光：《北极“最后蛋糕”成军事角逐最前沿美最积极》，环球网，http：//mil. huanqiu. com/world/2013－05/3988687. html。

② 王凤岭：《美国海岸警卫队考虑在北极建永久基地》，《新民晚报》2012 年 4 月 12 日。

③ 李学江：《哈珀再次视察北极，宣誓主权》，人民网，http：//world. people. com. cn/n/2012/0818/c1002－18773539. html/。

④ 《俄欲在北极建连串军事基地》，新华网，http：//news. xinhuanet. com/mil/2012－08/08/c_123549701. htm。

⑤ 高云：《2012 年十大国际军事演习》，人民网，http：//cpc. people. com. cn/n/2012/1228/c83083－20042820－3. html。

⑥ 李学江：《加拿大强化北极军事存在》，人民网，http：//world1. people. com. cn/n/2013/0822/c1002－22659893. html。

⑦ 《俄北方舰队大规模赴北极演习，“彼得大帝”号开路》，人民网，http：//hb. people. com. cn/n/2013/0904/c192237－19458972－2. html。

⑧ 《中国为何加入“北极俱乐部”?》，新华网，http：//news. xinhuanet. com/world/2013－05/16/c_124718965. htm。

13%。1979年以来北极冰面减少了53%，使得北极航道开放时间变成7月到11月底，其“21世纪的丝绸之路”面貌初呈。① 从大连或釜山到鹿特丹的船只走北极航线将节省大约两周时间。

值得注意的是，原先的6个观察员国均为欧洲国家（英国、法国、德国、荷兰、西班牙与波兰），此次成为观察员的除了意大利外均为亚洲国家，这意味着亚洲国家在北极问题上的影响力将上升，但申请成为北极理事会观察员的国家必须承认北极国家对这一地区的主权，并同意以联合国海洋法公约作为管理北极的法律基础。因此，主导北极事务的依然是8个成员国，观察员国的作用主要体现在参加各个工作组组织工作，如生态保护、科学研究等。即使是非决策方面的影响力，亚洲国家也难以匹敌欧洲国家。除了观察员数量欧洲多于亚洲外，欧盟也是观察员。为了推进北极的多边治理与可持续发展，欧盟近年对北极日益重视：确立了北极战略、通过了相应的立法文件、拨款10多亿欧元支持相关项目。② 欧洲尤其是北欧国家担心北极脆弱的环境遭到破坏，反对开发北极油气资源，侧重的是北极环境保护与科学研究。③ 因此，亚洲国家对北极的商业兴趣将因为与欧洲国家的环保目标冲突而受到相当的抑制。

## 二 亚洲能源政治热点：“油田扩容”与“铀戏降温”

主要由于丰富的油气资源与复杂的宗教矛盾，西亚是国际政治热点频出的地区。2011年年底，美军撤出了伊拉克，伊拉克加大了油气开采的“招商引资”力度，但南北不同调。2013年6月，伊朗选出了新总统，并试图改善与西方尤其是美国的关系。

### （一）伊拉克：大局稳定，治安欠佳，石油开采“南北分治”明显

伊拉克的石油日产量2003年大幅下降，但2004年基本恢复到2002年水

① 〔英〕佩奇·威尔逊：《亚洲盯上了北极》，《外交学者》（网络版）2013年8月26日。

② 李大光：《北极“最后蛋糕”成军事角逐最前沿美最积极》，环球网，http：//mil. huanqiu. com/world/2013－05/3988687. html。

③ 《中国加入北极理事会有利于北极环保》，凤凰网，http：//news. ifeng. com/gundong/detail_2013_06/01/25972401_0. shtml。

平，从 2008 年开始增幅加大，2012 年日产量达到 311.5 万桶，年增幅 11%，与上一年相仿。炼油能力则从 2009 年开始加快提升。① 这说明美军 2011 年年底撤出后，并没有影响石油生产。伊拉克的政治局势大体稳定，虽有大规模自杀性爆炸行动、针对政府领导人的暗杀行动等继续发生，但表明治安不佳却不会影响总体政治局势。

现在的主要问题是围绕能源利益分配而发生的派系斗争。2012 年 9 月，代表逊尼派的副总统哈希米被中央刑事法庭缺席判处死刑，罪名是策划多起针对什叶派官员的恐怖袭击事件。他对此坚决否认，认为是政治审判。② 逊尼派指责代表什叶派的总理马利基大权独揽，没有兑现分权承诺。代表库尔德人的总统塔拉巴尼权力有限。如果说什叶派与逊尼派主要在中央争夺能源利益并占了上风，库尔德人的态度则是：尽量少参与中央层面的能源利益争夺，着力在半自治的伊拉克北部（即库尔德人聚居区）自主开发能源。

这直接影响着国际能源公司的投资。瑞士阿达克斯公司（Addax）曾经单独与库尔德地区政府签署石油协议，中石化 2009 年收购该公司后被禁止参与重大石油交易的第二轮竞标。③ 埃克森美孚公司 2013 年初因为与库尔德地区政府的石油协议而不得不放弃价值 500 亿美元的西古尔奈 -1 区块。④ 中石油是伊拉克石油最大的运营商，所运营的鲁迈拉油田、哈尔法亚和艾哈代布三大油田日产量达到 160 万桶，超过伊拉克总产量的一半，但作业区域主要在伊拉克南部，西古尔奈 -1 区块就靠近中石油运营的鲁迈拉油田。中石油 2013 年还拟出资 44 亿美元投标南部的纳西里耶大油田。⑤

---

① *BP Statistical Review of World Energy* 2013, p. 8. p. 16.

② 《伊拉克副总统哈希米被判死刑》，新华网，http://news.xinhuanet.com/world/2012-09/09/c_113010517.htm。

③ 《日企拿下伊拉克油田大单中石化或被禁止参与》，环球网，http://finance.huanqiu.com/roll/2009-08/557840.html。

④ 《消息称中石油拟 500 亿美元天价购伊拉克油田》，新华网，http://news.xinhuanet.com/yzyd/energy/20130123/c_114465067.htm。

⑤ 《中石油在伊拉克一家独大，将再抢 44 亿美元油田》，搜狐网，http://business.sohu.com/20130410/n372152132.shtml。

中石油希望2020年在海外油气作业当量达到2亿吨,[①] 这相当于目前中国的石油年产量。2012年其在海外产量已经突破1亿吨，权益油超过5000万吨。伊拉克三大油田对此贡献最大。[②] 加上西古尔奈-1区块和纳西里耶油田，日产量可能会超过300万桶。这有力地配合了伊拉克政府"2018年日产量1000万桶"的目标，也有助于中石油的2亿吨目标。至于"一家独大、投资过于集中"所蕴藏的风险，似乎不必过于担心。毕竟中国国有能源公司不同于一般的国际能源公司，而且美国、伊拉克都希望中国公司更多参与伊拉克能源开发。可能存在的风险是：产量无法达标（三大油田计划目前离原先预计的330万桶目标还差一半),[③] 欧佩克是否能给予1000万桶的配额（接近目前沙特的1153万桶），尤其是碰到油价下跌。但在没有更好选择的情况下，中石油在伊拉克能做的，大概也就是审慎参与库尔德人居住区的油气开发。

## （二）伊朗：新领导人对美开展魅力攻势，但前景依然不明

过去一年多里，伊朗最大的政治变化是鲁哈尼在2013年6月赢得总统大选，并在8月取代内贾德出任总统，他组成的内阁被索拉纳称作是"几乎不可完成的组合"，外界希望，在斯坦福大学获得法学博士学位、具有良好国际声誉的新任外长穆罕穆德·扎里夫在核谈判中承担重要角色。[④] 核开发项目与内贾德的强硬立场在过去八年里严重影响了伊朗的石油开发，受联合国尤其是美国制裁影响，原油生产与炼化设备老化，新开发项目进展缓慢，许多国际能源公司撤出或停止作业。结果是，虽然天然气储量有所提升，其产量从2005年的1035亿立方米提升到2012年的1605亿立方米。[⑤] 但更为重要

① 《中石油遭遇伊拉克"瓶颈"：2亿吨海外目标产量转向》，二十一世纪网，http://www.21cbh.com/HTML/2010-12-10/yNMDAwMDIxMDIyNQ.html。

② 《中石油巨额投资伊拉克日产量有望达到260万桶》，搜狐网，http://news.sohu.com/20130419/n373248785.shtml。

③ 《中石油遭遇伊拉克"瓶颈"：2亿吨海外目标产量转向》，二十一世纪网，http://www.21cbh.com/HTML/2010-12-10/yNMDAwMDIxMDIyNQ.html。

④ 〔西〕哈维尔·索拉纳：《从中东噩梦中苏醒》，王琛译，《中国新闻周刊》2013年第33期，第18页。

⑤ *BP Statistical Review of World Energy* 2013, p. 20. p. 22. 天然气产量得以提升的原因可能是，伊朗与阿曼在争议区联合开采天然气，这有助于避开美国的制裁。

的原油产量与炼油能力均徘徊不升。这与伊拉克石油产量的持续上升恰成鲜明对比。[①] 布什尔核电站历经 16 年的迁延后终于在 2011 年并网发电，但弥补不了在石油开发上的损失。铀浓缩项目在实现 20% 的浓度后，面临前所未有的国际压力，难以继续推进。

在这样的背景下，民众用选票把候选人中最温和的鲁哈尼推上了总统位置，显然是希望他能调整内贾德的内外政策。他自己也表示将致力于建立一个智慧政府，对内挽救经济，对外通过与国际社会的建设性互动来缓解西方制裁压力。[②] 外界也把这位前核谈判首席代表视作改革派。上任一个多月来，他在对外政策上有一些释放善意的举措：在推特上发文恭贺犹太人新年、公开承诺绝不发展核武器、与奥巴马书信往来谈叙利亚问题，[③] 还释放了一些政治犯。9 月下旬扎里夫访问美国并会晤美国国务卿克里。鲁哈尼虽然拒绝了奥巴马在联合国大会期间举行会晤的提议，但两人之间通了电话，这是 1979 年以来两国领导人之间首次通话，因而可以看作两国关系的一大进展。最高领袖哈梅内伊也公开对鲁哈尼的政策调整表示支持。伊朗的魅力攻势引起了全球的广泛关注。

但是，拉夫桑贾尼担任总统时期的经历显示，在伊朗的政治框架内，改革派能施展的空间非常有限，而从其经历看，鲁哈尼的立场要比拉夫桑贾尼保守。包括哈梅内伊在内的伊朗领导人以前也表示过不会发展核武器。问题的关键在于，如何通过一定的机制安排，让外界确信伊朗没有发展核武的计划，核能仅限于发电。而鲁哈尼在 2013 年 9 月 22 日的阅兵式上还表示进行铀浓缩是伊朗不可剥夺的权利，西方应该承认这种权利。[④] 另外，伊朗 9 月 24 日从俄罗斯手里接过了布什尔核电站的控制权（俄罗斯将在今后两年里继续保持对核电站的监督权）。双方还签署协议合作建设更多的核电站。[⑤]

---

① *BP Statistical Review of World Energy* 2013，p. 10. p. 16.

② 《鲁哈尼宣誓就职正式就任伊朗第 11 届总统》，中新网，http：//www. chinanews. com/gj/2013/08－04/5120554. shtml。

③ 《鲁哈尼温和姿态被视为美伊关系解冻正面发展》，早报网，http：//www. zaobao. com/news/world/story20130921－255453。

④ 何光海：《西方必须承认其铀浓缩权利》，人民网，http：//www. people. com. cn/24hour/n/2013/0923/c25408－22996005. html/。

⑤ 《伊朗接管核电站获发展核计划能力西方愤怒》，人民网，http：//gx. people. com. cn/n/2013/0924/c229256－19576293. html。

迄今为止，鲁哈尼在发展核电上与前任并无差别，不同之处在于：采取积极态度接触西方以缓和制裁。但在不放弃核浓缩权的前提下，摇橄榄枝的效果短暂而有限。毕竟，伊朗已经拥有至少70公斤纯度为20%的浓缩铀。[①] 核电站使用的铀浓度通常为3%，这在国际市场上不难买到。20%虽然可以解释为“这属于民用研究堆使用的铀浓度范围”，但可以用同一套离心机、在外界很难察觉的情况下，将之进一步浓缩为90%的武器级铀。因而，这一浓度通常被认为通向武器级铀的重要一环。坚持拥有铀浓缩能力，意味着伊朗不想排除发展核武的可能性。允许国际原子能机构进行监督与核查也不能解决这个问题。

因此，鲁哈尼执政期间所能做的或许是：在一定时期内暂缓铀浓缩项目并与西方就核问题进行适当但不完全的合作，适当缓和与美国的关系，以换取西方放松制裁；修改苛刻的油气开发政策，以大力推进油气开发。毕竟，油气开发对伊朗的经济意义远远大于核电开发，而中国、俄罗斯、韩国、日本、欧盟等并不赞成美国对伊朗实施过于严厉的制裁，道达尔、日本国际石油开发公司、中石油等系在美国的压力下撤出或延缓项目开发，对开发伊朗优质的油气项目依然有兴趣。

## 三　美洲能源政治热点：“向西看”与“向北望”

“能源重心西移”的主要内容包括美国油气产量的持续增长，加拿大、委内瑞拉与巴西石油储量的大幅提升。但从能源政治的角度，过去一年多里加拿大与委内瑞拉是两个值得分析的案例。加拿大加大了吸引亚洲新兴经济体参与油砂开发的力度，委内瑞拉则希望借由领导人更替改善与美国的关系。

### （一）加拿大：从“向南看”转向“向西看”，亚洲能源消费大国纷纷进入

在油砂资源被列入探明石油储量后，加拿大的石油储量跃居世界第三位，仅次于委内瑞拉与沙特阿拉伯，而天然气产量却在下降，[②] 因此，对于成熟经

① 何光海、杜源江：《伊朗称已生产出70公斤纯度为20%浓缩铀》，新华网，http：//news.xinhuanet.com/2011－10/18/c_ 122168997.htm。

② *BP Statistical Review of World Energy* 2013，p.6. p.22.

济体加拿大来说，加快开采油砂资源的要求日益迫切。

加拿大的探明石油储量中，95%为阿尔伯塔省的油砂资源。[①] 加拿大能源资源的所有权与开发权属于省政府，联邦政府则负责审核批准大额外国投资、跨省项目，以及未设省地区与海底能源资源开发。美国市场占加拿大出口石油总量的99%，主导加拿大石油开发的是美国能源公司，以及壳牌、BP等受美国重大影响的欧洲公司。加上地理上的便利、美国市场的巨大胃口等，加拿大一贯的做法是：吸引美欧能源公司开发位于西部（主要是阿尔伯塔省）的油砂资源，并把产品销往美国市场。但美国环保团体等一直指责油砂是破坏环境的"脏油"，金融危机、美国能源独立等使得加拿大深切认识到，依赖单一市场并不符合加拿大的利益。奥巴马2012 年1 月否决贯穿美国南北的"KeystoneXL"输油管道项目，更使得加拿大加快了能源多元化的步伐。

在上述背景下，哈珀政府着手调整能源政策，加快开发亚洲市场，并吸引新兴经济体投资于油砂、页岩气的开发。

中国、日本、韩国、泰国等国能源公司都已经进入加拿大市场，印度也对此表示兴趣。[②] 日本石油勘探公司（Japex）2011 年决定扩大哈金斯通（Hangingstone）油砂投资项目，2012 年日本国际石油开发株式会社（Inpex）购买尼克森公司在加拿大三个盆地40%页岩气项目股份。[③] 同年印度决定投资50 亿美元于加拿大油砂开发。[④]

更引人注目的是中国近几年来对加拿大的能源投资，2009 年7 月到2010 年5 月中国对加拿大能源业投资超过100 亿美元，仅其中5 个项目的投资额就

① 《加拿大油砂资源开发的机遇与风险》，中国行业咨询网，http：//www. china-consulting. cn/article/html/2006/0412/250823. php。

② 〔美〕爱德华·威尔斯：《加拿大阿尔伯塔兴起油砂热》，华尔街日报网，http：//www. cn. wsj. com/gb/20101206/cop16105208. asp；《亚洲石油公司投资加拿大油砂项目简介》，中国非常规油气网，http：//www. cuog. cn/others/oilsand/20110107627. html。

③ 李峻：《日本 Inpex 购买加拿大页岩气资产40%股份》，国际燃气网，http：//gas. in-en. com/html/gas－08060806541510981. html。

④ 《印度 ONGC 公司50 亿美元竞购康菲加拿大油砂项目》，中国经济网，http：//intl. ce. cn/specials/zxxx/201206/05/t20120605_ 23382415. shtml。

达到100.8亿美元。[①] 在2010年与2011年两年又投入140亿美元。[②] 中石化也取代中石油，与恩桥（Enbridge）公司成功签约40亿美元的门户管道项目（Gateway pipeline project）。高潮则是中海油2012年7月宣布将以151亿美元收购尼克森公司（Nexen），2013年2月26日，中海油宣布，中国、加拿大、美国三国政府以及尼克森股东批准了这笔交易。[③]

中国对加拿大能源投资的迅猛进展，体现了中国政府对能源研究界观点的呼应，[④] 也与北京奥运会后哈珀政府对华政策从"重视价值观"转向"重视经济"有关。当然，这不意味着其他中国石油公司可以复制中海油的模式。加拿大政府在批准这一项目时明确表示这是特例，并修改了相关法律以限制外国国有公司控股加拿大大型能源公司。[⑤] 这意味着，中国如果想继续大规模投资加拿大油砂开发，只能通过两个途径：或者是非控股，或者通过私营企业进行。但中国私营能源企业在未来10年还没有能力进行类似的投资。

### （二）委内瑞拉：领导更替，调整对美关系效果不彰

委内瑞拉经历了两次总统大选。查韦斯在2012年10月的大选中，以54.42%的得票率战胜反对派候选人卡普里莱斯。查韦斯去世后，在2013年4月再次进行的总统大选中，马杜罗以50.66%的得票率战胜反对派候选人卡普里莱斯，并在4月20日宣誓就职。

马杜罗是查韦斯认定的接班人，查韦斯的遗愿与强大的国家机器被认为是

---

① Jiang Wenran, "The Dragon Returns: Canada in China's Quest for Energy Security," China Papers No. 19, CIC, October 2010。

② 李学江：《加拿大能源难题与中国机遇》，人民网，http://world.people.com.cn/GB/1029/42355/17494449.html。

③ 安蓓、朱诸：《中海油151亿美元成功收购尼克森，中国企业最大海外并购完成》，新华网，http://news.xinhuanet.com/fortune/2013-02/26/c_114798672.htm。

④ 笔者也曾专题研究这一问题，参见薛力《加拿大油砂与中国能源安全》，《联合早报》2008年11月27日；薛力：《加拿大油砂开发与中国能源安全》，《世界经济与政治》2009年第12期；薛力：《中东北非动荡：加拿大油气资源凸显战略价值》，《中国海洋石油报》2011年4月22日。

⑤ 马丹等：《外媒热评中海油收购尼克森》，新华网，http://news.xinhuanet.com/energy/2012-12/10/c_124072784.htm。

马杜罗赢得大选的主要原因，他也经常自称是"查韦斯的儿子"。他上任后面对的形势是：刚过 50% 的得票率、高失业率与通货膨胀率、治安形势日趋严峻、刚性上升的社会福利开支与不断下降的石油产量，以及反对派可能在 2016 年发动的罢免公投。他必须在治理这些"查韦斯后遗症"上有所作为。到目前为止，他的精力主要用在应对治安形势、食物短缺、高失业率、提高民意支持率等国内事务上。① 对外政策主要体现在连续性的一面：4 月访问了古巴，5 月访问了乌拉圭、阿根廷与巴西，7 月访问俄罗斯，并表示愿意给斯诺登提供避难所。

但是，能源工业是委内瑞拉的支柱产业和主要外汇收入来源，而石油产量从 2006 年以来持续下降。② 这与管理不善、税率过高、缺少资金与技术等有关。马杜罗很清楚，调整对外政策尤其是对美政策有助于改变这种状况。作为政治人物，他并不缺乏变通的智慧，甚至被认为是查韦斯身边高层中最圆滑的。③ 他也作出了一些努力：降低反美调门，在竞选拉票时就表示要改善委美关系，④ 愿意访问美国。但美国并没有马上接纳这个查韦斯的门徒，甚至不承认大选结果。而他上任后继续推行"玻利瓦尔革命"与"21 世纪社会主义"，支持斯诺登行动，这些做法让美国觉得没有调整对委内瑞拉政策的理由。一些事件也展示了两国关系的不和谐：美国拒绝让马杜罗的飞机通过美属领地波多黎各的领空访问中国，在委代表团参加联大申请签证时设置障碍，双方相互驱逐外交官等。⑤

因此，接下来的三年里，马杜罗将面临着几大考验：在"继续维持查韦斯政策"与"调整对美政策"中掌握平衡，改变"石油储量上升、产量下降"的尴尬局面，通过改善民生与社会治安提升民意支持率。2013 年 9

---

① 吴志华、彭敏：《"街头执政"模式获多数民众认可》，《人民日报》2013 年 7 月 26 日。

② 日产量从 2006 年的 333.6 万桶降到 2012 年的 272.5 万桶，*BP Statistical Review of World Energy 2013*, p. 8。

③ 《马杜罗获胜原因：查韦斯遗愿和国家机器》，环球网，http://world.huanqiu.com/regions/2013-04/3831770.html。

④ 《马杜罗，一个温和有策略的查韦斯主义者》，中国青年网，http://pinglun.youth.cn/ttst/201304/t20130416_3105219.htm。

⑤ 徐烨：《委内瑞拉驱逐三名美国外交官》，新华网，http://news.xinhuanet.com/mil/2013-10/01/c_125478506.htm。

月 3 日，委发生 70% 地区停电的大事故，原因却是在用电高峰期大量削减进口电量，[1] 这显示在国家的日常管理上，还有许多功课等着他做。

## 四　非洲能源政治热点：政治形势好转与能源复苏

非洲国家天然气产量不大但发展较快，主要生产国为阿尔及利亚、埃及、尼日利亚与利比亚，其中阿尔及利亚 2012 年的产量为卡塔尔的一半（按油气当量计算）。[2] 石油生产国方面，按照产量大小的排序为：尼日利亚、安哥拉、阿尔及利亚、利比亚、埃及、刚果（布）、赤道几内亚、加蓬、乍得、苏丹。[3] 但从能源政治的角度看，最值得关注的很可能是利比亚、苏丹与南苏丹。

### （一）利比亚：油气工业基本复原，政治局势总体稳定

2011 年 11 月底利比亚过渡政府成立，经过半年多的政治过渡后，2012 年 7 月，利比亚进行了 43 年来的首次国民议会大选。由于大选推迟公布、第一个总理候选人组阁失败等原因，新政府 10 月 31 日才成立。律师出身的总理阿里·扎伊丹政治手腕比较圆熟，注意内阁人选的党派平衡与地区平衡，因此得到包括议会前两大政党在内的议会多数的支持。

从政治形势看，总体趋向于稳定，一些人士预测的国家分裂为三块、恢复部族主义传统等情况并没有出现。[4] 东部班加西 2012 年 3 月的自治行动并不涉及外交、国防，而且这一行动已经式微。当然，利比亚安全形势还存在相当大的问题，尤其是在东部地区。如美国大使史蒂文斯等四名外交官 2012 年 9 月在班加西遇袭身亡。[5] 2013 年 3 月，的黎波里一警察局局长被杀，国会主席

---

① 曾慕雪：《委内瑞拉被指未购买足够能源以避免再次停电》，新华网，http：//news. xinhuanet. com/world/2013 -09/06/c_ 125337619. htm？ prolongation =1。

② *BP Statistical Review of World Energy* 2013，p. 24.

③ *BP Statistical Review of World Energy* 2013，p. 8.

④《利比亚或面临分裂恢复部族传统中企重返需时日》，央视环球视线，2012 年 3 月 8 日。

⑤《美国驻利比亚大使遇袭身亡》，人民网，http：//military. people. com. cn/n/2012/0913/c1011 -18994784. html。

哈桑·阿明也因为多次遭到袭击于3月份辞职逃亡英国。5月份美国与英国宣布撤离驻的黎波里的部分外交人员。6月，利比亚军队总参谋长尤瑟夫·曼谷什因班加西发生导致30多人死亡的大规模冲突而辞职。10月10日，总理扎伊丹本人在的黎波里市中心高档酒店内被“利比亚革命行动会”绑架。为了改善安全形势，利比亚与国际社会采取了一系列应对措施，如欧盟3月派出芬兰警察驻守边境地区，[①] 5月又决定派出民事援助团以改善利比亚边境安全。美国驻欧洲军队也进入警戒状态。利比亚还加快了对民间武器的收缴，并强化治安管理。总体而言，利比亚的安全形势尚未严重到欧美认为需要派军队的程度，处于总体可控状态。扎伊丹也在被绑架6小时后获释。

这种“政治形势总体稳定、安全形势不容乐观”的状况并没有影响油气工业的复苏，以利比亚最大的油气开发商意大利埃尼公司为例，2011年11月初就恢复了天然气生产，12月份就表示石油产量已经达到战前的70%，并决定投资80亿美元以提高石油产量。[②] 整体看，利比亚的油气工业快速恢复。2011年12月日产量就达到100万桶，[③] 2012年的石油日产量为150.9万桶，远远高于2011年的4.79万桶，基本达到了2010年165.9万桶的水平，离产量最高的182.0万桶（2007、2008年）已经不远。[④] 天然气产量也从2011年的79亿立方米增加到2012年的122亿立方米。[⑤] 利比亚新领导人2012年就表示要把石油日产量提高到200万桶以上。

值得注意的是，战争时期各方都有意识不破坏油气设施。战后由于对利益分配的不满，对石油设施的破坏反而增加，并影响到一些投资项目，如2013年1月BP公司放弃钻探新油井并撤走大部分外籍员工。5月抗议者们关闭了西南部的菲尔（Feel）油田，而托布拉克（Tobruk）、拉斯拉努夫

① 《利比亚安全局势恶化驻欧美军进入警戒状态》，环球网，http：//world. huanqiu. com/regions/2013－05/3926027. html。

② 《意大利埃尼石油公司将在利比亚投资80亿美元》，中国商务部网站，http：//www. mofcom. gov. cn/aarticle/i/jyjl/k/201212/20121208486323. html。

③ 《利比亚日产超百万桶石油业复苏》，新华网，http：//news. xinhuanet. com/world/2011－12/26/c_ 122485472. htm。

④ *BP Statistical Review of World Energy* 2013，p. 8.

⑤ *BP Statistical Review of World Energy* 2013，p. 22.

(Ras Lanuf)、祖艾提那(Zueitina)等油港的外输业务也受到影响,损失达10亿美元。[①] 总之,利比亚新政府面对的能源政治议题是,通过收缴枪支、增加就业、关注特定群体的利益等措施来改善安全形势,为能源生产与投资创造适宜的环境。

## (二)苏丹与南苏丹:政治关系峰回路转,能源合作初步恢复

2012年初,南苏丹停止石油生产后,两国关系日益紧张。在联合国、非盟、中国等斡旋下,双方于联合国安理会第2046号决议规定的最后期限9月27日签署了安全框架协议以及《共同合作备忘录》等八个附属文件。[②] 相关协议在随后的几个月里并没有得到落实。经过非盟的调解,双方于2013年1月初达成协议,同意无条件加快落实2012年9月达成的沿两国边界设立非军事缓冲区、允许南苏丹通过苏丹领土出口石油的协议。[③] 随后双方从边界地区撤军并设立缓冲区,从而为恢复生产创造了条件。由于设施破坏严重,南苏丹3月底才恢复原油生产,5月份恢复管道出口。[④]

双方脆弱的合作仅仅维持了几个月时间。苏丹指责南苏丹继续支持"苏丹人民解放运动"(北方局)在苏丹境内发动恐怖袭击,[⑤] 支持主张达尔富尔独立的"正义与平等运动"炸毁南科尔多凡州行政边界内阿卜耶伊地区的石油管道。[⑥] 为此,苏丹总统巴希尔于2013年6月命令在8月7日停止输油。[⑦] 南苏丹政府也针锋相对地表示要禁止使用北方管道输送石油,主要作业者中石

---

① 张琪:《利比亚石油复产难掩产业昏暗前景》,《中国能源报》2013年6月17日。

② 吴文斌:《北南苏丹总统签署安全框架协议》,人民网,http://world.people.com.cn/n/2012/0927/c1002-19134800.html。

③ 《苏丹与南苏丹同意缓解紧张局势》,新华网,http://news.xinhuanet.com/world/2013-01/07/c_124196558.html。

④ 王晓苏:《南苏丹恢复石油生产》,《中国能源报》2013年4月8日。

⑤ 《苏丹再次暂缓关闭南苏丹输油管》,中国商务管道网,http://www.chinapipe.net/national/2013/19504.html。

⑥ 张秋怡:《苏丹指控南苏丹政府协助炸毁石油管道导致大火》,中国网,http://www.china.com.cn/international/txt/2013-06/15/content_29129071.html。

⑦ 《苏丹再次暂缓关闭南苏丹输油管》,中国商务管道网,http://www.chinapipe.net/national/2013/19504.html。

油不得不表示将停止在南苏丹的项目。[①]

7 月 23 日，南苏丹总统基尔突然大幅度改组政府，对北方持强硬立场的副总统马沙尔、执政党苏丹人民解放运动总书记阿蒙均被解除职务，29 个政府部门也被缩减为 18 个。[②] 新政府吸纳了 3 位当过苏丹民族团结政府部长的人士。基尔还在开斋节之际，向巴希尔表示节日祝贺，并对苏丹人民遭遇水灾表示慰问。[③] 南苏丹希望通过这些行动改善双方关系、加强合作。苏丹也对此作出反应，7 月 27 日同意推迟两周关闭输油管道，以便为双方提供更多的谈判时间。8 月中旬双方达成协议，把关闭管道时间再次推迟两周（到 9 月 6 日）。9 月初，双方终于达成协议：南苏丹为 4 月份以来的石油过境支付 9800 万美元，另外支付 1.47 亿美元以补偿南苏丹独立给苏丹造成的经济损失，还同意未来两年按月支付过境费。[④] 这为双方在未来两年里保持相对稳定的关系提供了重要的基础。

对于实现了和平分家的南北双方来说，和平、稳定、合作应该成为双边关系的主旋律，也符合各个投资国的利益。这对百废待兴的南苏丹意义尤其重大。毕竟，其财政收入的 98% 来自石油出口，过于强硬的立场并不符合南方的整体利益。规模庞大、被称为非洲大陆最大工程的拉穆港—南苏丹—埃塞俄比亚交通走廊项目（LAPSET）更需要一个和平的环境。原定 2013 年 6 月份动工的通往拉姆港的输油管道项目迄今没有下文，就是一个证明。

## 五　全球核电开发：在谨慎中复苏

2012 年 10 月的一项研究表明，全球 30 个核电使用国中，受福岛核泄漏

---

① 于盟：《中石油南苏丹项目准备停产》，《二十一世纪经济报道》2013 年 6 月 15 日，引自二十一世纪网，http：//www.21cbh.com/HTML/2013－6－15/3NNjUxXzcwNDk3Nw.html。

② 《联合国南苏丹特派团欢迎该国组建新内阁》，联合国网，http：//www.un.org/chinese/News/story.asp？NewsID＝20252。

③ 《苏丹再次暂缓关闭南苏丹输油管》，中国商务管道网，http：//www.chinapipe.net/national/2013/19504.html。

④ 汪瑜：《南苏丹将用 1/4 石油收入补偿苏丹政府》，中新网，http：//finance.chinanews.com/ny/2013/09－09/5262726.shtml。

事件影响决定放弃核电的有 4 个国家，占 13. 3%。另外 24 国中，选择减少核电比重的有 2 个国家，其余 22 国决定维持或提高核电比重。6 个计划迈入核电门槛的国家中，只有 1 个选择放弃。[①] 国际原子能机构 2012 年版的《世界核电反应堆》显示，截止到 2011 年底，全球正在运行的核反应堆 435 个，在建反应堆 65 个。[②] 这说明，福岛核泄漏事件并没有改变全球核电发展的整体趋势。但核电发展的速度确实下降，主要原因是，核电站安全标准提高后，各国需要为此进行相应的准备，在此过程中，一些核电站计划被搁置。那么，一年来全球核电博弈上出现了哪些新动向？

国际原子能机构的统计数据显示，2012 年全球核电装机容量上升至 372. 1 吉瓦。[③] 截止到 2013 年 9 月 6 日，全球正在运行的核反应堆为 434 个，在建反应堆为 69 个，分布于 14 个国家，名列前茅的是：中国 28 个（包括台湾的 2 个），俄罗斯 10 个，印度 7 个，韩国 5 个，美国 3 个，日本、巴基斯坦、阿联酋、乌克兰、斯洛文尼亚各 2 个。[④] 一年多来全球核电开发势头略有增强。2012 年，约旦建成一个多用途反应堆，使得全球的研究用反应堆增加到 247 个。[⑤] 同年，阿联酋成为 27 年来第一个加入“核电使用国俱乐部”的国家，计划在 2017 与 2020 年分别建成 1 个与 3 个机组；白俄罗斯、土耳其与越南在核电开发上也有重大进展。[⑥] 此外，哈萨克斯坦铀矿产量的大幅增长，拉低了全球铀矿开采平均成本；非洲发现的铀矿也拉低了全球铀产品现货价。[⑦]

我们进一步分析几个国家。

2011 年福岛核泄漏事故后，日本到 2012 年 5 月已经停运全部 50 个核反应堆，2012 年 8 月重启的大阪核电站两个机组也分别在 2013 年 9 月 2 日与 15 日

---

① 薛力：《福岛核泄漏对全球核能发展的影响程度》，《能源热点透视 2012》，北京，中国电力出版社，2012，第 95 ~97 页。

② IAEA, *Reactors in Operation, in Long Term Shutdown and under Construction*, 31 Dec. 2011, p. 10.

③ IAEA, *Nuclear Technology Review* 2013, p. 1.

④ *Under Construction Reactors*，国际原子能机构网站，http: //www. iaea. org/PRIS/WorldStatistics/UnderConstructionReactorsByCountry. aspx。

⑤ IAEA, *Nuclear Technology Review* 2013, p. 2。

⑥ IAEA, *Nuclear Safety Review* 2013, p. 34.

⑦ IAEA, *Nuclear Technology Review* 2013, p. 1.

再次停运检修。[①] 日本在时隔一年零两个月后再次进入“零核时代”。但这不意味着日本决定放弃核电。定期检修意味着很可能重启。更重要的是，一度主张“去核”的民主党 2012 年年底下台。重新上台的自民党，其政策主张长期偏向于“保核”，而继续使用核能也有助于“安倍经济学”的成功。停用核电改用天然气等发电后，电力公司经营成本明显上升，纷纷要求涨价。2013 年 8 月又有三家电力公司上调了电价，幅度超过 7%。[②] 因此，安倍晋三就任首相后，积极推进核电站重启，并在 2013 年 7 月实施新版核电站管理办法。办法规定了核电站运行的条件，12 个核电站提交了重启申请。[③] 岛根 -3 与青森县大间发电机组的建设依然在进行。[④] 除了国内建设，日本在出口核电站方面也取得进展，2013 年 5 月初分别与沙特、阿联酋、土耳其三国达成核电站合作协议。[⑤]

始于 2013 年 6 月的福岛核污水泄漏事件受到广泛关注，并在 8 月份升级为 3 级核事故。这与东京电力公司应对不力有关。日本政府 8 月底开始主导污水处理，11 月，东京电力公司宣布放弃福岛核电站。3 级核事故不大可能影响全球核电局势。

美国核监管委员会（NRC）在福岛核事故后对美国核电站进行了评估，结论是：美国的核安全机制是有效的，不会发生类似事件，可以批准建设核电站，并提出了 12 条安全改进建议。2012 年批准的 VOGTLE -3 与 SUMMER -2 项目，均为各建两个 AP1000 核电机组，而且选址均在内陆。[⑥] 另外，位于春城（Spring City）的项目 WATTS BAR -2 将在 2015 年并网发电。[⑦]

---

① 《日本大饭核电站 4 号机将定期检查日再暂别核电》，中国日报社网，http：//www. chinadaily. com. cn/hqgj/jryw/2013 -08 -13/content_ 9840317. html。

② 王欢：《日本三大电力公司拟集体上调电价涨幅超过 7%》，环球网，http：//finance. huanqiu. com/industry/2013 -08/4203359. html。

③ 《日本震后停运的 12 座核电站机组近期申请重启》，人民网，http：//japan. people. com. cn/35463/8313148. html。

④ “Country Statistics-Japan”，国际原子能机构网站，http：//www. iaea. org/PRIS/CountryStatistics/CountryDetails. aspx? current = JP。

⑤ 庞中鹏：《安倍能源外交中的算计》，环球网，http：//opinion. huanqiu. com/opinion_ world/2013 -05/3918095. html。

⑥ 郁祖盛：《后福岛时代世界及中国核电发展策略》，《能源热点透视 2012》，北京，中国电力出版社，2012，第 103～105 页。

⑦ “Country Statistics-United States of America”，国际原子能机构网站，http：//www. iaea. org/PRIS/CountryStatistics/CountryDetails. aspx? current = US。

中国国务院2012年10月24日通过了《核电安全规划（2011～2020）》和《核电中长期发展规划（2011～2020）》，为停工一年多的核电项目提供了复工的条件。11月，广东阳江－4、福建福清－4核电机组相继开工。12月21日，石岛湾高温气冷堆核电示范工程开工，这是解禁后开始施工的首个新建项目，也是全球首座第四代核电站。12月27日，江苏田湾核电站二期工程开工。[①] 到2013年9月，在建核反应堆达到26个。这些项目都位于沿海地区。内陆核电项目的命运明显不同。

上述两个规划规定，“十二五”期间只在沿海地区安排少数核电项目地址，不安排内陆核电项目。为此，湖北咸宁、湖南桃花江、江西彭泽三个项目不得不全部停工。这是中国首批内陆核电项目，合计前期投入达120亿元人民币。据统计，全世界有一半以上的核电机组在内陆，美国与法国内陆发电机组分别为74%与70%。[②] 因此，“不建内陆发电机组”证据并不充分。作为折中，“缓建内陆核电机组”的方案在福岛核事故后占了上风，明显延缓了内陆核电项目的发展。不过，美国在内陆上马两个AP1000项目，缓解了中国发展核电的压力，有力回击了“AP1000反应堆技术不成熟，美国公司把中国当试验场”的论调，有助于中国贯彻“以AP1000为基础组织创新”的核电发展技术路线。

从上可知，几个核电大国的政策都不是放弃核电，而是谨慎但坚决地拥有与发展核电。这也代表了其他核电使用国的立场。

研究用反应堆所用的铀浓度较高。出于反恐的需要，国际原子能机构主张研究堆尽可能用低浓缩铀（LEU）取代高浓度铀（HEU）。2012年又有墨西哥、奥地利、波兰等三个国家呼应了这个建议。[③]

## 结　语

过去一年能源领域的总体表现为：能源政治形势相对稳定，热点不多；能

① 李凤桃：《桃江暂别核电》，《中国经济周刊》2013年第1期。

② 郁祖盛：《后福岛时代世界及中国核电发展策略》，《能源热点透视2012》，中国电力出版社，2012，第110页。

③ IAEA, *Nuclear Technology Review* 2013, p. 2.

源经济继续重心西移的趋势，尤其是天然气方面；全球核电发展趋势不变，开工项目增多，亚洲是全球核电发展的重心。

从区域上看，北美的加拿大在吸引亚洲主要能源消费国参与油砂开发上进展明显；南美的委内瑞拉产量继续下降，领导人的更替为其调整能源政策提供了可能，但在改善对美关系上进展不大。非洲的利比亚油气工业快速复苏，政治局势总体稳定，但治安形势仍有待于改善；苏丹与南苏丹的政治关系有了好转，能源矛盾有所缓解。亚洲的伊拉克能源形势稳定，开发势头比较好，但逊尼派获益不多，南北地区分别开发的势头愈益明显；伊朗在领导人更替后能源政策开始调整，与西方在核问题上的僵局开始缓和。普京再次就任总统后着手调整能源外交的重心，强化了与日本、中国的能源合作。北极争端继续，但合作出现新进展，主要表现为北极理事会观察员增多。虽然福岛核电站再次发生核污水泄漏并导致福岛核电站被废弃，也不足以让日本完全放弃核电，全球越来越多的核电项目开工或复工。

未来一年，能源纠纷难以避免，但出现严重纠纷的可能性不大。全球能源重心西移与能源合作的趋势将继续。如果美国认为叙利亚在销毁化学武器方面未满足安理会决议要求，依然可能对叙利亚发动大规模袭击行动，国际油气价格将因此而再度上涨。但战争在几个月内结束的可能性大，因此油气上涨的幅度不会太大，可能会在战争结束后回调。伊核问题取得一定程度的进展，但出现重大突破的可能性低。朝核问题不容乐观，即使六方会谈重开，也难以取得实质性进展。

## 参考文献


环球网，http：//www. huanqiu. com/。

人民网，http：//www. people. com. cn。

新华网，http：//www. xinhuanet. com。

中国日报网，http：//www. chinadaily. com. cn。

国际原子能机构网，http：//www. iaea. org/。

联合国网，http：//www. un. org。

中新网，http：//www. chinanews. com/。

中国网，http：//www. china. com. cn。

美国能源署网站，http：//www. iea. org/。

早报网，http：//www. zaobao. com。

二十一世纪网，http：//www. 21cbh. com。

中国商务管道网，http：//www. chinapipe. net。

何丽：《中国能源业围绕煤炭进口发生分歧》，金融时报网，http：//www. ftchinese. com/story/001050870。

〔美〕爱德华·威尔斯：《加拿大阿尔伯塔兴起油砂热》，《华尔街日报》网，http：//www. cn. wsj. com/gb/20101206/cop16105208. asp。

《利比亚日产超百万桶石油业复苏》，新华网，http：//news. xinhuanet. com/world/2011 - 12/26/c_ 122485472. htm。

薛力：《加拿大油砂与中国能源安全》，《联合早报》2008 年 11 月 27 日。

薛力：《加拿大油砂开发与中国能源安全》，《世界经济与政治》2009 年第 12 期。

薛力：《中东北非动荡：加拿大油气资源凸显战略价值》，《中国海洋石油报》2011 年 4 月 22 日。

郁祖盛：《后福岛时代世界及中国核电发展策略》，《能源热点透视 2012》，中国电力出版社，2012。

吴志华、彭敏：《“街头执政模式”获多数民众认可》，《人民日报》2013 年 7 月 26 日。

张国宝：《2013 年全球能源形势展望》，《第一财经日报》2012 年 12 月 27 日。

〔西〕哈维尔·索拉纳：《从中东噩梦中苏醒》，王琛译，《中国新闻周刊》2013 年第 33 期。

张琪：《利比亚石油复产难掩产业昏暗前景》，《中国能源报》2013 年 6 月 17 日。

*BP Statistical Review of World Energy* 2013.

IAEA, *Nuclear Safety Review* 2013.

IAEA, *Nuclear Technology Review* 2013.

Jiang Wenran, “The Dragon Returns: Canada in China’s Quest for Energy Security,” *China Papers* , No. 19, CIC, October 2010.

Y.8

# 全球公域：治理与博弈

任　琳*

**摘　要：**

全球公域作为一个相对较新的战略与安全领域出现在各国的议事日程里，各国的态度和博弈可能成为塑造“新世界秩序”的主要动力。本文以极地、太空、海洋等领域的治理与博弈为例，集中探讨了全球公域的战略意义与治理情况。全球公域的存在也制造了一系列的治理困境，导致了一些可能引发各国冲突的“灰色地带”的产生。同时，这些领域具有更高的不确定性，各国在面临新的机遇和战略挑战的时候，很可能导致误判的发生。但是，这些领域都具有相当的重要性，是各国所不能忽视的，需要全方位思考大国战略的变化与中国的选择。

**关键词：**

全球公域　极地　外太空　公海

近年以来，随着北极争夺烽火再起、南海问题重起争议、太空战担忧隐现，“全球公域”（Global Commons）逐步成为了安全研究的一个焦点概念①。全球公域也常常被译为“全球公地”，它由地球资源的共有、共治的理念演化而来，在一定程度上先于经济全球化的进程而作为全人类的重大议题而存在。随着全球化的深入，世界面临着一系列新的挑战，国家权力和国际战略的表现

---

* 任琳，中国社会科学院世界经济与政治研究所博士，主要研究领域：全球治理、国际组织、非传统安全。

① Abraham M. Denmark, “Managing the Global Commons,” *The Washington Quarterly*, Vol. 33, No. 3, 2010, pp. 165 – 182.

形式也发生了重大变化。全球公域的概念也逐渐作为一个颇具争议的高频词出现。一方面，全球共治的理念更为深入人心；另一方面，考究全球公域的概念，发现仍未达成一致。谁来定义全球公共事务的问题也有些含糊不清。部分“全球公域”的定义更具迷惑性，仅仅强调公地治理中的责任分担，却绝口不提权责一致。为威慑潜在对手，整合新兴力量提供新的实验场。

联合国主要是从自然维度给出全球公域的定义，主要是指超出国家管辖范围的自然资产，包括海洋、太空、南极等①。在国际法的意义上，主要包括人类共同遗产，任何一个国家对其都不享有排他性权力。在联合国的框架下，通过《联合国海洋法公约》《外太空条约》《南极条约》等管理意向，将海洋、太空、极地纳入全球公域的范畴。欧洲主流的全球公域研究，关注气候变化和“全球公地”的商业化意义。代表性的研究机构有英国的全球公域研究所（Global Commons Institute）。美国的主流概念主要从安全纬度出发，美国《国家安全战略报告》认为，全球公域“不为任何一个国家所支配而所有国家的安全与繁荣所依赖的领域或区域”②。参考美国国防部于 2010 年发布的《四年防务评估报告》：“全球公域是指不受单个国家控制，同时又为各国所依赖的领域或区域，它们构成了国际体系的网络状结构，主要包括海洋、航空、太空和网络空间四大领域。”③

布热津斯基在战略远见中提出，全球公共产品包括战略和环境公共品两种，其中前者有海洋、天空、网络、核领域；后者包括水、极地、气候。在众多关系到国家利益的重大领域内，美国都是占据支配地位的。面对新的世界秩序，以及美国可能衰弱的众多考虑，美国显得急需继续在这些领域内树立权威。美国提出“全球公域”的概念是为了服务于美国新世纪的战略安排。在网络、北极、公海、太空强调全球公域的定义，有利于美国重新整合国际资源，服务于美国的全球战略。一方面，为美国的国际、国内战略安排寻找新的

---

① Susan J. Buck, *The Global Commons: An Introduction*, Washington, D. C.: Island Press, 1998, p. 1.

② National Military Strategy of the United States of America 2011. 参见：http://www.cfr.org/defense-strategy/national-military-strategy-united-states-america-2011/p24045。

③ Magnus Wijkman, “Managing the Global Commons,” *International Organization*, Vol. 36, No. 3, 1982, pp. 512-513.

假想敌，例如抨击他国黑客是美国网络安全的重大隐患；另一方面，一些诸如索马里海盗等非传统安全问题，不可能仅靠美国一国之力可以予以治理，强调全球公域的概念，可以使美国调用全球资源更具备合法性。因此，在研究全球公域这个问题的同时，应该思考为什么美国等国家要特别提全球公域，全球公域与传统的安全治理、经济治理等全球治理范畴有什么区别，全球公域的战略意义有哪些，以及今后中国等新兴国家要如何应对可能的机遇与挑战等等。

全球公域的概念和分类常常被打上大国意志的烙印。例如，美国的全球公域分类反映了美国最为关心的领域、安全防务需要，并非严格意义上的全球公域。从中性意义上考量，全球公域应该首要提及的全球生态环境系统，却没有被提及。即使它具备了严格意义上的全球性、非排他性、公共性、共有性和共治性。总结美国的关注度排序，主要有以下几类：第一，海上安全；第二，网络安全；第三，外太空安全；第四，航空安全。但是，结合全球公域“公有”、“公治”的特点，它的分类应该包含更为广泛的内容：第一，地球生态环境系统；第二，外太空；第三，海上安全（海峡等）；第四，网络安全；第五，航空安全；第六，极地安全。抛开全球公域概念、分类的中性和非中性问题，全球公域的治理具备了一系列打破传统安全领域的跨区域性、无形性、复杂性和紧迫性。

## 一　围绕北极的争端及合作

就北极引起争议的内容来说，第一，环境保护刻不容缓，需要对北极冰盖的融化速度有所预警，关注对全球气候、生态系统直接或间接的负面影响。第二，围绕资源的拥有和开发，争议颇多。一方面，国际社会担忧极地五国很可能宣布对北极的矿物、石油、天然气拥有主权；另一方面，既然北极是全球公域，应该是为全人类所共有。但是，实际情况并非如此，主要的濒临国家享有实际拥有权。但是，不管谁拥有，其他国家都是可以参与“全球公域”的勘探、开发和保护的。第三，北冰洋区域在夏季已经可以通航，东北航道（北欧出发经北冰洋到太平洋）和西北航道（西北欧出发经北极群岛到白令海峡）的开辟，使北冰洋潜在的商业价值也逐渐凸显出来。特别是对于北纬 30 度左右的国家非常有益，东北航道大大缩短欧洲与亚洲通商的距离。每一次新航路的开辟，都改变了世界的格局。冰盖以每年7%～9%的速度融化，加之北极沿岸都是发达国家，环北冰洋经济区长远来看也是有可能的。第四，过于忧虑的战略学家也可能用冷战思维设想北极的军事意义。冰盖下，弹道导弹通过极点发射是最近的距离。

### （一）围绕北极的大国竞争

北极具有重大的战略意义，这也是美国、俄罗斯等大国积极染指北极的重要原因。继2005年夏天之后，北极沿岸冰盖第一次融化；2013年7月每天消失的北极冰盖的面积两倍于巴伐利亚州的面积。国际社会普遍关注，北极的冰雪融化是否会影响未来全球环境、能源、资源、航运甚至地缘政治、安全格局的调整。各利益相关国的态度各异。迄今为止，北极理事会有8个成员国与12个观察员国家。北冰洋沿岸北欧国家，传统大国美国、加拿大、俄罗斯之间相互力量制衡的结果，导致了原本非北冰洋沿岸国家也相继被邀请加入北极理事会。

作为北极的最大接地国，逐日融化的北极整体来说对俄罗斯最为有益。2008年梅德韦杰夫在战略文件中将北极列为俄罗斯的“主要战略资源基地”。俄罗斯认为北极是它的地盘，也向来没有掩饰过其在北极地区的图谋，俄罗斯的态度相当明确：俄罗斯作为利益攸关方，一定会捍卫其在北极能源、航道、军事安全的权益。2007年俄罗斯在北极点插上俄罗斯国旗，此举引发了新一轮的与北极相关的地缘政治争夺，各利益攸关国在北极地区的安全部署不断加强，相继在北极进行了单边或多边军事演习。但是，俄罗斯在该地区的军事存在一直保持着相对优势。

一般来说，俄罗斯在北极地区的军事战略表态，往往牵动其他四个北极地区国家，以及相关利益大国的神经。冷战时期北极地区囤积兵力达到顶峰期，当时北极地区聚集了大量核武器。随着戈尔巴乔夫于1987年摩尔曼斯克演讲（Murmansk speech），北极地区军事化的风头减弱，建设和平北极、合作北极逐渐取代北极地区军备竞赛。2001年普京政府耗资数十亿美元在北极地区再次修建军事设施，引起了包括加拿大在内的其他北极国家的迅速反应。

美国一直认为其北极战略滞后于其他国家，面对北极冰盖融化所带来的潜在资源、航运和安全利益，2013 年 5 月 12 日，奥巴马宣布了美国新的北极战略，并肯定了通过《联合国海洋法公约》（以下简称《公约》）对保障美国北极相关利益的重要性。该报告用 13 页的篇幅，列举了美国在北极战略中的优先事项，例如加强美国在北极地区的安全存在和防卫；修建基础军事设施；保护当地环境；与北极地区国家实现双边或者以国际组织为纽带的多边合作，如积极参与北极理事会，组织该地区的活动，减少潜在冲突。美国计划升级其破冰船，并做出北极活动的相关预算，计划积极参与到北极事务中去。2015 年，美国将接替加拿大成为轮值主席国，美国今后参与北极事务管理的力度将会大大提高。

加拿大 1/3 的国土在北极范围之内，因此对北极事务相当敏感。一个稳定、安全、合作的北极对加拿大具有非常重要的意义。随着北极冰盖的融化，西北航道的重要性日益凸显。西北航道东起巴芬岛以北，自东向西经由加拿大北极群岛深海峡至阿拉斯加北面的波弗特海，全长 1450 公里左右。一旦冰盖融化，且破冰船的技术和成本问题得以解决，西北航道将会大大缩小运输距离，并且可以保证巴拿马运河和苏伊士运河无法航行的大宗船只。加拿大早在 1880 年就宣布对北极群岛拥有主权，美国长期以来是默认这种主权所有的，但随着北极潜在战略和经济地位的上升，包括美国在内的部分国家开始坚持将西北航道划在全球公海水域范围之内。此外，加美的冲突还起源于加拿大大陆架与美国大陆架各自向外延伸的 350 海里有重叠，依据《联合国海洋法公约》第 76 条第 8 款，沿海国家可以对 200 海里外至 350 海里等深线 100 海里以内的外大陆架声称权利，但一旦对超过 200 海里以内的大陆架进行开发，原则上应向国际海底管理局缴纳相应的费用或进行实物偿付。加拿大坚决抵制美国霸权主义，反对美国的越界行为。加拿大是 2013 年北极理事会新的轮值主席国，积极倡导对北极进行多边合作与治理，维护其在北极地区的权益。

与加拿大一样，其他北欧国家如丹麦和挪威大都是赞同北极治理的多边主义方针。作为一个军事小国，竞争对手都是加拿大、俄罗斯、美国等大国，相比北极军事化趋势蔓延，丹麦更希望通过国际化来解决北极争端。丹麦于 2011 年发布《2011 ~ 2020 年丹麦王国北极战略》，目的在于保持北极地区经济的可持续发展，与各国进行密切合作，确保北极的和平、可靠和安全。随着北极重要性不断提升，周边各国，例如丹麦也纷纷公布了“北方战略”，拟对北极点、北极圈内的土地提出主权要求；同时对北极航道提出航行要求。丹麦的船运公司如果通过北方航道航行，可使挪威北部到中国的海运时间减少 18 天。

日本等国也积极设立北极大使，谋求加入北极理事会。2013 年 3 月 19 日，日本外务省宣布设立北极大使参与北极事务，并宣称将积极谋求成为北极理事会一员。在散布中国“威胁”论的同时，日本积极谋求其在北极的相关权益。日本在新《海洋基本计划》中建议利用全球变暖影响下北极冰盖融化的时机，积极开拓日本与欧洲之间的新商业航线，缩短日本到欧洲之间的距离。

中国作为经济大国，也具有一定的科考和基础设施建设的能力。北欧几国希望通过中国等国家的加入，可以平衡其他大国的力量。北极模式仍然占主流：2013 年 5 月 15 日，北极理事会终于同意接纳中国等六个国家成为“正式观察员国”（见表 1）。

**表 1　中国参与北极事务时间表**

| 时　　间 | 活　　　　动 |
| --- | --- |
| 20 世纪 90 年代 | 四次北极科考、加入北极国际科学委员会 |
| 2004 年 | 建立第一个北极科学考察站黄河站 |
| 2005 年 | 举办北极科学高峰周会议，发起成立了“太平洋北极工作组” |
| 2007 年 | 成为北极理事会“特别观察员” |
| 2013 年 5 月 15 日 | 成为北极理事会“正式观察员” |

## （二）多边治理的争议

理论上，全球公域指的是无主的、具有全球性的资源，没有哪个国家或者个人可以拥有控制权。实际上，北极治理存在着所有权不清晰与控制权排他性的问题。北极沿岸的国家对北极拥有实际的控制权。随着北极冰盖的融化，北极丰富的自然资源、潜在的海运价值、气候变化的重大影响带来了潜在的经济和科研价值，逐步成为大国关注的热点地区。在现今的北极治理中，有着明显的各国制衡的痕迹。北极五国是指北冰洋沿岸的国家，包括：俄罗斯、加拿大、美国、丹麦和挪威；陆路上领土在北极圈以内的国家还有瑞典、芬兰和冰岛。五个海路和三个陆路上的邻国统称北极八国。

北极的争夺主要在加拿大、美国、丹麦、挪威和俄罗斯这北极五国之间展开，由于地理位置、历史因素、国际法对海上边界和沿岸大陆架的划分规定模糊，争夺的焦点主要在此，与海上划界和大陆架划分密切相关的是海底资源、渔业与北极航道的控制权。

首先，海上划界的争端主要是指北极五国彼此相连，各自的领海和专属经济区都向北冰洋延伸。其次，200 海里外大陆架归属问题也是含混不清，《联合国海洋法公约》规定专属经济区海岸线以外划定 200 海里；但是如果北极五国能证明其大陆架与北极海床是相连的，就可以将专属经济区范围扩大为距海岸线 350 海里以内的海域。联合国大陆架界线委员会相继收到北极五国的划界申请，例如俄罗斯于 2001 年、挪威在 2006 年、加拿大和丹麦准备 2013 年和 2014 年递交延伸专属经济区的相关申请。

出于对北极油气资源、渔业和矿产资源的争夺，北极国家在如何进行海洋划界和大陆架划分的问题上各执一词，互不相让。北极五国的争端聚焦在俄罗斯和挪威巴伦支海海域归属权、美国与加拿大阿拉斯加大陆架争端、加拿大和丹麦汉斯岛争端、美国和丹麦格陵兰岛争端、俄加挪罗蒙诺索夫海岭归属权争端上。

出于“治理”北极的无序状态，国际社会做出过诸多努力。1989 年 9 月，在芬兰政府的提议下，北极八国召开了第一届“北极环境保护协商会议”，倡议国际合作推动北极环境保护的开展；1991 年 6 月，北极 8 国签署《北极环境保护宣言》；随后推动了《北极环境保护战略》（AEPS）的提出，通过国际合作，共享污染数据，控制和防止北极污染。1996 年 9 月 16 日，北极八国在加拿大渥太华举行会议，宣布成立北极理事会（Arctic Council）。北极理事会由辖下的五个工作小组分别负责：北极监督和评估计划小组（AMAP）；北极动植物保育小组（CAFF）；紧急、预防、准备和反应小组（EPPR）；保护北极海洋环境小组（PAME）；永续发展工作组（SDWG）。为了更有效地协调各成员国，北极理事会的机制化程度逐渐加深。北极理事会常设秘书处于 2013 年 1 月在挪威特罗姆瑟正式设立。北极理事会的组织化更为完善，初步具备了部长级会议、高官会议、常设秘书处。

### （三）前景分析

北极进入全球治理的时代，北极理事会就是制定规则的治理平台。但是，北极治理格局中存在着权责不一致的现象。例如北极八国重视北极的航道、资源、军事意义和争夺，却把保护北极的全球道德诉求推给中国、日本等其他不相干的国家。即使中国成为北极理事会的观察员国家，条件却是十分苛刻的，俄罗斯、美国默许中国加入，实际是看上了中国近年经济地位的提升，但是观察员国的利益受限，不能发言，不能参加部长级会议，只能科学研究和财政资助，且资助额度不可以超过北极国家。加之各成员国反应不一，北极治理的国际化有一定的难度，例如俄罗斯对于开放北极理事会的态度相当复杂，担心更多国家的介入可能会危机俄罗斯的政治、经济利益。总体来看，北极区域外国家加入北极理事会，将使该论坛变得更加开放。实际上，中国可以在推动北极治理的国际化，构建公正、合理、完善的北极治理机制方面发挥重大积极的作用。中国强调科研和基地环境保护；积极推动新航道开辟、通过加强与北极国家的双边经贸合作关系，并将双边与多边关系相结合，维护自身权益的同时，与极地国家相互理解、沟通、合作。2013 年 8 月中远集团“永盛”轮开启了北极东北航道的首航，全程约 2936 海里。北极“黄金水道”的开通，提高了海上运输效率，可以拉近中国与欧洲、北美等市场的距离，航程将从以前的 35 天缩短至 25 天。

## 二　外太空的大国竞争与治理

### （一）太空安全格局

随着拥有卫星的国家越来越多，太空治理的紧迫性日益突出，然而面对太空军事化的敏感问题，各国态度各异。在一定意义上，即使是二战之后，各世界大国都没有停止过相互博弈，争夺太空绝对优势。人类活动空间的不断扩展，加之军事空间技术的革命性突破，会带来新的全球权力格局。

太空军备竞赛最早可以追溯到冷战时期，太空安全的治理成果往往是与冷战的态势息息相关的。1963年《莫斯科条约》是冷战缓和的印证和产物；然而星球大战计划也是美苏剑拔弩张在太空领域的体现，美苏军备竞赛已经从陆地、海洋等传统安全空间扩展到外层空间了。1983年里根的“星球大战”/“高边疆战略论”计划展示了苏联导弹力量之强大大超过了美国，因此美国需要应对苏联导弹的战略威胁，建立有效的战略防御体系，将太空开辟为海、陆、空之外的第四战略领域。太空军备竞赛的美方动因不管是不是拖垮社会主义苏维埃，结果却是苏联动用举国之力发展太空武器，最终拖垮了本国的经济，迫使苏联走向崩溃。可见过度的太空军备竞赛对国内经济也是会带来巨大负担的。然而，当前国际社会还处于无法禁止太空武器、无法避免太空军事化的僵局之中。尽管联合国宪章规定各国拥有单独自卫和集体自卫的权利，但太空武器是一个门槛高、威慑力大的新安全领域。一旦其他国家掌握了先机，很可能占有“制天权”，带来难以预测的安全隐患。

从1957年苏联发射第一颗人造地球卫星上天，到冷战期间美国的“高边疆”论和“星球大战”计划，再到美国的“国家导弹防御”（NMD）系统，美国和苏联（俄罗斯）在太空领域的激烈争夺一直没有停歇。美国和苏联（俄罗斯）争夺太空绝对优势反映了外太空成为未来战争的重要战场。基于率先建立天上军事优势的认识和考虑，美国和苏联间的军备竞赛早已从空中、陆地和海洋引向外层空间，竞争的主要方式是制空权和制信息权。在未来战争中，作战胜利在一定程度上取决于国家是否掌握了制空权与制信息权。

美国认为在21世纪大国博弈的舞台上，将更加依靠控天能力。美国不支持就禁止太空武器开展谈判，不愿承诺不在太空部署武器。2005年10月，美国还投了唯一的反对票，反对呼吁举行此类谈判。2006年的《国家太空政策》，清楚表明美国要积极诉求外太空的控制权，排斥“敌对势力”。2011年美国发布的《国家安全与太空战略》报告，将空间态势感知和基础情报作为优先任务，提高发展、采购、生产、操作及维持太空稳定的能力。2001年布什宣布美国不再受限于1972年美苏签署的《反弹道导弹条约》，开始积极建立国家导弹防御系统、逐步完善全球性导弹防御系统（TMD）。2006年美国公布国家太空政策则指出“美国反对任何国家对太空、空间体其中部分拥有主权，反对限制美国在太空行动和获取资料的基本权力”，“任何对美国太空系统的恶意阻挠将被视为对美国权力的侵害"，"必要时美国将剥夺敌人使用太空的能力"①。从2012年开始到2013年，美国重视空间战略、与俄罗斯进行太空角逐，还体现在其向进攻性战略做出倾斜之上，例如美国空军的X－37B空天飞机一再试飞，而该机型的看点则在于其极有可能配备反卫星这一重要功能。奥巴马上任以来就大力部署空间计划，例如推进"快速响应空间"（ORS）计划。

俄罗斯也一直没有放弃谋求重振雄风，而太空领域的博弈，也是俄罗斯的重点战略之一。俄罗斯联邦航天局的"2030太空探索战略草案"中将实现航天工业逐步现代化列为今后俄罗斯发展的重点，研发新型航天器，进行太阳系行星探索，极力确保俄罗斯航天工业保持世界领先水平，巩固其在航空领域世界前三甲的地位。但是在太空军事化的问题上，俄罗斯的态度有些暧昧。一方面，俄罗斯主张各国在联合国框架内签署禁止太空武器化条约，从而推动和平利用太空，主张多边治理，防止冷战的两极体制重现在新世纪的太空领域；另一方面，太空复兴计划是俄罗斯整体复兴的重要组成部分，俄罗斯一直是积极回应美国的太空武器化行为，尽管俄罗斯与美国在太空领域的博弈中存在很大的不对称性。美国拥有雄厚的资金和先进的技术，限制于资金和国内发展任务的俄罗斯，面对美国的国家导弹防御系统，采取了重点突破的战略，重点研制反卫星武器。并且，俄罗斯逐年提高了航天预算，并耗资重整包括太空设备的军备。2007年航天预算将增加到500亿卢布，并预计到2015年增加至4868亿卢布②。在一定意义上，美俄两国在太空军事应用上的博弈，很有可能再次导致太空军备竞赛。

近年，日本加大了对空中战略的重视，例如2012年日本外务省成立了"宇宙室"，随后日本内阁府成立"宇宙战略室"。2013年日本首相安倍晋三会见美国总统奥巴马时强调，"太空是关系到两国安全和经济的重要合作领域"。特别是在钓鱼岛问题争端不断的背景下，日本提出要加强对中国军舰、

① US National Space Policy. http：//www.globalsecurity.org/space/library/policy/national/us－space－policy_060831.htm.

② Russia To Raise Space Funding, Build New Space Center, Moscow (RIA Novosti) Jan 22, 2008. http：//www.space-daily.com/reports/Russia_To_Raise_Space_Funding_Build_New_Space_Center_999.html.

可疑船只的卫星监控，而对此项措施也期许得到美国的支持，作为巩固日美同盟的战略举措之一。

中国等新兴国家坚决反对外空武器化和外空军备竞赛。新兴国家不认可《欧盟太空行为准则》，强调在“全球公地”上各国享有平等主权，主张各国对优质的太空轨道、无线电频率享有平等权益。同时，中国也在大力投入资金进行太空环境的保护，提高击毁卫星的技术，防止2007年在低地球轨道摧毁卫星带来的安全隐患再次出现。2013年中国发射了神舟十号，将以科研为主要导向展开空间站和空间实验室的建设。面对中国的太空研发和应用技术上的巨大进步，美国等西方国家一直以来都是相当警惕的。美国早在2001年《四年防务报告》中就指出“美国的目标不仅是保证自己开发太空军事用途的能力，同时还要防止对手开发太空武器的能力”。太空具有镍、铁和水等重要资源，且具有卫星通信等用途，西方国家一直以来都对中国的太空相关活动进行了过度解读，制造出了一种威胁论氛围。中国在太空治理方面，积极推动多边行为，反对太空军事化。在今后的太空碎片、航道拥挤治理方面，有待进一步进行科研，以减少来自太空的危险。

## （二）外太空治理的多边努力

太空治理的初衷从一开始就是在联合国的框架范围内发起的，不存在极地的“俱乐部”治理模式，根据1961年第1721（XVI）号决议①，进行外空活动必须遵循包括《联合国宪章》在内的国际法管制。外空不得为任何国家所专有，不接受任何国家提出主权要求，各国均可在国际法规则的框架内探测及使用，应遵循合作和互助的原则，考虑其他国家的相应利益。联合国设立了外层空间委员会（外空委），1958年成立了常设机构。1963年通过了第1962（XVIII）号决议②，即《各国探索与利用外层空间活动的法律原则宣言》，用

① 《联合国关于外层空间的条约和原则》，http：//www. oosa. unvienna. org/pdf/publications/st_ space_ 11rev2C. pdf。

② 《各国探索和利用外层空间活动的法律原则宣言》，http：//www. cnsa. gov. cn/n1081/n85401/100812. html；《空间物体所造成损害的国际责任公约》，http：//www. oosa. unvienna. org/oosa/zh/SpaceLaw/gares/html/gares_ 26_ 2777. html。

以处理业已出现的太空开发问题。这种预警性的治理措施还包括美俄两国之间的奔月竞赛，这是太空领域大国博弈的一个标志性事件。两国于1966年提出了《关于探测月球及其他天体的条约》草案（A/AC. 105/32）。

联合国关于外层空间的治理框架是以两种方式推进的：一是正式缔约；二是尝试用具有法律约束力的文书，推进建议性质的原则。前者包括：《外层空间条约》、1975年《登记公约》、1979年《月球协定》、1968年《救援协定》和1972年《责任公约》等。后者包括：在外层空间使用核动力源的原则（1992年12月14日第47/68号决议）等。

以上回顾了太空治理的框架与原则，从今后太空治理的主要内容来说，具体包括太空垃圾的治理、太空轨道的治理和太空非军事化的治理。

第一，太空垃圾，主要是指人类空间活动的废弃物、碎片，是空间环境的主要污染源和空间安全的主要隐患之一。目前大于10厘米的太空碎片，约有21000件，50万件小到约1厘米。太空碎片虽然体积不大，但是飞行速度之高导致了很大的安全隐患。一方面，它危及到了卫星等航天器的安全，高速飞行的太空碎片，轻者可以给航天器撞出凹坑，重者可能会导致航天器失灵或者坠落。另一方面，它也危及到了宇航员的生命安全。高速飞行的几毫米的金属微粒，都足以击穿航天服，给宇航员带来生命危险。如果不进行治理，日益堆积而来的太空碎片，将会带来难以预料的灾难性后果。一旦空间碎片进入大气层，将会威胁到整个人类的安全，除了碎片摩擦大气层可能带来的灾难，核动力会带来放射性污染，危及全人类的健康。

第二，随着各国相继向太空发射卫星，太空轨道变得越来越拥挤。1957年，当时的苏联发射了第一颗人造卫星，迄今大约有1016颗工作卫星运行在地球轨道上，其中有443颗来自美国。59%的卫星用于通信，8%的用于导航，7%用于军事侦察。① 太空轨道的拥挤，可能会导致无线电信号的相互干扰和卫星相撞。如果说卫星相撞的发生频率不高，无线电信号的干扰则是频频发生的，数据显示，每年会有4000起左右，卫星频率的治理需要配套技术的不断

① 人造地球卫星种类繁多，具体包括：通信卫星、遥感地球资源卫星、气象卫星、导航卫星、侦察卫星、测地卫星、天文卫星等等。

完善。

为了治理太空的轨道拥挤问题，世界主要大国和国际组织经历了多次磋商，做出了各种努力。其中，1967 年制定的《外太空条约》（OST）提供了一个治理太空的法律框架。根据条约，太空是全人类共享的全球公域，不为任何国家或个人所独占，但是可以以平等的原则进入。空间的开发和利用是为了造福所有国家的经济发展和科学进步，并且必须遵循国际法的原则。OST 还明确规定，缔约国开展航天活动，应考虑到其他国家相应的利益，避免用户空间干扰，宇航员应该在危急情况下互相帮助。

全球卫星导航系统国际委员会（International Committee on Global Navigation Satellite Systems）成立于 2006 年，是联合国下属的一个非正式机构，其目的是提供民用卫星定位、导航等有关服务。委员会下设一个供应商论坛，由全球提供卫星导航服务的国家组成，当前的供应商包括了表 2 中的各国供应商，可见早期的空间治理由主要传统大国参与，近年一系列的新兴国家也参与进来，例如尼日利亚。

**表 2　系统供应商**

| 已有系统供应商 | |
|---|---|
| 美国 | 全球定位系统(GPS) |
| 中国 | 北斗导航系统 |
| 俄罗斯 | 格洛纳斯系统(GLONASS) |
| 欧洲 | 伽利略定位系统 |
| 计划扩增系统供应商 | |
| 美国 | 广域扩增系统(WAAS) |
| 俄罗斯 | 差分校正和监测系统(SDCM) |
| 欧洲 | 地球同步卫星导航增强服务系统(EGNOS) |
| 印度 | 区域导航卫星系统/GPS 辅助型静地轨道增强导航 GAGAN/IRNSS |
| 日本 | 多功能运输卫星(MTSAT)卫星扩增系统(MSAS) |
| 日本 | 准天顶卫星系统(QZSS) |
| 尼日利亚 | NIGCOMSAT-1 SBAS |

第三，太空非军事化治理是太空治理的重中之重。太空非军事化具体是指太空武器增多，各国在太空的战略博弈日渐增多。太空军事化是太空安全的最

大隐患。然而，治理太空非军事化却是举步维艰。国际法在判定太空军事化的主观动机时，显得苍白无力；而太空开发的主要动力也是出于军事、战略和国家安全考虑。目前为止，治理太空非军事化的国际规则和条文主要有联合国大会 1963 年 10 月 17 日第 1884（XVIII）号决议、联合国宪章第 2 款、《外层太空条约》第 4 条、1963 年《莫斯科条约》、《宇宙基本法》等。

### （三）治理的现状与前景

联合国和平利用外太空委员会 2013 年 9 月举行了第 68 届会议，再次更新了《和平利用外太空 2013 年报告》（Committee on the Peaceful Uses of Outer Space：2013）。首先，太空垃圾的治理处于一个法律空白之中，《责任公约》没有明确界定太空碎片的国际责任主体、赔偿机制与治理实质。《责任公约》第 3 条规定“发射国的空间物体在地球表面外对另一发射国家的航空器、所载人员和财物造成损失，只有当损害被认定为前者过失的情况下，才对损害负有赔偿责任”①。但是实际上，由于技术受限、国家安全保密性等原因，很难认定赔偿的责任方是谁。以 2009 年美俄卫星相撞为例，很难参照相关国际条约认定责任方和进行偿付。

《和平利用外太空 2013 年报告》中肯定了过去治理太空垃圾方面取得的成绩，也指出了众多不足与围绕治理原则上的冲突。报告指出一些国家已经在按照委员会的《空间碎片减缓准则》和（或）机构间空间碎片协调委员会（空间碎片协委会）的《空间碎片减缓准则》实施空间碎片减缓措施，参考各项准则和标准监管本国空间活动。但是，围绕一些涉及各国空间飞行物所有权的问题上，仍然存在分歧，例如在清除空间碎片时各国有没有权力对另一国的空间物体采取单方面行动等问题②。早在 2000 年，我国启动了“空间碎片行动计划”，并在相关研究领域取得长足进展。例如初步建立了空间碎片数据

---

① 《各国探索和利用外层空间活动的法律原则宣言》，http：//www.cnsa.gov.cn/n1081/n85401/100812.html；《空间物体所造成损害的国际责任公约》，http：//www.oosa.unvienna.org/oosa/zh/SpaceLaw/gares/html/gares_ 26_ 2777.html。

② 《空间物体所造成损害的国际责任公约》，http：//www.oosa.unvienna.org/oosa/zh/SpaceLaw/gares/html/gares_ 26_ 2777.html。

库、碰撞预警技术、空间碎片预警系统、近地卫星的空间碎片减缓技术等等。

其次，对太空非军事化的治理比较宽松，主要规定了禁止在太空放置核武器、大规模杀伤性武器；但是对于出于和平目的开发和利用太空的界定相当含糊不清，例如基于维护和平的目的发展太空武器，是否违法，实际上是没有规定的，甚至是开了绿灯，毕竟各国出于军事目的的基础设施建设投入，在一定程度上推动了太空开发。因此，太空非军事化和安全治理实际上是陷入了一个循环论证的逻辑怪圈。

《和平利用外太空 2013 年报告》重申坚持外太空非军事化的重要性，部分代表强调了通过双边和多边协定实现共同的空间探索目标，委员会必须加强与联合国系统其他机构和机制的协调。但是在处理非军事化方面，在委员会层面上的讨论推进不大，部分代表认为“委员会完全是为了推动和平利用外层空间方面的国际合作而成立的，裁军问题在其他论坛处理更为适合”①。

## 三　公海成各国战略重点②

公海的概念产生于 16 世纪，根据 1958 年《公海公约》规定，公海指不包括在一国领海或内水内的全部海域；《联合国海洋法公约》则对公海进行了更为详细的规定，公海是不包括在国家的专属经济区、领海、内水、群岛国的群岛水域内的全部海洋区域。因此，公海是全人类的财富，不属于任何国家，它向各国开放，是各国管辖范围以外的海域。这意味着任何国家不得将其据为己有，所有国家都可以共同使用公海。

公海治理的博弈主要集中在安全治理和自由航海权方面。公海治理的概念相当模糊和具争议，而且海洋航行自由的内涵也是具有很大的弹性，在不同的历史时期、对不同的主客体效力而言，海洋航行自由有着不同的内涵。很多时候“公海”与“领海”的概念被混淆，为许多海洋国家的权益遭受侵犯埋下

① 《联合国和平利用外层空间委员会报告》，http：//www. oosa. unvienna. org/pdf/gadocs/A_ 68_ 20C. pdf。

② Public worldwide supports ocean sustainability. 参见 http：//www. globaloceancommission. org/news/public-worldwide-supports-ocean-sustainability/。

伏笔。即使海洋航行自由是1982年海洋法公约中最为核心的六大权利之一，该原则的贯彻过程中也是要保证不会对沿岸国合法利益和安全造成损害的，特别是在公海之外的专属经济区内，海洋公约所赋予的自由是受到有关规定和原则限制下的自由。结合目前的海洋争端来说，该限制性规定主要是指要估计沿海国的法律与安全感受。后者是具有有限性的。因此，海洋自由应该是有清晰边界的、以和平利用海洋为前提的。

## （一）公海战略：猜疑与博弈

美国所坚持的“公海航行自由”原则成为其干涉其他国家和地区事务的理论依据。无论危机与否，无论何属性海域，只要航行自由权受到遏制，美国就会诉诸武力予以打击和强行通过。早在“威尔逊十四点原则”中就有对增强美国在公海势力的条文：“各国在领海以外的海洋上应有绝对的航行自由，在和平时期及战时都是如此。”美国重提公海与美国的新海洋战略难以撇开关系。美国高度宣扬“公海航行自由”权的背后是否意味着什么呢？美国倡导在各国12海里领海以外的所有海域可以自由航行和飞行跃过，模糊了民用、商用和军用的公海权益，很可能导致该项权力的滥用，也就是说军舰也可以在公海海域自由航行，同时航母等军用飞机可以飞跃公海。“海上航行自由”原则很容易成为霸权国家在全球内扩张的一条根本性原则。全球公海的理论为美国的政策和战略部署做了铺垫，特别是布什政府将美国战略重心由欧洲转移到亚太。例如，按照“公海航行自由”原则，美国舰队的活动范围将是在南沙群岛各岛礁附近公海海域，该海域内美国寻求可以自由航行和飞越。与此同时，通过强调中国海军力量的强大、亚太地区海上力量失衡的隐患，抗议国会消减军费的要求。2013年7月31日美国五角大楼公布了《战略选择与管理评估》指出消减军费、加之中国海军实力的增强可能会导致美国海军霸权地位的衰落。

对于全球公海的概念的普及以及相应“公海航行自由”的原则，我国呼吁要进一步明确边界和以保护沿海国安全利益为前提。就航行自由权的争议，曾经引发了“银河号事件”、“鲍迪奇号测量船事件”、“无暇号事件”等。同时，美国2010、2012、2013年与其他周边国家在南海争议水域进行军事演习，美军甚至在距离中国海岸线仅16海里的水域空中派出无人侦察机作业，严重危害了中国的国家安全，引起中国政府与社会的不满。加之南海面临国际化的问题，但这首先涉及中国和一些东南亚几个国家，5 个国家的双边主权划界的问题，如果混淆了国际公海与各国领海的概念，南海事务将会变得更加棘手。随着中国国力的增长，海洋的战略地位凸显，然而美国在冷战时期在太平洋地区布置的三大岛链，加之近年美国与日本等战略盟国的联合军演频频，成为该地区维持稳定的战略隐患。

俄罗斯的国际公海态度比较模糊，一方面，俄罗斯倡导国际公海是全球共同的财产，加大在国际公海的捕鱼量，同时多次宣布参与公海安全治理，恢复并逐步加大在国际公海巡逻的力度；另外一方面，俄罗斯也相当头痛北极国际化的趋势，较为担忧中国、日本、新加坡等更多国家加入北极理事会。各国分一杯羹可能会导致北极公海化，从而使俄罗斯的安全、战略、经济、资源、航道等利益受到减损。《俄罗斯之声》2013 年 8 月的报道对中国可能构建自己的公海舰队表示担忧，与此呼应，俄罗斯近年以来也大力提高了太平洋舰队的作战能力，更为重视海军军力的发展。

英国近年的海洋战略中，出现了重视商业层面的态势。2011 年英国发布英国海洋产业增长战略，整合政府、学界等力量，集思广益，制定海洋产业增长战略。该战略为促进英国在发展海洋产业，获得更多经济收益方面提供了智力支持，有望带动英国海洋产业增长，到 2020 年英国在海洋产业方面的收益有望达到 250 亿英镑。英国政府 2010 年发布了《英国海洋科学战略》报告，报告中将海洋生态系统，应对气候变化，增加海洋生态效益等三个方面列为英国未来科研投入的重点。旨在促使英国在海洋科研方面逐渐达到全球领先的水平。

各个国家的发展战略不同，政策侧重点不同，将会导致各国海洋战略的差异。此外，其他国家，例如印度也开始不断扩展其海军实力，体现了对海洋战略地位的重视。此外，印度国家计划委员会 2012 年决定将拨款给国防研究与发展组织，大力增强印度海底勘探能力，排挤其他周边国家在印度洋公海的存在。

近年以来，日本积极部署公海战略，对亚太地区，特别是中国的海上活动保持高度的警惕。日本政府计划于 2013 年底出台新的《防卫计划大纲》，并表示日本将引进无人侦察机加强钓鱼岛附近海域的监视力度。2013 年 7 月 24 日中国海军飞机飞经冲绳公海上空的年度例行训练，引发了日本的高度紧张。即使该次飞行符合相关国际法和国际实践，日本也表现出了极度不安的情绪。

## （二）公海治理问题①

帕尔多指出“人们开始认识到了，在海洋空间，正如一个基本国际法原则所规定的那样，人类最重要的共同利益在于保护海洋环境质量、合理和公平开发海洋资源，这凌驾于国家管辖权之上。这并不意味着置国家利益于不顾，而是要认清从长远来看，只有在一个稳定的、国家间密切合作的国际机制下这些利益才可以受到保护”②。具体来说，治理的具体内容包括：海洋污染、生物多样性、海底矿业、经济利益、人权、海上运输安全。

第一，海洋污染、生物多样性的破坏需要有效治理。人类呼吸所需的一半氧气是海洋制造的，并吸收人类排放的 1/4 左右的二氧化碳，海底是约 200 万物种的家园③。但是，人类的活动却对海洋的环境造成了触目惊心的危害：原油泄漏、垃圾倾倒、工业排放都严重污染了海水、海底生物，对人类的健康、生态系统埋下了巨大隐患。例如 2010 年 4 月，墨西哥湾漏油事故；2007 年 11 月，俄罗斯油轮在刻赤海峡沉没，3000 多吨重油泄漏；2002 年 11 月，利比里亚油轮“威望”号沉没，在西班牙附近海域造成 6. 3 万吨重油泄漏……同时，由于气候变化、污染和人类的过分捕捞，许多鱼类资源已枯竭，渔业资源枯竭每年会给全球经济带来高达 500 亿美元的损失④。面对众多的海洋污染问题，国际社会也是充分认识到重要性，做出积极响应，“联合国大会计划开展关于公海保护生物多样性问题的讨论——这是 2012 年在里约 +20 峰会上所做出的

① 《海洋问题与影响》，http：//www. globaloceancommission. org/zh-hans/% E9% 97% AE% E9% A2%98/% E5% BD% B1% E5%93%8D/。

② Aivid Pardo, *The common Heritage: Selected Papers on Oceans and Wold Order 1967 – 1974*, Malta University Press, 1975, p. 549.

③ “Ocean Under Threat,” http：//www. globaloceancommission. org/the-global-ocean/environmental-threats/.

④ Sunken Billions, “The Economic Justification for Fisheries Reform,” http：//web. worldbank. org/WBSITE/EXTERNAL/TOPICS/EXTARD/0, contentMDK：21930578 ~ pagePK：148956 ~ piPK：216618 ~ theSitePK：336682, 00. html.

决定”。①

第二，海洋资源需要有效治理。海洋是人类巨大的宝库，海底有着各种丰富的矿产、能源。据考察，70%以上的石油和天然气储存在海底，而且探明储量与规模远远大于陆地储量。海底还有丰富的矿产资源，例如70年代探明的海底“黑烟柱”富含金、银、铜等矿藏，而且厚度较大，宽200米左右，容易开采；同时海底的天然气可燃冰是一种清洁能源，在新世纪具有很大的开发潜力，已有8个已探明的海洋天然气可燃冰气田。日本在2012年着手可燃冰钻探作业的准备，预计今年进行正式开采。

但是在开采海洋资源的同时，如何保护海洋的生态环境是摆在人类面前的一项重大课题。由于公海治理的法律框架不完备，权责不明确，海洋资源开采中造成的污染和破坏很难得到有效治理。

第三，海上运输畅通与安全治理亟须开展。海洋是地球的重要交通命脉，重要性不亚于空运和陆运。在大洋之间有上千个海峡，其中130多个海峡可以用于通行，但充当全球海运“咽喉”的海峡只有16个，包括霍尔木兹海峡、马六甲海峡、曼德海峡、黑海海峡、直布罗陀海峡、多佛尔海峡和英吉利海峡等。保持海峡的畅通与安全，是全球海运的必要保障。

公海航运安全指在国际公海内，禁止任何国家、个人、组织违反国际法规定，危害公海航行安全，以及利用国际公海进行违法犯罪的行为，从而维护各国船只在公海上自由航行的权利。2011年联合国的一份审查报告提及“渔船被用来走私人口，非法贩运毒品（主要是可卡因），非法贩运武器，和恐怖主义活动”②。同时，海盗、恐怖主义行为近年来成为危害公海航运安全的重大隐患。

随着海上航运的日益频繁，各国开始重视公海航运安全问题。近年以来，海盗活动愈演愈烈，小范围的海盗行为以及有组织、有规模的海盗团体对全球

① Sunken Billions, “The Economic Justification for Fisheries Reform,” http://web.worldbank.org/WBSITE/EXTERNAL/TOPICS/EXTARD/0, contentMDK: 21930578 ~ pagePK: 148956 ~ piPK: 216618 ~ theSitePK: 336682, 00.html.

② http://www.unodc.org/documents/human-trafficking/Issue_ Paper_ -_ TOC_ in_ the_ Fishing_ Industry.pdf.

海运带来了重大威胁，给各国海上航运造成了巨大的经济损失，并且威胁到航运人员的生命与财产安全，给跨国航运贸易蒙上了一层阴影。国际社会纷纷开展一系列的海盗打击活动，以谋求公海航行安全，但是由于海盗行为的猖獗程度、规模日益扩大，不是单个或少数国家所能够应对的，因此至今为止收效甚微，海盗活动仍然是困扰着航海安全的重大威胁所在。

随着全球化的深入，人类活动领域向海洋区域的一再扩展，公海安全逐渐成为国际社会关注的焦点。目前为止，进行国际公海治理的核心国际机构是国际海事组织（International Maritime Organization，IMO），成立于1948年，总部在伦敦，它是联合国的下属机构，主要负责国际海洋的航行安全以及防治海洋污染。1958年《公海公约》规定了各国在公海具有航行自由权；限制下的捕鱼自由权；依据大陆架的规定铺设海底电缆和管道自由；跨越飞行自由。《联合国海洋法公约》再次将各国使用公海的权力自由进行了补充：自由航行；跨越飞行；铺设海底电缆和管道；建造合法人工岛屿和设施；捕鱼自由；科考。

就公海污染的治理来说，国际社会也积极谋求为防治公海污染立法。主要包括1969年《国际干预公海污染事故公约》、1972年《伦敦倾倒公约》、1973年《国际防止船舶污染公约》、1973年《国际干预公海非油类物质污染议定书》、1982年《联合国海洋法公约》、1992年《保护黑海免遭污染公约》等等。由于国际公海的污染治理，是一个涉及众多利益方的复杂的、长期的工作，目前来说污染治理的任务依然很重。此外，尽管有众多的法律制度和规章，对于公海污染的权责仍然不明确，由于责任追究制度的模糊，污染行为的制造者很难受到法律责任的追究，在一定程度上纵容了公海污染行为的持续。

围绕海上安全问题的治理，主要包括打击海上犯罪和海盗行为。索马里海盗对国际商务、海运带来严重的威胁。就类似的海上航行安全的治理，有1988年《制止危及海上航行安全非法行为公约议定书》（SUA PROT 1988）、1988年《制止危及海上航行安全非法行为公约》（Convention for the suppression of Unlawful Acts against the Safety of Maritime Navigation，SUA 1988），1996年通过、拟生效的《关于与危险品及有毒物品海上运输相关的责任及损害赔偿国际公约》等。全球海洋委员会执行秘书西蒙·雷迪（Simon Reddy）认为“越来越多的证据表明，对国际水域的失败治理对经济、食品安全、海盗、安全和人权，以及自然环境都将产生影响”①。因此，今后针对全球公海的治理力度仍需要加大。

### （三）前景分析

全球公海理论在全球公域的框架里被重提，与美国的“再平衡战略”密不可分。1945 年，美国于 1945 年在得克萨斯沿海发现了石油，同年美国通过《杜鲁门公告》，又称《大陆架公告》，提出了对公海下大陆架地底和海床天然资源管辖权和控制权的主张。一场各相关国家提出对公海主张的“圈地运动”开始。如今，在经济上，美国积极推进《跨太平洋战略经济伙伴协定》（Trans-Pacific Strategic Economic Partnership Agreement）；而在战略领域，借部分东南亚国家与中国的岛屿争端，美国积极倡导“全球公域”理论的开放原则，试图以南海自由航行为借口，部署其在亚太的新秩序。然而，目前的公海定义具有非常大的模糊性，为诸多的公域理论滥用提供了可乘之机。南海是一个半封闭海，周围的国家包括中国、越南、印尼、马来西亚、文莱、菲律宾等国。南海海域存在争议，不能改变南海的属性。然而，这些事实足以起到警示作用。要改变南海争端被炒作的现状，心平气和解决周边问题，必须认识到中国与周边东南亚国家有着诸多的合作和良好的关系，认清全球公域理论在公海相关问题领域内的实质。中国与其他相关国家都加入了《南海各方行为宣言》，宣言的精神需要得以遵守。该地区国家需要树立本地区“安全共同体”的意识，辩证分析“公域理论”的实质，防止外来势力干涉本地区事务，影响地区稳定。

## 结　语

全球公域作为一个相对较新的战略与安全领域出现在各国的议事日程里，

① http：//www. unodc. org/documents/human-trafficking/Issue_ Paper_ －_ TOC_ in_ the_ Fishing_ Industry. pdf.

各国的态度和博弈可能成为塑造“新世界秩序”的主要动力。这些领域具有更高的不确定性，当各国面临新的机遇和战略挑战的时候，很可能导致误判。但是，这些领域都具有相当的重要性，是各国所不能忽视的，需要全方位思考大国战略的变化与中国的选择。

全球公域的存在制造了一系列的法律困境，也导致了一些可能引发各国冲突的“灰色地带”的产生。全球公域该由谁来治理的法律讨论也面临困境。以联合国为核心的功能性国际组织在理论上具有治理的合法性和权威①；但是为了确保治理的有效性，以及不可克服的“制度非中性”问题，重要的利益攸关国家，主要是美国把持着全球公域治理中的核心话语权。加之概念模糊性的存在，很难保证各国具有的排他性主权不会被肆意践踏。

全球公域的现实状况是，所谓的“公域”并非“公共领域”。首先，在公域治理方面存在着权责不一致的现象，正如布热津斯基将全球公域分为战略公共产品和环境公共产品两类，部分发达国家更为关注战略公共产品领域的治理，却不愿意在环境公共产品治理方面负责任，提供治理费用。如何公平地分配公域治理的职责，是各国面临的重要问题。其次，各国的物质、技术优势决定了各国对公域资源的开发利用能力。在物质和技术上占有优势的国家，特别是美国，积极致力于在公域这一新的战略领域，塑造对自身发展有利的世界。国际社会倡议，在南极打造一个真正的全球公域，赋予全人类、各国在南极开展科学考察的权利，但是要避免南极成为部分国家的私人产品，这种“南极精神”的推广，将会推动各种公域内的治理工作的推进。

谈到中国应对，需要谨慎判断、辩证认识全球公域理论的应用范围和实质。一方面，随着中国国力的增强，中国越来越表现出负责任大国的姿态，积极参与全球性问题的治理，提供全球公共产品。另一方面，要警惕全球公域概念可能被滥用。防止以全球公域为理论基础、无视联合国宪章的霸权主义干涉行为在世界舞台上再现，为打造一个真正符合全球人民公意的和平与发展的世界而努力。

---

① 王义桅：《全球公域与美国巧霸权》，《同济大学学报》2012 年第 2 期。

## 参考文献

Abraham M. Denmark, "Managing the Global Commons," *The Washington Quarterly*, Vol. 33, No. 3, 2010, pp. 165 - 182.

John Vogler, *The global commons*. J. Wiley & Sons, 2000.

Michael Goldman, ed., *Privatizing nature: Political struggles for the global commons*. Pluto Press, 1998.

Magnus Wijkman, "Managing the Global Commons," *International Organization*, Vol. 36, No. 3, 1982.

Susan J. Buck, *The Global Commons: An Introduction*, Washington, D. C.: Island Press, 1998, p. 1.

王义桅：《全球公域与美国巧霸权》，《同济大学学报》2012 年第 2 期。

Y.9

# 国际移民政策与移民问题

杨靖旼*

**摘　要：**

2013年是移民问题以社会恶性事件凸显的一年。传统的移民输入国，如美国和西欧国家，移民政策并不成功，依然面临着管理非法移民入境以及大量移民迁入后产生的各类社会问题，尤其是社会融入之困。各国移民政策的改革仍将伴随着国内的政治斗争、国内突发的恶性社会安全事件，以及国际安全局势的变化而在徘徊中进行。波士顿爆炸案、伦敦街头暴力案，以及亚眠骚乱，都凸显了这些传统移民国家存在的复杂种族关系、恐怖袭击等国内、国际社会不稳定因素，也暴露出它们对移民中弱势群体权益、安全保护的严重缺失。中国作为新一代的移民输入国也面临移民的相关问题，发展与完善相关立法成为重中之重。

**关键词：**

移民输入国　移民政策　社会融入

## 一　2013年国际移民和移民政策基本情况

未来两年是关于全球移民与发展议题辩论的关键时期。与国际迁徙相关的国际组织①及国家都将人口迁移与发展相关联，不断调整政策安排。国际迁移

* 杨靖旼，中国社会科学院研究生院博士生，专业方向是国际组织与当代全球问题。

① 国际组织方面，瑞典在担任“移民与发展全球论坛”（Global Forum on Migration and Development, GFMD）轮值主席国期间，将要推进三个有关国际移民事务的重要进程：联合国大会将在2013年10月举行的“第二届国际移民与发展的高层对话”（High-level Dialogue on International Migration and Development）；2014年开罗“人口与发展国际大会”；以及2015年后的全球发展议程。资料来源：Eva Åkerman Börje, “Unlocking the Potential of Migration for Inclusive Development,” *Migration Policy Practice*, Vol. III, No. 1, February-March, 2013。

中对年轻人的关注、移民融入所在国社会之困，以及对难民的人道主义救援都将是“国际移民与发展”讨论的主要议题。国际移民政策的制定过程是多层次的，但大部分入境管控的相关政策，以及对公民权利等议题的决策则完成于国家层面。本章涉及的国际移民政策，主要针对移民输入国的迁入移民政策（immigration policy）。尽管这些国家在整体全球迁徙过程中既是移民的输入国，也是输出国，移民政策也有出境、入境政策，但政策变化趋势主要集中于管理控制迁入本国的移民方面。各国移民政策对象仍以主要移民类别为主，如劳务移民、长久性移民、非法移民，以及难民与寻求庇护者。

## （一）2013 年国际迁徙中存在的问题与挑战

2013 年，国际人口迁徙中所遇到各种问题与挑战的主角仍然是迁移中的弱势群体，但与往年不同，今年呈现出三个特点：第一，由于缺乏社会安全保护引发的连带效应，最终以社会恶性事件在许多移民输入国爆发；第二，移民所在国的社会福利不均等问题、种族问题、社会阶层分裂都以迁入移民问题为撕裂口不断显露；第三，与移民相关的话题，已经从新移民，转向了第二代、第三代移民身上。而这类特点集中反映于非法移民问题、年轻人在国际迁移中存在的风险，以及寻求庇护者与难民问题上，而这些问题都在各移民迁入国政策变化上有着不同程度的体现。

### 1. 青年移民问题

2013 年 8 月 12 日，联合国的国际青年节将联合国劳工组织、国际移民组织等机构合办的会议主题定为《青年人口迁移：发展前进》，15 ~ 24 岁的青年移民成为全球化下世界变化与发展最强有力的推动者。根据联合国的报告，年轻人是迁移人口的主要组成部分，通常情况下，年龄从 18 岁到 29 岁的迁移人员数量每年要占到国际移民的 36% ~ 57%。通过国内或是国际性的迁移，可以为年轻人员打开机会之门，包括得到体面的工作与接受良好教育。然而，迁移同样会带来风险，包括缺乏应享受的基本权利、遭到剥削或是从事未受保护的工作。今天的年轻人已经可以相对容易、便宜地获得交通运输渠道，但关于机会的信息却超出了他们的能力范围，而导致风险加剧。加之现在年轻人的迁移理由也愈发复杂，从为家庭团聚发展到寻求更好的教育，从为了获得就业机会到逃离战乱。[1] 年轻人在跨国迁移中要面对的社会融入之困远比预料要甚。在非稳定的身份认同过程中，年轻人最容易受到原籍国与所在国之间宗教、文化、法律制度等方面的影响；原籍国与所在国之间的国际关系、外交政策中存在的冲突也会给这些年轻人带来困惑，甚至是极端的报复行为，今年英国发生的伦敦街头暴力事件、去年法国的图卢兹连环枪击案都有所显示。

**2. 非法移民问题**

每逢选举年份，非法移民问题就会成为众多移民迁入国的政治热点。监测跨国人口流动问题并不容易，尤其是非法移民问题。非法移民有着多种形式的描述，如非法外来者（illegal alien），无证移民（undocumented migrants），非规范移民（irregular migrants），以及“非授权移民”（unauthorized migrants）。这些词同指一个群体，但在情感因素和政治内涵上有细微差别。从移民接收国的角度看，非法移民是未经政府许可而进入或居住在他国的人。非法离境也是非法移民的形式，但公众的焦点主要还是集中于非法入境以及非法居住方面。[2] 非法移民问题的出现以及随之而来的社会问题，从很大程度上反映了国家移民政策在处理移民问题上的局限。简单地消除或是减少国家迁入的非法移民，看似体现了国家的某些特殊利益，如维护社会安全秩序、降低公共财政开支等，但非法移民这个缺乏所在国合法地位的群体，在生活的方方面面都受到限制与歧视，而且在劳务过程中极易受到剥削，成为社会的弱势群体，从而反作用于所在国社会的发展。因此，对移民的社会安全保护应该成为国际移民政策中除边境管控之外又一重要方面。

**3. 申请庇护者、难民**

因各类灾难产生的难民是移民群体中弱势之最，尤其是难民中的妇女与儿童，她们在流离失所的过程中极易遭到绑架、暴力对待、拐卖或性暴力等，甚至是杀戮。2013 年是叙利亚内战的第三年，已经有 100 万名难民儿童逃离家园，他们失去了家园、家人，甚至是未来。即使他们已经安全越过叙利亚边境，但仍然受到极大的精神创伤。在叙利亚内战产生的难民中，儿童的数量占了总数的一半，超过 3500 名难民儿童是独自穿过国境线。

---

① United Nations, *World Youth Report* 2013, January 17, 2013, http://www.unworldyouthreport.org/index.php?option=com_content&view=article&id=84&Itemid=180.

② 潘兴民、陈弘主编《转型时代的移民问题》，上海人民出版社，2010，第 173 页。

根据今年联合国难民署的报告显示，2012 年全年估计共有 47.93 万份庇护申请在44 个工业国家登记入册，超过2011 年登记数量的8%（见图1）。这是近 10 年来申请数量的第二高峰，仅低于 2003 年的 50.5 万。其中，在欧盟 27 国提交注册申请的有 29.67 万份。在北美，据估计有 10.39 万份新的庇护申请登记入册，与 2011 年相比增加了 3%；申请加拿大庇护者与 2011 年相比减少 19%，而申请美国庇护的为 8.34 万人，增加了 10%。2012 年日本与韩国共登记庇护申请3700 份，与2011 年相比增长28%。在工业国家中，申请美国（8.34 万）、德国（6.45 万）、法国（5.49 万）、瑞典（4.39 万）和英国（2.74 万）庇护的最多。

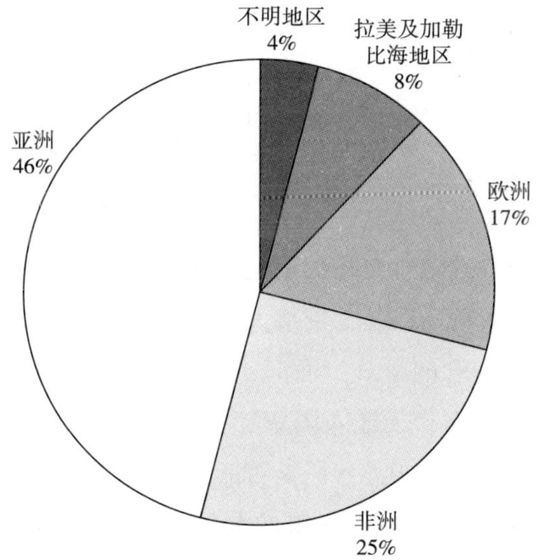


**图 1　2012 年申请庇护者的原籍地区分布**

资料来源：联合国难民署[①]。

如表 1 所示，前五位寻求工业国家庇护者的来源国分别是阿富汗（3.36 万）、叙利亚（2.48 万）、塞尔维亚（2.43 万）、中国（2.41 万），以及巴基斯坦（2.32 万）。

① UNHCR, *Asylum Trends 2012: Levels and Trends in Industrialized Countries*, March 8, 2013. p. 15.

表1　2008～2012年难民原籍国前20位排行变化

| 排名＼年份 | 2008 | 2009 | 2010 | 2011 | 2012 |
|---|---|---|---|---|---|
| 阿富汗 | 4 | 1 | 2 | 1 | 1 |
| 叙利亚 | 20 | 19 | 20 | 15 | 2 |
| 塞尔维亚 | 6 | 6 | 1 | 4 | 3 |
| 中国 | 5 | 5 | 3 | 2 | 4 |
| 巴基斯坦 | 8 | 8 | 8 | 5 | 5 |
| 俄罗斯 | 3 | 4 | 5 | 7 | 6 |
| 伊拉克 | 1 | 2 | 4 | 3 | 7 |
| 伊朗 | 11 | 9 | 7 | 6 | 8 |
| 索马里 | 2 | 3 | 6 | 8 | 9 |
| 厄立特里亚 | 9 | 12 | 11 | 10 | 10 |
| 墨西哥 | 10 | 13 | 17 | 12 | 11 |
| 尼日利亚 | 7 | 7 | 9 | 9 | 12 |
| 格鲁吉亚 | 17 | 10 | 12 | 16 | 13 |
| 斯里兰卡 | 12 | 11 | 10 | 13 | 14 |
| 刚果民主共和国 | 18 | 18 | 16 | 19 | 15 |

资料来源：联合国难民署。①

以上三个移民弱势群体所面临的问题正是当今国际迁移中亟待治理之困。针对优势移民，如技术移民或是投资移民，各国的移民政策在国际上能够建立起具有“跨国主义”理念的形式。而对于处于弱势的移民（如非法移民、难民或是寻求庇护者等）而言，迁入国所能提供的社会安全保护就变得非常有限，但却尤为重要。而这些弱势移民是否能获得良好的社会安全保护，则取决于移民是否获得公民权，以及所获得的公民权是否完整。社会安全（Social security）的概念涵盖了提供福利的所有措施，② 那些身份地位不太稳定的移

① UNHCR, *Asylum Trends 2012: Levels and Trends in Industrialized Countries*, March 8, 2013. p. 12.

② ILO: *World Social Security Report* 2010/11, pp. 32－33. 包括针对许多情况下提供的保护：例如由于家庭成员的疾病、残疾、生育、工伤、失业、年迈或是死亡，而造成缺乏与工作相关的收入（或收入不足）；难以获得或是无法承担医疗保健；尤其是针对儿童缺乏家人支持，普遍性的贫困以及社会排斥等情形下提供的保护措施。与“社会安全”相比，“社会保护”在世界范围内有着更加宽泛、丰富的意义。通常社会保护被诠释出的特征比社会安全更广泛，既包括对家庭成员，也包括对当地社区成员提供的保护。狭义上说，社会保护也被用于理解保护社会弱势群体、被社会排斥成员的措施。因此，在许多情况下，“社会安全”与“社会保护”这两个术语在很大程度上可以互换。

民，被剥夺权利的可能性不断增加。尤其是庇护政策，就在福利和居住安全方面将寻求庇护者和难民差别对待。莫里斯（Lydia Morris）认为，在大多数迁入国中，移民获得的正式权利已经越来越差异化，这加深了一部分移民遭到社会排斥的程度。欧洲非法移民的增长就意味着，欧洲的移民政策正在制造着一个群体，这个群体虽然表面得到了社会的容忍，但却无法充分参与和融入社会。这个群体所经历的社会排斥过程，对他们自身、后代（第二代、第三代移民）以及社会都产生了巨大影响。当移民迁入新的国度，在适应新社会中的竞争、冲突和同化的过程，就是移民融入所在国社会的过程。移民群体与所在国本土居民之间存在的族群、种族、价值观、生活方式以及受教育程度的不同而形成的经济利益、社会地位、政治权利的差异，导致迁入移民与本土社会融入时产生了障碍。如英国、法国这些高社会福利的西欧移民国家，虽然每年都会接收成千上万的外来移民，但却用各类移民政策，将欧盟成员国之外的移民阻挡在了社会福利之外。这些移民即使最终获得所在国国籍，但其本应享受的社会安全却并不能得到保障。

## （二）各国移民政策的变化特点与政策悖论

2013 年欧美等发达移民输入国家移民问题突出。劳务移民与难民，甚至是已经获得所在国国籍的第二代、第三代移民，社会安全保护缺失的恶果今年已经通过各种社会恶性事件凸显，其中包括与种族、国际关系深刻关联的恐怖袭击。而与此同时，各国的迁入移民政策正在不断发展变化，虽然各类政策具体指向有异，但可以总结为以下几个相同方面：

第一，控制收紧迁入移民的总量，从经济条件、受教育程度、语言能力等方面不断提高迁入对象的准入门槛。

第二，改革原有的难民政策，增加寻求避难所需的条件与证据等，从实际上提高对提交避难申请对象的要求，对不予接受的避难者严厉实施驱逐、遣返。如英、法等国。

第三，对已经迁入而非拥有本国国籍的人实施严格区分，细化各类居住证类型，对所享受的社会福利进行区别对待。

第四，加强边境控制，压缩非授权移民的生存空间，严厉打击非法移民。

第五，根据本国需求吸引特定类型的移民迁入，如投资移民、技术型移民或是季节性劳动力等，为给本国带来经济社会优势的移民类型提供政策与程序上的便利。

国家的移民政策都尽力向着符合国家利益的方向变化发展，但今年，欧美的几个主要移民输入国与移民相关的社会恶性事件频发，暴露了这些国家的移民政策缺陷。国际移民政策本身存在的内在矛盾，以及移民输入国对移民的社会保护缺失导致了移民政策的失败。国家制定政策都有特定的政策指向与目标，国家以管理国际迁移为目的的政策所要关注的是：何种人凭借何种条件进入本国领土、外籍居民在本国的权利范围，以及获得本国公民身份的条件。而在国际社会实践中，国际移民政策的效果往往不尽如人意，甚至可能与其特定目的相背离。可以划归为国家外部性因素的国际迁移现象，国家政府很难预知，更难控制。于是就形成了这样的悖论：一方面，国家管制移民的能力不断减弱，而另一方面希望加强管制的愿望却不断加强。卡斯托斯（Stephen Castles）认为，国家的移民政策总会被一些官僚信念左右，即制度决定行为，移民政策能够让人口迁移像水龙头一样开关自如。[①] 而这无视了国际人口迁移是一个社会过程的事实。作为涉及国家管控能力范围之外的外部流（external flow）[②] 因素，国际移民本身并不属于国家的控制范围。移民是人，而不是管理型移民政策支持者所期望的“劳动单位”[③]，他们会抵制国家制定出的管制政策，并想方设法实现自身的迁移目的，不惜逾期居留，或者逃避种种移民管制。

肖尔蒂诺（Giuseppe Sciortino）的“迁移例外论”[④] 就是从移民政策的制定过程中，施动者与对象互动的缺失，以及政策后果来分析了移民政策的内在

① Stephen Castles, “The Factors That Make and Unmake Migration Policies,” *International Migration Review*, Vol. 38, No. 3, Conceptual and Methodological Developments in the Study of International Migration. Fall, 2004. pp. 852 – 884.

② Stephen Castles, “The Factors That Make and Unmake Migration Policies,” *International Migration Review*, Vol. 38, No. 3, Conceptual and Methodological Developments in the Study of International Migration, Fall, 2004. pp. 852 – 884.

③ 〔英〕罗斯玛丽·塞尔斯：《解析国际迁移和难民政策：冲突和延续》，黄晨熹等译，上海人民出版社，2011。

④ Giuseppe Sciortino, “Towards a Political Sociology of Entry Policies: Conceptual Problems and Theoretical Proposals,” *Journal of Ethnic and Migration Studies*, Vol. 26, No. 2, 2000. pp. 213 – 228.

缺陷。首先，移民被割裂于移民政策制定之外，无权参与。在移民迁入国制定政策的过程中，移民作为外国公民，并没有参与政策制定的政治权利，仅能被作为政策对象，而不能参与互动。其次，移民潜在的数量无从得知。作为处理国际移民所存在的难题，除了符合法律规范的移民外，违规迁入移民的数量很难统计，未来的移民迁入量对于国家而言就更难掌控。再次，很多情况下，移民政策只是某些政治团体用来争取选票的“空符号”，并不需要考虑政策对移民的实际影响；最后，移民政策会导致严重的社会分裂。不单是社会阶层的分裂，还导致种族关系的不和谐。政府对移民的管制不仅和种族关系相关，而且是实现和谐种族关系的必要条件，但许多政府却忽视了位于其移民政策中心的种族主义。许多国家声称其移民政策的制定包含有“国际利益”，但在国际迁移中，对共同利益的诉求并不切合实际，不同群体和阶层具有不同的利益，这反映在他们对移民政策有不同的态度上。①

## 二　美国恐怖袭击与“八人帮”法案的缓慢进程

2013 年，美国移民政策的变化主要是针对处理已经在美国境内的移民问题，而非对未来移民流的管理。美国移民政策的变化不但体现了美国对移民的需求与态度，更体现出了国内各种相关利益的纷争与博弈，比如民主党与共和党间党派分歧；美国工会与劳动力雇主行业间的利益集团纷争；以及移民社区的形成与移民权利的抗争。

美国 2013 年全面移民改革法案（CIR）被称为“八人帮”，是由来自共和党与民主党两党的八位参议员共同撰写的法案，内容包括“边境安全”、“经济机会以及 2012 年移民现代化法案”两部分。这八位参议员在今年春季将全面移民改革重新带回到立法机构。

支持法案的人期待增加对技术熟练工人发放签证的数量，尤其让从美国大学高科技领域毕业的外国留学生在美国定居更加容易。参议员们还重拟了对季

① 〔英〕罗斯玛丽·塞尔斯：《解析国际迁移和难民政策：冲突和延续》，黄晨熹等译，上海人民出版社，2011。

节性农业劳动力的准入规定，从某种程度上，许多非法移民中的这类季节性农业劳动力，就可以得益于这种制度。他们一度希望同时赢得种植者协会（Growers' Associations）与农场工人联合会（United Farm Worker，UFW）的支持。但双方在4月初时陷入僵局。种植者协会本来希望调整官方设定的客籍工人工资；而工会却抱怨种植者协会是在压低普遍工资水平。尽管如此，二者之间的争议并不会搞砸法案，因为双方主要关注的，都是如何将那些已经在美国的工人身份地位正常化，而非规范监管未来新农场工人的流动。在美国有1100万“无证”移民，这能为工会招募会员并为商业雇佣新劳动力提供人力资源。而在以往的法规下，他们中的大多数人如果工作，这种不明身份会导致他们的雇佣者受到法律制裁，而这些移民自身也会受到剥削。法案同意要为这个群体提供某种正式的法律地位，而且还为他们提供成为永久公民的机会。

最艰难的过程就是何时才能公布法案。共和党人长期抵制着任何有特赦移民之嫌的议题。同时民主党人警告着任何繁重地遣返大量无证移民的要求。法案同意绝大多数非法移民首先需要满足的要求是：必须提供他们工作、交税的证明，并通过身份背景调查，以及通过公民知识与英语的测试，再符合其他要求，才有可能成为永久居民和最终成为公民。为了防止新移民试图利用移民改革，“八人帮”同意在非法移民得到绿卡前，就必须要加强安全性。

2013年4月15日，美国波士顿马拉松赛终点发生了连续炸弹爆炸事件，共造成3人遇害，超过260人受伤，遇害人员包括一名中国留学生。[①] 嫌犯萨尔纳耶夫兄弟是10年前以难民的身份从车臣进入美国，通过政治庇护获得合法身份。哥哥塔梅尔兰·萨尔纳耶夫善于拳击，但却在2010年无法以美国公民的身份参加全国竞技，自此全心专注于伊斯兰教。对许多久居美国的新移民而言，认同美国、视美国为家的渴望常因社会文化隔阂及经济因素受到打击。[②]

2013年4月初，美国国会已经出现了要对全面移民法达成妥协的迹象。但嫌疑犯身份曝光后，美国参议院司法委员会对改革举行的听证会也遭阻滞，

---

① “Boston Marathon'One Fund' Charity Gets MYM51 Million, 247 Claims,” *AP*, June 17, 2013, http://www.huffingtonpost.com/2013/06/18/.

② 余文琦：《车臣、伊斯兰和波士顿爆炸的美国反思》，财新网，2013年5月6日，http://opinion.caixin.com/2013-05-06/100523860.html。

国会辩论一度陷入僵局。肯塔基州的共和党议员兰德·保罗（Rand Paul）致信参议院领导人要求放缓法案进程，认为："任何全面实质性的移民改革都必须实施强有力的国家安全保障。"① 由于嫌犯是新车臣移民，有参议员主张在改革中应强化对迁入移民的筛选。② 这起惨剧也促使了美国人的疑问：他们对处于青少年时期的新移民做出的工作能否足够使他们融入美国社会？一项加州大学洛杉矶分校的研究显示，新移民美国的孩子大多就读的学校缺乏友爱与凝聚力，环境恶劣，难塑共同目标和观念。在移民和土生土长的孩子之间，容易按民族拉帮结派。受访孩子被问到美国人对他们原籍国印象时，有65%的学生认为美国人的看法是负面的，有1/3说他们很难或是根本没有机会与本土孩子交流。③

2013年6月28日，美国参议院终于通过了"边境安全"与"经济机会以及2012年移民现代化法案"，算是"八人帮"的阶段性胜利，接下来该法案要正式成为美国法律还需要在众议院得到通过，而要达到众议院的认可，目前仍是步履维艰。众议院少数党领导人南希·佩洛西（Nancy Pelosi）正牵头一项旨在议会推进全面改革的计划。④

## 三 欧盟的双层移民政策与各国面临的挑战

### （一）欧盟移民现状与政策概览

欧洲面临着一系列颇具探索意义的迁入移民挑战与机遇：诸多欧洲国家的人口结构老龄化所产生的人口压力，政策以及围绕身份与迁入移民融合问题总是

① "Boston bombing affects US immigration reform," *MSN*, May 4, 2013, http://arabia.msn.com/news/world.

② 庄巧祎：《波士顿爆炸案为美国移民改革再添变数》，《海外观察》第56期，2013年4月24日，http://news.sina.com.cn/w/gc/2013-04-24/162659.shtml。

③ Marcelo M. Suárez-Orozco and Carola Suárez-Orozco, "Immigrant Kids, Adrift," *New York Times*, April 22, 2013. http://www.nytimes.com/2013/04/23/opinion.

④ Seung Min Kim and Jona Than Allen, "Nancy Pelosi Plans to Introduce Immigration Reform Bill," *Politico*, September 23, 2013. http://www.politico.com/story/2013/09/.

处于嘈杂热闹的政治辩论中，独特的政策环境将欧盟27国编织在一起，来管理边界外部和其他与移民迁入相关的议题。除了通过边境控制与签证保障管理移民进入或停留外，欧盟还能通过其他多样性的政策——从雇佣和教育政策到贸易政策以及国际事务，来处理移民迁入带来的国际、国内影响。例如，将欧盟-美国自由贸易谈判与移民问题挂钩，很可能促成期待已久的深入跨洋劳动力流动。

据欧盟统计局公布数据显示，2012年1月1日起，欧盟的总人口为5.04亿，与2011年相比增长130万，净移民为90万（同比增长1.8‰）。居住于欧盟的第三国公民有2070万人，占欧盟总人口的4.1%，超过欧盟成员公民居住于其他成员国的数量（1360万，占欧盟总人口的2.7%）。与2011年相比，2012年申请寻求庇护的人数增长了9.7%，总数刚刚超过33万，增长流主要来自于叙利亚的寻求庇护者（2012年差不多总数为2.35万人）。2012年无人陪伴的未成年人申请欧盟国际保护的数量略有上升，从2011年的1.23万人增加到2012年的1.26万人，德国、瑞典、比利时和奥地利共接收将近申请总数的70%。这些未成年人主要来自阿富汗、索马里、几内亚和巴基斯坦。根据2011年数据，英国是欧洲迁入移民最多的国家，共有迁入人员566044人；德国位居第二，共有迁入移民489422人；西班牙为457649人，而意大利为385793人。这四个成员国就占去了欧盟27国迁入移民数量的60.3%。按迁入移民与原居民数量的比例，卢森堡的迁入移民所占比例最高，每1000人中就有39人是迁入移民。①

欧盟民政事务专员的角色不但是政策的协调者与合作者，还要成为政策的发起者。尤其是当考虑到政治因素的时候，做政策的发起者并不容易。例如，为了加强两国双边关系而让邻国公民更简单地入境，具有很明显的政治优势；然而签证的便捷化与自由出入境必须与安全政策同时进行，而涉及避难的问题还要考虑不同国家对基本权利与自由的普遍理解。2009年欧盟批准了“蓝卡”政策，旨在吸引全球性的技术移民到欧盟工作，以填补该地区高技术人才的需求。但欧盟27国成员对此仍存在分歧，英、法、瑞士等国一开始都并不支持这项政策。德国也直到2012年才通过该项计划。而欧盟委员会五年执行计划

① Eurostat：*European social statistics* 2013 *Edition*，p. 36.

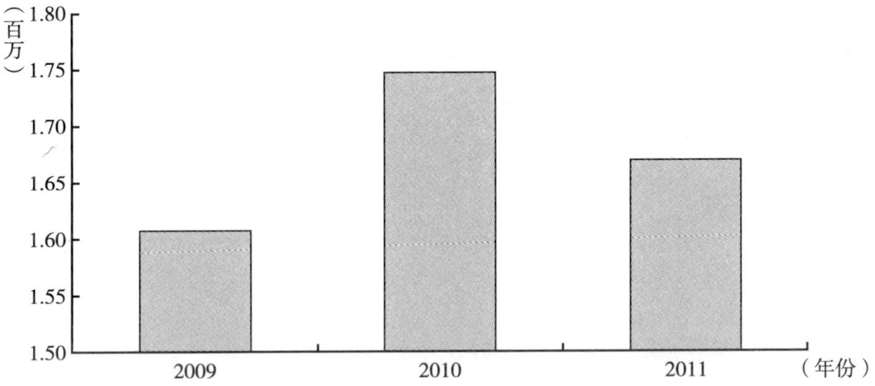


**图 2 欧盟 27 国 2009 ~ 2011 年迁入移民总量**

资料来源：欧盟统计局[①]。

项目是否还适应于欧盟移民现状？采用什么方法能够稳定欧盟层面脆弱敏感的政策——公正与内部事务（Justice and Home Affairs）正是欧盟之考量。

## （二）英国的遏制迁入政策与种族暴力

据最新数据显示，截至 2012 年 9 月底，共有 50 万人迁入英国，这比 2011 年的 58. 1 万少了很多。这也导致了英国净移民流量的下降。从新英联邦国家迁入英国的人数下降，只有 10. 5 万人，明显低于上年的 16. 6 万。到 2013 年底，英国将取消对罗马尼亚与保加利亚移民的限制，移民人数将可能有所上升。

接受教育仍是人口迁移到英国的最常见理由。截至 2012 年 9 月底，共有 19 万移民到英国学习，数量同样显著低于上年的 24. 6 万人。受资助学生的签证申请在 2013 年 3 月底下降了 10%，该变化并不统一，大学方面上升了 5%，而研究生教育、英语语言学校和独立学校分别下降了 46%、46% 以及 7%。[②]英格兰与威尔士的新生儿将近 1/3 至少父母一方出生于英国之外。媒体预计 2050 年后，英国将成为西欧地区中种族最多元化的国家。

① Eurostat, *European social statistics* 2013 *Edition*, p. 36.

② Office for Nation Statistics, "*Migration Statistics Quarterly Report*, *May* 2013", August 29, 2013, http://www.ons.gov.uk/ons/rel/migration1/migration-statistics-quarterly-report/may-2013/index.html.

2013年5月8日，伊丽莎白女王宣布了英国的《移民迁入法案》（The Immigration Bill），该法案将要从多个层次遏制与收紧迁入移民。法案还规定在英国做短期逗留的外国人很有可能需要有偿享受英国国民的医疗保健服务，而将房产租与外国人的房东需要核查租客的移民身份，雇佣非法移民者将遭到更严重的罚款。非法移民将在法律程序下无法获得驾照，而英国驱逐非法移民与外籍犯罪分子的程序将会比之前更加便捷。[①] 在英国的移民政策中，移民可获得的权利范围在不断被收缩。[②] 英国自20世纪初首次提出进行管制以来，移民政策的制定过程既有延续性，也有变革性。管制的目标早已有所改变，但将特定群体种族化以及根据阶层和性别区别对待的做法一直延续至今。

2013年5月22日，伦敦街头再次发生暴力血腥事件，一名英军士兵被两名非洲裔男子砍杀身亡。英国警方23日发表声明确定的两名嫌疑人为尼日利亚裔英国人，年龄分别为28岁和22岁。据BBC的报道，嫌疑人迈克尔·阿德波拉杰（Michael Adebolajo）要求该案的目击者拍摄下他的犯罪宣言，因为受够了英国军队在伊拉克和阿富汗对穆斯林的杀戮，他想要在伦敦发起一场战争。美国乔治城大学的神经医学教授安妮·斯派克哈尔德（Anne Speckhard）研究了在伦敦、伯明翰和利兹的极端分子以及他们的支持者，她发现很多具有穆斯林血统的年轻移民者都有着和阿德波拉杰相似的担忧，因为这些年轻的移民中许多在巴基斯坦和阿富汗都有亲戚，而这些亲戚都有受到英国军队伤害的潜在威胁。有一些年轻人甚至告诉安妮，如果英国仍一意孤行对穆斯林进行攻击，那么他们很可能会在英国境内袭击英国士兵或是军事设施，以帮助在阿富汗或是伊拉克的穆斯林。[③]

2013年6月，继英国士兵在街头惨遭杀害后，一座位于伦敦北部的伊斯兰中心怀疑被人纵火，建筑物被夷为平地。由于墙上被喷上了"EDL"（英国防卫联盟，English Defence League）字样，而被怀疑该事件是反伊斯兰教，并

---

① UK Border Agency, "Statements of Changes in Immigration Rules", http://www.ukba.homeoffice.gov.uk/.

② Lydia Morris, *Managing Migration: Civic Stratification and Migrants' Rights*, London: Routledge. 2002.

③ Anne Speckhard, "Examining the Woolwich Murder of a British Soldier," *The Huffington Post*, May 25, 2013, http://www.huffingtonpost.co.uk/anne-speckhard/woolwich-attack-british-soldier_b_3329646.html.

是作为杀害英国士兵的报复行为。[①] 一个独立的多元信仰组织“信仰问题”（Faith Matters）观测了反穆斯林的仇恨行为，他们的报告显示，在5月22日英国士兵被害后的一周，反穆斯林的事件已经高达193起，其中包括10起对清真寺的袭击。对比之前12个月发生642起的总数，表明仇恨事件在士兵被害后一周的发生数量是去年每周平均数量（13起）的15倍。[②]

## （三）法国的亚眠骚乱与第二、三代移民族群融入困局

2013年8月13日晚上，法国亚眠发生小规模骚乱，上百名年轻人袭击警察，造成十几名警察受伤，第二天，法国总统奥朗德强硬表态，政府将使用一切手段平息亚眠的骚乱，恢复秩序。此次亚眠骚乱的一个重要原因就是移民问题，移民既没有充分融入法国社会，也没有获得相应的福利待遇。巴黎参议院附近经常有大量非法移民示威游行，要求获得合法居留权。在去年的大选中奥朗德曾表示应当给予移民地方选举投票权。奥朗德表示会在加快避难申请程序，外国留学生的移动性，设立议会专题辩论机制，评估每年希望引进的外国劳工数等方面采取行动，以及要成立一个“打击偷渡团伙和蛇头的特别大队”。但另一部分人则认为，奥朗德关于移民的政治理念和人道主义，与社会现状相冲突：外来移民在巴黎街头偷窃行骗甚至当街抢劫、大批北非难民涌入法国，这都让在巴黎居住的人感到恐慌，人们行走在巴黎街头得更加谨慎。

据2012年的数据显示，法国人口共有6350万人，迁入移民占总人口的10.7%。[③] 据法国统计及经济研究所（Insee）1月15日发布数据显示，截至2013年1月1日，法国居民总数达到6580万人。2012年法国人口增长率为0.47%，其中移民增加5.4万人。[④] 法新社报道，据内政部移民与融入事务秘书长办公室（SGII）网站公布的数据，2012年12月31日，全国拥有有效居

① Vanessa Allen, Ben Spencer and Rob Cooper, "Is this retaliation for Lee Rigby's murder?" *Daily Mail*, June 5, 2013, http://www.dailymail.co.uk/news/.

② Cahal Milmo and Nigel Morris, "Woolwich backlash: Ten attacks on mosques since murder of Drummer Lee Rigby," *The Independent*, May 23, 2013, http://www.independent.co.uk/news/uk/crime/woolwich.

③ IOM: France Facts and Figures, http://www.iom.int/cms/en/sites/iom/hom.

④ 驻法国经商参处：《截至2013年1月1日法国居民人数达到6580万》，2013年1月16日，http://fr.mofcom.gov.cn/article/jmxw/201301/20130100004607.shtml。

留证的人数为260.8万，比一年前增加了7万人，去年获得法国籍的人数有9.6万，比前几年减少。2012年合法进入法国的外国人数保持稳定，全年新发的居留证总共有191452张。获得经济移民（1.6万）和学生（58430）居留证的人数下降，家庭团聚移民（86572）和人道移民（18126）居留证增加。①

近年，法国的经济状况欠佳，失业与犯罪率持续攀高，外来移民又成为一些政治势力与团体斥责与转移民众关注度的对象。而恰逢西亚北非的政治局势动荡，导致了大量难民及寻求庇护者的涌入，法国收到的避难申请有增无减。据内政部宣布，为了纳入避难法部分，原定于今秋审议的移民法草案将推迟到2014年。2008～2012年，避难申请人增加了73%。仅2013年头5个月与2012年同期相比就增加了10%。

移民及避难法草案何时意见统一地纳入议会议事日程将是个政治评估问题。左翼激进党（PRG）认为现在的法律需要进行改革，草案不能无限期推迟。在该草案中，法国为移民设立了多年期居留证，简化了特殊人才居留证申请手续，还重新修正了无证移民的留置程序以及递解出境程序。② 避难法草案全方面修改了避难制度体系，将2013年6月通过的欧盟规定在2015年6月之前搬移到法国法律中。

作为少数族裔聚集的城市法国有很多。移民来自许多国家，包括西班牙、意大利以及阿尔及利亚、摩洛哥和突尼斯等北非国家。社会阶层、文化和宗教信仰多元化，种族群体间难以共容是法国面临的一个长期现实问题。尽管很多外来移民都拥有了法国国籍，却没有真正得到法国主流社会的接受，难以融入的情形尤其在第二代、第三代移民者身上体现。③ 法国在20世纪60年代从北非前殖民地引入了大量的劳工弥补短缺的劳动力。大批移民迁入法国，对移民的安置为日后移民融入社会埋下隐患。随着法国生产结构的转型，劳动力剩余而使这些移民失去了工作机会。在身份认同上出现巨大矛盾的就是这批移民的

---

① 《法国去年移民数同比增加7万，家庭团聚移民增加》，中新网，2013年7月12日，http：//www. chinanews. com/hr/2013/07－12/5035326. shtml。

② 《法国移民法案审议推迟至2014年将增避难法内容》，中国新闻网，2013年7月16日，http：//www. chinanews. com/hr/2013/07－16/5047848. shtml。

③ 韩曼曼：《法国连环枪击案不是极端个案，触及移民政策软肋》，《中国新闻周刊》，2012年，http：//www. chinanews. com/gj/2012/03－31/3790558. shtml。

后代。他们形成了固定的生活圈，容易排斥社会和被排斥。随着贫穷的加剧，社会治安恶化就成了本土法国人对这些穆斯林生活街区的印象，生活的绝望也使这些人对自己的法国人身份产生质疑。①

法国的族群融合困局的产生不仅源于种群居住的地区分布和主流社会对各个族群的态度，还源于法国的移民政策。法国实施的是强制同化政策，要求迁入移民融入法国社会、接受法国社会的价值观念。2011 年 4 月，法国实施了新法案，禁止穆斯林妇女在公共场所戴面纱，从此法国成为欧洲第一个正式实施这一新法律的国家，也同时引起许多穆斯林的不满。②

## （四）德国移民数量与就业增加

德国虽从未称自己为移民国家，但 2012 年的数据显示，德国共有 8200 万人口，其中迁入移民占总人口的 13%。根据 OECD 最新移民报告显示，2011 年迁入德国的外国人达到 84. 17 万，超过 2010 年数量的 23%。同一时期，迁入的外国人是 53. 88 万。在德国的外国移民则是 30. 29 万人，几乎是 2010 年的两倍，增幅远远超过其他任何一个工业国家。

德国移民数量上升的同时，移民的就业率则上涨了 5 个百分点。经合组织国际移民事务部的李必希（Thomas Liebig）分析认为，这与欧盟特别是德国修改相关立法有关。欧盟“蓝卡”政策的实施为劳务移民的迁入与就业起了很大的推动作用。不过统计数字也显示，来自希腊与西班牙的很多移民来到德国只做较短居留。只有 50% 的希腊移民和近 34% 的西班牙移民过去几年间在德国停留的时间长于一年。③ 居留时间短，主要是因为语言障碍。虽然德国在帮助移民提高德语水平方面做了工作，但这类型的努力与需求相比还是远远不够的。除了语言外，还有其他歧视性因素。通常情况下一位移民在德国就业要比德国本土人难许多。据统计，在德国，有土耳其移民背景的男性失业率比没有

---

① 韩曼曼：《法国连环枪击案不是极端个案，触及移民政策软肋》，《中国新闻周刊》，2012 年，http：//www. chinanews. com/gj/2012/03 －31/3790558. shtml。

② 《法国开始禁止在公共场所戴面纱，违者重罚》，人民网，2011 年 4 月 11 日，http：//world. people. com. cn/。

③ 《“蓝卡”政策推动移民德国人数增幅明显》，中国新闻网，2013 年 6 月 14 日。

移民背景的男性的失业率高出近两倍。[①] 经合组织公布的报告称，如果德国境内具有移民背景和没有移民背景的人在就业市场上能够被同等对待，国家财政收入可以增长0.3个百分点。仅高素质移民这个群体就能为德国贡献35亿欧元的财政收入。

2013年6月，在卢森堡的一个会议上，德国内政部长弗里德里希宣布，德国政府打算驱逐罗马尼亚人和保加利亚人，给出的原因是他们使德国的社会服务质量下降，被驱逐出境的人将不再允许进入德国境内。这一计划可能使德国掀起反对新移民的浪潮。

### （五）从非法移民船沉没事件看意大利移民问题

2013年10月3日，一艘载有500名非洲偷渡人员的船在意大利南部的兰佩杜萨岛水域沉没，截至10月8日，已有275人罹难。这些非法移民大多来自厄立特里亚。据生还者称，这500多名移民应该是寻求庇护者。兰佩杜萨岛政府难民中心先前设置的难民安置点计划可以安置250人，但目前超过1000人偷渡到此。这起非法移民船只的海难令意大利应对移民潮的压力剧增。根据法新社数据，2013年以来，大约有3万名移民到达意大利。[②]

每年都有数万名来自非洲和中东的移民试图穿过地中海到达欧洲，去寻求一种更好的生活，但这样的旅程却是充满危险。此次事故在以往意大利南部水域的偷渡沉船事故中，死难人数最多，但这并不是唯一一次高死难人数的非法移民船事故。2011年，同样一起乘船事故共造成300人失踪，只是绝大多数遇难者的遗体并未找到。[③] 意大利已经将迁入移民问题交予欧洲内政部部长会议和欧盟领导人峰会商讨。

意大利近期的迁入移民数量一直处于高水平。根据2011年的人口普查显示，大约有400万外籍人员居住于意大利，占意大利总人口的6.8%。2011年

---

① 《“蓝卡”政策推动移民德国人数增幅明显》，中国新闻网，2013年6月14日。

② 杨天沐：《一艘移民船意大利沉没》，《海口晚报》2013年10月8日。

③ “Italy Detains Suspected Boat Captain as Death Toll Hits 275,” *AP*, October 8, 2013, http://www.usatoday.com/story/news/world/2013/10/08/italy.

意大利批准居留的非欧盟国家公民就比上一年的批准数量（33.1 万）减少了44%。[1] 2012 年 8 月，意大利开始正式实施欧盟“蓝卡”计划。2012 年 7 月意大利开始实施欧盟雇主制裁法令，针对打击雇佣非欧盟成员国公民的非法移民雇主，引入了最低水平制裁条款以及大量更加严厉的制裁规定。

一位联合国官员认为，对非法移民的高压政策是导致这次事故的主要原因。联合国秘书长潘基文希望能通过这次事故，促进保护移民权利的行动，以及改善公众对非法移民的看法。[2]

## 四　俄罗斯清查非法移民行动与减少劳动移民配额

俄罗斯自 2009 年开始的“减少劳动移民配额”[3] 制，一直在实施。2013 年配额数量是 10.15 万个，比 2012 年缩减了近一半。[4] 此外，俄也加大了将非法移民驱逐出境的力度，今年上半年仅莫斯科一个城市就有 4000 多名非法移民被驱逐出境[5]。

据俄新社 8 月 12 日报道，俄罗斯警方在 8 个大区逮捕了 1000 多名非法务工者，其中包括 570 名在克拉斯诺达尔温室中工作的中国人，这些劳工将被处以 92 万卢布（17 万元人民币）的罚款，并被遣返回国。这非专门针对中国人的打击行动，此前一周，莫斯科警方一共逮捕了 1400 名来自越南、阿塞拜疆、叙利亚、摩洛哥、乌兹别克斯坦和埃及的非法移民。7 月 31 日，俄罗斯的司法机构关闭了莫斯科外围的一家非法服装加工厂，拘留了 1200 多名劳工，多

---

① OECD, *International Migration Outlook* 2013, p. 264. June 13, 2013, http://www.keepeek.com/Digital.

② 《意大利移民船沉没事件或致 300 人遇难》，中国新闻网，2013 年 10 月 4 日。

③ 随着俄罗斯针对独联体国家的劳动力市场自由化，从独联体国家迁入的移民到 2011 年增加 83%。有 1/3 持正规工作许可的劳务移民都是低技能工作者，差不多 44% 的是高技能人员，高层管理人员则是 4%。工作许可证是受整体配额决定的，从 2011 年开始，每年共有 175 万份，还有给签证国家的子配额（sub-quota），2012 年配给 46 万份，2013 年配给 41 万份。拥有特定技能和高层次行业工作者则不占配额。

④ 《2013 年莫斯科劳动移民配额将缩减一半》，俄罗斯新闻网，2012 年 8 月 16 日，http://rusnews.cn/eguoxinwen/eluosi_ shehui/20120816/43529794.html。

⑤ 领事司：《俄罗斯加大打击非法入境力度》，2013 年 1 月 5 日，http://cs.mfa.gov.cn/lsyj/t1003191.htm。

数是越南人。

7月27日，莫斯科的马特维耶夫斯基市场发生袭警事件，该事件引发了俄罗斯清查非法移民的大规模行动。8月初，俄罗斯通过了刑法第322条和刑事诉讼法第150、151条的修正案，加大对曾因组织非法移民被判刑，以及曾被驱逐出境、遣返并限制入境期限未满的外国公民再次非法入境的惩罚力度。① 俄将对类似向莫斯科运送非法移民的“蛇头”进行严判，最高可判处10年监禁。8月9日，莫斯科市、圣彼得堡市、莫斯科州和彼得格勒州等地根据此前普京签署的法律，加大了对超期滞留移民的罚款数额，由过去的5000卢布增至7000卢布。这实际上是俄罗斯最近针对在俄非法移民采取的系列清查行动之一。俄罗斯联邦移民局出台的新规则，对移民的年龄、工龄、教育程度、俄语水平等多个项目进行打分，低于中等教育水平的移民几乎不能过关。②

7月份，俄罗斯舆论研究中心的民调显示，35%的受访者认为国家面临的最现实威胁是外来移民，这一比例高于科教文化衰落（33%）、生态灾难（28%）、恐怖威胁（28%）、油气资源耗尽（25%）、人口下降（23%）和生活水平急降（22%）等。而2005年民调显示的最大威胁则是俄罗斯解体（34%）和内战（27%）。专家认为，这种认识的改变有很多原因，其中最重要的是周围外国人数量激增，从而导致压力和威胁感倍增。③

2012年6月，总统普京批准了由学者与官员公开讨论与合作达成的《2025年前俄国家移民政策构想》，该文件对俄国家移民政策的实施目标、原则、宗旨、主要方针和机制做出规定。文件指出，由于现有移民管理体制不完善，每年大约有300万~500万名外国公民在俄非法务工，非法移民因此也成为俄部分居民对外国移民产生消极态度的主要原因之一。该政策构想预计2025年前俄人口数量有望达到1.456亿，获得在俄永久居留权的移民涌入是

① 领事司：《俄罗斯加大打击非法入境力度》，2013年1月5日，http：//cs. mfa. gov. cn/lsyj/t1003191. htm。

② 该项新规则不适用于已在俄的非法移民。

③ 《俄罗斯加大清查非法移民力度》，《人民日报》2013年8月10日，http：//www. people. com. cn/24hour/n/2013/0810/。

俄人口数量提高的来源之一，今后俄人口的稳定增长需要引进俄经济发展优先需求工种的外国劳动移民。俄在清查非法移民的同时，更希望吸引更多高素质的移民来俄工作和投资。

据俄联邦移民局统计，2012 年初俄罗斯境内有约 920 万外国人，仅莫斯科州就有约 50 万非法移民在工作。俄罗斯的移民迁入流在 2011 年为 35.6 万，几乎是 2010 年的一倍，而迁出的移民只有 3.35 万人。迁入移民急剧增长的一个原因是由于俄罗斯统计局在 2011 年改变了统计方法。除传统方法算入的按居住地注册的移民外，新方法还加上了在某地注册 9 个月或以上时间的移民。当移民注册到期时，临时登记注册的居民就被算作是迁出移民。虽然统计的方法发生变化，但俄罗斯移民的总趋势仍保持为：从哈萨克斯坦与乌克兰迁入俄罗斯的移民人数下降，但其他中亚国家迁往俄境内的移民增加。大多数俄罗斯的国际迁徙都是短暂性的，短暂性的劳务移民流通常是永久性移民数量的 3 倍。

10 月 13 日，莫斯科发生上千人上街抗议并有骚乱发生，抗议是因一阿塞拜疆人杀害一俄罗斯青年后警察被认为处理不力而引起的。据报道说，凶手来自莫斯科一个移民集中地区，为一非法出租车司机，已在莫斯科生活了十年。这一事件引起当地民众对社会治安的不满，反移民情绪再度上升，纷纷要求政府严格执法，整治移民导致的治安问题。这一事件再次反映出俄罗斯移民问题之敏感。

## 五　作为移民输入国的中国：外籍人员与非法移民的管理

我国以 2010 年 11 月 1 日零时为标准时点进行了第六次全国人口普查。这次普查首次将居住在我国境内的港澳台居民和外籍人员纳入普查范围[①]，居住在我国的非大陆籍居民已超过 100 万人，其中外籍人员已近 60 万（见图 3）。

居住在我国境内并接受普查登记的港澳台地区居民 42.63 万人，外籍人员

① 《马建堂：认真总结人普经验　大力弘扬普查精神　为经济社会又好又快发展提供更加优质服务》，中国统计局网站，http://www.stats.gov.cn/tjdt/gjtjdt/t20110815_402747010.htm。

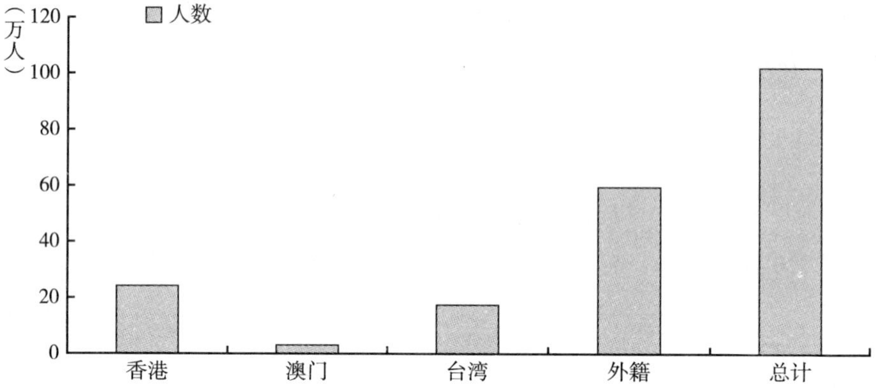


**图3　2011年居住我国并接受普查登记的非大陆籍人数**

资料来源：根据国家统计局数据整理。

59.38万人，合计102.01万人。上述人员中，男性60.58万人，女性41.43万人。上述人员中，居住时间三个月以下的10.38万人；居住时间三个月至半年的9万人；居住时间半年至一年的14.32万人；居住时间一年至两年的18.3万人；居住时间两年至五年的24.97万人；居住时间五年以上的25.04万人（见图4）。

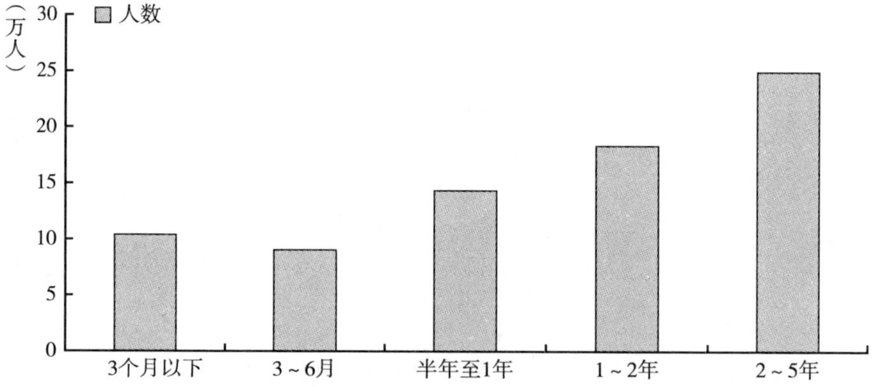


**图4　按居住时间统计的非大陆籍居民人数**

资料来源：根据国家统计局数据整理。

以商务为目的20.5万人；以就业为目的20.2万人；以学习为目的20.25万人；以定居为目的18.66万人；以探亲为目的10万人；其他目的12.4万人（见图5）。

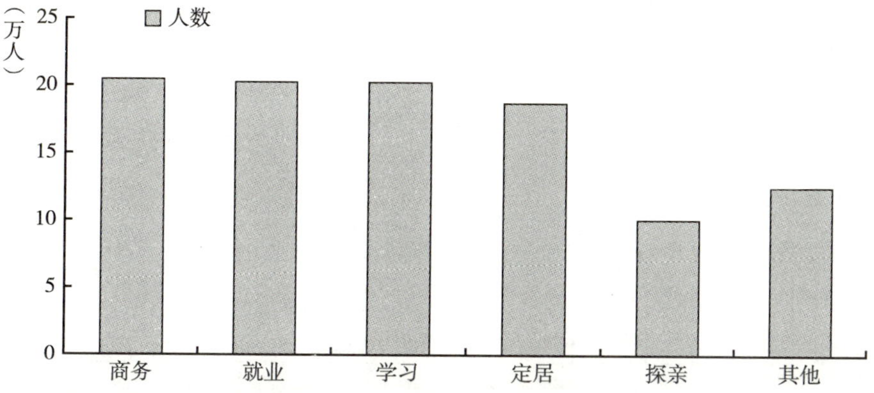


**图 5　按来大陆目的统计的非大陆籍居民人数**

资料来源：根据国家统计局数据整理。

按国籍分，在我国境内居住的外籍人员数量排在前十位的国家是：韩国 12.08 万人，美国 7.15 万人，日本 6.62 万人，缅甸 4 万人，越南 3.62 万人，加拿大 2 万人，法国 1.51 万人，印度 1.51 万人，德国 1.44 万人，澳大利亚 1.33 万人。在我国境内居住的其他国家人员 18.16 万人（见图 6）。①

从就业情况看，2000 年的在华就业外国人约 7.4 万，2011 年底增至 22 万人，主要为三资企业工作人员、教师、外企驻华机构代表。非法入境主要来自毗邻国家人员，非法就业的外籍人士则多以留学、访问为由入境。

近几十年中国国内普通劳动力市场供大于求，高级专业人才则相对紧缺，而且由于改革开放所取得的成就，北京望京的“韩国城”，广州出现的“巧克力城”等都反映出了在华生活居住的外籍人士数量在不断上升。外籍人士的非法入境问题、在华境内犯罪问题等，让中国开始面对外籍人士入境管理问题。

2009 年 7 月 15 日下午，广州的两名尼日利亚男子为躲避民警检查，一人从二楼跳下，头部着地受重伤，另一人击破玻璃向窗外爬，腹背受伤。在场的其他尼日利亚人聚集一起到警察局门前抗议。2012 年 6 月 19 日下午，同样是

① 上述人员指普查标准时点在我国境内居住三个月以上或能够确定将居住三个月以上的港澳台居民和外籍人员，但不包括出差、旅游等在境内短期停留的港澳台居民和外籍人员。“境内”指的是我国海关关境以内，不包含港澳台地区。

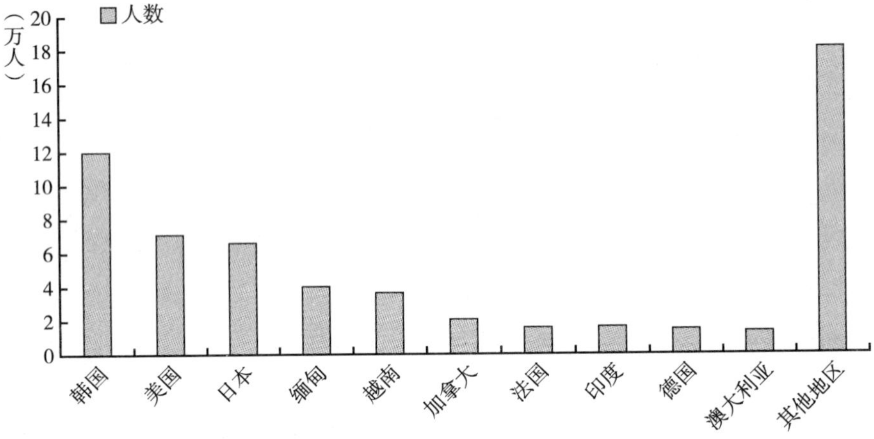


**图6　居住大陆的外籍人员国际构成**

资料来源：根据国家统计局数据整理。

广州园西路大批非洲裔人士围堵马路示威，据称原因是一名非洲裔男子18日搭车与车主因车费纠纷发生打斗，双方被警察带回警局调查，而该非洲裔男子昏迷后经抢救无效死亡。①

在中国居住的外国移民中，除了以正规合法途径来中国的移民之外，非正规移民占据的比重也较大。1995～2005年，中国共遣返“非法入境、非法居留、非法就业”的外国人达6.5万人次。据公安部的保守估计，目前在中国境内的外国非法移民已达到十几万人。② 据统计，共有一万名外国人非法居住在广东，他们大多数来自近东、东南亚和非洲地区。这部分移民大多数为较低层次的一般劳动力，大多数人试图通过非法务工谋生，但从事走私、贩毒、抢劫、卖淫、拐卖人口、诈骗等犯罪活动情况也逐渐增加。从这个方面看，可能会形成中国社会发展、族群融合关系的不稳定因素，也可能会影响中国与移民来源国之间的正常关系。③

① 《广州依法处置一起外籍人员聚集堵路事件》，人民网，2012年6月19日，http://society.people.com.cn/GB/18237907.html。

② 于志刚：《出入境刑事制裁的“假想敌”应调整》，《法制日报》2009年12月7日。

③ 洪鸣：《中国非法移民问题探析》，《中央民族大学学报》（哲学社会科学版）2010年第5期。

因为原籍国内部的冲突而导致的流离失所者流入中国境内，也不再是个新鲜话题（见图7）。因为缅甸国内的武装冲突，缅甸一万多人逃亡到中国云南寻求避难。[①] 相关消息从2012年开始就持续不断，这一部分寻求避难的缅甸人的处境，一直受到中国与相关国际组织的关注。云南盈江也准备了4个临时难民安置点，以防止军事冲突升级导致大量难民涌入。[②] 部分寻求庇护者迫于生计，开始在中国境内务工，从寻求庇护者成为非常规性经济劳务移民。中国对朝鲜“脱北者”处理方式也一直受到许多西方媒体的关注。产生于20世纪90年代中期的“脱北者”问题，在一些国际非政府组织和相关国家的操作下，已经逐渐演变成危及中国治安、影响中国与周边国家关系及中国国际形象的国际问题[③]。由于这些问题不单单涉及中国对这些寻求帮助者的援助，还面临着他们原籍国国内自身事务的复杂敏感领域，这些都给中国政府在确定其身份、援助以及相关遣返行为方面增加了难度。

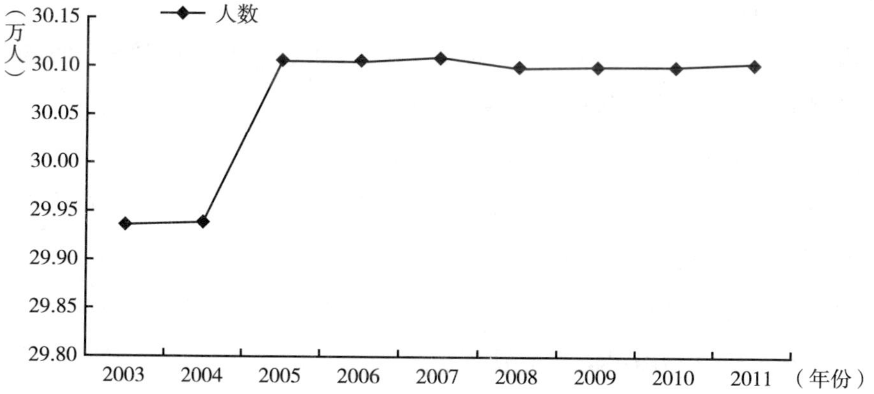


**图7　2003～2011年寻求中国庇护者的数量**

资料来源：根据世界银行数据整理。

---

① 《缅甸上万难民逃至中国，战事或引发人道主义危机》，人民网，2013年1月4日，http：//military. people. com. cn/n/2013/0104/c1011－20085036. html。

② 《云南盈江准备4个安置点防缅甸难民涌入》，人民网，2013年1月13日，http：//yn. people. com. cn/original/n/2013/0113/c229982－18012874. html。

③ 朴键一、李志斐：《朝鲜“脱北者”问题的国际化及其影响》，《现代国际关系》2012年第7期。

1986 年 12 月 3 日，国务院批准了全国人大常委会制定的《中国公民出入境管理法》和《外国人入境出境管理法》，国务院相继出台了与之配套的行政法规。[①] 法规的实施，对规范出入境秩序、方便人员往来、服务改革开放发挥了重要作用。

与难民相关问题，在中国面临多方面挑战，如法律、政治、经济、文化等。难民的认可与接收具有强区别性，且所需款项中认捐少。我国 1990 ~ 2005 年向难民事务高级专员署年均认捐约 34 万美元，约占认捐总额的 1%。[②] 但出台的这些法律对难民的规定笼统，具体操作实施，并非易事。难民申请条件、标准与程序、管理部门等都没有明确做出规定。2011 年 12 月，中国人民代表大会常务委员会审议公开的《出境入境管理法（草案）》终于破开僵局。其中第 45 条规定：难民地位申请者可以由公安机关签发的临时身份证明，在难民地位被确定前留在中国境内；一旦难民地位确定，可凭公安机关签发的难民身份证件居留中国。

2012 年 2 月至 3 月，全国人大派遣工作组分赴广东、海南、广西和北京就入境服务和管理问题调研。工作组发现，签证、就业等政策规定并不能很好适应中国目前形势，而且推进入境外国人信息管理系统建设迫在眉睫。北京市警方自 2012 年 5 月 15 日起，首次公开对非法入境、非法居留、非法就业的“三非”外籍人员进行清查。[③]

2012 年中国在移民政策立法方面有了实质性的进展。2012 年 6 月 30 日出台的《中华人民共和国出境入境管理法》规定，向中国政府寻求庇护的外国人，在向公安局取得身份证明之后，就可以合法居留。该法于 2013 年 7 月 1 日开始实施。[④] 该法区分了普通外国人与难民的区别。

---

① 细则参见中国人大网，http：//www.npc.gov.cn/huiyi/lfzt/crjglflfzt/2011 - 12/23/content_1682687.htm，中华人民共和国中央人民政府网，http：//www.gov.cn/banshi/2005 - 08/31/content_27719.htm。

② 刘国福：《中国未来绕不过难民议题》，《环球时报》2012 年 2 月 23 日。

③ 《中国政府缘何治理外国人“三非”?》，新华网，2012 年 5 月 15 日，http：//news.xinhuanet.com/world/2012 -05/15/c_111958596.htm。

④ 陈丽平：《〈中华人民共和国出境入境管理法〉将于 2013 年 7 月 1 日起实施》，中国边防警察网站，http：//www.chinagabf.com/Article/jd/68109.html。

2012年12月，中共中央组织部、人力资源和社会保障部、公安部等25个部门联合下发《外国人在中国永久居留享有相关待遇的办法》[①] 规定：除政治权利与法律规定不能享有的特定权利与义务外，持有外国人在中国永久居留证（中国“绿卡”）的外籍人员，在原则上与中国公民享受相同权利与义务。《办法》还针对就业、签证居留、通关、投资、职称、子女教育、社保、住房公积金、购房、办理金融业务、购物、旅行、驾照等方面，逐条细化了该“绿卡”所提供的具体国民待遇。《办法》的出台进一步完善了中国永久居留制度，建立了努力应对国际竞争的人才引进机制，为中国所需的外籍人才来华就业，提供了政策与法律保障。

## 结 语

2013年，移民迁入国希望通过各自的移民政策来控制非法移民的迁入数量，并同时吸收本国所需的高素质移民、技术移民或是投资移民。但2013年又是这些国家移民问题通过社会恶性事件凸显的一年。无论是造成恶性事件的犯罪嫌疑人背景，还是悲剧所造成的政治社会影响，都证明具有内部缺陷的移民政策注定难以成功。非法入境的移民会随着各国的入境管理与移民政策的加强而增多，且移民的融入问题更加严峻。融入问题的严重性不单反映于第一代移民的生活，而且因为融入问题造成的社会阶层分裂而直接作用于第二代与第三代移民。

跨国移民是项全球性的问题，仅靠一国之力、一届政府之举无法成功应对，必须加大与第三国家的合作力度，通过与第三国的政策疏导协调来控制非法移民数量，实施移民输出国与输入国双控、联合执法来对出境、入境进行管控。作为移民输出国，要充分利用各类国际组织在全球治理中发挥的卓越角色，例如国际移民组织、国际劳工组织，以及联合国难民署等。借助这些组织在处理与援助国际移民的经验与网络，对劳务移民、潜在的劳务移民进行出国

① 《外国人在中国永久居留享有相关待遇的办法出台》，新华社，2012年12月12日，http：//www. mps. gov. cn/n16/n1252/n1702/n2347/3444774. html。

前的培训，了解迁移目的地国的法律、风俗、文化，让其更好地融入当地社会；认识各自拥有的权利，以及掌握突发状况时自我保护的途径。

作为移民输入国不单要通过移民政策管制措施筛选所需类型的移民，还要对已经在国内生活的外来移民进行语言、法律制度方面的培训，加强对已获得本国国籍的外来移民的社会保护，平等公平地共享本国福利政策，化解社会融入之困。西方发达国家的移民政策不该被政治绑架，被打上深刻的种族主义烙印，而与国家自身所宣扬的自由平等理念相违背，不能让怀揣“梦想”的年轻人因为所在国违背国际准则与公益的外交政策而产生认同迷失，甚至是极端的报复行为。这些国家应该积极配合联合国的工作，化解地区争端与动乱，而非成为地区动乱的始作俑者。在地区、国家动乱而产生大量难民迁移时，各接收国要配合国际机构做好接收、救援疏导以及动乱结束后的遣返工作。

## 参考文献

《俄罗斯加大清查非法移民力度》，《人民日报》2013 年 8 月 10 日，http：//www. people. com. cn/24hour/n/2013/0810/c25408 – 22513122. html。

《俄罗斯黑工厂曝光 110 名中国工人被扣》，《环球时报》2013 年 5 月 22 日，http：//news. xinhuanet. com/2013 – 05/22/c_ 124744906. htm。

韩曼曼：《法国连环枪击案不是极端个案，触及移民政策软肋》，《中国新闻周刊》，2012 年，http：//www. chinanews. com/gj/2012/03 – 31/3790558. shtml。

刘斌、杨佳秋：《如何保护海外华人安全》，《南方周末》2012 年 9 月 21 日。

〔英〕罗斯玛丽·塞尔斯：《解析国际迁移和难民政策：冲突和延续》，黄晨熹等译，上海人民出版社，2011。

潘兴民、陈弘主编《转型时代的移民问题》，上海人民出版社，2010。

殷敏：《海外华人利益诉求的应急保护机制》，《国际商务研究》2012 年 1 月，第 33 卷第 1 期。

中国驻加纳使馆：《中国驻加纳使馆临时代办周游斌谈维护在加纳中国公民正当合法权益情况》，2013 年 6 月 8 日，http：//www. fmprc. gov. cn/mfa_ chn/。

庄巧祎：《波士顿爆炸案为美国移民改革再添变数》，《海外观察》第 56 期，2013 年 4 月 24 日，http：//news. sina. com. cn/w/gc/2013 – 04 – 24/162659. shtml。

《外国人在中国永久居留享有相关待遇的办法出台》，新华社，2012 年 12 月 12 日，http：//www. mps. gov. cn/n16/n1252/n1702/n2347/3444774. html。

Anne Speckhard, "Examining the Woolwich Murder of a British Soldier," *The Huffington Post*, May 25, 2013, http://www.huffingtonpost.co.uk/anne-speckhard/woolwich-attack.

Cahal Milmo and Nigel Morris, "Woolwich backlash: Ten attacks on mosques since murder of Drummer Lee Rigby," *The Independent*, May 23, 2013, http://www.independent.co.uk/news/uk/crime/woolwich.

Eurostat: *European social statistics* 2013 *Edition*, http://epp.eurostat.ec.europa.eu/portal/page/portal/product_ details/.

Eva Åkerman Börje, "Unlocking the Potential of Migration for Inclusive Development," *Migration Policy Practice*, Vol. III, No. 1, February-March, 2013.

Giuseppe Sciortino, "Towards a Political Sociology of Entry Policies: Conceptual Problems and Theoretical Proposals," *Journal of Ethnic and Migration Studies*, Vol. 26, No. 2, 2000. http://www.usatoday.com/story/news/world/2013/10/08/italy.

IOM: "France Facts and Figures," http://www.iom.int/cms/en/sites/iom/hom.

Lydia Morris, *Managing Migration: Civic Stratification and Migrants' Rights*, London: Routledge, 2002.

Marcelo M. Suárez-Orozco and Carola Suárez-Orozco, "Immigrant Kids, Adrift," *New York Times*, April 22, 2013, http://www.nytimes.com/2013/04/23/opinion.

OECD, *International Migration Outlook* 2013, June 13, 2013, http://www.keepeek.com/Digital.

Office for Nation Statistics: *Migration Statistics Quarterly Report*, *May* 2013, August 29, 2013, http://www.ons.gov.uk/ons/rel/migration1/migration-statistics-quarterly-report/may – 2013/.

Seung Min Kim and Jona Than Allen, "Nancy Pelosi Plans to Introduce Immigration Reform Bill," *Politico*, September 23, 2013. http://www.politico.com/story/2013/09/.

Stephen Castles, "The Factors That Make and Unmake Migration Policies," *International Migration Review*, Vol. 38, No. 3, Conceptual and Methodological Developments in the Study of International Migration, Fall, 2004.

UK Border Agency: *Statements of Changes in Immigration Rules*, http://www.ukba.homeoffice.gov.uk/.

UNHCR, *Asylum Trends* 2012: *Levels and Trends in Industrialized Countries*, March 8, 2013.

United Nations: *World Youth Report* 2013, January 17, 2013, http://unsdn.org/? tag = un-world – youth – report.

Vanessa Allen, Ben Spencer and Rob Cooper, "Is this retaliation for Lee Rigby's murder?" *Daily Mail*. June 5, 2013, http://www.dailymail.co.uk/news/.

# 国际组织

International Organizations

## Y.10

# 北约组织最新动向及面临的挑战

高　华*

**摘　要：**

在冷战结束后北约组织从军事联盟走向安全－政治联盟的总体背景下，2012～2013 年度，北约在确保成员国安全的同时，继续发挥自身的全球影响力。① 北约除了在传统安全领域继续实施阿富汗行动，部署导弹防御系统，调整军事指挥与军力结构，还在包括反恐、网络、能源等非传统安全领域应对新型安全挑战。与此同时，北约仍在继续拓展和深化与伙伴国的关系。值得注意的是，在叙利亚“化武袭击事件”一触即发的战争边缘，北约没有复制在科索沃、阿富汗和利比亚所采取的军事行动模式，明确表示不会参战。当前北约面临诸多挑战，首当其冲的

* 高华，中国社会科学院世界经济与政治研究所研究员，主要研究领域为国际关系、北约与国际安全。

① 目前，北约共有 11 万军事人员在（欧、亚、非）三大洲参与北约领导之下的行动。引自北约秘书长拉斯穆森《2012 年度工作报告》，“Hold the line on defence spending，Secretary General Urges，” 31 Jan，2013. http：//www. nato. int/cps/en/natolive/news_ 94266. htm。

是欧洲各国防务预算因经济危机受到极大挤压，削弱了北约的军事行动能力和政治凝聚力，并且会对北约未来发展产生致命影响。为此，北约领导人在任何场合都反复强调“灵巧防御”与“集中共享”的新理念。

**关键词：**

北约组织　安全-政治联盟　最新动向　面临挑战

## 一　2013 年北约主要活动概述

2013 年，北约为履行 2014 年撤军阿富汗的协议继续进行前期准备工作。为确保未来军事能力，北约继续部署导弹防御系统，调整军事指挥与军力结构。为了应对新的安全挑战，北约继续反恐、提升网络防御能力、注重能源安全、打击海盗活动，加强与伙伴国的关系。

### （一）为 2014 年撤军阿富汗过渡

目前，北约驻阿富汗国际安全援助部队共有约 10 万名士兵，其中美军士兵约 6.6 万人。2010 年 11 月召开的北约里斯本峰会，确立了大部分盟军作战部队将在 2014 年年底前撤离阿富汗，由阿富汗安全部队接管主要安全职责的目标。2012 年 5 月北约芝加哥峰会敲定了阿富汗安全防务移交路线图。同年 7 月法国驻阿部队正式撤军，率先拉开北约联军撤离阿富汗的序幕。

2013 年 3 月 4 日，北约秘书长拉斯穆森（Anders Fogh Rasmussen）访问阿富汗首都喀布尔。他在与阿富汗总统会谈后指出，北约及其盟国在 2014 年其国际安全援助任务完成之后将继续承担对阿富汗的责任，新的任务正在制定中。① 2013 年 3 月 30 日，北约军队履行协议，从阿富汗瓦尔达克省撤军，阿富汗安全部队接管该地区的全面防务工作。瓦尔达克省位于阿富汗中部，毗邻

① “In Kabul, NATO Secretary General relays message of Alliance commitment to Afghanistan,” 4 Mar. 2013, http://www.nato.int/cps/en/natolive/news_98900.htm.

首都喀布尔，战略位置十分重要。该省常年受到塔利班武装的袭扰。

2013 年 4 月 23 日，参与了国际安全援助任务的北约成员国及其伙伴国外长会议召开，讨论北约对阿富汗的长期援助问题取得了进展。一项新的任务在会议上得以通过成型，即在 2014 年后继续为阿富汗军队提供训练、咨询和援助，以帮助阿富汗国防军的维持、完善北约对阿富汗的长期承诺。2013 年 5 月 14 ~15 日，北约国防部长会议在布鲁塞尔召开。会议再次确认支持国际安全援助部队接下来 19 个月内执行任务的承诺，这对于北约在阿富汗任务的完成极为关键。

2013 年 6 月 18 日，拉斯穆森在阿富汗首都喀布尔参加官方庆典。阿富汗总统哈米德・卡尔扎伊宣布最后一批阿富汗省份、城市和地区将在未来几个月里实现过渡，这标志着阿富汗安全部队将完全接手整个国家的安全事务，而北约领导的国际安全援助部队逐渐转为支持性角色。拉斯穆森在 10 月 10 日的月度新闻发布会上，赞扬国际安全援助部队做出了巨大的努力，以帮助阿富汗建设自己的安全部队，并保护北约免受恐怖主义袭击。①

### （二）部署升级导弹防御系统，提升军事指挥能力

土耳其是北约成员国。由于北约东南部边界临近地区的局势紧张和土耳其领土屡次受到侵犯，土耳其政府于 2012 年下半年向北约盟国请求提供援助。同年 12 月 4 日，北约外长会议同意向土耳其部署爱国者导弹，以协助保护土耳其民众和领土安全，并缓和联盟东南部边界邻近地区的危机状态。

2013 年 2 月 16 日，北约宣布部署在土耳其的六组爱国者导弹中的最后一组，即被部署在加济安泰普外的发射架，已经可以在北约指挥与控制系统下运行。此前已经部署的两组爱国者导弹分别位于土耳其城市亚达那和卡赫拉曼马拉什。② 2013 年 3 月 12 日，在法国比斯卡洛斯发射场，欧洲第一个弹道导弹拦截系统在一场实弹测试中成功阻截并摧毁了战区导弹目标，证明该系统达到

---

① "NATO Secretary highlights progress in Afghanistan," 10 Oct. 2013, http: //www. nato. int/cps/en/natolive/ news_ 103880. htm.

② "All NATO Patriot batteries in Turkey operational," 16 Feb. 2013, http: //www. nato. int/cps/en/natolive/news_ 98494. htm.

了北约协作标准，能够与北约临时战区弹道导弹指挥与控制系统协同运作。

此外，为实现“北约军事力量2020”的目标，北约采取新的措施提升其军事指挥能力。2013 年 6 月 20 日，北约信息联络局（the NATO Communications and Information Agency）与泰勒斯 - 雷声系统（Thales Raytheon Systems）公司签订了一项价值 1.36 亿欧元的合同，以对北约现有的战区导弹防御系统的指挥和控制能力进行大幅升级。通过为北约空军指挥和控制系统增添新功能，这一升级将加强北约国家的侦察和反应能力、有效防御中短距弹道导弹的威胁。

2013 年 1 月 16 ~17 日，北约防长军事委员会会议提出了北约指挥与军力结构的远景设计。[①] 这一远景规定，北约指挥与军力结构必须是具备效能和协作性的，也必须能够与伙伴国共同行动、以应对广泛的未来挑战。

2013 年 3 ~8 月，北约进行了一系列军事任职调整：宣布菲利普·布里德洛夫为新的驻欧洲盟军最高司令；空军中将克里斯托弗·哈珀就任北约国际军事参谋部主任；美国将军弗兰克·格伦科为北约新任空军司令。

### （三）在反恐、网络、能源、海事领域发挥作用

面对形形色色的各种威胁，北约继续关注并采取有效措施应对反恐、能源、网络及打击海盗等领域的新型安全挑战。

2013 年 2 月 1 日，拉斯穆森秘书长强烈谴责当天针对美国驻土耳其大使馆的炸弹袭击。[②] 2013 年 4 月 24 ~25 日，反恐博览会在伦敦举行期间，北约组织了两次特别研讨会，使来自各国政府、武装力量、安保部门、执法部门与学术机构的专家们共聚一堂，以分享经验、讨论战略、形成政策、确定反恐措施，为北约部队的现实需要及未来发展提供帮助。2013 年 9 月 27 日，北约还与俄罗斯举行了名为“空域警戒 2013（Vigilant Skies 2013）”的联合反恐演习。目标在于领空安全合作，特别是实时监控与空中交通协调领域的合作。

随着对网络安全问题关注度的上升，北约不断加强网络安全意识和网络建

---

① “NATO Chiefs of Defence bring transformation to the forefront,” 16 Jan, 2013 - 17Jan, 2013. http://www.nato.int/cps/en/natolive/news_94089.htm.

② “Statement by the NATO Secretary General on the bomb attack on the US Embassy in Turkey,” 1 Feb. 2013, http://www.nato.int/cps/en/natolive/news_94415.htm.

设能力。2013 年 3 月 14 日，“多国网络防御能力发展项目”在比利时布鲁塞尔举行启动仪式。该项目由加拿大、丹麦、荷兰、挪威和罗马尼亚五个北约国家投资创建，在北约信息交通局支持下，用以促进北约及成员国网络防御能力发展、改善网络恢复能力。根据协议，各国将分享信息技术与情报、共同开发网络防御技术与基础设施。其他北约国家也可以陆续加入。

2013 年 6 月 4 ~ 5 日，北约 28 国国防部长在布鲁塞尔召开会议，专门讨论网络安全问题，同意加强北约网络防御能力建设。经协商一致通过，北约网络防御能力到今年秋季应达到完全运行的要求①，防御范围应扩展到北约各国拥有及运行的所有网络。这一能力包括建设快速反应小组以保护北约的网络系统。各国防长还进一步商定，10 月份将继续讨论北约如何帮助因受到网络袭击而急需救援的盟国。② 2013 年 9 月 17 ~ 19 日，北约举行了 2013 年信息安全会议，会议主题为“云计算时代北约面临的威胁和安全问题”。③

在能源安全领域，2012 年底组建的北约“巧能源”小组（NATO's Smart Energy Team），于 2013 年 2 月 19 ~ 21 日开始其首次实地调查。来自 8 个国家的专家访问了蒙特利尔附近的加拿大国防研究与发展能源营地，研究在寒冷气候下军事能源效能问题。2013 年 5 月 22 ~ 23 日，北约与伙伴国在阿塞拜疆首都巴库讨论能源安全面临的风险问题。该会议由阿塞拜疆外交学院及外交部、美国国务院、北约共同组织。会议议题包括里海地区在欧洲能源安全中的地位，恐怖主义及其对能源基础设施安全的影响，能源基础设施的网络风险以及能源安全面临的海上挑战。在斯洛伐克举行的北约演习“能效后勤 2013”设立了一个“巧能源”展示营地，为 500 多位访客展出了军队部署所需的能效设备和物资，通过这种方式呈现了北约燃油供应相关的安全问题、军用能源工

① “北约计算机事件响应能力”项目是 2013 年秋季完善北约网络防御能力的主要内容之一。“北约计算机事件响应能力”（NATO Computer Incident Response Capability，CIRC）是北约的一个网络防御机构，其任务是增强北约组织发现、评估、阻止、防御网络攻击并在遭受攻击后迅速恢复系统功能的能力。该项目完成后，北约所有的网络系统将得到集中保护。

② “Defence Ministers make progress on cyber protection,” 4 June. 2013，http：//www. nato. int/cps/en/natolive/news_ 101143. htm.

③ “NATO Information Assurance Symposium 2013，” 9 Sep. 2013，http：//www. ncia. nato. int/news/Pages/130909 – NIAS2013. aspx.

程和未来能效概念。北约在阿富汗执行任务期间燃油输送经常遭受袭击，并导致人员伤亡，这正是“巧能源”行动发展的重要背景。

2013 年 9 月 6 日，北约能源安全卓越中心（NATO Energy Security Centre of Excellence）在立陶宛首都维尔纽斯举行落成剪彩仪式，拉斯穆森亲赴现场主持。该中心主要致力于为北约及其盟国提供廉价有效的能源方案的评估、建议和投标，以支持其军事需求。此外，中心活动还包括与能源安全相关的各项教育培训，负责演习的实施及科学、技术和学术分析。

北约与伙伴国共同致力于海事安全的联合演练一直十分活跃。自 2008 年以来，北约“海洋盾牌”行动为国际社会在亚丁湾和“非洲之角”海域打击海盗的努力做出了贡献，确保了对索马里的人道主义援助运输路线畅通，有助于增进苏伊士运河这一全球最繁忙海上航道的安全。得益于国际社会的集体努力，该地区的海盗袭击次数在 2012 年降至历史新低。

2013 年 2 月 26 日，北约与俄罗斯海军在亚丁湾举行联合反海盗演习。演习部队包括来自北约旗舰“ITS SAN MARCO”的意大利海军以及俄罗斯军舰“SEVEROMORSK”的进攻部队。该演习是北约与俄罗斯近期海上会议成果的一部分，代表了双方在印度洋反海盗行动中发展协同作战的重要一步。2013 年 7 月 29 日，北约反海盗海洋护航行动的组成部分、荷兰护卫舰“HNLMS Van Speijk”与塞舌尔海岸警卫队一起实施了一场集中于搜寻及营救行动的海上演习。该演习的目标是在海岸警卫队与巡航印度洋的北约战舰之间建立更紧密的协调合作。2013 年 10 月 10 日，乌克兰护卫舰“HETMAN SAGAIYDACHNIY”加入北约的海洋护航行动，这是首次有伙伴国参与北约的反海盗努力。

### （四）拓展伙伴关系

当前，为了应对复杂和难以预测的全球风险和威胁，只有通过合作努力才能确保安全。根据 2010 年版《联盟战略概念》确定的推进“合作安全”的承诺，北约继续在全球范围内寻求扩展其伙伴关系，并深化与能完成联盟根本任务做出实质性贡献的现有伙伴的关系。

2013 年 2 月 6 ~ 7 日，来自部分北约伙伴国教育培训中心的代表在北约总部聚会，在伙伴国年度展示会上分享观点、拓展关系网络。这是北约用以加强与伙伴国网络关系的重要活动，同时也为伙伴国自我展示提供机会。

2013 年 3 月 4 ~7 日，一批来自亚太地区的高级安全专家、智库和决策者参加了旨在促进亚太与北约的对话并探索未来合作机会的研究访问。这次访问由北约公共外交部门组织，被列入了北约加深与伙伴国关系并加强与亚洲各国对话的工作框架内。访问包括了一系列参观与会议，各国访客参与讨论了包括国防预算、阿富汗与地区安全、海上安全等诸多议题。[①] 此后，拉斯穆森还与日本首相安倍晋三签署共同政治宣言，为北约 - 日本关系提供了进一步发展的框架。2013 年 7 月 1 日，北约代表团在东京与日本政府高级代表及专家就应对不断变化的全球安全挑战进行讨论，包括网络防御、反恐、反扩散等合作议题。此次讨论是为了扩展 4 月 15 日北约 - 日本共同政治宣言的合作承诺。

2013 年 7 月 11 日，第三届欧洲 - 大西洋伙伴日（Euro-Atlantic Partnership Day）在基辅举行，本次活动由乌克兰外交学院主办。活动强调了当今安全环境下，各国间（以及与国际组织间）对话与合作的重要性，也强调了北约及其伙伴国之间合作的互利性。各国政府官员、媒体及非政府组织的代表、独立专家、北约官员参加了讨论。

北约与国际组织的合作也在稳步推进。2012 年，北约与联合国加强了高层接触。2013 年 9 月 23 ~24 日，拉斯穆森秘书长到纽约参加联合国全体大会。他在“联合国 - 北约联合宣言”发布五周年纪念日之际，会见联合国秘书长潘基文，共同讨论了联合国与北约现有合作项目及未来发展。此外，他还会见了部分国家领导人和高官，如乌克兰总统、俄罗斯外长，并就双边伙伴关系及合作事务进行了深入讨论。[②]

## 二　2013 年北约重点事态分析

北约在 2013 年看似没有什么引人注目的活动，但恰恰是这种表面“沉

① “Visit of senior think tankers and policy makers from the Asia-Pacific region,” 4 Mar. 2013 - 07 Mar. 2013, http://www.nato.int/cps/en/natolive/news_ 99050.htm.

② “NATO Secretary General joins world leaders in New York for UN General Assembly,” 24 Sep. 2013 - 27 Sep. 2013, http://www.nato.int/cps/en/natolive/news_ 103381.htm.

寂”的背后，酝酿着新一轮的战略调整。尤其是在叙利亚“化武袭击事件”一触即发的战争边缘，北约没有复制在科索沃、阿富汗和利比亚所采取的军事行动模式，明确表示不会参战，指出“最终出路还是政治方案”，显露出与以往截然不同的态度。

## （一）秘书长工作报告解读

2013 年 1 月 31 日，北约秘书长拉斯穆森发表了《2012 年度工作报告》。[①] 报告首先就 2012 年北约防务投入、对外干预行动、军事能力建设和伙伴关系拓展等方面进行了回顾总结，并阐述了北约未来发展建设重点。报告首先呼吁北约欧洲成员国加大军费投入，以缩小美欧军事差距，提振欧洲军工企业活力，保持北约军事优势。其次，报告评估认为阿富汗防务移交工作进展顺利。报告还就北约未来军事能力建设重点做出规划，强调加快轻型化部队和后勤保障体系建设，落实“巧防务”构想，使导弹防御系统具备中期作战能力等。此外，报告强调继续保持和加强伙伴关系合作，推动波黑和格鲁吉亚等国入约进程，加强全球伙伴合作，重点发展与俄罗斯合作。

这一承上启下的工作报告中，凸显为确保北约未来军事能力，防务问题是北约当前“重中之重”的理念。拉斯穆森指出，“国防预算在下降，而现代化能力的费用在上升，这是一种我们已有和我们需要之间的不平衡”。2012 年北约芝加哥峰会设定了实现“北约军事力量 2020”的目标，即建立一支更有能力、更兼容、更互补的部队。尽管经历了最近几年的经济危机，北约仍然是世界上最重要的军事力量。北约国家的国防开支继续占全球总额的一半以上。然而，北约各成员国防务开支状况越来越不均衡，这不仅体现在北美和欧洲之间，而且体现在欧洲盟国之间。此外，最近几年来，联盟的防务开支总额一直在下降，而新兴大国的国防开支却一直在上升。如果这一趋势继续下去，北约将面临欧洲内部日益扩大的差距、不断增长的跨大西洋差距、与新兴大国在国际舞台上施加影响力的差距三方面的严重差距。在未来几年里，这些差距将使

① “Hold the line on defence spending, Secretary General Urges,” 31 Jan. 2013, http://www.nato.int/cps/en/natolive/news_ 94266. htm.

北约的军事能力和政治信誉面临风险。如果在过长的时间里，过度削减防务开支，可能会使北约的经济环境进一步恶化。过度削减防务开支不仅会削减北约的军事力量，而且会削弱作为推动创新、出口和就业重要动力的国防工业。它还将最终形成一种导致军事力量越来越弱、越来越低效的危险的“下行旋涡”，特别是在欧洲。

因此，为了确保成员国安全并保持北约的全球影响力，硬实力仍然是必不可少的。这就是为什么拉斯穆森秘书长特别强调指出的“北约成员国必须守住 2013 年防务开支的底线。一旦经济有所改善，就应当考虑增加防务开支以缩小差距。在经济紧缩的背景下，要达成‘北约军事力量 2020’目标的唯一办法是联盟在花钱时‘更为巧妙’。这是指提升经费开支的效率，包括加强多国合作，同时将钱花到更能产生效果的地方，包括确保各成员国军队协同开展行动的能力”。①

### （二）深化“全球伙伴关系”

2001 年“9·11”事件之后，美国的全球战略目标双重化，既要反恐防扩散，又要遏制其他大国，这就造成了美国的全球战略资源耗散。2003 年伊拉克战争以来，美国更是明显地感觉到自己的全球行动资源严重不足。在后来的伊核与朝核问题上，美国事实上都受到了行动能力有限的制约。因此，美国需要更多的能够行动一致的全球合作伙伴。美国看到，以自己为核心的北约还可以在这方面发挥作用，所以一再推动北约实施“全球伙伴关系”计划。早在 2006 年召开的北约里加峰会上，小布什总统正式建议北约与日本、韩国、澳大利亚、新西兰、瑞典和芬兰等“具有共同价值观和安全利益”的国家建立“全球伙伴关系”。其实质内容是，北约可以与这些国家进行联合军事训练、演习、共同讨论防御计划，目的在于“分享北约的价值观，共同为和平而努力”。

2012 年 5 月，在北约芝加哥峰会上，日本、韩国、澳大利亚和新西兰等

① “Hold the line on defence spending, Secretary General Urges,” 31 Jan. 2013. http://www.nato.int/cps/en/natolive/news_94266.htm.

13个北约伙伴国，因为在阿富汗安全保卫上做出的贡献被称呼为“芝加哥伙伴”，并首次应邀出席北约峰会。尤其是日本、韩国、澳大利亚和新西兰这四个亚太国家出现在受邀的伙伴国名单上，格外引人关注。韩国和日本虽然不是北约成员，但是一直与北约保持密切的合作关系，是北约在全球范围内积极发展伙伴关系的东亚地区重点国家。目前，欧洲和大西洋地区的安保环境与冷战时期相比已经有了翻天覆地的变化，相比之下，远东和太平洋地区安全形势却依然严峻。正是在此背景下，2013年北约与亚洲重要的“全球伙伴关系国”日本和韩国频繁互动。

2013年4月11～13日，北约秘书长拉斯穆森选择在朝鲜半岛局势一触即发的紧张敏感时刻，首次对韩国进行访问，表示北约支持朝鲜半岛实现和平与稳定。双方讨论了加强伙伴关系与合作，包括反恐、网络安全、海上安全、防止大规模杀伤性武器扩散、救灾等领域的问题，还就朝鲜问题及朝鲜半岛局势交换了意见。拉斯穆森针对朝鲜的核武器开发、“威胁”言论和“挑衅”行为，严厉警告并向朝鲜传达了“强硬信息”，表明了“如果美国受到朝鲜攻击，将视为对北约所有盟国的攻击，北约将行使集体自卫权”的立场。

早在2013年1月，日本首相安倍晋三就致函北约秘书长拉斯穆森状告中国，要求北约联手应对中国“海洋崛起”。同年4月13～16日，拉斯穆森访问日本，与安倍晋三首相举行会谈，针对“亚洲太平洋和欧洲大西洋两个地区，在政治和安全保障问题上相互影响制约”的观点，加紧对安全保障问题的探讨并确认今后合作的方向。双方同意对网络黑客攻击的应对对策、反恐政策、防止大量杀伤性武器扩散以及防止海盗劫掠的海上安全保障等问题进行探讨和合作，并定期展开高水平的政治对话。会谈后，双方首次签署了日本与北约“共同政治宣言”，提升了安全合作的级别。日本驻比利时大使今后将成为“日本常驻北约代表”①。

北约秘书长此次访日意义深远。安倍首相第一次执政期间，曾于2007年1月访问过比利时布鲁塞尔的北约总部，并且以“二战后出生的首位首相”身份，发表了题为《日本与北约朝着进一步合作的方向迈进》的演说，给北约

① 这是安倍晋三首相2014年的构想。

方面留下了深刻印象。日本防卫大学名誉教授佐濑昌盛指出，北约秘书长此次访日双方发表的“共同政治宣言”，赞扬日本与北约拥有“共同的价值观”，实际上是6年前安倍访问北约总部发表演说的精华之所在。此外，宣言中最引人注目的是提到要发展日本与北约之间“以网络防卫”为首的“更进一步的对话与合作”。日本欲借北约力量加强自身安保，北约最关心的将是盟国及伙伴国家的安保问题。①

美国学者丽贝卡·摩尔认为，北约应该尝试着“提高与非成员国之间关系的实用性姿态”，例如澳大利亚和日本。北约现在期望所有伙伴国不只是简单地消费其提供的援助，而是担当安全的提供者。北约将注意力集中于安全的提供者身上，这使其开始在欧洲以外地区寻找伙伴国，这些伙伴国在地理上、政治上占据了有利地位，可以帮助北约应对全球威胁。因此，对“全球伙伴”的关注，总体上反映了建立伙伴关系与安全的方法，更少地理因素的考虑，更多功能因素的考虑。②

中国学者高华的观点是，在北约与韩国、日本、澳大利亚、新西兰、伊拉克、巴基斯坦、阿富汗和蒙古建立“全球伙伴关系”后，北约秘书长访问韩国和日本，提升双边安全合作的级别，是北约与全球伙伴关系互动的新形态。这是北约向全球推进的新尝试，很容易让人联想到几年前热炒的美国主导的“亚洲版北约”。北约欲打造全球安全中心，与美国重返亚太有着某种程度的不谋而合。③ 美国重返亚太对北约来说，是其在世界新兴地区安全局势中发挥建设性作用的重大机遇。美国把自己在亚太地区的盟国日本、韩国、澳大利亚等纳入到北约的合作伙伴中，可以将大西洋、太平洋两大方向上能够调动的战略行动资源，纳入同一个多边军事条约体系，以便在应对世界各地的战略危机时，依托这个全球性的军事联盟体系来指挥更多的力量，更快地部署行动。

针对日本欲与欧洲合作研发武器凸显其与北约接近的趋势，俄罗斯媒体早

---

① 佐濑昌盛：《有朋自“大西洋同盟”来》，〔日〕《产经新闻》2013年4月22日。

② Gülnur Aybet and Rebecca R. Moore ed, *NATO in Search of A Vision*, Georgetown University Press, Washington, D. C., 2010. pp. 226 - 229.

③ 参见《环球时报》驻日本特约记者孙秀萍、记者王渠《日本北约罕见发“共同宣言”》，《环球时报》2013年4月16日。

就指出，“日本与北约的接近和密集合作，将推动北约更深地向亚太地区渗透。届时，距离实现不仅有日韩，还有澳大利亚乃至菲律宾参与的全球反导系统的构想就不远了。”①

## （三）对美国欲动武叙利亚说“不”

自2011年以来，中东地区政局动荡不止。在此背景下，叙利亚暴力冲突日益升级，内战愈演愈烈。2013年8月28日，美国认定叙利亚8月21日发生了“化武袭击事件”，准备对其实施军事打击。对此，北约明确表示不会参战，即反对“在北约框架下实施军事行动”。

北约秘书长拉斯穆森于9月2日说，考虑到化学武器的特殊性，国际社会应该对叙利亚使用化学武器予以坚决回应，如果袖手旁观，将传递出“一个非常危险的信号”。但是，北约不会参与军事行动，北约各成员国可以单独决定采取何种行动。拉斯穆森认为，如果采取军事行动，那么这一军事行动将是“短暂、慎重和定向的”，不需要动用北约的指挥和控制系统。长期持续的军事行动并不能解决叙利亚危机，最终出路还是政治方案。拉斯穆森指出，北约的重点是保护成员国土耳其的安全。假如土耳其遭到叙利亚攻击，北约原则上将根据集体防御条款展开磋商，决定如何应对。

众所周知，作为一个军事组织，北约介入了冷战结束后的四场域外战争：科索沃战争、阿富汗战争、伊拉克战争和利比亚战争。而这次当美国决定对叙利亚动武时，北约却一反常态做出了拒绝参战的决定，令人刮目相看。应当说，北约拒绝参战是由下列几大因素所决定。

### 1. 在叙利亚无法复制“利比亚模式”

首先，亚欧非大陆交界的地理位置，赋予了叙利亚十分独特的地缘战略地位。叙利亚面积虽小但处在中东的核心区域。周边邻国个个都是非常敏感的国家；中东地区的几个重大热点问题，都与叙利亚息息相关。军事干预将引发的“地震”会使整个中东地区陷入战火。其次，叙利亚的军事力量不容小觑，战争成本高昂。再次，叙利亚是俄罗斯的传统盟友和战略缓冲，塔尔图斯港是俄

① 《日本迈向北约之路》，俄罗斯之声电台网站，2011年12月27日。

罗斯的海军基地，打击叙利亚就是与俄罗斯交恶。

**2. 经济危机使欧洲各国削减防务开支**

冷战末期，欧洲人还承担着北约军事开支的34%，如今这一比例仅为25%。2010年以来，以危机震源国希腊为首的欧洲各国纷纷强化财政紧缩政策，几乎所有欧洲的北约成员国都在国防领域削减开支。诸如英国等大国计划削减最多8%的开支，而保加利亚或立陶宛等中小国家计划的减幅则达到10%~30%。一些欧洲国家甚至整个砍掉了部队中的某些编制。大多数国家早就抛弃了军事支出至少达到本国GDP2%的承诺，军费预算正朝着跌破1%的方向前进。除了没有军队的冰岛以外，北约25个欧洲成员国中，2012年仅有英国、法国、希腊和阿尔巴尼亚4个国家达到国防费占GDP比例超过2%的目标。拉斯穆森秘书长撰文指出："我观察到两条不均衡之处。美国和欧洲盟友之间的不均衡最近10年越来越严重。但是同样危险的是欧洲内部防务投入最强劲国家和其他国家之间的不均衡。两个数字可作证明。美国现在占所有北约盟国防务开支的近72%。包括法国在内的两个欧洲国家则占欧洲盟国开支的41%"①。虽然欧洲的军队数量比美国多，但"欧洲的防务能力令人遗憾。每年花费2000亿欧元购买和维护过时的国家武器系统，只有美国支出的40%。"② 军费开支的下降和军事手段的减少，使得北约参与实施军事打击的可能性也相应地受到限制。

**3. 几场战争的"前车之鉴"**

1999年的科索沃战争被欧洲人看作是"特例"，在弄巧成拙的2003年伊拉克战争及2001年的阿富汗战争无休止的"军事折磨"之后，北约成员国早已感到疲惫和厌倦，动用武力的条件反射式的冲动已经开始衰落。2011年利比亚战争中，虽然法国取代美国充当先锋，但是欧洲的北约国家军事行动力不胜任，最终还是依靠美国的军事援助取胜。

此外，北约还要顾及自己"声誉"和寻求"合法性"，获得联合国安理会的授权，否则名不正则言不顺。对叙利亚动武必然要有个旗号，而俄罗斯

① 安诺斯·福格·拉斯穆森：《法国应在北约扮演先锋角色》，〔法〕《世界报》2013年6月5日。

② 布鲁克斯·蒂格纳：《应对"们"一词》，〔英〕《简氏防务周刊》2013年2月25日。

和中国在联合国安理会内反对军事打击叙利亚的强硬立场，使得美国和法国很难获得联合国授权复制“利比亚模式”。早在2011年，当被问到北约是否有可能提议在叙利亚设立禁飞区时，拉斯穆森秘书长接受采访回答：“这种可能性被完全排除了。我们根本没有干涉叙利亚的打算。”他说，叙利亚的情况与利比亚不同。“首先，我们之所以承担了利比亚行动的责任，是因为联合国有明确的授权，因为我们得到了该地区其他强国家强有力且积极的支持。”① 可见，军事干涉行动“师出有名”更容易获得相关各方的支持，成本也会因此降低。

北约通过武力干预介入的多场域外战争，给多个国家和地区的人民造成了沉重灾难；对北约自身也带来了劳民伤财的巨大损失。此举不仅遭到联合国安理会常任理事国中国和俄罗斯的强烈反对，而且备受世界人民和各国舆论的严厉谴责。如果再一意孤行，重蹈覆辙，只能是逆历史潮流、继续背负骂名。因此，北约领导人多少认识到了当今和平与发展是大势所趋，强调安全只能通过国际合作来实现，指出“最终出路还是政治方案”。

2012年2月，由北约国际军参部主任博内曼中将率领的北约军事代表团首次访华，与国防部外事办主任钱利华就中国军队现代化建设、北约新战略概念执行情况、亚太及中东地区安全形势、双方未来在非传统安全领域合作等问题进行了政策对话。

钱利华代表中国方面希望北约尤其是在欧洲以外的地区采取军事行动时，不要误读误解联合国决议，要充分考虑其他国家和地区的多样性。武力干涉不会赢得一个国家的民心，也不会赢得世界人民的支持。北约对科索沃、阿富汗和利比亚所采取的军事行动都不可复制。希望北约成为一个真正的集体防御组织，而不是在域外扮演军事进攻的角色。② 钱利华指出，如果双方今后要继续合作，那么北约必须考虑自己的定位，避免滥用武力。将来北约和中国之间，采取什么样的军事合作有待双方对各自立场的理解和研判，再决定我们在哪些

---

① 法新社的黎波里2011年10月31日电。

② 引自国防部外事办主任钱利华与北约军事代表团博内曼中将的政策对话，见《北约加强与中方合作很必要》（记者周峰），http：//news. mod. gov. cn/diplomacy/2012－02/15/content_4345352. htm。

领域，特别是非传统安全领域采取什么样的合作方式。① 博内曼将军在谈到北约对外采取军事行动的问题时说，北约是一个政治组织，对外采取军事行动要同时具备三个条件：一是必须有联合国安理会授权，遵循联合国决议，并接到当事方的请求；二是北约 28 个成员国协商一致；三是要得到当事国周边国家或地区组织的支持。②

由此看来，在这次由叙利亚“化武袭击事件”引爆的战争危机中，北约对美国欲实施军事打击说“不”，是履行了自己的“承诺”。

## 三 北约面临的挑战

### （一）金融危机和欧债危机成为北约的不稳定因素

欧洲曾经是一支军事力量，事实上是多只军事力量。美国期待欧洲伙伴今后在北约中承担起更多的政治和军事责任。但是金融危机使欧洲去军事化，目前欧洲人将注意力主要集中在克服欧元危机上。一些欧洲国家实际上是在裁军，欧洲正在变成“没有军队的大陆”。③

如按国内生产总值计算，除美国外的其他北约成员国的财富总额超过美国。但这些国家的防务开支加起来还不到美国的一半。而且在 2001 年美国遭遇“9·11”恐怖袭击后的 10 年里，其他北约成员国防务开支的年度增长额大幅减少。2008 年以来，美国之外的其他北约成员国防务开支逐年降低。美国副总统拜登公开指责欧盟国家削减军事开支，其中包括维持北约运转的开支，称“此举令人无法接受”。美国国内政策的主要目标是节省开支，削减巨额国债。在此情况下，美国人自然会向盟友发问：既然我们大家在北约内部权

① 引自国防部外事办主任钱利华与北约军事代表团博内曼中将的政策对话，见中国军网，http://chn.chinamil.com.cn/jwjj/2012-02/14/content_4790604.htm。

② 引自国防部外事办主任钱利华与北约军事代表团博内曼中将的政策对话，见《北约加强与中方合作很必要》（记者周峰），http://news.mod.gov.cn/diplomacy/2012-02/15/content_4345352.htm。

③ 美国凯托学会资深研究员、曾任里根总统特别助理的道格·班多：《没有军队的大陆》，〔美〕《国家利益》杂志网站，2013 年 2 月 25 日。

利均等，那么为何美国却要承担 70% 以上的防务开支？北约秘书长拉斯穆森在《2012 年度工作报告》中指出，纵观世界各国防务开支情况可以发现，北约国家防务开支总额仍然是世界上最高的。但 2003 年北约占全球防务开支总额的 69%，2011 年北约所占份额则下降至 60%。如果当前北约国家和世界上其他国家的防务支出模式不发生变化，北约防务开支尽管仍将保持全球最高，但最早在 2014 年，其所占份额就可能降至 56%。①

目前，有两种发展趋势在削弱北约：美国向太平洋的战略转移和几乎所有成员国都在减少的国防预算。这些发展趋势中隐藏着北约军事行动能力减弱、丧失政治团结和失去存在意义的危险。北约将面临以下后果。

第一，可能出现一个政治领导真空，它将削弱联盟的团结并减小其国际影响力。后果可能是美国过去作为善意霸权加以抑制的内部争端再次复燃，比如土耳其和希腊之间的争吵。由此带来的问题的是，如果美国撤出领导角色，欧洲人能否共同设定目标并在危急情况下和日常行动中也加以遵守。为此，他们必须在安全政策问题上找到妥协方案，例如在对俄立场、反导系统问题和与非北约国家的伙伴关系上。如果欧洲国家不能形成共同立场，北约将面临失去政治行动能力的危险。

第二，存在军事行动能力受到削弱的危险。美国不怀疑向联盟防御的投入。但它不会再领导不直接涉及其利益或并非关乎保卫领土的强制性军事行动。在欧洲及其邻近地区的行动现在应由欧洲人领导。美国也不会再自动填补欧洲人的能力缺陷。随之而来的是带来两方面的变化，一方面美国未来会将领导权交由他人，自己只做避免行动失败所必须做的。另一方面，北约未来实施的军事行动数量估计总体上将减少，因为欧洲人缺乏至今均由美国提供的侦察或目标定位等必需的军事能力。但如此一来，自冷战结束失去共同敌人以来，将北约成员国联系在一起的重要元素消失了。

第三，这种军事行动能力的减弱会影响到联盟的政治凝聚力和联盟团结。成员国如何装备北约，北约就会如何强大。期望获得保护，又不愿为此提供资

① "Hold the line on defence spending, Secretary General Urges," 31 Jan. 2013, http://www.nato.int/cps/en/natolive/news_94266.htm.

金：长此以往，这只会令北约丧失行动能力。

有一种观点认为，北约会在不断的削减支出中慢慢走向灭亡。① 此类看法目前虽然有些言过其实，但并非危言耸听。它确实道出了“缺钱”对北约未来发展的致命影响。北约的衰弱，不管是现实的还是担忧的，都会进一步促使一些国家偏离北约。从这个意义上说，如果欧洲成员国在政治和军事上对国防投入过少且低效，北约面临的一个危险将来自这些国家。

### （二）撤军阿富汗考验北约域外维和能力

2012 年 5 月芝加哥峰会通过的宣言中，北约领导人同意在 2013 年年中之前，将安全领导权交给阿富汗部队，外国部队将逐渐把重心从作战转向提供安全支持。北约领导的驻阿富汗国际安全援助部队（ISAF）将在 2014 年年底完成撤军进程。

到 2014 年年底，阿富汗战争爆发 13 年整。但是目前阿富汗面临的安全、经济和外交挑战十分严峻，民众的沮丧情绪将导致现政府的政治合法性丧失殆尽，促使阿富汗人转向塔利班等政治替代力量。塔利班虽然受到重创，但其再生的速度同样迅速，阿富汗军队仍然无法在没有美国和北约的情况下独立作战。此时实现“安全责任”的转移使得阿富汗前方之路充满了问号，北约能否履行“确保阿富汗永不再沦为恐怖分子安全藏身之所”的承诺？北约在阿富汗是否会重蹈苏联 1989 年撤军后的覆辙？仍然看不到一个决定性结果。阿富汗过渡若不成功，国内安全不能真正得到保障，联军撤出后该国形势可能会更加糟糕，或者爆发南北内战；或者再次落入激进的塔利班之手；或者沦为“基地”组织恐怖分子的藏匿之处；或者西方可能陷入地区纷争、引发新一轮大博弈。

目前北约在阿富汗至少面临两大难题。其一，一旦北约和美军大规模撤出，阿富汗安全部队能够在多大程度上制衡塔利班？2010 年召开的里斯本峰会制定了北约从阿富汗撤军路线图，北约确定 2014 年年底之前逐步实现将阿富汗防务权移交给阿安全部队，随后北约部队撤出。然而在北约部队尚未撤出

① 菲利普·斯蒂芬斯：《北约正逐步走向自杀》，〔英〕《金融时报》2013 年 3 月 13 日。

前，塔利班发动的“春季攻势”仍能打到喀布尔。① 2012 年4 月发生在阿首都喀布尔以及东部3 省的连环袭击事件，凸显撤军大背景下阿富汗政府面临塔利班卷土重来的威胁。此外，频繁发生的“绿袭蓝”（即阿富汗军警或者穿军警制服的人袭击北约部队事件）使数十名北约士兵丧生，触发一些北约国家对士兵安全的担忧，因而影响到北约部队在阿富汗执行任务。虽然“绿袭蓝”现在算不上战略威胁，但有可能演变为战略威胁。更有甚者，塔利班重创北约军事基地，使北约受到了不可忽视的挑战。目前北约驻阿富汗国际安全援助部队现阶段缺少军事训练人员，美国过去几年在阿富汗承诺的军训任务与北约其他成员国“不成比例”，美国抱怨盟友出力少，敦促北约各国“帮助填补缺口”。芝加哥峰会上北约承诺2015 年后继续培训阿富汗士兵和警察，并提供财政支持的义务。法国新总统费朗索瓦·奥朗德也愿意加入其中。但是，正如奥朗德在竞选中所承诺的那样，法国作战部队 2012 年年内就从阿富汗撤出，这对北约无疑是“拆台”。

其二，除了撤军问题，2014 年后如何分摊阿富汗安全部队的经费？在芝加哥峰会上，北约再次重申不会在从阿富汗撤军后将这个国家弃之不顾，商讨了 2014 年以后对阿援助的事宜，境外对阿富汗的援助将主要以捐款和培训阿富汗政府部门的文职官员以及军队为主。2012 年 7 月，美国确定阿富汗为其“重要非北大西洋公约组织盟国”②。获得这一定位后，阿富汗将在与美国防务合作方面获得优待。按照原计划，阿安全部队的最终规模为 35 万人左右，每年费用大约 70 亿美元，包括武器装备、培训和工资支出，绝大部分出自北约。北约峰会明确规定在撤军之后阿富汗安全部队的规模会控制在 22. 85 万人左右。为了保证这 22. 85 万阿富汗安全部队的长期战斗力，北约将建立一个“阿富汗信托基金”，为其提供资金支持，年度预算为 41 亿美元，并且会根据安全环境变化进行定期评估。这 41 亿美元军援中，美国初步同意每年提供 23

① 据估计，当前阿富汗塔利班成员大约有 2. 5 万人，主要以游击战为主，而且常常在阿富汗与巴基斯坦边境高山地区活动，所以无论是美军还是阿安全部队，要消灭塔利班有生力量都很困难。因此不排除在北约和美国撤军后，阿富汗陷入内战的危险。

② “重要非北约盟国”是美国政府对不属于北约，却与美国军方有战略合作关系盟国的定位。此前有 12 个国家和 1 个地区获得这一定位，包括澳大利亚、埃及、以色列、日本和巴基斯坦等。

亿~27亿美元，阿富汗自己筹集5亿美元，其余由北约其他成员分摊。但是阿富汗战争至今已延续12年之久，每周近20亿美元的开支让美国和欧洲的纳税人承受着高昂代价，长期以来一直被认为是北约的沉重负担。早在北约峰会召开之前，美国人就已开始筹集资金。但是由于欧债危机的持续恶化，很多成员国和伙伴国公布各自长期注资的数额仍低于预期，包括希腊在内的一些北约国家无力在国防开支上大把撒钱。目前，仅有德国和加拿大承诺，在撤军之后，自2015年开始的三年间，两国分别将每年向阿富汗军队提供1.9亿和1.1亿美元的援款。在金融危机年代，预算收缩，尤其是防务开支严重萎缩的情况下，“灵巧防卫”的概念是北约秘书长拉斯穆森在任何场合都反复强调的。加强资源共享、降低成本、费用分摊是目前有效解决北约内部经费不足的唯一有效措施。

### （三）“经济北约”与“军事北约”如何互动

在研究北约时，人们通常只注意到该组织的军事职能和政治职能，而忽略其所具有的经济职能，即美欧之间的经济合作。其实美欧构建跨大西洋自由贸易区的设想由来已久，只是由于双方经济利益的差别、分歧与竞争，使得北约在经济方面发挥更大作用的意图难以实现。最终，2008年的全球金融危机和此后爆发的欧债危机，促使欧美这对身处严冬的发达经济体重温旧梦，联手共渡难关。显然，在当前充满挑战的经济环境中，21世纪的跨大西洋关系已经不可能像过去一样只局限于军事安全。经济问题越来越受到重视，包括考虑对外政策倡议的经济因素，确定潜在风险和地缘经济前景，考虑地缘经济指令对全球管理和安全的影响。2013年7月，酝酿多年的跨大西洋贸易与投资伙伴关系协定（TTIP），即欧美自贸谈判协定谈判正式启动，被称作重塑国际贸易格局的“经济北约”。①

“经济北约”引申出的新问题是：安全联盟与经济合作之间的关系如何？

---

① 美国认为该协定应像北大西洋公约那样具有开放的成员国框架，而不严格局限于双边，以便未来成长和演变成为覆盖面更广的、促进贸易和经济效能的多边协定。同时像北约一样，协定还应包括一个激励机制，在互相承认和自由贸易的好处之外，为成员国提供更多清晰、积极的回报。

联盟建立的初衷和主要目的是为了满足国家安全的需要。因此，学术界对联盟的研究重点主要集中在安全层面。但事实上，联盟所促成的国家间合作不只限于安全领域，还会扩展至经济事务，产生相应的经济影响，使国家经济交往进一步密切，甚至形成一种相互依存的关系。① 在无政府状态下，经济交往产生的安全外部性（security externality）导致结盟的国家间贸易往来的增加，促进了联盟国家间经济交往的进程；而联盟建立和发展过程中，联盟框架内存在的议题联系机制为联盟国家之间在进行安全合作的同时进行经济合作提供了相应的交往渠道和方式。同时，一国通过经济上的补偿性支付（side-payment）的方式提供经济补偿，使其盟国从经济上获益，从而巩固了安全联盟。联盟国家在这一框架下得以妥善处理他们面临的经济与安全事务。②

TTIP 究竟能够对作为军事政治联盟的 NATO 未来发展产生哪些影响？这既关系到未来北约发展和走向，也为研究北约提供了一个对联盟中的经济与安全相互作用进行动态评估的新视角，值得我们进一步观察与思考。

## 结 语

在冷战结束后北约从军事联盟走向安全－政治联盟的总体背景下，纵观北约组织在 2013 年的最新动向及其面临的挑战，可以做出如下基本判断。

第一，北约从军事联盟走向安全－政治联盟的演变趋势仍然在持续。其中最为明显和主要的特征是该组织的对抗性在下降，合作性在上升，角色趋于多元化。北约继续在应对能源、网络防御、反恐和打击海盗等新型安全挑战上发挥实质性作用，已从政策制定转向实施具体计划，采取具体行动。

第二，美国虽然是北约的盟主，但是美国并不等于北约。美国想要北约做的事情不一定能做成。美国是北约采取行动的必要条件，而非充分条件。

第三，在动荡不安的 21 世纪，未来将无法预知哪些国家是必然的对手，

① 杨毅：《安全联盟与经济合作研究——基于四种联盟类型的分析》，《世界经济与政治》2011 年第 10 期。

② 杨毅：《联盟体系下的经济事务与国家安全：一项分析框架》，《国际论坛》2010 年第 6 期。

哪些国家是必然的盟友。世界将进入“选择性合作”时代①的观点进一步得到印证。传统的“长期联盟”将被“根据意愿选择的联盟”所取代。北约与欧洲、日本、韩国及澳大利亚的关系都是如此。

第四，虽然经济危机大大削弱了北约的军事防务能力，但是北约正在通过自我调整来减小和降低危机对自身带来的不利影响。由于美国支撑了北约的主要军费，目前北约依然是当今世界最强大的军事和政治联盟。

第五，“经济北约”崭露头角，经济因素究竟能够对作为军事安全联盟的北约未来发展产生哪些影响？值得密切关注。

## 参考文献


高华：《透视新北约：从军事联盟走向安全—政治联盟》，世界知识出版社，2012。

Ivan. Dinev. Ivanov, *Transforming NATO: New Allies, Missions, and Capabilities*, Rowman & Littlefield Publishers. INC. 2011.

James W. Peterson, *NATO and Terrorism: Organizational Expansion and Mission Transformation*, The Continuum Inernational Publishing Group, 2011.

Gülnur Aybet and Rebecca R. Moore, *NATO in Search of A Vision*, Georgetown University Press, Washington, D. C. 2010.

杨毅：《安全联盟与经济合作研究——基于四种联盟类型的分析》，《世界经济与政治》2011 年第 10 期。

杨毅：《联盟体系下的经济事务与国家安全：一项分析框架》，《国际论坛》2010 年第 6 期。

北约秘书长拉斯穆森《2012 年度工作报告》（全文），http://www.nato.int/cps/en/natolive/news_ 94266. htm.

《日本北约罕见发“共同宣言”》，《环球时报》2013 年 4 月 16 日。

*Jane's Defence Weekly*, 25/ Feb 2013.

*The Financial Times*, 13/Mar 2013.

*The National Interest*, 25/Feb 2013.

http://www.nato.int/cps/en/natolive/news.


① 美国外交学会会长理查德·哈斯：《帕默斯顿时刻》，〔美〕《国家利益》（双月刊）2008 年 1 ~ 2 月号。

http：//www. ncia. nato. int/news/Pages/.
http：//www. nato. int/nato_ static/assets/pdf/.
中国国防部网站，http：//news. mod. gov. cn/。
中国军网，http：//chn. chinamil. com. cn/。
国际在线，http：//gb. cri. cn/。

Y.11

# 联合国与国际和平及安全问题

李东燕*

**摘 要：**

2013年，非洲和中东地区的武装冲突与政局动荡仍然是安理会关注的重点，联合国新组建了马里稳定团，继续加强在刚果（金）、苏丹等地的维和行动。叙利亚危机引发了空前的难民危机，除组织大规模人道主义援助行动外，联合国还努力推动俄美会谈及化学武器问题的解决。此外，平民保护、武器控制、预防性暴力等也是联合国的关注重点。联合国的作用虽然有限，但得到广大会员国的认同。在和平与安全领域，区域组织和次区域组织扮演着日益重要的角色，八国集团、二十国集团和金砖国家力图在这一领域发挥更大作用，中国在派遣维和部队方面也采取了更积极的举动。但无论G8、G20还是金砖国家，在安全领域尚未形成合力。随着联合国成立70周年的临近，涉及联合国大会、安理会改革方面的话题开始升温，改革支持者正在聚集力量准备掀起新一轮改革浪潮。

**关键词：**

联合国　和平与安全　维和行动　平民保护　叙利亚

## 一　2013年联合国维和行动动向

联合国在和平与安全领域的作用体现在预防冲突、解决冲突及维持和平、

* 李东燕，中国社会科学院世界经济与政治研究所研究员，主要研究领域是联合国及全球安全问题。

建设和平等方面，也与平民保护、人道主义援助、推动政治进程、组织和监督选举等具体任务密切相关。

2013 年联合国在维持和平、建设和平方面的投入与以往几年基本持平。从地区分布看，维和行动仍然集中在非洲国家。联合国叙利亚监督团使命于 2012 年结束，其他项目或继续或延期，新增加的是马里维和行动。南亚国家如孟加拉国、印度仍然是提供维和部队最多的国家，非洲国家也是联合国维和部队的贡献大户。刚果（金）维和“干预旅”的建立以及关于在维和行动中采用无人机的计划是联合国维和方面的创新之举，但也会带来一系列问题。

## （一）维持和平与建设和平基本情况与变化

根据 2013 年 7 月联合国方面的统计，由联合国维和行动部指挥的、正在进行的维和行动有 16 项，参加这 16 项维和行动的总人数有 11.7 万多人。近年来，维和军警人员数量变化不大，维和行动资源主要集中在非洲、中东地区以及海地。仅刚果（金）和达尔富尔两项维和行动就占了维和人员总数的 41%（见表 1 ~ 表 4）。

在经费支出方面，2012 ~ 2013 财年的联合国维和行动预算约为 73.3 亿美元。2011 ~ 2012 年这项数字约为 70.84 亿美元，2009 ~ 2010 年约为 78.7 亿美元。最新核定的 2013 年 7 月 1 日至 2014 年 6 月 30 日的预算大约为 75.4 亿美元。①

**表 1　2013 年正在进行的维和行动人数（6 月 30 日数据）**

单位：人

| 军事人员 | 82351 |
|---|---|
| 警察 | 13209 |
| 军事观察员 | 1809 |
| 文职人员 | 16725 |
| 志愿人员 | 2057 |
| 总人数 | 117907 |

资料来源：《维持和平概况介绍》，联合国网，http://www.un.org/zh/peacekeeping/。

① 《维持和平概况介绍》，联合国网站，http://www.un.org/zh/peacekeeping/resources/statistics/factsheet。

**表 2　近五年来联合国维和人员数量变化情况（为每年 7 月份数据）**

单位：人

| 年份 | 2009 | 2010 | 2011 | 2012 | 2013 |
|---|---|---|---|---|---|
| 维和警察 | 11482 | 13648 | 13627 | 13553 | 13209 |
| 维和部队 | 79746 | 83899 | 83372 | 81247 | 82351 |
| 观察员 | 2302 | 2332 | 1830 | 2139 | 1809 |
| 总数 | 93530 | 99879 | 98829 | 96939 | 97369 |
| 行动数量 | 15 | 15 | 14 | 16 | 15 |

资料来源：Monthly Summary of Military and Police contribution to United Nations Operation，联合国网，http：//www. un. org。

**表 3　2013 年派遣维和人员最多的 15 个国家（8 月 31 日数据）**

| 排名 | 国家 | 人数 | 排名 | 国家 | 人数 | 排名 | 国家 | 人数 |
|---|---|---|---|---|---|---|---|---|
| 1 | 巴基斯坦 | 8262 | 6 | 卢旺达 | 4688 | 11 | 埃及 | 2740 |
| 2 | 孟加拉国 | 7931 | 7 | 尼泊尔 | 4606 | 12 | 坦桑尼亚 | 2549 |
| 3 | 印度 | 7858 | 8 | 约旦 | 3301 | 13 | 乌拉圭 | 2183 |
| 4 | 埃塞俄比亚 | 6467 | 9 | 加纳 | 2979 | 14 | 南非 | 2117 |
| 5 | 尼日利亚 | 4880 | 10 | 塞内加尔 | 2934 | 15 | 尼日尔 | 1972 |

资料来源：Rank of Military and Police Contributions to UN Operation，联合国网，http：//www. un. org。

**表 4　2013 年维和行动军警人员分布情况（8 月 31 日数据）**

| 国家(地区) | 军警人数 | 国家(地区) | 军警人数 |
|---|---|---|---|
| 民主刚果 | 20688 | 叙利亚/戈兰高地 | 1166 |
| 达尔富尔 | 19548 | 塞浦路斯 | 918 |
| 黎巴嫩 | 10555 | 伊拉克 | 273 |
| 科特迪瓦 | 9994 | 西撒哈拉 | 232 |
| 海地 | 8690 | 中东 | 154 |
| 南苏丹 | 7616 | 印巴 | 42 |
| 利比里亚 | 7343 | 阿富汗 | 25 |
| 马里 | 6010 | 科索沃 | 17 |
| 阿卜耶伊 | 3904 | 总计 | 97175 |

资料来源：UN Missions Summary of Military and Police，联合国网，http：//www. un. org。

2013 年联合国在维持和平方面也有一些新行动和新举措。

第一，新建马里维和行动。自 2012 年马里国内反政府派别发起武装行动后，马里当局向西非经济共同体和联合国发出请求，希望得到支持。安理会于2012年12月通过决议，认定马里局势对该国和地区和平与安全构成威胁，并授权部署了一支以非洲国家为主的“国际支助团”，以协助马里当局稳定局势，法国及一些非洲国家纷纷向马里派出部队。2013年4月25日，安理会又通过决议，设立了“联合国马里多层面综合稳定团（马里稳定团）”，以维持马里的稳定与安全，推进马里的政治进程。自2013年7月1日起，马里稳定团接管了在马里的“国际支助团”。此项马里维和行动规模约11000人，其中维和警察有1440名。联合国决议承诺，在冲突结束后联合国将随时准备帮助马里开展重建工作。联合国的马里维和行动得到法国、美国等西方国家的支持，也得到非洲国家和中国等联合国会员国的支持。西非经济共同体、非盟等地区组织在马里维和行动中发挥了重要作用。这也是马里维和行动能够顺利进行的原因。

第二，创建刚果（金）维和“干预旅”（Intervention Brigade）。从2013年年初开始，刚果（金）东部形势不断恶化，暴力冲突升级。2013年2月，在该地区国家代表、地区组织代表及联合国秘书长共同主持下，签署了一项《刚果民主共和国和区域和平、安全与合作框架》。安理会于2013年3月通过一项决议，决定将联合国刚果（金）稳定团的期限延长到2014年，同时创建一支“干预旅”，以加强联合国在刚果（金）的维持和平行动。2013年，联合国加大了在该国的维和行动力度，安理会向其反政府武装发出48小时放下武器的最后通牒，以解除武装人员对平民的威胁。

根据安理会决议，“干预旅”由联合国刚果（金）稳定团部队指挥官指挥。从联合国维和实践看，“干预旅”的地位和任务都有特别之处，联合国方面将“干预旅”这种形式作为一种“例外”。这种“例外”的条件是其行动“不损害商定的维和原则”，其规模限定在已核定的规模之内。但“干预旅”比“稳定团”更具“进攻性”。根据安理会决议，“干预旅”将“以强有力、机动性和灵活性很强的方式”，并采取“进攻行动”，单方面或协同刚果（金）武装部队，负责解除武装团体的作战能力，协助削弱武装团体对国家权力和平民安全之威胁。[①] 这是联合国在维和形式上的一种创新，该项举措能否取得成

① 安理会决议S/RES/2098（2013），联合国网，http：//www. un. org。

效，取决于安理会的强有力支持和所在国的配合。由于“干预旅”的任务更具进攻性，这也意味着维和人员可能会遭遇更多危险。虽然“干预旅”更强调“进攻性”，但人们也对这种更具“进攻性”的方式是否能有效解决刚果（金）国内长期存在的政治权力争斗和资源争夺表示怀疑。①

第三，计划在刚果（金）维和中部署无人侦察机。2013 年，由于刚果（金）东部局势动荡，武装冲突加剧，性暴力事件和伤害平民事件频繁发生，联合国从 2012 年年底就开始商议在刚果（金）东部使用无人侦察机问题。2013 年年初，联合国秘书长及维和部门官员都证实了这一计划。秘书长潘基文在给安理会主席的信中说明，使用无人机维和是“为了增强联合国驻刚果民主共和国稳定特派团的能力”，联合国发言人表示：“采用不加武装的无人机是联合国正在考虑使用的一种工具，以使平民得到更好的保护，并对武装组织的行动加以监视。”② 联合国维和方面负责人强调：“使用无人机的计划只局限于侦察用途，所获得的情报将可与所在国和地区相关国家进行分享。”③

从联合国在刚果（金）维和实践看，由于该国东部地势复杂，长期以来联合国投入了大量资源，但武装冲突和暴力事件仍然持续不断。在这种情况下，联合国的刚果（金）维和行动已经力不从心。所以，联合国方面认为无人侦察机在监督局势、收集情报等方面更有效，能够大大提高维和部队的能力。无人机加入联合国维和行动无疑是维和方面的一个新举动，对提高维和能力和效率会有一些帮助，也会减少人员方面的投入和损失。但另一方面，维和中无人机的使用无疑还是一个非常敏感而有争议问题，无人机究竟能为联合国的维和行动做出多大贡献，或只是带来更多的问题，目前尚不清楚。

从未来维和趋势看，如果无人机价格下降，在得到安理会和所在国家同意的情况下，使用无人机维和会成为可能。但无论如何都应该对无人机可能带来的各种问题有充分的估计。就目前刚果（金）情况看，政府与反政府之间的武装

---

① Richard Gowan, “U. N. 's ‘Intervention Brigade’ Raises Cost of Interference in DRC,” http://www.worldpoliticsreview.com/authors/.

② 《潘基文提议在刚果（金）维和行动中使用无人侦察机》，联合国网，http://www.un.org/chinese/News/。

③ 《维和副秘书长：联合国拟议在刚果（金）使用的无人机只用于侦察目的》，联合国网，http://www.un.org/chinese/News/。

冲突还没有结束，国内冲突又与周边国家关系交织在一起，还有大量来自印度、巴基斯坦、中国等国家的维和部队。在这种错综复杂的情况下，无人机信息分享问题、相关国家主权问题、周边国家及维和部队提供国的态度等，都是无人机维和所要考虑的问题。如使用不慎重，无人机不仅无助于维和，反而会激化矛盾，诱发新的冲突。因此，联合国在部署无人机之前，需要与所有相关方充分协商。

## （二）联合国建设和平进展情况

旨在帮助冲突后国家实现可持续和平与稳定的建设和平委员会得到越来越多会员国的支持。截至2013年9月，正式在联合国建设和平委员会议程上的国家有6个，即布隆迪、塞拉利昂、几内亚、几内亚比绍、利比里亚和中非共和国。受建设和平基金资助的国家有25个，包括6个建设和平委员会议程上的国家。联合国秘书长潘基文在他的报告中说，“由于建设和平基金的业绩不断加强，捐助方在2012年提供的捐款也比2011年大幅增加，为2013到2014年建设和平方案打下了基础。”① 包括中国在内的许多国家已经正式签署多年期捐助协议，另一些国家也表达了对建设和平基金的支持。

建设和平委员会得到多数欧洲国家的支持，尤其是英国、德国、北欧国家以及加拿大、日本等国。新兴经济体国家如俄罗斯、巴西、中国等也是该项目捐助比较多的国家（见表5）。近两年来，不少发展中国家也加入了捐助国行列，如巴基斯坦、孟加拉国、利比亚、泰国等。美国不是建设和平项目的捐助国家，美国认为许多受建设和平基金资助的国家存在严重的腐败现象。

2013年联合国建设和平基金项目国家如下：布隆迪、中非共和国、乍得、科摩罗、刚果民主共和国、科特迪瓦、几内亚、几内亚比绍、危地马拉、海地、肯尼亚、吉尔吉斯斯坦、黎巴嫩、利比里亚、利比亚、尼日尔、尼泊尔、塞拉利昂、索马里、斯里兰卡、苏丹、南苏丹、东帝汶、乌干达、也门。其中，布隆迪、中非共和国、几内亚、几内亚比绍、利比里亚、塞拉利昂为建设和平委员会议程国家。

① 《秘书长报告：建设和平基金2012年获中国等23个捐助方支持》，联合国网，2013年3月27日，http：//www. un. org/chinese/News/story. asp。

**表 5　2006～2013 年间向建设和平基金捐助最多的 20 个国家**

| 捐助国 | 承诺款(美元) | 存入款(美元) | 存入率(%) |
|---|---|---|---|
| 1. 瑞典 | 94519668 | 84435381 | 89.3 |
| 2. 英国 | 105467124 | 81657600 | 77.4 |
| 3. 荷兰 | 46456518 | 46456518 | 100 |
| 4. 挪威 | 42530339 | 42530339 | 100 |
| 5. 加拿大 | 33855496 | 33855496 | 100 |
| 6. 日本 | 32500000 | 32500000 | 100 |
| 7. 德国 | 25460624 | 18983940 | 74.6 |
| 8. 西班牙 | 17548369 | 17548369 | 100 |
| 9. 芬兰 | 17112638 | 17112638 | 100 |
| 10. 爱尔兰 | 14564975 | 14564975 | 100 |
| 11. 丹麦 | 8878509 | 8878509 | 100 |
| 12. 澳大利亚 | 8291600 | 8291600 | 100 |
| 13. 俄罗斯 | 8000000 | 8000000 | 100 |
| 14. 意大利 | 5974597 | 5974597 | 100 |
| 15. 比利时 | 5051078 | 5051078 | 100 |
| 16. 中国 | 6000000 | 5000000 | 83.3 |
| 17. 印度 | 4000000 | 4000000 | 100 |
| 18. 韩国 | 4000000 | 4000000 | 100 |
| 19. 卢森堡 | 3380811 | 3380811 | 100 |
| 20. 法国 | 2881600 | 2881600 | 100 |

资料来源：United Nations Peacebuilding Fund，http：//www. unpbf. org/donors/contribution。

## 二　平民保护与人道主义援助

叙利亚问题除导致国内政治危机外，也导致该国及周边国家严重的难民危机和其他方面的人道主义危机。2013 年，在俄美就叙化学武器问题达成一致之前，联合国能做的是将更多力量集中于应对叙利亚问题导致的难民问题和其他人道主义危机。除联合国专门人道主义机构外，其他相关机构也都参与进来，如难民署、粮农组织、世界粮食署、儿童基金会、妇女署等。此外，消除性暴力、保护冲突中儿童、自然灾害救援也是联合国安理会和相关人道主义机构关注的重点。安理会决议将冲突中的性暴力上升到危害人类罪、灭绝种族罪和战争罪。

## （一）应对空前严重的叙利亚难民问题及人道危机

根据2013年9月联合国难民署发布的统计，2012年在叙利亚邻国登记的难民为23万，到2013年9月，叙利亚难民人数不断上升，已突破200万，一年内增加了180多万。难民署称这是“本世纪最大的人道主义悲剧之一”。[①]为此，联合国人道主义机构及伙伴机构，包括难民署、粮食署、世界卫生组织、粮农组织、国际移民组织等，开展了积极的人道主义援助活动。尽管叙利亚局势动荡危险，截至2013年8月份，“联合国在叙利亚境内共有大约1000名国际和本地职员。”[②]

联合国方面采取的人道主义救援措施主要包括：

第一，筹集人道主义善款。到2013年6月为止，联合国方面已五次上调募集善款额度。2013年6月，联合国机构和相关组织在日内瓦发布了2013年叙利亚人道主义援助计划，呼吁国际社会提供52亿美元捐款，此项募捐是联合国发布的数额最大的人道募捐倡议。联合国中央应急基金也向在叙利亚开展工作的人道主义救援机构提供5000万美元的资金，联合国称这是“该基金有史以来针对单一危机提供的最大一笔款项”[③]。

第二，直接向叙利亚境内提供粮食、饮水、医疗卫生等援助。2013年以来，联合国粮农组织向叙利亚约28万农户提供了援助；儿童基金会向叙利亚所有14个省份1000万人口运送了加氯消毒用品，这几乎覆盖了该国人口的一半。

第三，在叙周边国家建立难民营地，安置难民。随着叙利亚难民不断涌入周边国家，联合国机构拨出专款，在周边国家建立难民安置点，用专机向难民安置点运送救援物资，帮助向安全地带转移难民。

---

① 《中央应急基金向叙利亚拨出该基金成立以来最大一笔援助款项》，联合国网，2013年9月13日，http://www.un.org/chinese/News/。

② 《叙利亚局势紧张各人道主义机构表示将尽最大努力继续开展工作》，联合国网，2013年8月30日，http://www.un.org/chinese/News/。

③ 《中央应急基金向叙利亚拨出该基金成立以来最大一笔援助款项》，联合国网，2013年9月13日，http://www.un.org/chinese/News/。

第四，就叙难民安置问题与会员国协调。难民署与伊拉克、约旦、黎巴嫩、土耳其等国举行了部长会晤，共同协商应对叙难民问题。难民署还发起了“2013 地区响应计划”，宣布该组织希望各国为叙利亚难民提供 1 万个安置定居机会。德国、奥地利、澳大利亚、加拿大等国已经同意接纳一些叙利亚难民，美国方面也表示可以考虑。

### （二）安理会呼吁预防性暴力构成的危害人类罪及战争罪

安理会几乎每年都会通过关于冲突中保护妇女、儿童及反性暴力方面的决议。2013 年联合国仍然对性暴力和冲突中儿童保护给予高度重视。刚果（金）一直是性暴力事件的高发区，索马里性暴力问题也得到联合国方面的高度关注。根据联合国方面报告，2013 年上半年，索马里、叙利亚、刚果（金）等国都面临严重的性暴力问题，叙利亚冲突也使妇女和儿童受到伤害。

2013 年 6 月，安理会举行了题为“结束有罪不罚：冲突中性暴力犯罪的有力正义”的公开辩论。秘书长潘基文在会上强调，在冲突环境下，性暴力作为一种犯罪，“对国际和平与安全构成威胁”，而且会“严重加剧战争，并阻碍和解”。因此，联合国大力呼吁国际社会共同努力，以防止性暴力犯罪现象的发生。[①] 2013 年，安理会再次通过一项关于妇女及和平与安全方面的决议。决议重申性暴力作为一种战争手法和策略，加剧了武装冲突，可构成危害人类罪或种族灭绝罪，以及战争罪。决议呼吁各国政府采取措施，“消除有罪不罚现象”。决议也呼吁国际法院、国际刑事法庭在消除性暴力方面发挥作用。[②]

### （三）紧急人道主义援助

除了应对冲突导致的人道危机外，应对自然灾害导致的人道主义危机也是联合国有关机构的重要任务。2013 年，联合国中央应急基金向遭受自然灾害的会员国提供了不同额度的人道主义援助。例如，联合国对遭受台风袭击的菲律宾实施了援助计划，为遭遇重大洪涝灾害的朝鲜供了粮食、医疗卫生、饮水

① 《安理会公开辩论：潘基文呼吁各国采取行动结束性暴力犯罪有罪不罚局面》，联合国网，http：//www.un.org/chinese/News。

② 安理会决议 S/RES/2106（2013），联合国网，http：//www.un.org/。

及基础设施等方面的援助。此外，联合国相关机构还向遭遇火灾的泰国、遭遇旱灾的纳米比亚、遭遇水灾的莫桑比克及中国的地震灾区提供了援助。

经过对一些国家人道主义需求的分析和评估，联合国还为一些“被忽略国家”提供了特别资助，重点针对 12 个国家，包括阿富汗、阿尔及利亚、布隆迪、朝鲜、吉布提、厄立特里亚、埃塞俄比亚、海地、利比里亚、苏丹、乌干达以及也门。联合国呼吁相关国家积极提供捐款，以确保急需人道主义援助的国家都能获得资助。从 2013 年联合国中央应急基金资助情况看，10 个获得资助最多的国家是苏丹、叙利亚、也门、埃塞俄比亚、马里、阿富汗、朝鲜、刚果（金）、南苏丹和约旦（见表 6）。

**表 6　联合国中央应急基金资助国家（2013 年 1 月 1 日 ~ 2013 年 9 月 3 日）**

| 国家 | 基本分配情况 US $ | 占总额百分比(%) | 国家 | 基本分配情况 US $ | 占总额百分比(%) |
|---|---|---|---|---|---|
| 1. 苏丹 | 41910397 | 14.59 | 22. 巴基斯坦 | 3888565 | 1.35 |
| 2. 叙利亚 | 20422466 | 7.11 | 23. 尼日尔 | 3409436 | 1.19 |
| 3. 也门 | 18801314 | 6.54 | 24. 吉布提 | 3312737 | 1.15 |
| 4. 埃塞俄比亚 | 18255799 | 6.35 | 25. 马拉维 | 3219663 | 1.12 |
| 5. 马里 | 17883983 | 6.23 | 26. 几内亚比绍 | 3166825 | 1.10 |
| 6. 阿富汗 | 16574042 | 5.77 | 27. 卢旺达 | 3152423 | 1.10 |
| 7. 朝鲜 | 12996679 | 4.52 | 28. 厄里特利亚 | 3055305 | 1.06 |
| 8. 刚果(金) | 12057344 | 4.20 | 29. 塞内加尔 | 3038387 | 1.06 |
| 9. 南苏丹 | 11586879 | 4.03 | 30. 利比里亚 | 2991937 | 1.04 |
| 10. 约旦 | 9800000 | 3.41 | 31. 阿尔及利亚 | 2984040 | 1.04 |
| 11. 巴勒斯坦 | 8220942 | 2.86 | 32. 布隆迪 | 2970162 | 1.03 |
| 12. 中非 | 7133080 | 2.48 | 33. 黎巴嫩 | 2012137 | 0.70 |
| 13. 尼日利亚 | 6431433 | 2.24 | 34. 菲律宾 | 1703472 | 0.59 |
| 14. 海地 | 5985036 | 2.08 | 35. 肯尼亚 | 1532872 | 0.53 |
| 15. 莫桑比克 | 5842338 | 2.03 | 36. 索马里 | 1415815 | 0.49 |
| 16. 乌干达 | 5257505 | 1.83 | 37. 马绍尔群岛 | 1000000 | 0.35 |
| 17. 马达加斯加 | 5000000 | 1.74 | 38. 老挝 | 753504 | 0.26 |
| 18. 缅甸 | 4999616 | 1.74 | 39. 刚果 | 751772 | 0.26 |
| 19. 乍得 | 4881818 | 1.70 | 40. 多哥 | 323701 | 0.11 |
| 20. 毛里塔尼亚 | 4470372 | 1.56 | 总计 | 287278397 | 100 |
| 21. 喀麦隆 | 4073612 | 1.42 | | | |

资料来源：CERF Funding by Country（2013） – Summary，http：//www.unocha.org/cerf/cerf ~ worldwide/2013。

### （四）平民保护及人道主义援助面临的问题

联合国的实践表明，在目前开展的国际人道主义救援方面，如武装冲突环境下的难民安置、平民保护、妇女儿童保护等，联合国发挥了积极作用。同时，联合国在这一领域也面临一些一直没有得到解决的问题。

第一，联合国的人道主义援助仍然面临资源和能力不足问题。在许多项目上，联合国的募捐缺口比较大。例如，2013 年 8 月联合国人道主义事务协调厅说，援助朝鲜的人道主义行动正面临资金短缺的严重制约。此项资金需求总额为 15000 万美元，但只收到了 34.8%。再如，联合国在年底之前对南苏丹的援助也还存在 48500 万美元的资金缺口。政治分歧及资源短缺也使联合国无法为受性暴力、国内暴力及恐怖主义活动危害的平民提供足够的保护。例如，尽管联合国长期以来在刚果（金）投入了巨大的资源，但该国武装冲突和性暴力事件仍然频繁发生。由于联合国维和部队没能及时有效地制止 2010 年发生在刚果（金）东部的性暴力事件，联合国受到很多方面的批评，一些西方媒体指责联合国“不作为”，是“行动失败”。联合国方面也说应该在保护平民方面“做更多事情”。但另一方面，联合国认为这种努力也只能在“刚果（金）维和部队授权之内，在有限资源限制内”。①

第二，联合国在执行保护平民和人道主义援助任务时极容易受到攻击，对维和人员的生命安全构成极大威胁。2013 年维和人员遭受袭击和劫持的事件仍不断发生。例如，联合国在刚果（金）的维和人员多次受到武装集团的袭击，在 8 月份遭遇的一次袭击中，一名维和人员死亡，并有多名人员受伤。在苏丹达尔富尔，维和人员遭袭击事件更是经常发生。10 月 11 日，达尔富尔特派团的一名赞比亚军事观察员遭武装人员袭击身亡。仅仅两天之后，三名来自塞内加尔的联合国－非盟达尔富尔维和人员又遭不明身份武装分子袭击身亡。2013 年遭到袭击的还有联合国驻伊拉克办事处、联合国驻摩加迪沙办公室、戈兰高地维和人员以及世界粮食署等一些国际组织。在向叙利亚提供粮食援助

① BBC News-UN calls for urgent action over mass DR Congo rape, 26 August 2010, http://www.bbc.co.uk/news/world-africa.

时，世界粮食署的运粮卡车、仓库和汽车经常遭到袭击。联合国人道协调厅救援行动负责人说，在叙利亚所进行的人道主义救援行动面临的最大挑战是安全问题。联合国工作人员是在“冒着生命危险提供人道援助”①。

第三，会员国对如何定义“平民保护”和“人道主义危机”，以及以何种方式和手段实施人道主义干预和救援仍然存在争议，包括如何防止人道主义援助成为武力干预和政权更迭这类政治目的的借口，以及如何在联合国能力范围内提供公正、及时、有效的人道主义援助和平民保护。最关键的争议还是使用武力实施保护平民和人道主义干预问题。如果援助对象国或保护对象国政府不认同联合国对本国的人道主义危机定义和干预，将使联合国面临更为复杂、困难的处境。例如，一些国家提出要在叙利亚境内建立人道主义走廊或缓冲区，这种建议遭到另一些会员国的反对，不希望利比亚模式在叙重演。

第四，安理会关于平民保护及预防性暴力方面的决议降低并模糊了联合国宪章第七章使用武力的门槛。在认定性暴力构成危害人类罪和战争罪行的情况下，意味着联合国可以采用武力手段应对性暴力事件，这需要安理会及所在国的支持与同意，需要相关国内法与国际法的完善。

## 三　联合国与叙利亚问题：无能为力还是有所作为

截至2013年9月，在就叙利亚化学武器问题达成协议之前，两年半以来，虽然叙利亚问题一直是联合国和安理会关注的首要问题，但安理会在这一问题上一直未能通过任何实质性决议。为此，联合国备受期待和指责。会员国期待联合国能发挥重要作用，防止叙利亚危机进一步升级，并能有效地阻止叙境内和周边地区人道主义危机的扩大。在叙利亚问题上，联合国是“集体失败”还是推动了问题的和平解决，是“无所作为”还是不可替代，国际社会有不同的评价和期待。例如，于2013年10月首次当选为安理会非常任理事国的沙

① 《人道协调厅：在叙利亚的联合国工作人员在冒着生命危险提供人道救援》，联合国网，2013年6月5日，http：//www. un. org/zh/focus/northafrica/。

特表示拒绝接受这一席位，原因是“安理会在处理国际冲突中没有作为”，并在巴以问题、叙利亚问题和中东大规模杀伤性武器等问题上“持双重标准”，“未能真正行使其维护世界和平的责任”。①

毫无疑问，在叙问题上，美俄两国立场对联合国的作用有决定性影响。如果美俄不能达成一致，联合国的作用显然是非常有限的。安理会理事国之间的分歧也是联合国会员国意见分歧的反映。此外，叙政权的态度和立场也对联合国工作能否顺利开展有重要影响。安理会在两年半时间没有就叙问题达成协议，联合国叙利亚维和行动的撤出以及安南特使的辞职都反映出在缺乏大国一致前提下联合国的无能为力。但另一方面，联合国在叙利亚问题上仍然发挥了能够发挥的作用。

第一，联合国一直保持在叙问题上的介入，为叙问题的解决提供了更多机会。联合国秘书长及联合国和阿盟叙问题特使一直与叙各方面保持接触。2012 年安南辞职后，来自阿尔及利亚的外交官卜拉希米被任命为叙问题联合特使。卜拉希米一直致力于叙利亚问题的斡旋，他多次出访叙利亚及周边国家，与叙利亚最高领导人和相关国家领导人保持联系。潘基文秘书长、安理会理事国及国际社会对他的工作都表示了支持和肯定。联合国人权理事会在 2011 年 9 月设立了叙利亚问题独立国际调查委员会，负责调查叙利亚冲突各方违反国际人权和人道主义法的行为。该委员会也参与了对化学武器使用的调查。

虽然安理会在 2013 年 9 月之前未能就叙问题达成一致，但叙问题一直在安理会的密切关注下。安理会就叙问题举行了多次磋商，包括听取叙问题别代表卜拉希米汇报，以及秘书长与安理会五个常任理事国代表举行会议，通报叙利亚使用化学武器问题调查组工作进展情况，以及听取潘基文秘书长就联合国叙利亚化学武器调查小组所提交的报告。在叙利亚危机爆发的两年多时间里，联合国随时准备进一步介入叙危机的解决。

第二，俄、美加联合国三方会议有利于叙问题的和平解决。联合国以协调

① 《沙特“退选”：潘基文鼓励所有会员国积极参与安理会等联合国各主要机构工作》，联合国网，2013 年 10 月 18 日，http：//www. un. org/chinese/News/story. asp？NewsID =20718。

者、中间者的身份一直试图协调大国在叙问题上的立场，这一努力也得到国际社会包括美俄两国及叙利亚政府的认同。叙危机期间，联合国秘书长与五个常任理事国，尤其是与俄美举行了多次协商。2012 年关于叙和平问题的日内瓦国际会议，联合国和阿盟特使安南是会议筹办人和协调者。2013 年，联合国方面与美俄三方就叙利亚问题举行了多次会晤，三方讨论了召开第二次叙利亚问题国际会议的前景，强调三方通过政治手段解决叙利亚冲突的意愿。俄、美加联合国三方会议是叙问题解决的主线，叙政府方面也表示愿意接受这种三方协商的结果。

第三，联合国在化学武器核查方面的作用得到各方认同。从 2013 年年初开始，首先是叙政府要求联合国安理会设立独立小组，调查反政府武装针对平民使用化学武器的情况。接下来，英、法两国政府提出请求，要求联合国就另外三起使用化学武器事件展开调查。联合国随后宣布成立关于叙化学武器调查小组，并任命瑞典科学家担任调查组负责人。联合国与叙利亚政府也就相关调查的“技术和法律”问题进行了磋商。7 月 24 日，应叙利亚政府邀请，联合国裁军事务高级代表与联合国叙利亚化学武器问题调查组负责人开始访问叙。直到 9 月 27 日，在叙政府同意联合国对 8 月化学武器事件进行调查并同意加入《化学武器公约》后，安理会一致通过了关于叙化学武器的决议草案。在叙化学武器问题上，美国、俄罗斯和叙利亚政府都能够认同联合国的作用。各方也都认同，无论在叙问题上还是在限制化学武器使用方面，安理会决议草案的通过是“历史性的”“前所未有”的。①

第四，联合国在协调难民安置、人道主义援助方面发挥了积极作用。如前所述，在安理会就叙利亚化学武器问题达成一致之前，联合国在难民安置及人道主义救助方面的作用是积极的，得到广大会员国的支持。

总而言之，一方面，大国合作是联合国在安全领域发挥作用的关键要素。另一方面，无论是人道主义援助、派遣维和部队、化学武器调查，还是国际和

① By Colum Lynch and Anne Gearan, “U. N. ’s five big powers agree on Syrian resolution wording,” September 26, 2013, http://articles. washingtonpost. com.

平会议的举行，联合国也是有所作为的，其作用得到国际社会的普遍支持和认同。

## 四 和平与安全领域的治理与改革

### （一）大会及安理会改革支持者正在聚集新的力量

有关改革安理会、大会及联合国维持和平行动机制的讨论一直在进行中。尽管这些年来，会员国在安理会改革问题上始终没有达成一致，一些会员国对目前的改革进程感到十分失望，将2013年称之为安理会改革的“新低”。不过仍然有一些带有新意的改革建议被提出。

2010年联合国“振兴大会特设工作组报告”就加强大会在和平与安全领域的作用、权威以及效率和效力提出了建议。报告建议，在适当情况下，根据大会议事规则，允许大会迅速采取紧急行动程序。报告还鼓励安理会进一步改革，并举行与大会所有会员国的非正式会议。报告强调大会必须发挥更为积极的作用，包括在和平与安全相关领域。2013年9月闭幕的第67届大会主席及新一届大会主席都特别强调了大会和安理会改革。新一届联大主席在开幕式上强调，他将在改革大会和安理会这两个联合国主要机构方面“投入足够的时间和资源”。67届联大主席在结束任期时表示，需要进一步加强联大的权威，并对联大的工作方式进行改革，以便其能够在21世纪全球治理中发挥领导作用。[①] 在安全领域，大会改革涉及如何更好地平衡联合国大会与联合国其他机构的关系，如何在维持和平问题上发挥联大与安理会的互补作用，以及大会是否能在和平与安全问题上采取行动等问题。

在安理会改革方面，除了“四国集团”和非洲国家继续呼吁安理会扩大外，小国集团也非常活跃。在2013年，“小五国”（S5）联合其他一些国家，将安理会工作方法改革方案进一步推出，其核心是“问责、协调一致、透

---

① 《第67届联大主席呼吁改革联大使其在全球治理中发挥领导作用》，联合国网，2013年8月29日，http：//www. un. org/chinese/News/。

明”。在这一方案基础上，原来的“小五国”扩大到21国[1]，被称为“ACT集团”（Accountability，Coherence，and Transparency），其协调人是瑞士常任联合国代表。在该集团的建议中，包括改进维持和平行动，加强问责、透明和一致性，加强国际刑事法院与安理会关系，不对种族清洗罪、战争罪和反人类罪使用否决权，以及加强区域组织作用、加强制裁机制和预防机制等内容。[2]该集团方案也得到与安全、人权、保护责任相关的国际非政府组织的大力支持。

小国方案与“争常”国家方案最大的区别在于，小国集团不以扩大安理会席位为重点，侧重改革现有安理会的工作，试图通过限制否决权使用、追求安理会责任、加强安理会与会员国关系等途径提升安理会的权威、效率和效力。这一方案代表了一些非“争常”小国的立场，有其合理成分。其中一些建议有望在今后的改革中得以实现。但其内容中对安理会大国的种种制约恐难获得大国的支持。

此外，围绕联合国改革问题，还存在诸多立场上的分歧，包括人道主义干预问题、维持和平与建设和平问题、大会与安理会关系问题、国际法院和国际刑事法院作用问题等。例如，当一些国家集团和国际组织试图进一步强化国际刑事法院作用时，一些非盟国家却在谈论是否以集体名义退出国际刑事法院之事。非洲国家认为，这一组织自成立以来已经成为逮捕非洲国家领导人的工具，成为“政治而非法律工具”，采取的是“种族主义”行为，这种不公正、非正义的做法是完全不能接受的。[3]

长期以来，虽然会员国都表示支持加强和改革大会和安理会，但在诸如安理会扩大等一些至关重要的问题上，会员国之间仍然存在很大分歧，并形成了

---

① “ACT集团”成员包括：奥地利、智利、哥斯达黎加、爱沙尼亚、芬兰、加蓬、匈牙利、爱尔兰、约旦、列支敦士登、挪威、新西兰、巴布亚新几内亚、秘鲁、葡萄牙、沙特阿拉伯、斯洛文尼亚、瑞典、瑞士、坦桑尼亚、乌拉圭。其中“小五国（S5）”成员为：哥斯达黎加、约旦、列支敦士登、新加坡和瑞士。

② By William Pace，“21 Member States Launch New Initiative to Improve the Working Methods of the Security Council，” Center for UN Reform Education，12 May 2013，http：//www. centerforunreform. org.

③ “African Union says ICC should not prosecute sitting leaders，” http：//www. theguardian. com/world/2013/oct/12/，Saturday 12.

不同的集团。随着联合国成立 70 周年和 2005 年安理会改革方案正式提出 10 周年的临近，持不同立场的联合国改革派都正在聚集力量，以掀起新一轮的改革浪潮。但改革的力量并非完全朝着一个方向，改革方案也是多种多样的。

## （二）区域组织在安全领域的作用得到重视和提升

联合国安理会多次通过决议，强调了区域组织在和平与安全领域的作用，这一点也得到广大会员国的支持。2013 年 8 月，安理会就“联合国与区域和次区域组织在维护国际和平与安全方面合作”这一主题举行了公开辩论。联合国呼吁区域组织以及次区域组织和联合国发挥各自优势，“构建更加富有创新性和灵活性的合作伙伴关系”。①

从 2013 年情况看，冲突地区的地区组织和次区域组织表现得比较活跃，在外交斡旋、调解、监督、维和等多方面都发挥了重要作用。当马里部分军人发动政变后，西非经济共同体（西共体）领导人举行了特别峰会，宣布对马里实施经济和外交制裁，并派遣西共体军队进入马里北部。尼日利亚、多哥、贝宁和乍得等国家都向西共体提供了军队。西共体还派出 250 名观察员前往马里，监督马里举行的总统选举投票。在 2013 年津巴布韦总统选举时，非盟和南部非洲发展共同体（南共体）也派出了大规模观察团赴津巴布韦监督选举，并发布了对大选结果的评估报告。观察员来自南共体 14 个成员国，多达 400 多人。

在维持和平行动方面，联合国已经与非盟和非洲次区域组织，以及欧盟、加勒比共同体、南美洲国家联盟等区域组织开展了合作。区域组织凭借独特的地域优势在区域和平与安全方面得以发挥重要作用，是维护地区和平与安全的重要力量。但一些区域组织自身能力欠缺，尤其需要人力资源上的能力建设，包括技能培训、政治与法律培训、疫情培训等。2010 年海地爆发大规模霍乱，一些方面认定是来自尼泊尔的联合国维和人员将霍乱病毒带入海地，海地方面为此向联合国提出索赔。2011 年，联合国海地稳定特派团的几名乌拉圭军人

① 《潘基文呼吁区域组织与联合国结成更加创新和灵活的合作伙伴关系》，联合国网，2013 年 8 月 6 日，http：//www. un. org/chinese/News/。

在海地实施性侵犯，乌拉圭政府进行了道歉并承担对事件的彻查责任。随着区域和次区域组织成为联合国维和部队的主要来源国，如缺乏相应的能力建设和培训，联合国维和行动的整体水平将难以提高，也难免上述问题损害联合国维和行动的声誉。

## （三）跨区域集团试图在安全领域提升作用，但尚未形成合力

八国集团、二十国集团及金砖国家虽然也表达了在和平与安全领域进行合作的意愿，但这些集团的重心仍然在经济和发展领域，并未在和平与安全领域形成合力，除自身的内部分歧外，也还面临合法性问题。

八国集团外长会议和首脑会议在反恐、武器控制、苏丹等问题上试图发出一致声音。在叙利亚问题上，八国集团也就加大人道主义援助力度、重回谈判、谴责化学武器使用、支持日内瓦国际会议等问题表达了共同意愿。八国集团外长还同联合国共同发布了《防止冲突中的性暴力宣言》。这些迹象都体现出八国集团试图在安全领域发挥作用的努力。

二十国集团在其峰会宣言中也重申了在反洗钱、打击恐怖融资、打击跨国犯罪、反腐败、反恐怖、反毒品走私等领域的共同立场，并继续举办非正式外长会议。在2013年首脑会议期间，俄方还利用各主要国家外长及联合国和阿盟特别代表出席圣彼得堡峰会机会，安排了有关叙利亚问题的非正式会谈。

在金砖国家领导人声明中，也看出该集团试图在安理会改革及叙利亚、阿富汗、巴勒斯坦、马里、刚果（金）、中非等诸多国际热点问题上表达共同立场。该集团国家还表示将“致力于建设一个持久和平和共同繁荣的和谐世界”，为“和平、安全、发展和合作”之崇高目标共同努力。同时俄中也表达了对安理会改革以及对印度、巴西和南非在联合国发挥作用的支持。

无论是八国集团还是二十国集团或金砖国家，其成员为主要发达国家和主要发展中大国，每个成员国在联合国和平与安全领域的贡献都是突出的。这些国家或是安理会常任理事国，或是联合国主要的财政贡献大国，或是联合国维持和平行动的贡献大国。作为一个集团，它们无疑也试图在和平与安全领域发挥更大作用。但到目前为止，这些集团的作用仍然体现在经济、金融、贸易和发展等领域，在和平与安全领域尚未形成合力。鉴于这类集团成

员国的实力和国际影响力，加强其成员国之间的安全合作，提升这类集团在和平与安全领域的作用，这对提升联合国在全球和平与安全领域的作用无疑具有重要意义。

## （四）中国在安全领域加强与联合国的合作

2013 年，中国的联合国会费分摊比例上升（见表 7），中国同意向马里派遣维和安全部队，首次向非洲派遣成建制防暴警察，首次举办联合国维和军事观察员国际培训班，以及联合国秘书长第一次访问中国国防部维和中心等，这些迹象都表明中国新一届领导人将继续支持联合国在和平与安全领域发挥重要作用。

**表 7　2009～2013 年联合国会费摊款最多的 10 个会员国**

| 2009 年 | | | 2013 年 | | |
|---|---|---|---|---|---|
| 国家 | 分摊比例(%) | 会费净额（百万美元） | 国家 | 分摊比例(%) | 会费净额（百万美元） |
| 美　国 | 22.00 | 598.2 | 美　国 | 22.00 | 618.5 |
| 日　本 | 16.62 | 405.0 | 日　本 | 10.83 | 276.1 |
| 德　国 | 8.57 | 208.9 | 德　国 | 7.14 | 182.0 |
| 英　国 | 6.64 | 161.8 | 法　国 | 5.59 | 142.5 |
| 法　国 | 6.30 | 153.5 | 英　国 | 5.18 | 132.0 |
| 意大利 | 5.07 | 123.7 | 中　国 | 5.15 | 131.2 |
| 加拿大 | 2.97 | 72.5 | 意大利 | 4.45 | 113.3 |
| 西班牙 | 2.96 | 72.3 | 加拿大 | 2.98 | 76.0 |
| 中　国 | 2.66 | 64.9 | 西班牙 | 2.97 | 75.8 |
| 墨西哥 | 2.25 | 54.9 | 巴　西 | 2.93 | 74.8 |

资料来源：根据联合国文件数据整理。联合国预算，联合国网，http://www.un.org/zh/aboutun/budget/。

2013 年 6 月，中国政府决定向马里稳定团派遣医疗和安全分队近 400 名官兵。这一举动引起国内外媒体的广泛关注。《金融时报》等国外主要媒体都对此事进行了专门报道和评论，一些外媒评论说，在此次维和行动中，中国派出了“安全部队”，是中国在维和史上的“第一次”，预示着中国向海外派出维和作战部队又进了一步。也有称此次行动反映了“中国对外政策的重大变化”。[1] 虽然中国在苏丹维和中也派遣了类似的“警卫部队”，但鉴于此次派遣的安全部队还肩负着保护其他联合国维和人员安全的责任，的确也标志着中国在参与维和方面迈出了更积极的一步。

此外，中国决定向利比里亚派遣成建制防暴警察也引起国际社会的关注。应联合国请求，中国政府决定于2013年9月向联合国利比里亚任务区派遣一支140人组成的维和警察防暴队，因为这是中国首次向非洲国家派遣成建制维和防暴警察，因而引起了国内外媒体的关注。迄今为止，中国已经向东帝汶、波黑、利比里亚、阿富汗、科索沃和海地等任务区派遣了维和警察，2004年9月，中国向联合国海地任务区派遣了第一支成建制维和警察防暴队。此次中国利比里亚防暴警察到位之后，2013年中国派遣的维和警察人数会有大幅上升（联合国维和经费分摊情况见表8）。

2013年6月，联合国秘书长潘基文访问中国，与中国新一届领导人举行了会晤，也与中国人民解放军总参谋长举行了会谈，并参观了中国国防部维和中心。这是中国新领导人同联合国秘书长举行的首次会晤，也是联合国秘书长首次访问中国国防部维和中心。作为联合国秘书长，潘基文肯定了中国对联合国做出的贡献，赞赏中国是常任理事国中提供维和人员最多的国家，强调了中国参与维和行动的重要性。他对中国承诺向马里维和特派团派遣维和人员表示感谢。秘书长期待中国在叙利亚、缅甸、朝鲜等问题发挥更大作用，也希望中国考虑为发展中国家培训更多维和人员。[2] 中国领导人则重申中国对联合国宪章和宗旨的支持，表示坚决支持联合国在国际事务中发挥更大作用，承诺中国将继续大力推动和平解决国际争端，愿积极参与联合国各领域事务。[3]

① 有关报道和评论见《中国将首次派遣作战部队参加维和行动》，席佳琳北京报道，http://m.ftchinese.com/，“China'offers troops' to UN Mali peacekeeping mission，” http://www.bbc.co.uk/news/world，24 May 2013；《大陆首次成建制安全部队海外维和》，《凤凰周刊》2013年第22期。

② 《联合国秘书长潘基文首次参观中国国防部维和中心》，中国新闻网，2013年6月19日，http://www.chinanews.com/gn/2013/06-19。

③ 见《国家主席习近平会见联合国秘书长潘基文》，中国网，http://news.china.com.cn/live/2013-06/19/。

**表 8　2009～2012 年联合国维和经费分摊最多的 10 个会员国**

单位：%

| 会员国 | 2009 年 | 2010 年 | 2011～2012 年 |
|---|---|---|---|
| 美国 | 25.96 | 27.17 | 27.14 |
| 日本 | 16.62 | 12.53 | 12.53 |
| 英国 | 7.84 | 8.16 | 8.15 |
| 德国 | 8.58 | 8.02 | 8.02 |
| 法国 | 7.44 | 7.56 | 7.55 |
| 意大利 | 5.08 | 5.00 | 5.00 |
| 中国 | 3.15 | 3.94 | 3.93 |
| 加拿大 | 2.98 | 3.21 | 3.21 |
| 西班牙 | 2.97 | 3.18 | 3.18 |
| 韩国 | 2.17 | 2.26 | 2.26 |

资料来源：联合国预算，联合国网，http：//www.un.org/zh/aboutun/budget/。

# 结　语

从 2013 年情况看，联合国在和平与安全领域仍将继续关注叙利亚国内安全局势和化学武器问题。在苏丹、伊拉克等一些冲突频繁国家的维和行动仍会延续，但不会有大幅度的增加和扩大。2013 年，鉴于联合国维和行动存在的必要以及一些所在国的请求，安理会将到期的维和行动进行了延期。例如，在伊拉克的要求下，安理会已决定将伊拉克援助团任期延长至 2014 年 7 月 31 日。此外，联合国驻黎巴嫩部队、叙以脱离接触观察员部队、阿卜耶伊安全部队、西撒哈拉特派团、阿富汗援助团、利比里亚特派团以及塞浦路斯维和部队等都被延长期限。这一方面说明一些维和所在国对维和行动的需求甚至依赖，另一方面也说明一些维和行动的任务是难以在短期内完成的，现有维和机制也需要进一步改进。

如果联合国采用无人机维和的计划得到落实，将鼓励联合国在维和行动中更多采用新武器和新技术，这无疑会带来对传统维和模式的冲击。除了传统的国际冲突外，一些国家发生的政局动荡、国内暴力、难民问题、恐怖活动等，将仍然是联合国在和平与安全领域的经常性关注点。联合国维和行动也更多与选举、反恐、性暴力等问题联系在一起。

除叙利亚化学武器问题外，伊朗和朝鲜半岛核武器问题，以及其他武器控制问题也会是安理会的关注重点。无论是《武器贸易条约》、无人机使用问题，还是叙利亚化学武器问题，在武器控制方面，会员国达成了越来越多的协议。联合国在这一领域的作用也得到会员国的广泛认同。

随着2015年联合国成立70周年的临近，围绕联合国和平与安全机制的改革预计会形成新的一轮高潮。除了“四国集团”继续推动安理会扩大外，会员国很可能就提升大会、国际法院和国际刑事法院在和平与安全领域的作用，改革安理会工作方法，以及改进维持和平、预防冲突机制等方面提出更多的改革方案，不同集团也将围绕联合国改革问题展开新的磋商和角逐。

## 参考文献


安理会关于刚果（金）维和行动决议，S/RES/2098（2013），联合国网，http：//www. un. org。

安理会关于妇女与和平与安全决议，S/RES/2106（2013），联合国网，http：//www. un. org。

联合国大会关于维和经费分摊比额，A/67/224，联合国网，http：//www. un. org。

安理会关于马里维和行动决议，S/RES/2100（2013），联合国网，http：//www. un. org。

安理会2013年关于维和行动决议，S/RES/2086（2013），联合国网，http：//www. un. org。

《振兴大会特设工作组的报告》，A/64/903，联合国网，http：//www. un. org。

《联合国叙利亚化学武器调查小组有关8月21日发生在大马士革姑塔地区的使用化学武器指控的调查报告》，http：//www. un. org/zh/focus/northafrica/syria. shtml。

《武器贸易条约草案》（A/CONF. 217）NON-PAPER，2013年3月18~28日，纽约，http：//www. un. org/disarmament/ATT/docs/20130325_ non-paper-C. pdf/。

CERF Funding by Country（2013）– Summary，http：//www. unocha. org/cerf/cerf-worldwide/.

《维持和平概况介绍》，联合国网，http：//www. un. org/zh/peacekeeping/operations。

Monthly Summary of Military and Police contribution to United Nations Operation，联合国网，http：//www. un. org。

《金砖国家领导人第五次会晤德班宣言》（全文），新华网，http：//news. xinhuanet. com/world201303/28/。

《二十国集团圣彼得堡峰会领导人声明》（全文），中国新闻网，http：//www. chinanews. com/gn/2013/09－11/。

G8 Foreign Ministers' Meeting Statement，http：//www. state. gov/r/pa/prs/ps/2013/04/207354. htm.

G8 Leaders Communique，http：//www. whitehouse. gov/the-press-office/2013/06/18/.

中国新闻网，http：//www. chinanews. com/。

中国网，http：//news. china. com. cn/。

联合国网，http：//www. un. org/。

# 2013 年全球热点聚焦

Global Hotspots

## Y.12

## 新一轮朝核危机与朝鲜半岛安全形势

王 雷*

**摘 要：**

过去一年，朝鲜新一轮卫星试射及核试验引爆新一轮朝核危机。目前，朝鲜半岛安全形势正在呈现新的势态：朝鲜在导弹技术和核能力的武器化上取得进展；半岛无核化原则正面临严峻挑战；军事竞争和对抗在东北亚地区迅速弥漫；相关国家外交政策、对外战略也出现新的调整。新时期，中国维护半岛和平稳定面临严峻挑战。

**关键词：**

朝核危机　六方会谈　核试验

---

* 王雷，中国社会科学院世界经济与政治研究所助理研究员，主要研究国际战略、中国周边安全等问题。

过去一年，朝鲜不顾外界劝阻，接连试射远程火箭并进行核试验，不仅导致国际社会通过政治、外交途径解决朝核问题的努力遭受重大挫折，而且将半岛局势再一次推到了战争的边缘。当前，朝核问题正变得异常敏感和棘手，朝鲜半岛安全形势也呈现新的事态，相关国家的外交政策、对外战略也随之进行深刻调整。新形势下，中国面临着维护半岛和平稳定的严峻考验，朝核问题的未来走向充满不确定性。

## 一 朝鲜半岛安全形势新动态

### （一）朝鲜“射星”及“核试验”引爆新一轮危机

2012 年 12 月 12 日，朝鲜不顾外界劝阻，无视安理会相关决议，运用运载火箭发射卫星。2013 年 1 月 23 日，联合国安理会一致通过 2087 号决议，对朝鲜的挑衅行为进行谴责，要求其不得再使用弹道导弹技术进行发射。① 但是，朝鲜以强硬对强硬做出回应，不仅表示将继续行使“和平利用外太空的权利，采取扩大和加强包括核遏制力在内的自卫军事力量”，而且宣布“六方会谈”和“9·19”共同声明不复存在，“不再进行半岛无核化对话”。2013 年 2 月 12 日，朝鲜进行第三次核试验，爆炸威力较前两次均有提高。3 月 7 日，联合国安理会一致通过 2094 号决议，对朝鲜施加更严厉的经济制裁，要求其不再进行核试验，放弃核武器计划，并重返《不扩散核武器条约》。②

与此同时，从 3 月份开始，美韩两国连续进行高强度联合军演。期间，美国不仅向朝鲜半岛派遣了具备核打击能力的 B－2 隐形轰炸机和“尼米兹”号航空母舰战斗群，而且在阿拉斯加额外增加了 14 部陆基弹道导弹拦截器，同时还借机加快了亚太反导系统的推进步伐，在朝鲜半岛附近海域部署了海基 SBX－1 反导雷达。作为回应，朝鲜以超强硬对强硬，不仅宣布 1953 年停战协定作废，

① 参见安理会 2087 号决议，引自 http：//www. un. org/zh/documents/view_ doc. asp？ symbol = S/RES/2087 （2013）。

② 参见安理会 2094 号决议，引自 http：//www. un. org/zh/documents/view_ doc. asp？ symbol = S/RES/2094 （2013）。

废除互不侵犯协议，切断韩朝之间的热线电话，而且威胁对美日韩三国进行先发制人的核打击。除此之外，朝鲜还在东海岸附近部署了中程弹道导弹。[①] 继2010年“天安舰”事件和“延坪岛”炮击事件后，朝鲜半岛局势再度陷入高度紧张。

### （二）朝核问题日益棘手，半岛安全形势严重恶化

首先，令人担忧的是，朝鲜在导弹技术和核能力的武器化方面取得了快速进展。在2012年12月的卫星发射中，朝鲜使用了“银河－3号”远程运载火箭，由于三级助推均工作正常，外界估计，其射程已远超大浦东1型导弹6700公里的投射范围。这意味着朝鲜已经初步掌握了火箭分离技术和远程运载核弹头的能力。因此，一旦朝鲜在核弹头小型化和飞行器再入技术上取得突破，那么其将完全具备洲际水平的核打击能力，这对地区乃至全球安全格局势必构成严重冲击。2013年2月，朝鲜新一轮核试验当量达到6000～8000吨的水平。从美国方面的反应来看，朝鲜导弹及核计划的最新进展显然超出了其之前的预判。韩国方面也认为，“通过三轮核试验连同20世纪80年代末以来进行的100多次高爆试验，朝鲜很可能在核弹头的小型化、轻量化上实现了突破。”[②]

不过，此次核试验最大的争议是朝鲜是否使用了浓缩铀。由于无法对爆炸地点进行实地探测，所以暂时还不能对此进行准确判定。但是，鉴于2010年朝鲜曾主动向外界展示不俗的铀浓缩实力，加上其官方在核试验后特意使用了“多样化”的表述方式，因此，此次核试验也被认为使用铀浓缩技术的可能性较大。此外，值得警惕的是，随着电脑模拟技术的快速发展，不少核国家在较短的时间内均能实现核武器的小型化。因此，国际社会需要尽快有所作为，否则朝核问题将变得更加复杂化。

其次，半岛无核化原则正在面临严峻挑战。从朝鲜方面来看，新的领导人已经将“核和卫星”定为金正日的首要革命遗产。不仅将“拥核国”正式写进宪法，而且在第三次核试验后提出了“经济与核并举”的新路线。种种迹

① 《朝鲜威胁第二次朝鲜战争，朝韩美军演或致军事冲突》，人民网，2013年3月8日，http://military.people.com.cn/n/2013/0308/c1011－20718548.html。

② Ham, Hyeong-pil, “Changes in North Korea’s Strategic Line and Efforts for Strengthened Nuclear Capabilities,” *Reports of ROK Defense Plolicy*, April 22, 2013.

象表明，朝鲜新政权已经不满足于暗地推进核计划，并将其作为一种筹码，对外换取粮食和能源援助。现在它已开始公开谋求核国家的地位，逼迫国际社会与有核的朝鲜打交道，进而放弃经济制裁、签署和平协定。

朝鲜的挑衅不仅损害了《不扩散核武器条约》的权威性，而且为其他尝试接近核门槛的国家树立了负面示范。目前，韩国保守派势力正在呼吁美国重新在朝鲜半岛部署核武器，同时也要求韩国尽快建设自己的核武装。这两种主张在韩国民众中的支持率已超过六成。① 尽管官方立场对此表示谨慎，但是韩国政府已要求美国放松核监管，修改既有的美韩原子能协议。与韩国相比，日本的拥核呼声也日渐高涨。不仅一些官员公开宣称日本应该拥有核武器，一些媒体也在大肆鼓噪，伺机突破核禁锢。如果这种趋势得不到控制，那么东北亚将面临核军备、核竞赛的巨大风险。

再次，朝鲜的挑衅刺激了东北亚地区的军事化。从韩国方面来看，朝鲜第三次核试验后，主要采取了三方面的动作：一是强化美韩军事同盟，修改联合作战计划，与美军进行高频率的军事演练，加强对朝鲜的军事震慑。二是增加防务预算，大力提升军事装备。韩国新近提交的 2014～2018 财年国防预算已达 1926 亿美元，年平均 385.2 亿美元，较往年大幅提高。其中，重点是加快部署韩国导弹防御系统，购买预警雷达、拦截导弹以及建立指挥控制中心。② 三是强化先发制人的打击能力，韩国军队已装备射程达 1000 公里的巡航导弹，但作为补充性打击力量，韩国正在研发可以覆盖朝鲜全境的弹道导弹。

从朝鲜方面来看，尽管面临资源短缺和装备老化问题，但其也在采取措施升级常规武器。比如在非军事区附近加强远程火炮力量，部署相当数量可对日韩境内以及太平洋地区目标实施打击的机动式弹道导弹。种种迹象表明，朝鲜正在继续研发大浦东-2 型导弹，如果相关技术取得突破，那么其射程有可能达到美国部分地区。③

---

① Kim Jiyoon, Karl Friedhoff, Kang Chungku, "The Fallout: South Korean Public Opinion Following North Korea's Third Nuclear Test," *Reports of The Asan Institute for Policy Studies*, Issue Brief, No. 46, Feb 25, 2013, http://asaninst.org.

② Zachary Keck, "South Korea Goes All In On Missile Defense," *The Diplomat*, July 26, 2013.

③ 相关内容参见美国国防部《朝鲜军力报告》，引自 "Military and Security Developments Involving the Democratic People's Republic of Korea (2012)," *U. S. Department of Defense Reports*, May 2, 2013, http://www.defense.gov/。

从地区军事竞争事态来看，朝鲜核威胁已成为美国重返亚太、日本重新军事化的重要抓手。美国在亚太地区部署的军事力量远远超出了应对朝鲜威胁的需要。日本加速军事化的种种举动与其说是应对朝鲜，不如说是针对中国的战略遏制和军事威慑。上述种种事态很可能加剧东北亚地区日后爆发军事对抗、摩擦乃至冲突的可能性。

### （三）相关国家对外政策、战略、相互关系新调整

首先，从朝鲜方面来看，核试验后，提出“核与经济并举”的新路线，其主要意图是借助导弹及核能力的提升向外界施压，迫使国际社会承认其“拥核地位”。另一方面，朝鲜也在积极开展外交活动，5 月份它向中国派遣了特使，意图缓和两国关系。为了分化美日韩针对朝鲜的统一立场，朝鲜刻意渲染饭岛勋访朝，营造朝日恢复接触的迹象。此外，朝鲜也向韩国释放了对话信号，就重启开城工业园、离散家属团聚等问题进行谈判，意图缓解外交孤立。

其次，从美国方面来看，鉴于朝鲜核能力的提升，奥巴马政府正在改善“战略忍耐”政策的消极成分，其应对策略主要体现在四方面：一是尽力安抚韩国，承诺履行共同防御协定，但也避免韩国强硬派借机挑衅，激化形势甚至谋求发展核武器；二是向中国不断施压，要求中国收紧对朝经济制裁，逼迫朝鲜做出让步；三是修改联合作战计划，提高军事震慑的可信性，防止朝鲜进一步挑衅；四是同步抛出对话诱饵，但前提是要朝鲜承诺弃核。[①] 近期美高官在东亚频繁进行外交穿梭，主要意图就是推进上述计划的落实。[②]

再次，中国对朝政策出现新变化。朝鲜新一轮卫星试射及核试验后，中朝关系出现转冷迹象。由于朝鲜核野心不断膨胀，中国坚决贯彻安理会的相关决议，下决心对其挑衅进行惩戒。根据海关部门最新统计，2013 年上半年中朝贸易总额比去年同期减少 5.8%，其中对朝出口同比减少 13.6%。[③] 虽然近期

---

① Bruce Klingner, “North Korean Threats: What Washington Should Do,” *The Heritage Foudation Reports*, April 8, 2013, http://www.heritage.org/research/reports/2013/04/north-korean-threats-what-washington-should-do.

② 2013 年 4 月至今，美国国务卿克里、对朝政策代表戴维斯、助理国务卿拉塞尔先后在东亚各国穿梭访问。

③ 岛田学：《中朝贸易额上半年减少 5.8%》，日本中文网，2013 年 7 月 30 日，http://cn.nikkei.com。

两国高层互访、战略对话有所恢复，但是朝鲜方面只谈经济，不谈弃核，种种迹象表明，两国在朝鲜问题上的战略分歧依旧明显。

又次，朝鲜第三次核试验后，中韩、中美关系有所接近，特别是针对朝核问题加强了对话和协调。6 月份中美两国元首在安纳伯格庄园举行会晤，双方就维护半岛无核化原则达成共识。与此同时，韩国大选后，中韩关系改善明显。朴槿惠总统 6 月末对华进行了友好访问，中韩领导人就推动半岛无核化，维护地区和平稳定等问题达成多项共识，立场逐步靠近。

最后，与李明博时期强硬的对朝政策不同，朴槿惠政府主张改善朝韩关系，建立“信任政治”，尽管这一理念正在遭受打击，但是新政府试图在“对抗”和“绥靖”之间找到一条新路。① 目前，韩美同盟仍是韩国安全的首要依靠，但新政府也主动加强了中韩双边协调，并且倾向于构建中美韩三边合作机制。就朝韩关系来讲，近期双方已就重启开城工业园区，安排朝韩离散家属团聚、恢复金刚山旅游等问题进行接触，但进展缓慢，对话之路并不平坦。

总的来看，尽管导弹和核技术取得一定进展，但朝鲜的内外处境正变得更为不利。首先，对待其强硬政策，国际社会非但没有承认其“拥核地位”，反而在“弃核问题”上加强了共识和协作。其次，由于制裁措施被收紧，朝鲜推进核计划的成本在加大，改善内部经济环境变得更为困难。再次，朝鲜一意孤行研制核武器正使自己的外部环境变得更为孤立。

## 二　对新一轮朝核危机及其相关变化的深度透视

### （一）此轮朝核危机爆发的原因和背景

表面上看，危机起因似乎是由“和平开发和利用太空权利”的争议引发。过去一年，朝鲜进行了两次卫星试射活动，一次失败一次成功。前一次导致美国中止了 2 月份达成的美朝协议，后一次招致了国际社会的新一轮制裁。作为

① Park Geun-hye, “A New Kind of Korea: Building Trust Between Seoul and Pyongyang,” *Foreign Affairs*, September/October, 2011, http://www.foreignaffairs.com/articles/68136/park-geun-hye/a-new-kind-of-korea.

回应，朝鲜报复性地进行了第三次核试验。从因果关系来看，朝鲜认为，一国和平利用太空资源，推动与经济发展密切相关的卫星技术是完全正当的，把卫星与导弹发射相联系是在搞双重标准，干涉朝鲜事务，否认朝鲜的合法权利。但在美日韩等国看来，发射卫星是朝鲜的虚假借口，其真实目的是要推进远程弹道导弹技术，完善核威慑能力，这种做法不仅直接违反安理会相关决议，而且危及东北亚的和平与安全。

但是，从朝核危机的演进历史以及更深层的逻辑关联来看，我们不能忽视其他几个因素：

首先，从地区安全结构来看，由于南北实力对比不断失衡，长期处于孤立和制裁状态下的朝鲜，始终缺乏安全感，因此奉行“先军政治、拥核自保”就成了国家战略的优先选择。如果说20世纪六七十年代，朝鲜还拥有等同甚至胜过韩国的综合国力，相信其有可能主导半岛统一，那么到了20世纪八九十年代，随着韩国经济迅速崛起，苏联解体、中韩建交以及朝鲜经历内部饥荒，南北双方的实力对比发生了逆转，朝鲜很大程度上不再具备单边强力统一半岛的实力。进入21世纪，南北失衡进一步加剧，朝鲜政治上继续遭受孤立、经济严重匮乏，常规军力衰退。与此相对，韩国政治、经济、军事实力不断增强，美韩军事联盟得到维持并不断强化。面对这种局面，朝鲜寄望于发展核武器改善安全处境，扭转竞争劣势。希望用最短的时间、最小的成本恢复南北均势，以求在半岛未来的对话中获得尽可能同等的话语权。

其次，作为朝核问题和半岛事务最重要的一对博弈方，美朝之间始终无法建立必要的政治互信。事实上早在1994年，美朝就朝核问题曾达成框架协议，条件是美国援建轻水反应堆换取朝鲜冻结核设施，但是用时十年，援建计划只打了地基，重油援助屡不到位。小布什上台后，美国对朝政策转为敌对，不仅废弃了之前的协议，而且将朝鲜列为“邪恶轴心”。与此相对，朝鲜“拥核自保”的决心变得更为坚定，核计划一直在暗中稳步推进。① 六方会谈也没有改善美朝之间的互动模式，双方始终在人道援助、食品能源换取弃核，核查以及

① Christopher R. Hill, “The Elusive Vision of a Non-nuclear North Korea,” *The Washington Quarterly*, Spring 2013, pp. 9 – 11.

暂停导弹试射等问题上相互扯皮。在朝鲜看来，美国谈判是假，颠覆朝鲜政权是真；在美国看来，朝鲜对话是假，为核武器和导弹研发争取时间是真。严重的不信任感使得美朝互动陷入恶性循环，即使达成协议，也得不到认真对待和履行。奥巴马上台后，美国对朝奉行“战略忍耐”政策，虽然在外交上摆出了对话姿态，但是没有对朝鲜的政治要求做出实质回应，也没有改变对朝敌对和孤立的政策。“战略忍耐”的要点是经济制裁和军事威慑，目的是迫使朝鲜在弃核和政权崩溃间做出选择。

再次，从朝鲜半岛内部的小环境来看，2009 年 5 月朝鲜进行第二次核试验后，特别是金正日健康出现问题直到朝鲜进行政权交接这段时间，朝韩关系迅速恶化且持续紧张。在韩国看来，前几任政府的“阳光政策”没有取得实际效果，朝鲜非但没有放弃核野心，反而利用韩国的援助推进核计划，甚至在“阳光政策”实施中就进行了核试验。李明博上任后，对朝政策转为实用主义，一方面改善韩美关系，强化军事同盟，另一方面提出了“无核、开放、三千”的口号，将对朝援助与弃核重新挂钩。新政策引发朝鲜强烈反弹，朝韩关系由对话转为对抗，进入摩擦冲突高发期；在朝鲜看来，“阳光政策”与其说是缓和关系，不如说是“和平演变”。朝鲜认为韩国对朝奉行双轨战略，一种强调硬，通过威慑迫使朝鲜屈服，另一种强调软，诱导朝鲜发生变化，但本质上都希望更迭朝鲜政权，实现韩国主导的统一。金正恩执政后，朝鲜继续奉行先军政策，拒绝与李明博政府进行对话，对韩推行高压政策，后者则以对等姿态进行回应，朝韩关系因此陷入恶性循环，僵局难以打破。事实证明，作为半岛事务最直接的当事方，朝韩关系得不到改善，紧张局势很难缓解。

最后，从朝鲜半岛外部的大环境来看，新一轮朝核危机的爆发也与以下几个背景因素密切相关。首先，从 2012 年下半年至 2013 年初，中国经历了十八大和政府换届，美国和韩国忙于总统大选，日本则重新选举新的首相。与此同时，国际金融危机持续发酵，各国关注重心统统聚焦于经济复苏，在此背景下，内部事务占据了压倒性的优先地位，事实上各方很难拿出足够的精力处理半岛事务。其次，随着美国不断推进“亚太再平衡”战略，中美两国之间的战略猜忌和竞争不断增多。目前中美两国在半岛事务上的战略分歧在加深，这很大程度上影响了两国在朝核问题上的合作。再次，由于日本拒绝就历史问题做出正确认识，并且在领土争端上一意孤行，中日关系、韩日关系正处于冰冻期，这种局面也使得东北亚各国很难坐到一起，通过有效的多边合作和政策协调来处理朝核问题，说服朝鲜放弃核计划。

因此，远因近因相互交错，各种矛盾长期积聚，难以化解。与此同时，半岛内外环境又缺乏必要的制约，这些因素汇聚到一起，致使朝核危机再度爆发。

### （二）相关国家外交政策、对外战略调整的深度解析

**朝鲜：**金正日逝世后，外界对金正恩一度充满想象，期待这位年轻、具备西方留学背景的领袖可以带领朝鲜进行改革开放，融入国际社会。① 一年多来，朝鲜新政权也确实释放了一些令人鼓舞的信号，比如大力吸引外资，颁布新的经济政策，赴海外举行招商会，合作开发经济特区。但令人困惑的是，在推进核计划上，金正恩似乎比其父亲更加激进和冒险。过去一年，朝鲜新政权不仅多次否认实施“改革开放”的可能性，② 而且为了研制导弹和核武器，不惜恶化同外部的关系，甚至威胁对美日韩进行先发制人的核打击。

在解释朝鲜上述行为时，以下细节不容忽视：首先，在权力交接期，朝鲜的表现不乏理性。为了缓解外部压力，新政权主动释放“新经济政策”，吊起外界推动朝鲜“改革开放”的胃口，不仅吸引了大量投资，而且打破了外交孤立。其次，在推进导弹和核试验的做法上，朝鲜的行为与其说是疯狂，不如说是充分展示了外交技巧。无论之前的多次试探，还是后期闯关时机的把握，以及故意制造的被迫升级的假象，都表明朝鲜的冒险不是一时兴起，而是做足了前期规划和风险评估。再次，新政权在政策路线的选择上非常现实。为了加强执政的合法性和权威性，金正恩不仅要强化白头山的革命血统，而且必须要坚持先军政策，因为只有这样，他才能获得军队以及国内强硬派的支持。当然，为了平衡改革派的呼声以及缓解内部经济困难，金正恩的任何新政也必须要包括经济发展的要素。目前来看，只有“核与经济并举”才能满足各派的

① Lucy Williamson, “Will North Korea change under Kim Jong-un?” *BBC News*, Jan 19, 2012, http://www.bbc.co.uk/news/world-asia-16607156.

② 张琏瑰：《朝鲜半岛：2012 年记事（下）》，《世界知识》2013 年第 3 期。

不同诉求，是朝鲜新政权最现实合理的政策选择。

**中国：** 长期以来，中国与朝鲜打交道的方式主要侧重于劝导和奖励，即使对朝鲜的行为有所不满，也因种种顾虑，倾向于较温和地劝诫。事实证明，这套办法效果有限。朝鲜一意孤行发展核武器，不仅恶化地区安全形势，而且严重损害中国利益。

目前，朝核问题已成为美国重返亚太，日本重新军事化的重要抓手，中国因此面临的军事、战略压力显著增大。不仅如此，朝鲜核试验地点距离中国不到100公里，由于其技术、经验十分有限，一旦发生意外，中国恐将面临核污染问题。此外，如果默认朝鲜拥核，东北亚可能出现核武装、核竞赛的多重风险，中国维护周边安全将面临严峻挑战。正是基于上述考虑，中国对朝政策主动做出调整，侧重点由“维稳”向“促朝弃核”转变。为了向朝鲜传递正确信号，中国不仅对朝鲜的冒险行为提出抗议，而且坚决贯彻安理会相关制裁，中朝正常贸易也受到影响。不过，值得注意的是，这种调整并不意味着中国的半岛战略会出现180度的转向。应该看到，长期以来，中国推进半岛战略始终坚持两大原则，具体问题具体分析以及维持不同目标的大致均衡。对于中国来讲，对朝制裁的主要目的还是促使其回归对话，而非对其进一步孤立。另外，尽管中美、中韩关系有所接近，但是美国推进中美新型大国关系的诚意以及朴槿惠政府致力于更加均衡的中韩、韩美关系的尝试还有待考验，因此，任何关于中国朝鲜半岛战略将出现调头转向的判断都过于草率。

**美国：** 朝鲜远程火箭和核试验取得进展显然打乱了美国的战略节奏，引发了美国政界的激烈争论。强硬派指责奥巴马政府的“战略忍耐”浪费时间，主张对朝施加更有力的经济制裁和军事压力；温和派认为，对朝进行经济制裁、军事威慑效果非常有限，应适机与朝重新接触，通过谈判了解朝鲜核计划的真实进展及其战略意图。

对美国来讲，应对朝核问题大概有四种战略选择：一是最彻底的方式无疑是颠覆政权，但目前来看，受内外多种因素制约，这套方案可行性不大，冒险采用代价太高，后果也不可控。二是进一步强化军事威慑，划清红线，阻止朝鲜进一步冒险。如朝鲜再进行导弹测试，那么将予以坚决击落，如再进行核试验，那么安理会决议将不排除武力解决的方案。这种办法可能对朝鲜起到震慑作用，但美国自身回旋余地也将大为缩减，风险仍然过大。三是同步加强制裁和对话，加大朝鲜拥核的成本，迫使朝鲜知难而退。这种办法好处是风险可控，朝鲜似乎也很在意，但短期内难见成效。四是与朝鲜达成交易，只要其核武器不针对美国，不从事扩散活动，那么美国可以接受或默认朝鲜是有核国家，因此可以甩掉沉重包袱。这种方式看似具有吸引力，但可行性也很小。首先，过往经历已经证明，美朝之间很难建立互信，即使朝鲜做出承诺，美国也不会轻易相信，反之亦然。其次，朝鲜既不是东亚的以色列，也不是亚洲的印度，美国也不愿因为朝鲜丢掉韩美同盟，彻底失信于中国。再次，默认朝鲜拥核等同于放任东亚国家进行核竞赛，不仅破坏地区和平稳定，而且危及美国的霸权地位。最后，美国民众也不会认同朝鲜的体制和行为，难以支持美国与朝鲜达成交易，短期内出现转变的可能性也不大。因此，对美国来讲，目前最切实可行的还是第三种方案，奥巴马政府倾向于短期内继续施压，降低朝鲜预期，中长期适机对话，诱导朝鲜做出让步。

**韩国：**朝鲜核试验引发了韩国朝野的激烈争论，在野党指责政府的强硬政策不仅没有带来半岛稳定，也没有使朝鲜更加注意自己的言行，他们主张重新对话、修复韩朝关系。执政党认为，针对朝鲜的核讹诈，韩国不能让步，应该强化韩美同盟，遏制其冒险倾向。事实上，尽管来自保守派阵营，但在竞选期间，朴槿惠就主张修复李明博任期内持续恶化的韩朝关系，并为此提出了两个新观念：一是“朝鲜半岛信任进程”，即主张韩国政府在拥有足够威慑力的基础上，逐步积累韩朝之间的相互信任，最终实现半岛的和平稳定；① 二是“东北亚和平合作的构想”，即希望地区各国先围绕气候变化、反恐、核安全等容易达成共识、非政治性的话题进行合作，建立互信，然后在此基础上，推进政治领域的合作。

应该讲，朴槿惠的政策不乏新意，但在实际运作中显然遇到了麻烦：首先，朝鲜对于韩国的新动作始终抱有强烈的警戒心。对于任何以信任、合作名义开展的多边对话，只要这种努力是以非核化为目标，那么朝鲜必然会采取强

① Park Geun-hye, “A New Kind of Korea: Building Trust Between Seoul and Pyongyang,” *Foreign Affairs*, September/October, 2011, http://www.foreignaffairs.com/articles/68136/park-geun-hye/a-new-kind-of-korea.

烈的抵制态度。其次，美国对韩国新政策的态度一直较为谨慎。朴槿惠访美期间曾与奥巴马讨论“信任进程”和“东北亚和平合作构想”，并在美国国会演说时提议推行这种计划。但目前为止，美国并未做出积极呼应。可见，美国未能完全理解韩国政府的真实意图，还需要时间去判断。朝鲜第三次核试验后，韩国对朝政策短期内必然转向强硬，除加强了韩美、中韩的双边对话外，还提议构建中美韩三边合作机制，但目前来看，中美两国对此都有保留，不希望加重朝鲜、日本等国的顾虑。总而言之，韩国新政策的效果有待进一步检验。从长期来看，“信任政治”或许有助于改善南北关系。

## 三　结论与前景展望

目前来看，朝核问题正变得异常复杂和棘手。与四年前相比，国际社会当前面对的是一个核野心大为膨胀，并且具备可观核实力的朝鲜，随着导弹和核技术取得显著突破，朝鲜距离核能力武器化的门槛越来越近。种种迹象表明，朝鲜“拥核自保”的决心日益坚定，现在它已不愿用“弃核”来做交易，换取粮食和能源援助，它更希望国际社会认可其“拥核国”的地位，然后在此基础上，谋求对外关系正常化。因此，就朝核问题本身而言，“促朝弃核”这一前景正变得愈发困难，在可预见的未来，国际防扩散努力恐将面临更严峻的考验。

就总体局势而言，目前半岛仍然存在危机升级，引发摩擦和冲突的风险。不过，爆发大规模战争的可能性不高。从朝鲜方面来看，主动挑起战争的可能性不大。打常规战争，朝鲜没有胜算，如果冒险使用核武器，势必遭受核报复，政权也难以保全，这种代价朝鲜无法承受。应该看到，朝鲜拥核的首要目的还是维持政权生存，防止外敌入侵。在此之上，才考虑改善内部处境和国际地位的问题。但是，无论是地理环境还是经济基础，朝鲜都不具备成为核大国的生存条件，核武器对于朝鲜更多是威慑工具，而不是战争手段。

从美国方面来看，尽管其一直希望推翻朝鲜政权并为此制定了一系列作战计划，[①] 但是对朝实施打击也要具备一定的前提条件，比如朝鲜发生内乱，美

① 韩美对朝鲜作战计划拥有多个版本，代号“502X”，每个版本针对的重点不同。

国可以掌握朝鲜核武器的准确情报，可以有效控制战争升级的进度，或者朝鲜触碰底线，向外扩散大规模杀伤性武器。但目前来看，这些条件都不具备。朝鲜权力交接比外界想象的要平稳，各派在维护金正恩核心领导结构问题上是存在共识的。[①] 对于朝鲜核能力的评估，美国情报界历来存在短板[②]。至于掌控战争升级的进度，自朝鲜核能力得到显著提升后，这种前景变得愈发困难。

从现实角度考虑，由于经济复苏缓慢，深陷中东乱局以及应对中国崛起的困扰，美国不希望在错误时间、错误地点再次介入一场错误战争，因此，当前维持半岛现状和稳定也是美国最现实合理的选择。此外，中韩两国也是制约美朝各自政策危险成分的重要力量，随着自身实力不断壮大，中国维护半岛和平稳定的决心愈发坚定，对半岛事务的影响力也越来越大。对韩国来讲，只要其不下决心进行迁都，扩大战略纵深，那么避免冲突仍然是韩国的首要安全关切。事实上，各方都希望将对抗、摩擦或者冲突限定在可控的范围内。

就解决问题的前景而言，经过一轮急风暴雨般的军事对峙、相互谩骂以及核恐吓后，半岛局势似乎有所平静。由于之前的挑衅和威慑均未取得预期效果，各方的立场有所松动。无论是朝鲜还是美日韩，都表示愿意通过对话、谈判方式解决问题。但是，各方设定的对话门槛都很高，朝鲜方面要求美韩停止军演，解除经济制裁，签订和平协定，美日韩则要求朝鲜先做出弃核的具体行动，然后才能恢复对话。在这种背景下，短期内恢复六方会谈面临较大障碍。显然，各方博弈仍在持续，实质问题没有进展，朝核问题依然充满不确定性。

鉴于上述事态的复杂性，在可预见的未来，我们大体可以预见两种前景：一是美国继续集中精力于国内经济复苏，且因中东乱局无法抽身；而朝鲜迫切需要缓解内部经济困难，争取援助，这种情况使得美朝都希望缓和局势，从而在现有立场上各退一步，恢复对话。与此同时，中韩在维护半岛和平稳定问题上立场靠近，进而推动现有缓慢进行的朝韩、中朝对话取得积极进展，朝鲜在东北亚的安全处境随之得到一定改善，再加上中美在维持半岛无核化问题上保持合作，那么六方会谈很可能适机重启，在此基础上，各方如能达成新的协

---

① 金灿荣：《东北亚新变局与后金正日时代的朝鲜半岛》，《现代国际关系》2012 年第 1 期。

② Bryan Monroe, "5 things we still don't know about North Korea's nukes," *CNN*, April 12, 2013 http: //edition. cnn. com.

议，即通过对朝安全保障和经济援助重新换取朝鲜无核化承诺，那么半岛局势将大为缓解。

但是，鉴于相关问题的多变和复杂，我们也不能排除另一番景象，即基于经久的意识形态对抗连同更迭朝鲜政权的巨大吸引力，美国很可能追求利益最大化，即奥巴马政府无视朝鲜安全诉求，继续对其实施强硬政策；而朝鲜在看到对话无望，安全又无保证的情况下，势必坚决推进新一轮导弹测试和核试验。与此同时，中、韩、俄、日等国又难以建立"统一战线"，在朝核问题上无法对美、朝各自政策的危险成分进行有效制约，那么在不远的将来，东北亚或将面对朝鲜核武库以及半岛局势轮番升级的巨大风险。

显然，第二种结果大家都不希望看到。因此，摆在各国面前最紧迫的任务是，尽快在六方会谈的框架下恢复各种形式的对话和接触。另外，为了东北亚的持久和平与稳定，各国应尽最大努力争取朝核问题和平解决。

## 参考文献


安理会 2087 号决议，引自 http：//www. un. org/。

安理会 2094 号决议，引自 http：//www. un. org/。

《朝鲜威胁第二次朝鲜战争，朝韩美军演或致军事冲突》，人民网，2013 年 3 月 8 日。

《中朝贸易额上半年减少 5.8%》，日本中文网，2013 年 7 月 30 日。

金灿荣：《东北亚新变局与后金正日时代的朝鲜半岛》，《现代国际关系》2012 年第 1 期。

张琏瑰：《朝鲜半岛：2012 年记事（下）》，《世界知识》2013 年第 3 期。

Bruce Klingner, "North Korean Threats: What Washington Should Do," *The Heritage Foudation Reports*, April 8, 2013, http://www. heritage. org.

Bryan Monroe, "5 things we still don't know about North Korea's nukes," *CNN*, April 12, 2013 http://edition. cnn. com.

Christopher R. Hill, "The Elusive Vision of a Non-nuclear North Korea," *The Washington Quarterly*, Spring 2013, pp. 9 – 11.

Ham, Hyeong-pil, "Changes in North Korea's Strategic Line and Efforts for Strengthened Nuclear Capabilities," *Reports of ROK Defense Plolicy*, April 22, 2013.

Kim Jiyoon, "The Fallout: South Korean Public Opinion Following North Korea's Third Nuclear Test," *Reports of The Asan Institute for Policy Studies*, Issue Brief, No. 46, Feb 25,

2013, http: //asaninst. org.

Lucy Williamson, "Will North Korea change under Kim Jong-un?" *BBC News*, Jan 19, 2012, http: //www. bbc. co. uk.

"Military and Security Developments Involving the Democratic People's Republic of Korea (2012)," *U. S. Department of Defense Reports*, May 2, 2013, http: //www. defense. gov/.

Park Geun-hye, "A New Kind of Korea: Building Trust Between Seoul and Pyongyang," *Foreign Affairs*, September/October, 2011, http: //www. foreignaffairs. com.

Zachary Keck, "South Korea Goes All In On Missile Defense," *The Diplomat*, July 26, 2013.

Y.13

# 全球海洋与岛屿争端

薛力 李骁*

**摘 要：**

海洋与岛屿争端是近年来比较受各国政要和学者关注的热点话题，过去几年全球范围的海洋与岛屿争端此起彼伏，争端的数量与复杂程度都在逐步增加。比较引人关注的如北方四岛（南千岛群岛）争端、独岛（竹岛）争端、南海争端、马尔维纳斯群岛（福克兰群岛）争端和直布罗陀争端等。有关国家试图通过政治途径和法律途径解决争端，一些争端得到成功解决，但另一些争端仍然存在甚至激化。一些争端仍会走政治解决途径，但通过法律途径解决也是一大趋势。

**关键词：**

海洋争端 岛屿争端 政治途径 法律途径

## 一 对过去几年全球海洋争端的总体评述

由于涉及重大经济利益、民族情感、国内政治斗争等众多因素，海洋和岛屿争端（以下简称海洋争端）并不容易解决，迁延几十年是常事，许多争端迄今看不到解决的迹象。从数量上看，海洋争端涉及全球近 60 个国家，占全球沿海国的 40%。[①]

---

* 薛力，中国社会科学院世界经济与政治研究所副研究员，主要研究领域：国际战略、能源政治、东亚整合、南海问题。李骁，中国社会科学院研究生院研究生，研究兴趣：海洋战略、地缘政治。

① 《全球近 60 国家存岛屿争端 多诉诸国际法庭解决》，人民网，http://world.people.com.cn/n/2012/0821/c1002-18787604.html。

二战后各国解决海洋争端的途径基本分为两大类——政治途径和法律途径。政治途径指由当事国政府主导，以政府间谈判为主，辅之以军事、经济等手段的解决方式。法律途径是指把争端提交给国际法院、联合国海洋法法庭等国际法律机构，执行其判决或裁决的争端解决方式。

总体看，以政治途径解决的海洋争端通常影响比较大，会持续地引发国际性关注，但数量相对较少。以法律途径解决的海洋争端数量甚多，国际法院已经判决或受理但尚未判决的案例就有近200个，提交联合国海洋法法庭、联合国海洋法仲裁法庭、联合国大陆架界限委员会裁决的案例还有许多。考虑案例的代表性与地区平衡，我们列出如下案例（见表1）。

**表1　全球海洋争端的代表性案例**

| 争端名称 | 解决方式 | 争端当事国 | 争端海域或岛屿 | 解决情况（截至2012年年底） |
|---|---|---|---|---|
| 独岛问题 | 政治解决 | 日本、韩国 | 独岛（竹岛） | 未解决 |
| 钓鱼岛问题 | 政治解决 | 日本、中国 | 钓鱼岛群岛及周边海域 | 未解决 |
| 南海问题 | 政治解决 | 中国、越南、菲律宾、马来西亚、文莱、印度尼西亚 | 南海部分海域及南沙群岛等岛礁 | 未解决 |
| 海湾三岛问题 | 政治解决 | 伊朗、阿联酋 | 阿布穆萨岛、大通布岛、小通布岛 | 未解决 |
| 波斯湾争议区油气开采争端 | 政治解决 | 沙特阿拉伯、科威特 | 波斯湾中立区 | 已解决 |
| 北方四岛问题 | 政治解决 | 俄罗斯、日本 | 北方四岛（南千岛群岛） | 未解决 |
| 罗蒙诺索夫海岭争端 | 政治解决 | 俄罗斯、加拿大、丹麦 | 罗蒙诺索夫海岭附近海域 | 未解决 |
| 图兹拉岛之争 | 政治解决 | 俄罗斯、乌克兰 | 图兹拉岛及周边海域 | 未解决 |
| 巴伦支海与北冰洋争议 | 政治解决 | 俄罗斯、挪威 | 巴伦支海与北冰洋部分海域 | 已解决 |
| 马尔维纳斯群岛之争 | 政治解决 | 英国、阿根廷 | 马尔维纳斯群岛（福克兰群岛） | 未解决 |
| 直布罗陀问题 | 政治解决 | 英国、西班牙 | 直布罗陀半岛及相关海域 | 未解决 |
| 苏尔特湾问题 | 政治解决 | 美国、利比亚 | 苏尔特湾海域 | 未解决 |

续表

| 争端名称 | 解决方式 | 争端当事国 | 争端海域或岛屿 | 解决情况（截至2012年年底） |
|---|---|---|---|---|
| 卡塔尔诉巴林案 | 法律解决 | 卡塔尔、巴林 | 祖巴拉、哈瓦群岛、贾南岛 | 已解决 |
| 孟缅大陆架案 | 法律解决 | 孟加拉国、缅甸 | 孟加拉湾AD7区块 | 已解决 |
| 白礁岛之争 | 法律解决 | 马来西亚、新加坡 | 白礁岛 | 已解决 |
| 利吉坦岛和西巴丹岛争端 | 法律解决 | 马来西亚、印度尼西亚 | 利吉坦岛、西巴丹岛 | 已解决 |
| 东海外大陆架问题 | 法律解决 | 中国、日本 | 东海部分二百海里以外大陆架 | 未解决 |
| 北海划界案 | 法律解决 | 德国、荷兰、丹麦 | 德、荷、丹之间北海大陆架 | 已解决 |
| 黑海划界案 | 法律解决 | 罗马尼亚、乌克兰 | 蛇岛及其附近海域 | 已解决 |
| 圭亚那与苏里南划界争端 | 法律解决 | 圭亚那、苏里南 | 科兰太因河河口附近专属经济区及大陆架边界 | 已解决 |
| 尼加拉瓜诉哥伦比亚案 | 法律解决 | 尼加拉瓜、哥伦比亚 | 莫斯基托海岸、圣安德烈斯群岛 | 已解决 |
| 尼加拉瓜与洪都拉斯争端 | 法律解决 | 尼加拉瓜、洪都拉斯 | 伯贝礁、萨凡纳礁、皇家港礁和南礁 | 已解决 |
| 秘鲁诉智利案 | 法律解决 | 秘鲁、智利 | 两国交界处的领海水域 | 未解决 |
| 喀麦隆与尼日利亚海疆划界案 | 法律解决 | 喀麦隆、尼日利亚 | 喀麦隆与尼日利亚之间G点到X点的海上边界 | 已解决 |

资料来源：作者整理。

依据表1，在政治解决的争端中，可以得出如下几个结论：①在12个走政治解决途径的案例中，世界大国（四个常任理事国与经济大国日本）成为争端一方的有10个，占绝大部分。说明大国更倾向于政治解决。②大国涉及的案例中，只有1个得到解决。余下两个没有世界大国参与的案件中，已经解决了1个。这说明大国涉及的争端政治解决的成功率很低。捎带提及一点：伊朗与阿联酋的争端虽然没有解决，但伊朗向阿联酋出口天然气的管道很快就要竣工。[①] 这种合作并未出现于大国涉及的案例中。修建俄罗斯到日本海底天然

① 《伊朗称已为向阿联酋等国输出天然气做好准备》，人民网，http://world.people.com.cn/n/2013/0217/c157278-20507120.html。

气管道一直没有进展，进一步说明涉案大国对待合作的态度有待于提升。③大国中涉案数量分别为：俄罗斯4个（其中一个已解决），日本3个，中国与英国各2个，美国1个。说明日俄在这方面的任务繁重，有必要加快这方面的进度，以便更好地体现大国的形象与责任。④12个案例中4个发生在太平洋西岸（中韩之间争端的苏岩礁也位于太平洋西岸。这个争端由于两国的克制，迄今对两国关系影响不大，本文未列入），说明这一带是海洋争端高发区。

从表1法律争端的案例中，我们也可以得出几点结论：①12个案例中，大多为小国之间的争端，这说明小国争端走法律解决途径比较普遍。②12个案例中，已经获得解决的有10个，说明此类争端获得解决的成功率比较高。另外两个案例中，东海外大陆架争端因为与东海专属经济区争端相连，后者需要通过政治途径解决，目前还没有走法律途径的迹象。秘鲁与智利争端案例，两国商界都表示不影响两国企业界关系。[①] ③来自亚洲与南美洲的案例占了大多数，说明这两个地区对国际法有信心者并非个别现象。这一点也值得力主政治解决的大国借鉴。

## 二　海洋及岛屿主权的政治解决进程

如前所述，西太平洋是海洋争端的高发区域，发生了一些影响重大的争端，其热点包括北方四岛（南千岛群岛）争端、独岛（竹岛）争端、南海争端等。在其他地区争端中，比较引人关注的如马尔维纳斯群岛（福克兰群岛）争端和直布罗陀争端，这两个案例的影响力、烈度等都比较突出。

### （一）北方四岛争端：俄罗斯的“平手”解决与日本的“全部归还”

2004年，俄罗斯决定向日本归还北方四岛中面积较小的齿舞群岛和色丹岛（占争议地区领土面积的7%），这是继20世纪50年代后的第二次，但依旧被明确拒绝。2009年7月，日本参议院通过的《促进北方领土问题解决特

① 中国驻秘鲁使馆经商处：《秘鲁智利领海争端的最终判决将不会影响两国企业界关系》，http：//pe. mofcom. gov. cn/article/jmxw/201308/20130800274809. shtml。

别法》修正案，明确规定“北方领土为我国固有领土”，这是日本首度在法案中将北方领土明定为日本“固有领土”。2010 年 11 月，时任俄罗斯总统梅德韦杰夫登上北方四岛中的国后岛。2012 年 3 月，再次当选总统的普京又一次表示，俄罗斯愿意归还南千岛群岛中的齿舞群岛和色丹岛。对此，时任日本首相野田佳彦表示，这两岛仅占四岛总面积的 7%，占 93% 的另外两岛不归还就谈不上公平。[①] 2013 年 1 月，日本表示将坚持对北方四岛归属的原有方针，在此前提下对四岛何时归还日本可以灵活处理。同年 8 月 19 日，两国副外长启动和平条约和领土问题谈判。

值得注意的是，2013 年 9 月，俄罗斯总统新闻发言人佩斯科夫表示，将以“平手”方式解决领土争端，即“不分输赢，没有胜利者和失败者”。[②] 这是俄罗斯首次强烈暗示，可以让步到真正平分的程度。对于俄罗斯来说，除了黑瞎子岛，还没有让步如此大的先例。现在的问题变成了日本一定要得到全部四个岛屿，然后再与俄罗斯签署和平协定。这显然不现实，日本毕竟在《旧金山和约》第二章第二条中放弃了对千岛群岛的一切权利，而千岛群岛不包括北方四岛的说法很难被公认。

如果说 20 世纪 50 年代日本没有同意苏联的提议主要是因为美国的压力，现在则是日本自身的原因：民众情感上不容易接受；安倍晋三在周边外交上奉行强硬路线，更不会同意。

### （二）独岛（竹岛）争端：韩、日民族主义的试验场

20 世纪 50 年代之前，韩日双方都没有对此岛形成实际控制。1948 年韩国建国后，美军将其占领下的半岛领土一起交给了韩国，但独岛（竹岛）的归属却没有明确指出。1952 年 1 月 18 日，基于韩国总统李承晚的海洋主权宣言，韩国单方面宣布了一条渔船进入禁止线，即“李承晚线”，包括韩国统治下的独岛。韩国称呼其为“平和线”。从此独岛问题引起了日本的注意。

---

① 《普京表示愿意归还北方两岛　野田强调称应全部归还》，凤凰网，http：//news. ifeng. com/mil/1/detail_ 2012_ 03/09/13076851_ 0. shtml。

② 《俄日将以“平手”方式解决领土争端》，人民网，http：//world. people. com. cn/n/2013/0906/c157278 –22823588. html。

2005 年 3 月，日本岛根县议会决定将每年的 2 月 22 日定为“竹岛日”。2006 年 4 月 14 日，时任日本首相的安倍晋三宣布，日本决定从当日开始勘测竹岛周边水域，这是第二次世界大战结束以来日本政府第一次对竹岛展开勘测活动。2012 年 8 月 10 日，时任韩国总统李明博在陆、海、空三军的戒备保护下登上独岛，成为韩国建国以来首位登上该岛的国家元首。2013 年 2 月 22 日，日本内阁官房长官菅义伟在记者会上说，竹岛是日本的固有领土，派遣政务官出席“竹岛日”活动是理所当然的事，希望民众更加关心竹岛问题。① 8 月 13 日，韩国最大的在野党民主党领袖金汉吉访问独岛，谴责日本政客美化侵略历史的错误言论。几乎同时，韩国独岛宣传使团前往美国，宣传韩国维护独岛领土权益的主张。

独岛争端经过多年的演化，目前已经成为双方民族主义的试验场，任何一方都很难做出让步，但也不大可能为此爆发大规模冲突。长远地看，可能还是要走法律解决途径。目前双方能做的就是适当淡化对这一争端的关注，减少其对两国关系的影响。

### （三）马尔维纳斯群岛（福克兰群岛）争端：双方日趋理性应对

1982 年 4 月 2 日，阿根廷政府派兵占领马尔维纳斯群岛，英国当即宣布与阿根廷断交并派出特遣舰队。6 月 14 日，英军攻占马岛首府斯坦利港，驻岛阿军宣布投降。但一边倒的战争结果并未解决马岛问题。

马岛战争后英国恢复了对该群岛的控制，但阿根廷始终没有放弃马岛主权声索，并为此采取了一系列措施。1992 年，联合国非殖民化委员会一致决议，再次要求阿英加紧对话，和平解决福克兰群岛争端。阿曾提出按“香港租借”方式解决马岛问题和向马岛派遣联合国和平部队等建议，均遭英拒绝。1994 年，阿将对马岛的主权要求写入新修改的宪法中。2010 年 2 月 16 日，阿根廷政府派军舰封锁马岛海路；而英国政府亦不甘示弱，立即派出驱逐舰“约克号”为主的舰队“捍卫主权”，两国军事冲突一触即发。但最后并没有发展为冲突，双方与美洲国家组织都表示要以和平方式解决争端。2013 年 1 月 3 日，阿根廷总统

---

① 《日本首次派高官出席“竹岛日”活动》，新华网，http：//news. xinhuanet. com/world/2013 - 02/22/c_ 114769284. htm。

克里斯蒂娜在英国的报纸刊登致英国首相卡梅伦的信，要求英国归还通过殖民战争掠取的马岛。6日，英国首相卡梅伦表示，必要的时候英国将不惜发动战争，以保卫福克兰群岛的主权。[①] 8月23日，阿根廷政府发表官方公报，宣布取消在马岛进行石油勘探活动的四家英资石油公司在阿根廷运营的资格。

阿根廷持续加强对马岛主权的声索短期内很难获得实质性进展：①英国实际控制马岛，并驻扎大批军队；②绝大多数居民的语言、文化、生活习惯等都更加倾向于英国；③英阿两国的军力对比依然明显有利于英国，且英国得到了美国的支持。因此，这将是一场“持久战”，最后可能会在考虑岛上居民意愿的基础上，通过和平方式解决。

### （四）南海争端：从“宣言执行”走向“准则磋商”

南海争端的复杂性在于涉及的国家与地区多，包括中国大陆、中国台湾、越南、马来西亚、印尼、文莱、菲律宾等“六国七方”，非声索国如美国、日本、印度等国也陆续卷入南海争端。

解决南海争端的难点有几个：①九段线的效力。中国大陆认为中国最早开发、利用、命名南海岛礁与资源，在九段线内享有历史性权利。但中国没有就九段线的内涵给予清晰的说明，只是声明“中国对南海诸岛及附近海域拥有无可争辩的主权”。中国台湾依然坚持九段线并占据南沙最大岛屿太平岛，但在放弃《南海国统纲领》后，应对上的策略是：总体低调，以不影响与东盟国家关系大局为原则。②专属经济区的确定。东盟五个声索国中除越南外的四个，都主张《联合国海洋法公约》应该成为南海划界的主要依据。但它们的专属经济区之间也存在重叠，而且只有马来西亚与文莱就划分专属经济区达成协议。③岛礁在联合国海洋法公约中的地位。如何看待低潮水位以下的暗礁、哪些岛礁可以拥有领海、哪些岛礁可以拥有专属经济区，都没有共识。④中国大陆、中国台湾、越南、马来西亚、菲律宾都占领了一些南海岛礁并派驻部队，东盟五个声索国还在自己主张的专属经济区内进行了油气开发，这也给争

---

① 《卡梅伦称必要时将开战保卫马岛　阿根廷反应强烈》，新华网，http：//news. xinhuanet. com/world/2013 -01/07/c_ 124197231. htm。

端的解决增加了难度。

近几年，声索国都加大了对南海的管理力度。2009 年越南、菲律宾、马来西亚都向联合国大陆架界限委员会提交了自己的划界案，马越还提交了联合提案。同年，中国提交了外大陆架初步信息，并首次提交标有九段线的地图。菲律宾 2009 年通过的“领海基线法”，将中国的南沙部分岛礁和黄岩岛划入菲领土；2012 年 4 月挑起黄岩岛争端；2013 年向国际仲裁法庭提出四点仲裁请求，要求裁决中国的九段线无效（invalid）。越南则制定了海洋战略，强化对南海的开发与管理，增强海上军事力量，2012 年 6 月通过《越南海洋法》，将西沙群岛和南沙群岛包含在其“主权”和“管辖”范围内，[1] 并大力推进南海问题的国际化。文莱、马来西亚与印尼则加大了在争议海域的油气开采力度。作为应对，中国在 2012 年成立三沙市，组建三沙警备区，强化了对南海的巡航执法。2012 年成立中央海权办也与此部分关联。2013 年 3 月合并四家海上民事执法机构组成中国海警局。

各声索国都无意通过非和平手段解决争端，东盟地区论坛、南海各方行为宣言为南海形势稳定提供了政治保证。目前各方争论的重心是南海行为准则（COC），东盟声索国以及美国、日本、印度、欧盟等主张尽早制定具有约束力的行为准则，中国、柬埔寨等主张先落实 2011 年制定的《南海各方行为宣言》指导方针，以便为制定准则积累经验。

最近的进展是，各方同意探讨“南海行为准则”问题。2013 年 9 月 14 ~ 15 日在苏州举行的落实《南海各方行为宣言》第六次高官会就此进行了磋商。[2] 应该说，南海争端处于总体可控的状态下，“和平解决、不影响彼此关系的大局”是共识。但这个问题的解决不可能一蹴而就。即便是南海准则的制定进程，也有必要强调“顾及各方的舒适度”这一东盟方式的核心内涵，本着“合理预期、协商一致、排除干扰、循序渐进”的方式推进。[3]

---

① 《关注中国南海领土争端》，凤凰网，http：//news. ifeng. com/mainland/special/nanhailingtuzhengduan/。

② 《中国东盟高官会 14 日在苏州举行磋商“南海行为准则”》，新华网，http：//sz. xinhuanet. com/2013 - 09/11/c_ 117320437. htm。

③ 《王毅就“南海行为准则”进程提四点看法》，凤凰网，http：//news. ifeng. com/mainland/special/nanhailingtuzhengduan/content - 3/detai。

### （五）直布罗陀争端：兜兜转转后又陷僵局

直布罗陀问题是围绕直布罗陀半岛及附近海域的争端，争端方是英国和西班牙两国。直布罗陀半岛位于伊比利亚半岛南端，扼大西洋和地中海咽喉，面积为5.8平方公里，人口约3万。直布罗陀海峡长90公里，宽12~43公里，是大西洋和地中海之间唯一的海上通道。①

直布罗陀在1501年被并入西班牙版图，但在1713年被英国通过《乌德勒支和约》占有。1830年，直布罗陀成为英国的殖民地和海军基地。此后，直布罗陀地区的一切军政事务均由英国王室委派的总督统管。1991年3月18日，英国正式将直布罗陀的防务移交给由当地人组成的团队，从而结束了英国在这个地区长达287年的军事存在。

2002年，英国国会迫于多方压力，终于原则上同意西班牙政府提出的共享主权的要求，然而双方的协议却遭到了直布罗陀民众的强烈反对。同年7月，直布罗陀举行全民公投，99%的居民反对西、英共享主权。② 2004年10月27日，英、西两国外交大臣在马德里发表联合公报宣布，两国决定暂时搁置对直布罗陀主权问题的争议，同意成立西、英、直三方对话论坛。但到了2013年，英、西两国围绕直布罗陀的争端又趋尖锐。8月7日，英国首相卡梅伦告诉西班牙首相拉霍伊，英国在直布罗陀主权上的立场不会改变。拉霍伊在8月9日也针锋相对地表示，西班牙将采取“一切必要措施”，保卫其在直布罗陀的利益。8月12日，英国派出多艘战舰起程赴地中海进行军事演习。8天以后，英国拒绝了西班牙就直布罗陀的主权归属问题进行英、西两国一对一谈判的提议。③ 此前一天，欧盟决定派出调查小组对直布罗陀争端进行调查。

直布罗陀半岛及其相关海域的主权问题从根本上说是殖民主义的遗留问题，是典型的政治争端。直布罗陀半岛本是一块没有河流、没有耕地的贫瘠土

---

① 《直布罗陀问题的由来》，新华网，http：//news. xinhuanet. com/world/2006 - 09/19/content_5110660. htm。

② 《直布罗陀：弹丸之地上的300多年争夺战》，新华网，http：//news. xinhuanet. com/world/2013 - 08/15/c_ 116952121_ 3. htm。

③ REUTERS，“*Britain rejects Spanish request for Gibraltar talks*，” http：//www. reuters. com/article/2013/08/20/us - spain - gibraltar - idUSBRE97J0D420130820.

地，其附近海域也并没有丰富的油气资源。但正是这样“荒凉”的地区，却引发了英国与西班牙长达300多年的争夺，根本原因在于它是扼守直布罗陀海峡这条战略通道的“门户”。

由于英、西两国在直布罗陀问题上都向对方摆出了“步步紧逼”的姿态，这使得围绕直布罗陀主权的冲突程度不降反升。加上直布罗陀民众公投宣告了英、西“共享主权”设想的破产，这更使直布罗陀问题的解决变得遥遥无期。可以预见，作为海洋政治争端的直布罗陀问题短期内以法律方式解决的可能性微乎其微。

## 三　海洋及岛屿主权的法律争端与司法解决

1982年，《联合国海洋法公约》（以下简称《公约》）签订，依照《公约》条款，很多国家的领海、毗连区、专属经济区等都可能与周边国家交叉或重叠。另外在一些情况下，同一片海域或同一座岛礁，可能用不同的标准来划界都属于《公约》规定的合法范围。这就为海洋法律争端埋下了伏笔。

近些年来，亚洲与南美洲走法律解决途径的国家较多，孟加拉湾大陆架划界案，以及尼加拉瓜和洪都拉斯海洋争端案就是两个典型案例。北极争端涉及多个国家，作为大国的俄罗斯通过谈判解决了与挪威的划界争端，但这仅仅化解了北极部分地区的争端，其他部分尤其是围绕罗蒙诺索夫海岭归属的争端却愈演愈烈，因此这是个有意思的案例。

### （一）孟缅大陆架案：法律解决外大陆架争端的首例

2012年3月14日，国际海洋法法庭就孟加拉湾孟、缅两国领海争端做出最终裁决。孟加拉国和缅甸政府均对裁决表示满意和接受。这意味着缅孟两国40多年的领海争端得到了解决。[①]

1971年，独立不久的孟加拉国在和缅甸划定陆地边界时限于当时条件并

① 《国际海洋法法庭裁决平息孟缅40年海洋争议》，法治周末，http：//news. hexun. com/2012 -03 -28/139801453. html。

未明确划分领海边界。按照国际法的规定，孟加拉国和缅甸的领海及专属经济区划界存在重叠，两国对孟加拉湾 AD7 区块的海域存在争端。孟加拉国认为 AD7 区块属于其领海范围，而缅甸则认为 AD7 区块处在其专属经济区里。此外，两国就该海域 200 海里外大陆架的边界划定也存在争议。近年来，该海域发现大量油气资源，两国的争端激化。

2009 年 10 月，孟加拉国提出依法进行解决，缅方接受了此提议。2009 年 12 月，缅孟两国正式将这一问题提交国际海洋法法庭裁决。

在该案中，由于相关海岸线长度比率和划界所获相关海域面积比率之间大致平衡，国际海洋法法庭的裁决因此实现了公平结果。① 关于 200 海里外大陆架，法院最终判决两国在孟加拉湾上的大陆架边界在 200 海里外继续沿北纬 21.5 度线向外延伸，在实体上支持了孟加拉国的主张。

孟缅大陆架划界案的成功解决，是法律手段解决国际海洋争端历程中的一个里程碑事件。尤其值得一提的是，这是该法庭首次裁决外大陆架划界案，“在此前的划界争端案件中，并没有将 200 海里以外大陆架作为一个单独的划界对象进行划界的司法实践。”②

## （二）尼加拉瓜诉哥伦比亚案：“有效控制规则”的最新适用

尼加拉瓜和哥伦比亚在独立之后都对莫斯基托海岸（Mosquito Coast）和圣安德烈斯群岛（Archipelago of San Andres）提出了一系列主权主张。除了圣安德烈斯岛（San Andres）、普罗维登西亚岛（Provi dencia）和圣卡塔丽娜岛（Santa Catalina）等三个主要岛屿的归属外，圣安德烈斯群岛的组成部分也存在争议。③

2001 年 12 月 6 日，尼加拉瓜提交请求书，就其与哥伦比亚之间存在的“与‘西加勒比’领土所有权和海洋划界有关的一组相关法律问题”的争端，

---

① 张华：《国际司法裁决中的海洋划界方法论解析》，《外交评论》2012 年第 6 期。

② 邓志坚：《论国际海洋法法庭对 200 海里以外大陆架划界争端的管辖权》，《研究生法学》2012 年第 6 期。

③ 宋岩：《国际法院在领土争端中对有效控制规则的最新适用》，《国际论坛》2013 年第 2 期。

对哥伦比亚提起诉讼。[①] 本案中，国际法院首先考虑了《1928 年条约》及保持占有原则，当条约和保持占有原则无法确定领土归属后，才考虑有效控制原则。[②]

所谓“有效控制原则”是指“在不能通过条约、保持占有原则判断岛屿归属时，国际法院会权衡当事方提出的对岛屿进行控制的证据，将岛屿主权判决给对岛屿控制更有效的一方”[③]。有效控制原则是国际法裁决领土争端中的一种重要原则，但并非是优先考虑的原则。也就是说，只有当国际法院认定条约和保持占有原则无法决定争议领土的归属之后才会适用有效控制原则。原因在于：“首先，如果是原属同一殖民国家的新独立的国家之间的领土主权争端，必然优先考虑保持占有原则；其次，如果存在可被证明的保持占有边界，即便一方主张有效控制，也会被认定为是非法行为，不具有决定性；最后，只有当不能证明保持占有边界，保持占有原则无法适用时，才会考虑有效控制规则。”[④]

通过对实施行为、承认、第三方行为以及地图等由哥伦比亚提出的四种权利主张进行一一分析，国际法院认为哥伦比亚对上述争议海域和岛礁的主权保有相对于尼加拉瓜更加符合“有效控制原则”，因而最终支持了哥伦比亚的主张。

尼加拉瓜诉哥伦比亚一案是国际法院适用“有效控制原则”的最新案例，尽管判决结果存在一些争议，但类似的解决方式依然为其他海洋争端的解决提供了有益的借鉴。

### （三）北极争端：在合作中“秀肌肉”

2009 年 2 月，俄罗斯与加拿大在北极法律地位协商会议上，首次提出“俄罗斯、加拿大与丹麦联合递交划界提案”的可能性。[⑤] 2011 年 2 月 8 日、3

① 联合国：《国际法院年度报告（2011. 8. 1 ~ 2012. 8. 31）》第 145 条。
② 宋岩：《国际法院在领土争端中对有效控制规则的最新适用》，《国际论坛》2013 年第 2 期。
③ 曲波：《国际法院解决岛屿主权争端适用的原则》，《法学杂志》2011 年第 2 期。
④ 宋岩：《国际法院在领土争端中对有效控制规则的最新适用》，《国际论坛》2013 年第 2 期。
⑤ 李连祺：《俄罗斯北极资源开发政策的新框架》，《东北亚论坛》2012 年第 4 期。

月25日，挪威和俄罗斯两国议会分别批准《俄罗斯联邦与挪威王国关于在巴伦支海和北冰洋的海域划界与合作条约》，结束了两国长达40年、涉及175000平方公里海域的海洋纠纷，并重启已冻结30年的争议海域油气开发。①

但以罗蒙诺索夫海岭为代表、围绕北极其他地区的争端并没有出现缓和的迹象。2007年8月俄罗斯派出小型潜艇潜进罗蒙诺索夫海岭插上一面钛合金制造的俄罗斯国旗，引发巨大的国际反响，北极周边国家纷纷强化了在北极的存在。近几年来，加拿大与俄罗斯均在北极地区进行年度军事演习，规模越来越大。其他北极周边国家或者增派巡逻船只、或者增加军事设施、或者进行更多的数据收集工作。都希望在未来解决争端中占有更为有利的地位。

目前专家学者提出的解决北极海洋争端的可能的法律模式主要有四种，即《南极条约》模式、《斯瓦尔巴德群岛条约》模式、《联合国海洋法公约》模式和北极理事会模式。《南极条约》模式即仿照《南极条约》的形式，专门为北极地区的合作签署关于其法律地位的国际条约；《斯瓦尔巴德群岛条约》模式即仿照《斯瓦尔巴德群岛条约》在北极建立非军事区，以防止海洋和岛屿争端引发军事冲突；《联合国海洋法公约》模式是目前被各国使用最多的法律解决方式，即在《公约》等现有国际法框架之内寻求国际法庭、联合国大陆架界限委员会等司法机构的仲裁；而北极理事会模式则是指建立像北极理事会这样的专门的多边国际组织，从而增强各国的沟通与合作，促进分歧和矛盾的化解。

可以预见，随着北极海域更多矿产资源和渔业资源的开发利用以及北极夏季海冰融化进而导致北极航道的大范围扩展，北极海域相关国家对于北极海洋领土和资源的争夺将会愈演愈烈，甚至还会有一些非北极海域国家参与到对于北极海洋权益的争端中来。未来的北极海域将同时是“希望之海”与“争端之海”。

## 结　语

近年来发生的海洋与岛屿争端涵盖了几乎所有大洲，全球范围内海洋与岛

---

① 匡增军：《2010年俄挪北极海洋划界条约评析》，《东北亚论坛》2011年第5期。

屿争端的数量与复杂程度都在逐步增加。从近几年的实践来看，争端既可以通过当事国双方的谈判、共同调查等方式来解决，也可以通过国际法院、联合国海洋法法庭、联合国大陆架界限委员会、国际常设仲裁法院等国际机构的调查、取证、仲裁、调解、判决来加以解决，甚至还可以通过联合国、欧盟、世贸组织、北极理事会等国际组织来进行协调、斡旋和调停。

我们发现，以政治途径解决的案例中，绝大部分有世界大国的身影，而且此类争端影响大、延续时间长，获得解决的却比较少见。中小国家之间通过政治谈判解决的成功率更高。即使一时解决不了，争端国彼此间政治互信与经济合作也强于牵涉到世界大国的那些案例。海洋争端中的大部分走法律解决途径，中小国家是这方面的主力军，尤其是在亚洲与南美洲。而且，获得法律裁决的情况相当常见，许多国家间的紧张关系因此获得消弭或缓解。

从俄罗斯的情况看，大国走法律途径解决海洋争端是可行的，关键还在于政治意志。中国始终主张根据公认的国际法，通过当事国之间的直接谈判解决海洋与岛屿争端，反对个别声索国试图把自身主张强加给国际组织或试图单方面诉诸国际法庭的行为。

总体上看，一些海洋与岛屿争端会走政治解决途径，通过法律途径解决也是一大趋势，无论大国小国，都没有放弃通过外交和国际法手段解决海洋与岛屿争端的努力。非和平手段解决此类争端效果不佳，也不符合联合国宪章的宗旨和原则。

## 参考文献


邓志坚：《论国际海洋法法庭对 200 海里以外大陆架划界争端的管辖权》，《研究生法学》2012 年第 6 期。

李连祺：《俄罗斯北极资源开发政策的新框架》，《东北亚论坛》2012 年第 4 期。

联合国：《国际法院年度报告（2011. 8. 1 ~2012. 8. 31）》第 145 条。

蒲芳：《韩日独岛争端的国际法分析》，《经济研究导刊》2011 年第 31 期。

曲波：《国际法院解决岛屿主权争端适用的原则》，《法学杂志》2011 年第 2 期。

匡增军：《2010 年俄挪北极海洋划界条约评析》，《东北亚论坛》2011 年第 5 期。

宋岩：《国际法院在领土争端中对有效控制规则的最新适用》，《国际论坛》2013 年第 2 期。

王景丽：《历史启示——北方四岛的未来之路》，《科研之路》2011 年第 3 期。

张华：《国际司法裁决中的海洋划界方法论解析》，《外交评论》2012 年第 6 期。

《全球近 60 国家存岛屿争端　多诉诸国际法庭解决》，人民网，http：//world. people. com. cn/n/2012/0821/c1002 – 18787604. html。

《伊朗称已为向阿联酋等国输出天然气做好准备》，人民网，http：//world. people. com. cn/n/2013/0217/c157278 – 20507120. html。

中国驻秘鲁使馆经商处：《秘鲁智利领海争端的最终判决将不会影响两国企业界关系》，http：//pe. mofcom. gov. cn/article/jmxw/201308/20130800274809. shtml。

《普京表示愿意归还北方两岛　野田强调称应全部归还》，凤凰网，http：//news. ifeng. com/mil/1/detail_ 2012_ 03/09/13076851_ 0. shtml。

《俄罗斯未来两年将投巨资强化南千岛群岛驻军》，新华网，http：//news. xinhuanet. com/world/2012 – 10/22/c_ 113456089. htm。

《俄日将以“平手”方式解决领土争端》，人民网，http：//world. people. com. cn/n/2013/0906/c157278 – 22823588. html。

《日本首次派高官出席“竹岛日”活动》，新华网，http：//news. xinhuanet. com/world/2013 – 02/22/c_ 114769284. htm。

《卡梅伦称必要时将开战保卫马岛　阿根廷反应强烈》，新华网，http：//news. xinhuanet. com/world/2013 – 01/07/c_ 124197231. htm。

《马尔维纳斯群岛概况》，搜狐网，http：//news. sohu. com/20060628/n243979383. shtml。

《中国南海争端持续升级》，环球网，http：//www. huanqiu. com/zhuanti/world/nanhaijy/。

《关注中国南海领土争端》，凤凰网，http：//news. ifeng. com/mainland/special/。

Nanhailingtuzhengduan。

《南海各方行为宣言》，中国外交部官方网站，http：//www. fmprc. gov. cn/mfa_ chn/ziliao_ 611306/1179_ 611310/t4553. shtml。

《王毅就“南海行为准则”进程提四点看法》，凤凰网，http：//news. ifeng. com/mainland/special/nanhailingtuzhengduan/content – 3/detail_ 2013_ 08/05/28275890_ 0. shtml。

《直布罗陀问题的由来》，新华网，http：//news. xinhuanet. com/world/2006 – 09/19/content_ 5110660. htm。

《直布罗陀：弹丸之地上的 300 多年争夺战》，新华网，http：//news. xinhuanet. com/world/2013 – 08/15/c_ 116952121_ 3. htm。

《国际海洋法法庭裁决平息孟缅 40 年海洋争议》，法治周末，http：//news. hexun. com/2012 – 03 – 28/139801453. html。

《丹麦将派船赴北极　欲证明罗蒙诺索夫海岭属于丹》，中国新闻网，http：//www.

chinanews. com/gj/gjzj/news/2007/08 – 11/999891. shtml。

《我国决定向大陆架界限委员会提交东海部分海域 200 海里以外大陆架划界案》，求是理论网，http：//www. qstheory. cn/gj/gjsy/201209/t20120917_ 181870. htm。

Richard Turcsányi.：The long term perspective of the South China Sea dispute，*IAS Policy Paper* 2013。

REUTERS，“Britain rejects Spanish request for Gibraltar talks，” http：//www. reuters. com/article/2013/08/20/us – spain – gibraltar – idUSBRE97J0D420130820.

新华网，http：//www. xinhuanet. com/。

人民网，http：//www. people. com. cn/。

中国新闻网，http：//www. chinanews. com/。

环球网，http：//www. huanqiu. com/。

中国外交部网站，http：//www. fmprc. gov. cn/。

## Y.14

# 网络安全：新较量与新挑战

郎　平*

**摘　要：**

随着网络安全逐渐由低级政治向高级政治过渡，与网络有关的政策议题对于国际关系的影响日渐显著，其重要性不断增加。2013年可谓是网络安全正式迈入大国政治和首脑外交的一个重要转折点。Mandiant 网络安全报告将黑客问题摆在了中美首脑面前，成为中美首脑会晤的议题之一；斯诺登事件爆出的“棱镜”监听计划则将美国置于包括其欧洲盟友在内的众多国家的声讨之下，对美欧关系、美俄关系以及美拉关系都带来了明显的负面影响。作为一项重要的政治议题，网络安全所引发的冲突与合作将成为各国不得不面对的新挑战，它有可能对未来的国际关系带来一系列新的变化。

**关键词：**

网络安全　网络治理　棱镜计划　大国关系

## 一　全球互联网安全：相关界定与基本情况

权力与财富、冲突与合作是国际政治的永恒主题。虽然网络空间是一个虚拟的数字化世界，但是这个空间同样充斥了来自各种利益集团和各方行为体的利益争夺和竞争，而国家行为体的介入也令“网络空间”这个原本技术色彩

---

* 郎平，中国社会科学院世界经济与政治研究所副研究员，主要研究领域是国际政治经济学和当代全球问题。

浓厚的领域更增添了政治学的内涵。有学者指出，“我们如今再也不能对网络空间的政治特性漠然视之，网络空间正在成为一个由政府、军方、私人企业和公民网络等各种行为体参与的，高度竞争、殖民化和重塑的领域。”① 在此背景下，网络安全也开始正式登上国际政治和大国外交的舞台，成为一项重要的、涉及国家安全的高级政治议题，而网络政治学的概念也应运而生。

## （一）网络政治学的界定

国际关系中的网络政治学是网络空间与国际政治的交叉融合。根据哈罗德·拉斯韦尔（Harold Lasswell）对政治学的界定：“政治学研究的核心问题是‘谁获得了什么，何时以及如何获得’，其本质是对影响力和有影响行为体的研究，有影响力的人是那些能将可能所得最大化的人。”② 网络政治学研究的是国际政治舞台上各行为体围绕利益、规则的竞争、冲突与讨价还价后的协作，其中大国之间围绕网络议题的互动尤为重要。具体而言，网络政治学的研究包含了两方面的内容：一是网络空间因素在传统国际政治活动中的介入，作为一种工具性创新，它为行为体表达政治意愿、组织和开展各种以政治为目的的活动提供了新的方式，提高了效率，例如借助网络的有组织犯罪、网络恐怖主义等；二是在传统政治领域来实现网络空间的目标，例如国际网络规则的建立和谈判。

网络政治学中的竞争与冲突主要体现在三个方面：一是围绕互联网结构和网络空间管理的竞争，它所关注的是互联网领域规则的确立，主要集中于互联网的技术层面。这些技术层面的争论本是属于国家低级政治的范畴，但是随着国家行为体的介入以及网络安全问题的高级政治化，这些技术层面的利益分配和相对优势最终将决定国家在实现其他政策目标上的能力，因而也具备了高级政治的意义。

二是利用网络空间以实现国家在传统国际政治领域优势与利益的冲突，冲突的结果最终可能导致国际体系中权力分配的改变。这方面的冲突包括国家出于政治目的对互联网接入和网络信息的管制、网络空间对国家治理能力的挑战、运用互联网进行政治动员和政治竞争以及网络犯罪和网络间谍活动等。这

---

① Nazli Choucri, *Cyberpolitics in International Relations*, Cambridge, MA: the MIT press, 2012, p. 8.

② Harold D. Lasswell, *Politics: Who Gets What, When and How*, New York: McGraw-Hill, 1958, p. 3.

类冲突在国际政治中的表现日益突出，例如2011年初爆发的突尼斯“茉莉花革命”以及随后在阿拉伯世界引发的“阿拉伯之春”运动，互联网在动员、组织和信息扩散等方面可谓“功不可没”；斯诺登事件所揭露的美国“棱镜”计划也同属于这个范畴。对于国家政府而言，如何监管和控制互联网成为确保国家安全的一项重要内容。

三是网络对国家传统安全的威胁，例如网络空间的军事化、网络战、对国家基础设施的网络攻击以及网络恐怖主义等都属于这类范畴。这一类冲突是目前对国家安全威胁等级最高的，也是美国等发达国家最为关注的网络安全内容。对网络战以及基础设施安全的担忧加快了美国将网络安全议题政治化的进程，美国、欧盟等发达国家关注的焦点在于对国家关键基础设施的网络保护，这一威胁更加具有现实性和迫切性。

在现阶段，国际关系中围绕网络安全的竞争与冲突主要体现在后两个层面，主要表现为如何在网络时代确保本国的领土安全以及保护关键基础设施免遭网络攻击。随着网络安全问题逐渐从国家的低级政治向高级政治层面过渡，网络安全议题也毫无例外地开始正式登上国际关系的外交大舞台，上升为国际关系尤其是大国之间互动的一项重要的外交议题。

### （二）2012～2013年全球互联网安全形势

2013年，全球互联网尤其是移动互联网继续迅猛发展。根据联合国主管信息通信技术事务的国际电信联盟最新的统计数据，2013年，全球预计将有68亿移动电话用户，与全球人口几乎持平，其中35亿集中于亚太地区；全球移动电话普及率达到96%，其中发达国家为128%，发展中国家89%；全球互联网用户将有27亿，占世界人口的39%，其中欧洲的互联网普及率最高，为75%，美洲位列第二为61%，亚太地区为32%；世界上41%的家庭使用互联网，其中有一半在发展中国家，发展中国家的家庭互联网接入率为28%，发达国家则高达78%。①

① ITU, “The World in 2013: ICT Facts and Figures,” February 2013. http://www.itu.int/en/ITU-D/Statistics/Documents/facts/ICTFactsFigures2013.pdf.

与此同时，全球互联网所面临的风险也与日俱增。根据赛门铁克公司2013年4月发布的最新互联网安全威胁报告，2012年，互联网在线安全威胁经历了长足的发展和演变。全球平均目标性攻击每天达116件，比上年增长42%，攻击手段更加高明，出现了新的“水坑”攻击[①]和复杂的社交骗局；网络犯罪造成的损失上升6%，企业付出巨大代价，蒙受的平均损失接近60万美元；移动恶意软件的数量持续上升，较2011年增加58%，全年总量占迄今为止所有恶意软件的59%；遭受攻击的前五大行业分别为制造业、金融保险及房地产业、非传统服务、政府以及能源/公共设施；行业间谍和数据窃取水平不断提高。在泄露的全部身份信息中，医疗、教育和政府占将近2/3，其中40%的数据泄露源于黑客攻击。[②]

值得关注的是，2012年，恶意软件快速进化，对中东地区的安全形势带来了很大的冲击。继2010年的“震网”（Stuxnet）蠕虫病毒和2011年的Duqu之后，Flame和Gauss等一系列新的恶意软件相继出现，它们更为复杂，后果也更为严重。[③] 2012年4月中旬，中东地区遭遇了一系列网络攻击，恶意软件先后被用来对中东地区的石油平台计算机系统和银行系统进行网络攻击。Flame被认为是目前已知的最为复杂的恶意软件之一，它摧毁了该地区的石油平台计算机系统，进行了一系列大规模的网络间谍攻击行动；它之所以特别是因为这种高度复杂的恶意软件能够隐藏很多年而不易被发现，它所使用的中间人攻击和感染技术被称为“上帝模式”（God mode）。Gauss则是一款高度复杂的木马程序，其主要攻击对象为黎巴嫩地区的在线银行用户。它具有非常多的功能，例如它能够利用一种名为“Palida Narrow”的自定义字体或加密的恶意功能组件，对未连接互联网的计算机进行攻击；能够拦截和窃取在线银行用户的验证凭证，而有些功能目前仍不可知。据卡巴斯基实验室研究发现，这些恶意软件攻击行动非常复杂，其背后有明显的政府背景。[④] 这些网络武器被广泛

① “水坑”攻击的兴起是目标性攻击中最大的创新，它是指破坏目标受害者可能会访问的合法网站，并通过该网站在受害者的计算机上安装恶意软件。

② 赛门铁克：《互联网安全威胁报告2013》，2013年4月。

③ 例如，针对沙特石油公司的Shamoon攻击中使用的恶意软件，甚至具备硬盘擦除功能。

④ 卡巴斯基实验室：《卡巴斯基安全公告——2012年恶意软件演化》，http：//kaspersky. com. cn/KL－AboutUs/news2012/12n/121217b. htm。

部署于中东地区，在网络平台上开辟了中东地区的网络战场，也使得中东地区原本复杂的政治局势更加紧张。

据赛门铁克公司预测，随着复杂的网络攻击技术日益普及和日益恶性化的恶意软件，由国家支持的网络攻击也将更多。在国际政治层面，网络攻击涉及的范围越来越广，无论是低级政治还是高级政治，都离不开网络安全的要素。在和平时期，网络安全可提供国家间互相推诿的议题。而在战争时期，它更能参与其中，甚至化身为战争的工具。从当前的局面和趋势来看，网络政治正日益成为国家之间，尤其是大国之间关系紧张的冲突来源，不仅有国家支持的网络攻击，而非国家激进民族分子发动的网络攻击也在不断上演，并成功升级为国家间的政治议题。

## 二　网络安全与大国关系

2013 年，有两件与网络安全有关的事件投射在大国关系的水面上，激起千层浪，令本就不平静的水面更加暗流汹涌。一是美国 Mandiant 公司公布了一份报告，指责中国军方是近几年来中国黑客对美网络攻击的幕后黑手，瞬间点燃了美国舆论对中国黑客多年积怨的“火药桶”，将网络安全问题直接摆在了两国首脑会晤的谈判桌上；二是轰动世界的斯诺登泄密事件，美国对全球主要国家的网络监控将美国置于颇为尴尬的境地，也使美国与俄罗斯、欧盟、拉美国家的关系均受到不同程度的冲击。这两起事件的发生也标志着网络安全作为一项重要的外交议题进入大国间政治的视野。

### （一）Mandiant 报告促使网络安全成为中美两国间重要外交议题

2013 年 2 月 18 日，据美国《纽约时报》报道，一家总部位于弗吉尼亚的美国电脑网络安全公司 Mandiant 公布了一份长达 60 页的报告称，他们相信中国军队是近年来美国发生的一系列高层黑客攻击的幕后操纵者。该报告称，中国黑客组织长期以来有目的、有系统地盗取至少 141 个组织和公司的惊人数据资料，从事网络间谍活动。《纽约时报》文章引用美国一名资深国防官员的话说，冷战期间美国与莫斯科围绕核武指挥中心问题而较量，而今天令美国担心的是来自上海的电脑攻击……美国处于一种与中国的不对称的网络战争中。①

此文一出，美国舆论顿时哗然。CNN、《华尔街日报》等美国多家主流媒体纷纷进行了追踪报道，中国黑客俨然成为中国崛起的一个另类标签。CNN直指问题的核心“中国的网络威胁究竟有多大?”，认为尽管中国不会对美国发动自发的网络攻击，但是“一直在寻找我们的弱点并试探网络间谍的底线”；鉴于美国的竞争对手（包括中国和俄罗斯）很明显在通过这些非法的手段寻求对美在经济和军事上的优势，美国如果不能正确应对只会助长这样的邪恶行为。②《华尔街日报》发表评论文章称，美国政府如何应对此次“摊牌”将会在很大程度上影响中美之间的大国外交走向；中美两个大国将继军事对抗和海上争端之后，在网络空间领域进行更为激烈的对抗和冲突。还有评论家撰文称，近来美国多家媒体和公司先后遭到中国黑客的网络袭击，窃取知识产权和商业机密，无论喜欢与否，与中国的网络战已经开始。③

美国智库则从中美关系的大背景强调了网络安全对于两国关系的迫切性和重要性。布鲁金斯学会中国问题专家李侃如撰文称，虽然目前从技术上仍然很难确定网络间谍的源头，但是有越来越多的证据表明，中国正在进行大规模的、有组织的对外国公司网络的袭击，以窃取对中国至关重要的商业、外交和安全机密，而这些行为的背后都有国家的支持，无疑会加剧中美之间的紧张局势；美国应该明确两国究竟可以从谈判中达成什么样的协定，例如商业机密的网络盗窃是双方可以谈判的，而政治军事情报方面则是谈无可谈，因为没有任何国家会在这方面有所承诺。④ 新美国安全中心（Center for a New American Security）一位资深分析家则将中国在网络安全方面的强势行为与中国近期在东海和南海的外交行动和立场相联系，认为“中美两国间在网络空间的紧张局势不断增加，已接近两国在中国周边海域的紧张情形，而这两者之间有着某

① David E. Sanger, David Barboza and Nicole Perlroth, “China's Army is Seen as Tied to Hacking against the U. S. ”, *New York Times*, Feb. 18, 2013.

② Jason Miks, “How big is China's Cyber Threat?”, *CNN*, Feb. 19, 2013.

③ Arik Hesseldahl, “Cyberwar with China is Here, Like it or Not,” Feb. 19, 2013, http://allthingsd.com/20130219/cyberwar-with-china-is-here-like-it-or-not/? KEYWORDS = mandiant + report.

④ Kenneth G. Lieberthal, “Cybersecurity and China,” *Brookings*, Feb. 22, 2013.

种特定的联系”①。

近年来，随着美国政府对网络安全的重视程度不断增加，网络安全由低级政治向高级政治议题转变，美国政府对中国黑客的政策立场和容忍也悄然发生了变化。2009 年以来，虽然美国政府对于中国黑客盗窃美国知识产权致使美国损失数十亿美元也颇有微词，但大多限于媒体的评论，并未升至大国外交的高度。其实，美国政府内部就是否应该公开点名向中国发难其实一直多有争辩，意见并不统一。只是出于技术以及政治等多方面的考量，美国政府一直“隐忍不发”，未公开点名，更不要说如今将矛头公开指向中国军方。正如《纽约时报》引述一位情报官员的话说，“这里的外交敏感性太高了”。但是毫无疑问，随着美国重要基础设施面临的威胁逐渐加大，美国政府在应对网络威胁方面的态度日趋强硬，而此次网络报告的公布无疑为美国政府提供了一个将网络安全推高至外交层面的契机。

从表面上看，此次网络安全报告所揭露的仍然是信息盗窃，但对美国政府而言，它真正关切的网络安全焦点早已经超越了信息层面，而更为关注国家重要基础设施的保护，例如针对美国电网、天然气以及水资源系统等公司可能发动的网络袭击。2013 年年初，美国总统奥巴马发表国情咨文指出，一些外国政府及公司试图盗取美国的商业机密，并且可能正在寻求破坏美国电网、金融机构、空中管制体系等。美国众议院情报主席罗杰斯亦表示，中国的黑客袭击没有任何停止的迹象，如果美国不做任何表示的话，只能加速来自中国的黑客袭击。② 因此，Mandiant 网络公司报告经过媒体放大之后，美国政府反应迅速，白宫新闻发言人表示，“美国对网络入侵所带来的对美国经济和国家安全的威胁非常关注”，将即刻起对来自中国的黑客攻击集团进行更为有力的防御措施，并在未来数周告知中国新领导人来自中国黑客袭击的惊人数量及手段的高明，它已经危及到中美两国的根本关系。3 月 11 日，美国国家安全顾问 Thomas Donilon 在纽约的亚洲协会（Asia Society）发表讲话，对中国黑客针对

① Julian E. Barnes, Siobhan Gorman, and Jeremy Page, “U. S. , China ties Tested in Cyberspace,” *The Wall Street Journal*, Feb. 19, 2013.

② David E. Sanger, David Barboza and Nicole Perlroth, “China's Army is Seen as Tied to Hacking against the U. S.”

美国企业空前规模的攻击进行了谴责，他呼吁中国政府认识到问题的紧迫性，调查和制止黑客行为，并制定符合国际准则的网络空间行为规范，这也是白宫迄今对中国黑客行为最尖锐的公开批评。①

在此背景下，2013 年 6 月的"习奥会"将网络安全纳入中美首脑会晤的首要议题无疑备受世界瞩目。在会谈中，两国领导人都认为网络安全是重要议题，并强调两国均是网络安全威胁的受害方。奥巴马表示，网络安全是世界各国皆有的议题，不只中美之间独有，希望双方能达成解决之道，"习近平主席与我都认为，这些令人难以置信的科技进步，让网络安全问题，成为建立双边和多边关系的重要部分"。② 作为首脑会晤的结果，中美双方一致表示将积极解决网络安全这一问题，将在中美战略与经济对话的架构下，设立中美网络安全工作小组。由此，网络安全问题也正式在中美两个大国之间公开化，跃升至一项重要的外交议题。

对于中美关系而言，网络安全是一项新的议题，但其重要性却不容忽视，正如李侃如在 2012 年的"网络安全与美中关系"报告中所强调的，"网络安全波及其他议题的影响在美中之间比其他任何双边关系中都大。"③ 近年来，网络安全议题在美国政府和舆论日趋严重的关切下正对中美关系产生十分不利的影响，如果中国"网络威胁论"不能够得到有效的应对，必将会对整个中美关系以及其他领域的合作带来很大的负面影响和利益损害。因此，美国舆论对此次"习奥会"给予了极大的关注，希望能够通过首脑会晤，对中国政府施加压力。《华尔街日报》援引美国前财政部长亨利·保尔森的话说，"网络安全如今是两国关系中最大的摩擦来源，如果中美不能就共同的规则达成一致，全球经济体系就会面临分裂的威胁"。④ 但很明显，对网络安全这样复杂的新议题来说，一次首脑会晤并不可能解决所有的问题，如美国乔治城大学亚

① Siobhan Gorman，《白宫要求中国制止黑客行为》，《华尔街日报》2013 年 3 月 12 日。

② 《"习奥会"聚焦网络安全问题》，财新网，2013 年 6 月 8 日，http：//international. caixin. com/2013 - 06 - 08/100539532. html。

③ Kenneth Lieberthal and Peter W. Singer，"Cybersecurity and US-China Relations，" 21st *Century Defense Initiative at Brookings*，February 2012.

④ Tom Orlik and Andrew Browne，"Cybersecurity in Focus as Obama meets Chinese Leader，" *The Wall Street Journal*，June 7，2013.

洲研究中心主任 Victor Cha 在访谈中所说，首脑非正式会晤虽然不可能带来实质性的效果，但却能够通过两国首脑间的积极沟通，由上至下为今后的合作制定良好的基调，这对两国关系未来的发展至关重要。①

## （二）斯诺登泄密事件引发大国间的外交论战

爱德华·斯诺登，美国前中央情报局雇员、原国家安全局技术承包人，然而，就是这样一个名不见经传的小人物却在2013年一举成为全球关注的焦点。6月5日斯诺登泄密事件的序幕由英国《卫报》率先揭开，第二天，美国《华盛顿邮报》不甘落后，公开曝光了美国政府多个秘密情报监视项目，其中包括所谓的“棱镜（PRISM）”项目。就在此文发表20分钟之后，《卫报》也对美国政府的“棱镜”项目进行了深入报道。② 在短短两天之内，大西洋两岸的两家媒体巨头联手出击，对一向标榜人权自由的美国政府信息监控项目进行了大曝光。

继“棱镜”项目之后，斯诺登的爆料接踵而至。6月22日，香港《南华早报》独家报道，美国国家安全局曾入侵中国移动公司以获取手机的短信信息，并持续攻击清华大学主干网络以及电讯公司 Pacnet 香港总部的计算机，据此侵入众多国家的网络终端领域以实现对全球所有人的窃听和监视。③《卫报》还披露称，美国不光针对欧盟国家及其驻联合国办事机构大楼进行大规模窃听，还对日本、韩国、墨西哥、印度、土耳其等38国驻美大使馆及代表处实施监听。④ 7月31日，《卫报》将美国更大规模的监控计划“X关键得分”（Xkeyscore）的细节曝光，据称，这个监控项目是美国国家安全局最庞大的监控项目，可实时监控特定目标所有网络活动，几乎涵盖电子邮件、在线聊天、网上生存信息、身份个人信息、电话录音等所有个人网上信息。⑤ 随着白

① Victor Cha, "President Xi Jinping's Visit with President Obama," *Asia Podcast*, http://www.aspmedia.org/2013/featured/president-xi-jinpings-visit-with-president-obama/.

② Glenn Greenwald and Ewen MacAskill, "NSA Prism program taps in to user data of Apple, Google and others," *The Guardian*, 6 June 2013.

③ 林卓敏：《斯诺登揭美国国安局侵清华网络》，《南华早报》2013年6月24日。

④ Ewen MacAskill and Julian Borger, "New NSA leaks show how US is bugging its European allies," *The Guardian*, 30 June 2013.

⑤ Glenn Greenwald, "XKeyscore: NSA tool collects 'nearly everything a user does on the internet," *The Guardian*, 31 July 2013.

纸黑字的证据不断披露，原本沉在水面下的“秘密”露出水面，国际社会和舆论一片哗然。

在这场全球均被卷入的监听门中，欧洲的反应最为强烈。在冷战结束20年之后，欧洲重又在美国监控之下，尤其是美国在德国的窥视程度甚至高于中国和伊拉克，这无疑点燃了欧洲的怒火。6月29日，欧洲议会议长舒尔茨发表声明说，“有关美国当局窃听欧盟办公机构的报道让他深感震惊和忧虑；如果指控属实，这将是一起极端严重的事件，将对欧盟和美国关系造成严重影响。”欧盟委员会30日发表声明，要求美国尽快做出解释，否则将会制造巨大的混乱和动荡；德国总理默克尔的发言人表示，“对盟友的监听是不能接受的，是不能容忍的”，欧美之间合作的基础是信任，一旦遭到破坏，将会损害跨大西洋的合作；法国总统奥朗德要求美国“立即停止”针对法国的秘密监视活动。俄罗斯《莫斯科共青团报》以“斯诺登唤醒欧洲”为题称，这一丑闻将会让欧美关系重新回到冷战时期。①

面对欧洲的怒火和盟友的指责，美国不得不做出尴尬、苍白的回应。美国总统奥巴马7月1日在坦桑尼亚访问时表示，美国政府正在对媒体的报道进行核实，一旦调查清楚，将会把调查信息通报给欧洲盟友；国务卿克里辩称，“世界上每一个从事国际关系的国家都会采取很多办法维护国家安全，包括收集各种信息，这种事情并不少见”；美国国家情报总监克拉珀表示，“美国将对欧盟通过外交途径进行合理的答复”。面对难以辩驳的事实，曾任美国国家安全局及中央情报局局长的海登承认，所有国家实际上都会从事间谍活动。7月31日，美国国家安全局在发给《卫报》的一份声明中解释称，美国的监控计划主要用于反恐，“是国家安全局对外情报合法收集系统的一部分”。

可以说，从斯诺登走上逃亡之路、寻求政治避难开始，美国国家安全局与泄密者之间的“猫鼠游戏”已演变成一场外交争夺战，国际政治舞台上大国之间的诡谲风云也随之展开。对于斯诺登的避难申请，相关国家的态度凸显出对美关系的远近亲疏。其中，法国、德国、芬兰、挪威、巴西、印度、波兰、西班牙、瑞士、厄瓜多尔等国家直接拒绝，奥地利、冰岛、意大利、爱尔兰、

① 青木等：《美被爆窃听38国驻美机构，国务卿轻描淡写回应》，《环球时报》2013年7月2日。

荷兰以不在本国领土提交申请为由婉拒斯诺登的政治避难申请，而不惧美国压力接受申请的是俄罗斯、委内瑞拉、尼加拉瓜和玻利维亚。俄罗斯总统普京7月2日表示，美中情局前雇员斯诺登如有意或可留在俄罗斯，但前提条件是他必须停止对美国造成损失；俄罗斯总统人权委员会主席米哈伊尔·费多托夫则明确表明了立场，对于勇于揭露美国政府危害他国公众利益的监控计划内幕的斯诺登，理应得到政治避难。

相比较俄罗斯的大国立场，美国后院的拉美小国在压力下则做出了不同的选择。玻利维亚、委内瑞拉和尼加拉瓜三国公开表示不惧美国压力，明确表示对斯诺登的支持，并将其作为对抗美国的一种外交手段。玻利维亚总统莫拉莱斯7月6日在奥鲁罗省小城齐帕亚对当地民众发表讲话时表示，玻利维亚在为斯诺登提供庇护问题上不会惧怕美国和欧洲国家的威胁，玻利维亚政府愿为斯诺登提供人道主义庇护，以作为对欧洲四国对其总统专机关闭领空的“严正抗议”。[①] 但最初对斯诺登大力支持的厄瓜多尔在美国的压力下最终转变了立场。美联社文章称，斯诺登曾向厄瓜多尔提出政治庇护请求，但考虑到厄瓜多尔近乎一半的对外贸易均依赖美国，若美国因斯诺登而对厄瓜多尔采取措施，将严重影响厄瓜多尔的对外贸易。[②] 7月2日，厄瓜多尔总统拉斐尔—科雷亚表示，厄瓜多尔不会考虑斯诺登的避难请求[③]

虽然斯诺登事件暂告一段落，但它对美拉、美俄关系乃至国际格局都会产生相当的负面影响。当斯诺登获得俄罗斯避难许可的消息传来，奥巴马政府“一片沉默”。许多美国议员认为，俄罗斯此举是对美国近几周来外交行动失败的一次羞辱，是对美俄关系的严重打击。南卡罗来纳州共和党参议员格雷厄姆（Lindsey Graham）将此事件归结为“改变游戏格局的事件”，他认为美国政府与国会应当协同行动，对俄罗斯的严重挑衅进行严正的回应；亚利桑那州共和党参议员麦凯恩（John McCain）认为，美国应当彻底反思与俄罗斯的关系，加快欧洲导弹防御计划的进程，推进北约东扩，尤其是允许格鲁吉亚共和

① 李洋：《玻总统专机事件惊动联合国，五国代表联合讨说法》，中国新闻网，2013年7月10日。

② 《厄瓜多尔若庇护斯诺登，美或采取经济措施阻止》，中国新闻网，2013年6月26日。

③ Rory Carrol, “Ecador says it blundered over Snowden travel document,” *The Guardian*, 2 July 2013.

国加入。[①] 8 月 7 日，美国政府宣布取消原计划 9 月初的美俄首脑会晤，以示对俄罗斯在斯诺登事件上的不满。9 月 17 日，巴西总统迪尔玛·罗塞夫发表公告，鉴于美方至今仍未对美国国家安全局监视、监听巴西通信做出合理解释，决定推迟原定于 10 月 23 日对美国的国事访问。奥巴马表示，他还将继续努力寻求引渡斯诺登回国，因此，可以预见，围绕斯诺登的外交博弈并未就此终结，其影响还将继续发酵并扩散。

## 二 未来挑战与趋势

着眼于未来，网络安全将成为国际关系的一项重要安全和外交议题。与国际关系的其他议题相同，它将面临着冲突与合作两个层面的威胁和挑战。一方面，大国外交中网络安全因素所占的分量将逐渐增加，受到多种因素的影响，在不同程度上引发国家间安全和外交两个层面的冲突；另一方面，围绕全球网络安全治理的合作与博弈也将逐渐展开，各国在探讨国际合作的同时也在不断完善本国的网络安全战略。

### （一）大国间的网络安全因素将日益凸显

从国家安全的视角来看，网络安全问题主要涉及网络犯罪、网络恐怖主义、黑客攻击和网络战。在大国外交中，网络犯罪和网络恐怖主义是国际社会面临的共同威胁，因而更多体现的是国家间合作；大国间爆发全面网络战的现实可能性不大，而网络间谍和黑客攻击则是大国间目前主要的冲突因素，斯诺登事件即属于此类。

对美国等发达国家而言，它们所关注的短期网络安全问题主要有两点：一是黑客攻击所导致的信息泄露、窃取知识产权问题；二是关键设施的保护，避免因遭受网络攻击而导致经济瘫痪。前者会降低经济增长的速度和相对发展优势，涉及国家的经济安全；后者则直接威胁到国家的安全。从目前的情形来

① Dion Nissenbaum and Andrew Aylward, "U. S. Lawmakers See Snowden Asylum as Serious Blow," *The Wall Street Journal*, 2 August 2013.

看，大国冲突中的网络安全因素仍然停留在经济安全层面，还并未涉及最高级别的对国家领土安全的威胁。从这个意义上说，无论是中美黑客事件还是斯诺登事件导致的美俄关系紧张，这些冲突都会停留在可控的范围内，而不会对两国的双边关系造成实质性的伤害，也正因为如此，目前斯诺登事件对大国关系的冲击仅停留在外交抗议这个层面上。

从根本上说，网络安全对外交决策的影响取决于该国的经济增长模式。侧面压力理论（Lateral Pressure Theory）认为，一国的对外行为倾向源于内部增长要素的需求，这些要素决定了国家发展的增长模式，包括人口、技术和资源；每个国家内部需求的先后顺序决定了国家在某些议题上的对外行为。按照这个理论，有学者将国家划分为六种类型：①资源 > 人口 > 技术，这一类型的国家对于技术的需求最小，因而对网络安全问题的关注也最弱，如安哥拉、玻利维亚、利比亚和津巴布韦；②人口 > 资源 > 技术，这种类型的国家往往是那些最不发达国家，更关注本国的人口问题，网络安全的考虑也最小，例如保加利亚、埃及、摩洛哥和越南；③人口 > 技术 > 资源，这种类型的国家人口问题最为突出，技术居中，那么网络安全占有主导地位必须要在不威胁人口问题的前提下，例如中国、古巴、马来西亚、土耳其、泰国；④资源 > 技术 > 人口，这些国家的网络安全因素则要服从于资源因素，此类国家包括阿根廷、澳大利亚、加拿大、智利；⑤技术 > 资源 > 人口；⑥技术 > 人口 > 资源，这两种类型的国家通常都非常重视网络安全问题，前者如美国、芬兰、瑞典、挪威，后者如奥地利、丹麦、法国、墨西哥。[①]

这种分类模式从国家发展模式的视角出发，解释了美国等发达国家对上述网络安全问题的关注。国家之间有关网络安全的冲突可能会有三种模式：一，对网络安全关注程度较低的国家通常不会因网络安全问题发生冲突；二，网络安全关注程度不同的国家之间，关注程度高的国家会在外交上施加更大的压力，关注程度较低的国家通常也更容易做出妥协以换取更多的政治利益，而不致冲突升级；三，对网络安全关注程度都较高的国家之间，两国都会在冲突利

---

① 作者并未将俄罗斯包含在内，但笔者认为应归属于第三类模式。Nazli Choucri, *Cyberpolitics in International Relations*, Cambridge, MA: the MIT press, 2012, pp. 34 – 35.

益上更为强硬，冲突是否会升级则最终取决于冲突的性质，如果是零和冲突，冲突则必然会升级，反之如果可以实现双赢，那么合作的可能性也会增加。

当然，一国在网络安全问题上的立场并非完全受到经济发展模式的限制，还往往受到其他因素的限制。例如，同属技术驱动增长模式的美国和法国之间因为盟友关系，并不可能爆发危及国家安全的网络战或者网络攻击，而斯诺登所揭露的网络监控又并不能真正撼动两国关系的根本。此外，一国的外交立场还往往与国内的政治形势有关。如果说经济增长模式是静态的因素，短期内难以发生变化，决定了一国政府对网络安全因素的定位，那么国内政治则是动态易变的因素，决定了短期内政府的表现；前者更能体现质的特性，对外交的影响更为深远，后者更多体现的是量的变化，更多时候是一种外交手段。

以美国与巴西关系为例。巴西总统罗塞夫之所以因监控计划反应强烈，决定推迟访美，还与巴西本国的国内政治有关。首先，巴西从 1964 ~ 1985 年一直处于军事政府的统治之下，当时的军政府为了打压左翼政党，对公民日常活动进行监控。包括总统罗塞夫以及多名当前政府成员在内的巴西政府都参与了当时抵制军事政府监控的运动。因此，巴西现政府严格禁止监控公民。其次，巴西是一个“伟大”的国家是巴西人民广泛认同的价值观，而面对美国的监控所表现出的巴西对保护本国人民的“无能为力”令巴西的自尊心受到严重的冲击，即便是世界其他国家同样的遭遇也无法抹去巴西人民的愤怒。再次，对于 2014 年的总统大选，罗塞夫总统面临着很大的压力，其民意支持率在 2013 年年初已经降至 31%，而借此机会取消访美有助于鼓舞民众的爱国士气，获得更多的民意支持，尤其是不属于执政党阵营的民众支持。①

## （二）国家间网络安全领域的合作与博弈将在全球展开

在国际体系中，有冲突就必然要有合作。网络安全是一个新兴的领域，既有机遇也有挑战，为了能够规避共同风险、共享利益，只有国家间的协作才能实现某种特定的国际秩序。目前，网络空间的国际合作主要有三种模式：一是

① Harold Trinkunas, “US-Brazil Relations and NSA Electronic Surveillance,” *Brookings*, 18 September 2013.

网络治理方面，合作内容包括电子政务联网、网络管理制度、网络安全制度和国际协定，其中，网络安全制度方面的确立最见成效。目前，世界各国共建立了超过200家的互联网应急协调组（CERTs），这些中心都与1988年成立的隶属于美国卡内基—梅隆大学的“互联网应急协调中心”保持着一定程度的协作关系，致力于互联网紧急安全问题的应对，确保安全网络技术的使用和网络的连续性。相比之下，国际协定的发展则比较缓慢，目前仅有的还是2001年签署的《网络犯罪公约》。

二是针对提供全球公共产品的合作。一方面，网络空间作为一个超越传统地理边界和管辖权的虚拟世界，维持其正常的运行和提供互联网服务单靠市场的力量无法完成，这就需要国际合作提供相关必要的公共产品，例如网络空间个人权利的维护、确保个人隐私的安全；另一方面，网络空间也可以为其他领域的公共产品提供便利，例如知识的共享以及全球性规范的落实等。在这个领域，非政府组织、私人实体以及众多的人权组织会有更多的合作发展空间。

三是制定全球议程的合作。制定全球性的网络规范和行为准则是有效减少国家间网络安全冲突的一个有效途径，各方需要在优先事项、可允许的行为以及禁止的行为之间达成一致。但是由于网络空间作为一个全球治理的新兴领域，并没有多少先例可循，在全球性规范的制定上各国之间的差异很大。目前，围绕网络空间治理的谈判和合作尚处于初期，联合国框架下的合作进展不大，因此要达成统一的全球议程还需要经历各国之间的磨合和讨价还价的漫长过程，还有很长的路要走。

为了在全球的网络安全博弈中占有优势地位，各国政府对国内的网络安全能力建设也日趋关注和重视。越来越多的国家制定了本国的网络安全战略，在国内加强了各产业间网络安全的协调与合作。从目前的发展来看，有以下几点趋势值得继续关注：网络空间的军事化、对关键基础设施安全的保护以及可能对国际贸易等其他领域所带来的外溢效应。

第一，随着网络技术的发展和网络安全问题的日益突出，美国等发达国家非常重视网络武器的开发，充分利用网络空间为国家的安全目标服务。在网络空间，“攻击比防御更容易”的理念是美国国防部大量投入网络武器研究的一个重要动力。美国认为，网络战并不是人的战争，而是一场技术战，而预防网络战的最好办法并不是培训众多黑客来制止网络上的对手，而是应该在黑客技术上超越对手。据相关报告声称，美国早已是恶意软件的最大买主。

2013 年 5 月，五角大楼的计算机专家们开发出一个代号为“X 计划”的网络攻击程序，通过选定目标计算机，发出指令，只需手指在屏幕上扫过，点击几下屏幕，就可以对目标发动网络攻击，可以使“网络战”就像“愤怒的小鸟”游戏那么简单。通过这项计划，五角大楼希望网络攻击谋略可以像任何作战计划那样可以预见，将黑客攻击从“手工时代”带入“工业化时代”。目前，美国政府类似的项目有很多。可以预见，如果要获得网络时代的军事优势，很可能从发达国家开始出现一场“网络军备竞赛”。

第二，就当前的网络安全形势而言，如何保护关键基础设施免受网络攻击已经成为并将是未来各国政府关注的焦点。随着网络技术的发展，网络空间就像是人体的神经系统一样将国民经济的各个重要领域连接在一起，包括能源、交通、通信和金融这样的重要部门。一旦这些经济大动脉受到攻击，整个国家的经济将会瘫痪。但是，由于各部门之间的联系错综复杂，很难将关键设施与一般设施区分开来，因而当所有的设施都是“关键”设施的时候，那么所有的设施都难以受到保护。因而，制定必要的规范，区分出关键设施加以特别保护，才能有效地维护这些设施的网络安全。

2013 年，英国智库皇家国家事务研究所（Chatham House）发表了一份网络安全年度报告，特别提出应对“关键基础设施”的界定加以厘清，并提出了应对的几点原则。报告认为需要以更大的适应性和灵活性，对优先设施加以区分，强化政治经济激励措施，加大对这些设施依赖度的网络弹性。报告认为，一个公开透明的风险管理过程有助于增强公众对保护关键基础设施的决心。① 因此，如何确保关键设施的网络安全将会是各国政府在 21 世纪初期面临的最重大挑战之一。

第三，如前所述，网络安全就像是人体的神经系统，将各重要“器官”联系起来，因而网络安全并不仅仅是一个技术议题或者是外交领域的政治议

---

① Dave Clemente, “Cyber Security and Global Interdependence: What's Critical?”, *Chatham House*, February 2013.

题，它还会对其他领域带来“外溢”效应。目前，由于网络安全问题而设置的贸易壁垒正在成为全球贸易自由化的一项新挑战，成为对国家间、区域贸易谈判甚至是全球贸易规则的谈判的一项新议题。网络安全壁垒将可能成为推行国家贸易保护主义的一个新手段。

为了维护本国的网络安全，政府会采取各种措施加以保护本国的信息技术发展和知识产权保护。这些措施主要包括：一是政府采购限制，政府通过对网络相关产品的采购来推动特定的技术标准或者改善政府网络安全系统的目的，而不同国家的技术标准往往是不同的。加拿大政府最近制定了新的政府采购标准，统一了政府的邮件系统平台；规定所有的相关软件和网络安全产品的采购限定于本国公司等一系列歧视性措施。二是制定 IT 系统的国家标准，鼓励并强化企业的网络安全意识，确保关键设施和机构的网络安全。2013 年 8 月，美国政府授权国家技术与标准研究所（NIST）起草了一份《网络安全框架》，提出了保护关键基础设施的标准、指针和实践方案。① 此外，政府还可以通过检验、认证、加密等手段加强对相关信息产品的限制。这些以维护网络安全为名的措施会在很大程度上影响网络和服务产品的国际贸易，成为一项新的贸易保护主义手段。

## 结　语

随着网络安全在国际关系舞台上的重要性日益凸显，网络政治学成为国际政治的一个新领域。2013 年，Mandiant 报告引发中美之间关于网络间谍和知识产权保护的冲突，并成为今夏两国首脑庄园外交的首要议题；斯诺登事件对美国与欧美、俄罗斯和拉美国家的关系均造成了不同程度的冲击，折射出当今大国在网络安全层面的博弈。可以判断，未来一段时期，网络安全将会越来越多地进入大国关系的视野。

网络空间的国际合作包括三个层面：网络空间治理、提供全球公共产品和

① Allan A. Friedman, “Cybersecurity and Trade: National Policies and Global and Local Consequences,” *Center for Technology Innovation at Brookings*, September 2013.

制定全球议程。目前，网络空间的国际合作仍然处于初始阶段，而学术界的争论主要集中在概念的界定和原则的探讨。如果不能够在制定互联网标准等方面取得进展，互联网世界很可能会面临分崩离析的风险。面对网络安全的威胁，如何建立国家间在网络空间层面的互信是当前国际社会面临的一个迫切任务。

网络安全之所以难解，是因为它是一个包含了技术、社会、政策等多领域，政府、企业、个人等多个行为体的复杂系统。在国际关系层面，它不仅会对传统的国际政治理论带来新的挑战，也会成为外交、国际贸易、全球治理等不同研究领域的新兴议题。对网络安全问题的研究应该置于国际关系学的大背景之下，并对其引发的国际权力结构的变化、国家间的冲突与合作进行深入分析，这具有重要的理论和现实意义。

## 参考文献

赛门铁克：《互联网安全威胁报告 2013》。

《南华早报》。

人民网，http：//www. people. com. cn/。

新华网，http：//www. xinhuanet. com/。

Nazli Choucri, *Cyberpolitics in International Relations*, Cambridge, MA: the MIT press, 2012.

Sean S. Costigan and Jake Perry, *Cyberspaces and Global Affairs*, VT: Ashgate Publishing House, 2012.

Harold D. Lasswell, *Politics: Who Gets What, When and How*, New York: McGraw-Hill, 1958.

*New York Times.*

*The Guardian.*

*The Washington Post.*

*The Wall Street Journal.*

*Georgetown Journal of International Affairs.*

http：//www. chathamhouse. org.

http：//www. brookings. edu.

http：//eval. symantec. com.

Y.15

# 西亚北非：持续动荡的地区局势及格局变化

丁 工*

**摘 要：**

西亚北非地区2013年继续呈现冲突激化、战乱不断的动荡局面，叙利亚内战短期难有出路，伊朗核谈判进展缓慢，埃及等国政局动乱表明阿拉伯国家政治民主化进程依然处于过渡转型阶段，土耳其街头抗议则再次给本已紧张的地区局势火上浇油。中东局势的持续动荡推动地区政治格局的演变，随着埃及难以恢复旧日威望、沙特影响日益上升，阿拉伯世界的政治版图呈进一步碎片化之势，土耳其崛起、伊朗以守为攻、以色列相对被边缘化等因素共同促使地缘力量对比朝新形态发展。从外部结构看，美国仍然是决定该地区秩序的核心力量，欧洲日渐衰落难以成为主要角色，俄罗斯则强势回归地区前台，诸多域外势力的影响消长也对地区战略格局的变化和走势产生着重大而深远的影响。

**关键词：**

西亚北非局势　中东格局　阿拉伯世界　叙利亚问题　埃及抗议

2013年西亚北非地区局势依旧动荡，叙利亚危机、伊朗核问题、巴以争端、阿拉伯国家民主转型等既有热点高烧不退，土耳其广场抗议等新焦点又助推升温，埃及街头骚乱再添地区热点。自2011年“阿拉伯之春”（Arab

* 丁工，中国社会科学院世界经济与政治研究所博士后，主要研究领域是中东格局、中等强国、中国外交。

Spring）民主变革运动以来，叙利亚战事已进入第三个年头，但至今依然没有出现开启对话、结束内战、国家重建的乐观前景。伊核谈判、巴以和谈时断时续，与会各方依旧难以弥合意见分歧、缩小立场差距，短期无法达成破解两大难题的明确共识。土耳其遭遇示威动乱导致民主模范的光圈不再，前期积累的光辉形象黯然失色，近乎经历由“稳定岛”到“动荡源”的角色转换。埃及在享受短暂的平静之后，卷土重来的集会游行和死灰复燃的党派对立再次将整个国家带入动乱，军方强制解散首届制宪政府、罢黜民选总统穆尔西的“政变”举动，使埃及的民主变革前景变得捉摸不定，也对阿拉伯世界重构民主政治的努力带来沉重一击。回顾2013年地区态势，西亚北非继续呈现战乱不停、动荡不定、冲突不止、争斗不断的局面。

## 一　地区局势持续动荡，民主进程前景不明

### （一）叙利亚危机外溢效应扩散，内战僵局持续反复

自内战开启以来，叙利亚便陷入大面积混乱状态。美欧制裁、阿盟施压、反对派疯狂进攻虽然均未能打垮巴沙尔政权，但巴沙尔也一直处在以守为攻、疲于应对的艰难境地。2013年叙利亚乱局在延续消耗战、拉锯战模式的同时，战场出现了有利于巴沙尔的迹象。继5月巴沙尔嫡系部队大举进驻霍姆斯重兵围剿叛乱分子，6月5日政府军重新夺回沦陷两年之久的军事重镇古赛尔，随后巴沙尔又抽调部分驻守戈兰高地的精锐之师开赴攻打反对派大本营阿勒颇的战场前线。叙利亚政府军展开的一系列攻势充分显示，内战至今巴沙尔政权并未遭受致命打击，其国家机器的核心部件依然能够有序运转。

正当叙利亚政府军接连取得胜利，不断扩大战果，反对派根据地逐步面临被分割包围、分片蚕食的危难之时，新闻媒体突然爆出巴沙尔政权使用化学武器的轰动性消息。化武疑云一出，叙利亚局势立刻陡然生变，由于叙利亚执政当局是否使用化学武器是美国设定军事干预叙内战的原则底线，随着化武问题被提出，美方先前划定的动武红线也相应被逾越，美欧实际已掌握对巴沙尔政权进行武力打击的口实依据，美国及其西方盟友迅速做出回应，开始紧锣密鼓

地部署筹划对叙军事打击事宜。就在动武日趋临近之际，俄罗斯提出了“化武换和平”的动议方案，使一触即发的战事出现重大转机。

当前，巴沙尔虽然开始由守转攻并渐趋占据上风，但部分军事要塞和关键据点反复争夺、几度易手的胶着态势表明叙利亚战局仍旧处于攻守轮转、强弱换位频繁变动的战役相持阶段。一方面，开战至此巴沙尔依然存有较为厚实的家底，其主干力量并未遭受毁灭性重创，一些王牌劲旅还只是作为战略预备部队被雪藏保留，尚未派遣到清剿反叛势力的攻坚战场。[①] 同时，俄罗斯、伊朗两大坚强后盾的力挺以及存有“血海深仇”的埃及穆兄会政权垮台等有利外部形势，也给了巴沙尔短暂的喘息之机。另一方面，由众多组织松散、力量涣散的战斗编队拼凑而成的叙利亚反对派缺少强有力的领导者，导致联盟武装无法形成统一指挥，出现各自为战的混乱状况，加之“胜利阵线”等反对派组织联手基地背景的伊拉克和沙姆伊斯兰国引起西方对于大力援助叙反对派的顾虑忌惮，从而极大地削弱了反对派武装集团的整体战斗力。[②] 上述有利因素尽管在一定程度上扭转了巴沙尔政府军仅有招架之功、全无还手之力的被动挨打局面，但相比于反对派有多项源源不断的资金供应和军备输送，巴沙尔阵营明显势单力孤。因此，交战双方短期内都难以在战场上取得根本性胜利，仍将长期维持战局多变、互有攻守的拉锯式整体格局。

连绵不断的战乱给叙利亚带来巨大灾难，经济损失不可估量、人民生活痛苦不堪，据联合国统计数据显示，时至今日内战已造成 10 万人死亡，200 万人沦为异国难民，500 万人流离失所。而国外极端恐怖组织和圣战活跃分子的渗透和参战又使叙利亚饱受大规模武器走私、国际恐怖分子侵袭的困扰。此外，随着叙利亚两派交战烈度不断升级，危机持久化附带的连锁反应和冲突扩大化伴生的溢出效应日益挥发。以色列的军事介入、黎巴嫩真主党及世界各地“圣战爱好者”的参与，以及基地组织分支与叙利亚反对派团体的牵手合流等，都促使叙利亚局势进一步朝向国际化、杂乱化发展。

综合来看，作为撬动中东地缘板块的杠杆支点，叙利亚的地域国境现已演

---

① 殷罡：《解决叙利亚危机途径趋于明朗》，《中国社会科学报》2013 年 5 月 15 日。

② 大卫・伊格内修斯：《厘清叙利亚乱象中的反对派》，新华网，http：//news. xinhuanet. com/world/2013 -04/08/c_ 124552129. htm。

变成域外大国对垒的舞台和地区力量较劲的棋盘，其内战本质也早已不再是崇尚共和民主的反对派和支持家族独裁的现政权之间的对抗，而是演化为掺杂着什叶派和逊尼派意识形态的宗派主义矛盾，也是伊朗联合阿拉伯激进势力同沙特牵头阿拉伯温和势力针对地域统辖权的激烈角逐，同时还有美欧挤压俄罗斯生存空间和收窄伊朗经略半径的争锋博弈等诸多衍生元素的“代理人”战争。

## （二）多国政局动荡，民众抗议频发

埃及自2011年逼迫独裁统治者穆巴拉克下台、启动民主选举程序以来，伴随议会换届、总统选举、宪法修正等政治活动总会上演街头暴力、流血冲突等人身伤害事件。而今年的埃及局势更是异常火爆，呈现出新旧矛盾集中、动乱冲突此起彼伏的纷乱景象。

6月底开始，大批开罗市民聚集到解放广场和拉美西斯广场等“革命圣地”举行声势浩大的示威抗议活动，强烈要求总统穆尔西立即交权离职。而穆尔西拒不退让的表态进一步引发当权派和反对派各自支持者的剧烈冲突，抗议规模随之不断升级，动荡形势急剧恶化，乱局隐现朝向危局演化的苗头。7月3日晚，在超过先期预设的解决危机48小时最终期限后，作为对峙两派之外的第三方势力埃及军方终于出面打破了对峙僵局，国防部长塞西通过电视讲话宣布罢免穆尔西总统职位，由最高宪法法院院长曼苏尔暂行总统职权。随后穆尔西及其执政团队遭军方软禁去向不明，同时，穆兄会政治臂膀——自由与正义党领袖萨阿德·卡塔特尼和多名下属团体的高级领导人也被安全部队秘密逮捕。但军方的违宪夺权行动却随之引发拥护穆兄会的群众运动，一些力挺现政权、不满非法废黜穆尔西的民众又走上街头游行示威以反对军方的野蛮行径。面对群众抗议，埃及军方也同样强硬回击，8月14日，临时政府的军警开始对穆兄会支持者集会的营地进行强制清场，从而再次引发警民间的大规模激烈冲突，并且随着双方暴乱冲突的持续升级，埃及一度面临滑入全面内战的危险。9月6日，临时政府发表声明取缔穆斯林兄弟会，宣告这场街头抗议最终以军方支持的反穆兄会势力获胜结束。

尽管临时政府宣称已经有效控制全国局势，埃及混乱场面暂时告一段落，但由于穆兄会元气大伤、异见人士遭受打压，致使原有的政治平衡和社会结构被打破，变相加剧了党派纷争和教派差异，反而给埃及未来秩序重建预埋下诱发动乱的种子。此外，埃及大众民主起义后并没能向国际社会交出一份民主建国的漂亮成绩单，也使世人对阿拉伯族群能否真正实现与民主制度共存共生发出巨大疑问。①

埃及政坛地震余波未平，突尼斯“二次革命”风波又起。8 月，因反对党高层领导人接连遇刺身亡，突尼斯爆发了要求国务总理辞职、国民议会解散的群众大游行。抗议者表示以伊斯兰复兴运动党为轴心组建的执政联盟应对腐败泛滥、失业高企、经济疲软、民生凋敝负责，现任政府已经无法履行管理国家的职能故而必须下台。突尼斯曾经偃旗息鼓的示威游行再度来袭，这不仅将经由民主程序选举产生的多党联合政府推向濒临解体的深渊，更让世人忧心埃及的混乱场景会在突尼斯重演，进而引导那些从威权体制下解放出来的“半民主”国家群起效尤，重新打开引起地区剧烈震荡的“潘多拉魔盒”。而在邻国摩洛哥，7 月 8 日独立党宣布退出由公正与发展党组阁的联合政府，给处境微妙的多党内阁蒙上一层更加厚重的阴影。

另一个经历威权主义垮台和民主政治新生的北非国家利比亚，在推翻卡扎菲政权之后，派系斗争、武装割据、暴力犯罪便成为诱发政局不稳的“三大顽疾”，2013 年利比亚仍旧经受上述顽疾的折磨。8 月 18 日上任仅 3 个月的内政部长莫哈默德·夏基尔递交辞呈，分析认为不同党派政客的争权夺利是导致部长辞职的主因。同时，利比亚从内战开始，部落军阀和民间武装便割据一方形成尾大不掉的局面，这种“诸侯分权”的组织结构严重削弱中央权威，导致执政当局与地方自治机构的利益纠葛复杂缠绕、矛盾分歧交织丛生，成为影响社会安定团结的突出隐患。8 月 24 日至 25 日利西北部沃什费那地区民兵与扎维耶市武装人员发生冲突，扎伊丹总理得知消息后立即派遣国民军前往调解，谋求尽快恢复秩序，但该冲突依旧造成 4 人死亡、近 30 人受伤。② 今年以来，利比亚已多次发生此类袭击事件，而中央政府除呼吁冲突双方保持克制

① 《埃及之变洗了中东的牌》，中国新闻网，http://www.chinanews.com/gj/2013/07-22/5068749。

② 《利比亚部落冲突严重》，人民网，http://world.people.com.cn/n/2013/0826/c1002-22690705.html。

外鲜有作为，事实上，在行政指令无能为力的背后深刻折射出中央政权统御全局能力的缺失。此外，针对政府职员和安保官员的枪击抢劫、暗杀绑架、自杀式汽车爆炸等恐怖袭击活动也从未间断，甚至出现外交部被围攻、情报主管子女遭非法拘押等极具爆炸性的事件，而这些都已成为利比亚政治过渡期恢复重建的制约因素。

### （三）土耳其受困叙利亚乱局，广场抗议再现社会隐患

叙利亚内乱爆发后，土耳其一厢情愿地认定巴沙尔政权将会很快倒台，因而积极进行土叙关系由友好亲善到疏离决裂的调头转向，但 2013 年叙利亚战局再次印证土耳其的前期误判。巴沙尔政权危而不倒使土耳其处于骑虎难下的窘境，而叙利亚难民越境滞留又使紧张的地区局势雪上加霜。目前流亡土耳其的难民人数已突破 50 万，大量难民涌入不仅使土耳其经济蒙受巨大损失，其还要直面错综复杂的社会管理难题，极大地拖累了经济发展和边境稳定。[①]

叙利亚乱局虽令土耳其欲振乏力，但今年最让其头痛的却是一项因“强拆”广场的环保项目引燃的民众抗议风波。伊斯坦布尔市政府去年底开始计划对城区中心的塔克西姆广场及其附近的加济公园进行拆迁改造，但此项改扩建方案却在今年实施过程中遭到当地公众的强烈抵制。自 5 月 27 日伊斯坦布尔市民便在塔克西姆广场举行静坐集会和抗议示威，警方动用武力驱散示威者的过激行为进一步点燃民众压抑已久的怒火，冲突随之不断升级并很快演变成警民混战的群体性骚乱。6 月 18 日，埃尔多安总理发表讲话声称将继续对该国游行集会保持高压态势，政府的强硬立场不仅没能压住抗议群众宣泄不满的气势诉求，反而激起更大规模的集会抗议浪潮，示威暴乱随之迅速蔓延至全国各地并呈愈演愈烈之势。一时之间，执政的正义与发展党被推向舆论声讨的风口浪尖，埃尔多安也从备受称颂的“国民英雄”变身异化成人人喊打的“独裁暴君”。

土耳其之所以出现因拆毁公园而起的群体性骚动绝非随机偶然，究其深层

---

① 丁工：《土耳其强势崛起对中东地缘政治的影响》，《西亚非洲》2013 年第 3 期。

缘由其实是宗教和世俗两大政治派系观念交锋、利益碰撞的尖锐搏斗。尽管最终政府以强力镇压的方式平息了本次示威运动，但土耳其先前所积攒的口碑声誉却大幅贬值缩水，阿拉伯民主后发国家向土耳其模式“取经”的热情也被严重淡化稀释。但更关键的是，作为促发此轮全民骚乱核心引信的教俗纷争问题并未拔除，该隐患又成为诱发社会危机的定时炸弹，随时可能再度爆发，给国家正常秩序带来巨大冲击。

### （四）伊朗核谈判进展缓慢，继续和谈成为各方共识

2013 年 2 月 16 日，伊朗宣布成功研制并开始自主生产新一代离心机，同时，伊方还表示将在明年开工新建 10 座铀浓缩工厂，具体选址工作已接近尾声。2 月 26 ~27 日，伊核问题六国（P5 +1）及欧盟与伊朗代表在哈萨克斯坦阿拉木图举行新一轮对话，迈出开启伊核问题实质性谈判的关键一步。此次会谈是时隔 8 个月后有关各方举行的首次对话，谈判的成果动向自然引起国际社会高度关注。

虽然本次谈判没有达成最终的解决方案，也未取得任何具有实质意义的进展，但与会代表均强调和谈的重要性，并商定下一轮会谈的时间和议题。随后 3 月 18 日双方在伊斯坦布尔举行专家会，就有关解决方案进行原则讨论以增进对彼此方针底线的了解，同时伊朗还提交了一份回应六国新建议的行动计划。[①] 4 月 5 ~6 日，伊朗与六国此轮谈判落下帷幕，尽管会谈之后各方依然是自说自话、表达不同立场，但良好的会谈气氛无疑给尖锐对立的紧张情绪带来一丝缓解曙光，同时也保留通过外交途径解决僵局的可能。当前，双方意见分歧的焦点是伊朗停产纯度 20% 浓缩铀和西方彻底取消对伊制裁之间存在的巨大认同差距，故而奢求关涉诸方短期弥合分歧、化解争议难度较大。尽管到目前为止伊朗核危机依旧看不到明朗清晰的远景出路，但会谈涉及停止铀浓缩活动本就意味着伊核问题已经跨入深水区，更重要的是，属于温和保守派的哈桑·鲁哈尼就任新总统，而其本人曾一直主张在相互尊重和平等对话基础上缓

① 《伊朗与伊核六国会谈》，新华网，http://news.xinhuanet.com/ziliao/2013-04/16/c_122987437.htm。

和与西方关系以破解核开发计划与严厉制裁相伴相生的死结难题。因此，继续推进和谈应是各方代表的一致共识，但因“核”而起的紧张对峙局势却不会快速消退。

### （五）伊拉克暴力恐怖袭击频发，国内安全局势仍不稳定

2013 年，伊拉克恐怖袭击屡禁不止、教派冲突愈演愈烈。新年伊始，南部 5 个什叶派聚居省份便爆发数千人游行集会，以支持总理马利基和反对分裂国家的活动。而在此之前，逊尼派反政府游行示威已经持续两个多星期，示威者要求什叶派主导的政府放弃“教派歧视”政策。3 月 19 日就在伊拉克既将迎来伊战 10 周年之际，首都巴格达什叶派穆斯林聚居区发生至少 7 起汽车炸弹和 2 起枪击伤人事件，仅当天就造成 56 人死亡、约 200 多人受伤。进入夏季后当地安全形势进一步出现强烈波动，不仅发生武装分子攻击一家国内旅游团枪杀 14 名游客的恶性案件，甚至出现不明身份的武装团伙突袭一座监狱造成数十人死伤、500 多名囚犯趁机越狱逃走的荒诞丑闻。7 月 22 日基地组织伊拉克分支“伊拉克和沙姆伊斯兰国”还宣称对此前发生在什叶派村社群落的袭击破坏行为负责，而那次炸弹袭击共造成逾百人伤亡。

据联合国伊拉克援助团发布的统计公告显示，伊拉克今年因教派纷争、种族仇恨引发的恐怖主义连环爆炸和暴力袭击已导致至少 4000 人死亡，其中 4、6 两月遇袭死亡人数均超过 700 人，斋月期间则突破 800 人，而 5 月份死于恐怖袭击和暴力冲突的人数更是达到 1045 人，创近 5 年来单月新高，有分析指出伊拉克目前的袭击频率已接近 2006 ~ 2007 峰值年份。[①] 与此同时，伊拉克中央政府和北部库尔德自治区地方行政当局的紧张关系继续升级，双方依旧没能打破在石油收益分配和地域管辖范围等存在争议问题上的政治僵局。

美国最初曾打算将伊拉克培育成阿拉伯民主的模板，进而向阿拉伯世界推销传授，但现在作为美国“大中东民主改造计划”关键环节的伊拉克却成为该地区国家解构、政局动荡、部族冲突、宗派对立的另类范本。当前，伊拉克

① 《伊拉克袭击伤亡人数攀升》，人民网，http：//world. people. com. cn/n/2013/0901/c22037518. html。

国内不但深陷分裂之忧还饱受国际恐怖主义侵扰之苦，一方面，主张区域自治或谋求独立建国的库尔德族社群组织已形成较强的政治实体，伊拉克主权和领土完整面临复杂严峻的挑战；另一方面，伊拉克政府与民间社会关系紧张又诱使国际恐怖分子全线渗透，进而成为滋生恐怖主义思想的温床和助长极端主义思潮的沃土，整体来看，伊拉克未来前景不容乐观。

## 二 政治格局相对失衡，战略走势尚未定型

中东政治格局的演进主要围绕阿拉伯人组成的阿拉伯世界、波斯人为主体的伊朗、突厥人构成的土耳其以及犹太人建立的以色列四大战略力量的强弱消长展开，并依循主权国家行为体既相互制衡、又彼此借重的政治逻辑形成埃及、伊朗、沙特阿拉伯、土耳其、以色列“地区五强”大致鼎足而立的均势格局。五强间实力对比盛衰起伏、合纵连横的博弈又成为影响、推动甚至是决定阵营归属变更和地缘版图变迁的核心要素。综合考察2013年中东局势的发展动向可知，无论是地区格局还是国际秩序都已进入一个转折和过渡的特殊时期，各派势力群体都将面临平衡重构、布局重整、格局重塑的历史阶段。

### （一）埃及深陷内乱旋涡、沙特日益坐大坐强，阿拉伯世界整体趋弱

近年来阿拉伯世界“带头大哥”埃及经济持续低迷，在中东地区的影响力渐趋衰微，特别是政局接连发生剧烈动荡更导致其地位日薄西山。实事求是地说，今日之埃及已远非纳赛尔时代经济最发达、军事最强大的地区头号大国，甚至连阿拉伯霸主的头衔都大有被沙特取代的危险。2013年埃及仍旧没能破解其内部争斗不断的时局困境，继续挣扎在尝试全国和解、全力恢复秩序的灾后重建之路上。未来埃及临时政府一方面要尽快举行大选完成身份“转正”，另一方面，急需大力发展经济拿出令人信服的政绩来为自己正名。

埃及忙于内斗无暇他顾造成的权力空窗期一定程度上给卡塔尔、阿联酋等海湾富国提供了机会，这些石油富国凭借金钱后盾纵横捭阖于地区多边舞台，通过发力叙利亚内战、插足埃及剧变逐步从外围边沿走向区域中心。但从本质

上讲，无论是规模还是声望，上述诸国都不具备匹敌埃及的实力，仅只沙特是对埃及阿拉伯领袖的有力争夺者。作为传统海湾大国沙特依托海合会平台，借助地区变局的“东风”崛起为引导阿盟走向的核心力量，阿盟有关利比亚、叙利亚的决议也更多反映以沙特为首的海湾君主们的意志。2013 年中东权力版图的地缘高地继续向海湾倾斜，当西方因穆尔西民选政府倒台要暂停对埃及的各项援助时，沙特阿拉伯立马承诺支援埃及，外交大臣费萨尔亲王明确表示：“如果有些国家宣布或威胁停止对埃及的支援，阿拉伯和伊斯兰国家有足够的人力和强大的实力向埃及伸出援助之手。”① 随着埃及对沙特能源、资金依存度的日渐提高，阿拉伯双雄的两极分化态势日益显现，阿盟权力格局的发展走势也由“两强并立”向“沙主埃从”演变，预计未来沙特引领海合会主导阿盟议题设定和议程设置的强势状况还将持续较长一段时间。

### （二）伊朗温和派上台执政，内外政策适度微调

中东剧变之初，伊朗曾通过鼓动海湾阿拉伯君主国内部的什叶派民众上街示威游行，抗议主导国家最高统治的逊尼派政府，使海湾多国疲于应对国内局势，伊朗自己得以作壁上观，积极充当居间制衡者角色。但随着海合会在巴林问题上主动出击迅速平息事态、埃及主政党派改换门庭再次投向“反伊”怀抱，以及欧美逐步加大制裁力度促使伊朗经济增长放慢等负面因素的不断出现，伊朗前期扩张的势头受到打压。特别是美欧、沙特、土耳其等国借干预叙利亚之机、行制衡伊朗之能，使伊朗处于孤立无援、内外交困的艰难境地。

2013 年伊朗迎来大选年，6 月 15 日第 11 届总统选举结果揭晓，由于此前改革派唯一候选人阿雷夫突然宣布退出，享有务实开明美誉的鲁哈尼转投改革派，从而促成改革派同温和保守派联手，相较于选票分流严重的强硬保守派，鲁哈尼不出意外地以压倒性（得票率 50.71%）优势胜出。鲁哈尼高票当选表明，在伊朗处于核僵局久拖不决长期看不到前景出路，铀浓缩提炼丰度日益逼近美、以威慑动武的临界“红线”，经济制裁导致民生凋敝、发展停滞的关键

① 《沙特承诺经济援助埃及为军方撑腰》，中国新闻网，http：//www.chinanews.com/gj/2013/08-22/5192524.html。

时刻，广大群众用手中选票表达希冀改变现状、远离僵硬路线的迫切心愿。[①]按照鲁哈尼竞选时的施政设想，伊朗新政府将以外交促内政为纲领主线，通过推行“建设性互动”破除外部制裁、减轻军事打击压力来为国内经济发展获取难得的宝贵机会。但也应该看到，伊朗的核心决策归属最高领袖，总统观点不会对大政方针产生根本性改变，因此，期望伊朗在核计划、叙利亚问题上做出大幅让步或改动也不现实。未来伊朗的战略指向重心将会转移到提振经济、改善民生上来，而在核开发、叙利亚走向等牵涉核心利益领域采取融合原则性和灵活性的策略，力图实现收缩固守基础上的逆境突围。

### （三）土耳其努力提升地位，但仍受内政外交困扰

中东变局爆发后，土耳其曾经一度顺风顺水，不仅跃升为影响地区走势的举足轻重力量，还将自身在区域位阶中的座次排序重新推向奥斯曼霸权秩序瓦解后的空前高度。但叙利亚问题升级后，土耳其政治家却出现信息读取失策和形势解析错判，单向按照埃及、利比亚事例的过往逻辑进行线性推演，含糊认为巴沙尔政权下台已成定局，故而倾尽筹码押宝投注于反对派短期内完成抢班夺权的任务，深度关注和介入叙利亚事务，试图将更迭叙利亚政权作为彰显大国雄心的借力对象。

进入 2013 年叙利亚事态的演变已完全超出土耳其的预期设想，巴沙尔不但没有交权离位相反还扭转被动挨打的颓势重新取得战场主动权，政府军接连展开大举收复失地的军事攻势。当前，叙利亚战事胶着僵持的局面不仅有使土耳其前期政策彻底破产的风险，更重要的是土耳其与叙利亚互为紧密邻邦，叙利亚内战的衍生效应必然牵动土耳其外交注意力的投射重心发生偏移转向进而可能导致崛起进度受挫。[②] 此外，街头民众示威凸显土耳其宗教和世俗两派势力斗争的尖锐复杂性，而两股力量在国家战略目标设定上的异向撕扯又进一步促使土耳其市民社会的分裂被催化扩大，如果该问题处理不善必将成为民族复兴之路的“绊脚石”。现今，叙利亚困境和广场抗议事件已严重折损土耳其前

---

① 唐志超：《鲁哈尼会给伊朗带来什么变化》，《中国国防报》2013 年 6 月 18 日。

② 丁工：《土耳其崛起根源及对未来走势的影响》，《世界经济与政治论坛》2013 年第 1 期。

期培养的地域认知度，虽尚未造成总体发展态势的逆向翻转，但无疑会对崛起进程产生一定的迟滞影响。

### （四）以色列适时出击、适度出手、谨慎参与、静观待变

由阿拉伯国家民主风暴引发的中东地缘格局震荡极大地改变了以色列的外部安全环境和周边政治气候，南面埃及穆巴拉克政权倒台易主、北部叙利亚巴沙尔集团风雨飘摇。而这两个与以色列“战”或“和”紧密关联的国家同时身处政治动荡也将以色列置于一种比较敏感脆弱的尴尬境地。因此，以色列从保证自身战略利益出发，在地区剧变中基本奉行审慎观望的相对中立政策，只有当出现危害国土安全的潜在隐忧时才执行可控的有限介入政策。①

2013 年以色列战略境遇获得较大改善，不仅土以关系回春、埃以关系转暖，甚至连停滞三年的巴以会谈也一度显露复盘重开的曙光。在叙利亚问题上，继 1 月 30 日出动战机对叙军事科研中心实施“先发制人”的空袭行动后，以色列空军又于 5、7 两月对疑似存放生化武器和转运给真主党导弹的军火库进行定点清除，而今年数次空袭叙军场所也是 2011 年叙利亚乱局爆发以来，以色列首次对叙军事目标发动精确打击。客观来说，以色列主动攻击叙利亚绝非是想支持叙反对派，更无意插手涉足叙内战，主要是出于防止大规模杀伤性武器流散到宿敌真主党手中的切实考虑而采取的预警措施。事实上，以色列并不在意阿拉伯民主进程会否发生逆转倒退，而只是担忧世俗威权政府频繁更迭致使地区权力空位反被极端激进势力填补，因为在以色列同阿拉伯主权国家不会爆发全面战争的大背景下，伊斯兰原教旨思潮的回流才更让以色列忌惮。

## 三　前景展望

综上所述，2013 年中东地缘政治的权势分布呈现破碎、失衡特征，主体力量对比的此消彼长一定意义上已经跃出可控区间，愈加引发区域权力拼图的

---

① 田文林：《空袭叙利亚让以色列更不安全》，《环球时报》2013 年 5 月 6 日。

结构性嬗变。埃及时局持续动荡导致国家实力严重损耗，较长一段时期内难以恢复往日威望，虽然能够继续保有阿盟政治中枢的象征性地位，但权力位次的滑移下落已成不容置疑的事实。沙特虽取代埃及成为阿拉伯新首领，地区位序得以晋级升迁，但沙特天然羸弱不足以全面递补埃及影响力滑落留下的位置空缺，更无力完成对阿拉伯世界的统合改组。同时，随着埃及、叙利亚、伊拉克动荡局势的外溢扩散，牵动更多的宗教派别和政治势力错落交织、复杂缠斗，促使阿拉伯世界的政治版图呈进一步碎片化之势。

因此，对阿拉伯集群的账面得失进行加合汇总后可知其整体实力呈下滑减小趋势。伊朗受到国际经济制裁和盟友岌岌可危的双重羁绊，战略态势和周遭际遇相当被动，未来可能经历欲振乏力的深度孤独期。土耳其发展进度虽出现波折，但世界银行预测 2013 年仍能维持 3.6% 增长率的事实表明土耳其并未脱离上升区间，崛起为地区顶尖大国之势已成定局。此外，由于埃及、土耳其事态的轰动性，巴以争端似乎不再是媒体聚集和舆论关注的中心，加之叙利亚乱象的连锁效应不断蔓延，以色列地缘角色隐现被边缘化的迹象。综观 2013 年的西亚北非全貌，地区格局延续阿拉伯剧变后旧破新未立的主流形态，长期贯穿区域政治生活主线的阿以矛盾一定意义上近乎“退居二线”，而以叙利亚为主战场争夺势力范围的博弈斗争则跃升为决定各方战略走势和地域格局变动新的圆点支轴。

中东作为一个控三洲（欧、亚、非）、连四海（黑海、地中海、红海、阿拉伯海）的战略要地，历来就是冲突高发、战事多发的断裂破碎地带，也是各大国较量争斗的角力场地。纵观人类历史可知，世界大国多以称雄中东来奠定强国伟业和宣示帝国霸业，但同时中东又时常成为诸多大国折戟沉沙的“帝国坟场”。因此，作为地理名词的中东已经同政治语境下的大国结下“剪不断、理还乱”的无解情缘。

当前，在中东地区存在重大战略关切和紧密利益关联的域外既有势力仍然是美、英、法、俄等老牌列强。美国作为当今世界唯一的超级大国凭借雄厚的综合国力和强大的恢复能力是规制中东秩序、牵引格局变动的核心力量，也是诸多政治群体和国家集团中地区影响效力唯一能够达到全疆域覆盖的大国实体，但 2013 年地区局势的演进却再次印证美国中东霸主地位衰落的事实。埃及军方推翻民选穆兄会政府的政变意味着美国积极倡导西式自由民主的阶段性失败，有关阿拉伯民主建构的论调明显沉寂下来。美国在叙利亚内战中的表现也反映出其统揽驾驭全局的运筹能力大打折扣。

在美国领导作用下降的同时，另一个长期经营中东并曾将该地域纳入势力范围的传统强权欧洲也呈江河日下之势。2013 年无论是推动巴以和谈，还是处置伊核危机，抑或是援助叙利亚反对派武装都继续沿袭美国唱主角、欧盟敲边鼓的固定模式。英法等欧洲大国尽管渴望重温昔日主宰中东的无上荣光，但理想与现实之间终究存在差距，欧洲彻底丧失历史上的支配地位已无悬念。

从蛰伏转向复苏的俄罗斯则强势回归地区前台，不再充当焦点议题的次要角色，在叙利亚等关涉俄国核心利益的问题上积极采取原则性和灵活性相统一的方针政策。特别是在叙利亚因化武问题面临美欧军事干预的危急关头，俄罗斯果断提出化武换和平倡议使本已箭在弦上的战争戛然而止，不但捍卫了硕果仅存的战略据点，还借机大幅改善国际形象、有效提升地区声望。预计今后，美国相对其他力量的领先优势将逐步缩小，但俄罗斯的反弹和新兴群体的加入还不足以撼动美国中东霸权的根基。未来美俄之间、守成势力和崛起势力之间围绕地区领导权的争夺仍将继续，而实力对比的天平却会朝向非西方一边倾斜。

环顾 2013 年中东局势，叙利亚困局难解，埃及时局高潮迭起，伊核僵局未见松动，巴以形势依旧趋紧，土耳其、利比亚、突尼斯相继陷入政局动荡等事例无不表明教派冲突、阵营对抗、种族仇杀、恐怖威胁始终把持地区议题的主旋律。与此同时，极端主义思想、激进主义思潮借助埃、叙动乱和伊斯兰势力的崛起得以疯狂传播，伴随变局而来的大众民主政治和基层民权参政意识的觉醒也极大地冲击中东旧有的政治生态和社会形态，这些因素相互累加、彼此叠合决定了西亚北非动荡不安、战乱不堪的地区局面短期难以完全收场，战略格局和政治秩序的整合重组仍将继续。

## 参考文献

姜英梅：《海湾国家石油美元投资模式》，《阿拉伯世界研究》2013 年第 1 期。

丁工：《土耳其国际地位凸显的背后》，《学习时报》2012 年 4 月 30 日。

吴思科：《“化武换和平”走出一条新路》，《解放时报》2013 年 9 月 18 日。

刘悦、徐进：《中东北非局势持续动荡》，《国际形势：全球政治与安全报告（2013）》，社会科学文献出版社，2012。

郎平：《2011 年中东北非变局》，《国际形势：全球政治与安全报告（2012）》，社会科学文献出版社，2011。

殷罡：《解决叙利亚危机途径趋于明朗》，《中国社会科学报》2013 年 5 月 15 日。

Y.16

# 拉美热点述评

刘 畅*

**摘 要：**

查韦斯逝世、巴西百万人大游行以及斯诺登事件使得2013年成为对拉美国家来说影响深远的一年。马杜罗如何处理查韦斯留下的遗产，不仅关乎委内瑞拉国内，对于拉美各国来说也至关重要，而他的表现还无法令人满意。而罗塞夫面对突如其来的巴西游行示威反应迟缓，需要反躬自省，审慎应对这其中出现的深层次问题。斯诺登最终拒绝拉美也折射出了拉美各国面临的窘境。在拉美各国政权震荡重整的关键点上，这些国家应着力缓解托克维尔效应，调整产业结构以及加强地区一体化。

**关键词：**

查韦斯　马杜罗　斯诺登　委内瑞拉　巴西大游行

2013年对于拉美政权群来说是具有深刻影响意义的一年。查韦斯的逝世、巴西百万人大游行以及斯诺登事件这三件具有标志性的事件都是不能不予以注意的重大事件，从这其中不仅可以观察近期拉美政权群的发展动态，同时也可以对近十年来拉美整体态势进行相应的总结。

从这三件热点事件中，拉美政权群在这个关键时间点的特点和态势能够得到辨明。在这个震荡重整的关键时刻，拉美政权群面临着三个方面的挑战，第一是自身的执政是否能够继续满足国内民众的需要，在积累一定的不满之后，

* 刘畅，中国社会科学院研究生院世界经济与政治系硕士研究生，国际关系专业，研究方向为外交政策分析、东亚古代国际关系。

如何将民众的怨气化解；第二是如何从意识形态的反美主义中超脱出来，在更为务实的基础上加速开展地区一体化进程；第三是如何将国家的经济结构调整得更趋合理，缓解国内根本的经济问题。

从目前的情况来看，拉美政权群的表现并不能令人满意，虽然这些问题具有一定的长期性和持续性，不可能在短时期内解决，但是并不能因此而放弃这方面的努力。本文首先在前三部分，较为细致地对后查韦斯时代、巴西游行示威和斯诺登事件进行梳理，然后就其中具有共性和普遍意义的内容进行分析和总结。

## 一　后查韦斯时代的马杜罗

2013 年 3 月 5 日当地时间下午 4 时 25 分，委内瑞拉总统查韦斯逝世，享年 58 岁。在长达 14 年的执政时间中，查韦斯成功地赢得了委内瑞拉民众的支持，树立了自己“反美斗士”和玻利瓦尔后继者的形象。与此同时，也被一些评论者认为其是鼓吹民粹主义的威权统治者。[①]

美国三大主流媒体所进行的长篇报道大体反映了美国的主流看法。《华盛顿邮报》的报道认为查韦斯富有激情，对他的评价会出现两极分化的情形。一方面，查韦斯颠覆了旧秩序，使得传统的委内瑞拉社会的权力阶层边缘化，打破了既有的制度安排。但另一方面，查韦斯未能为委内瑞拉带来可持续性的经济发展模式，消费品短缺依然困扰着委内瑞拉民众。[②]《纽约时报》的报道则认为查韦斯所开创的“社会主义”道路将会因其逝世而受到不利影响，拉美地区的平衡可能会被打破。查韦斯一方面让中下层民众重新获得了政治地位，另一方面却使委内瑞拉社会分裂进一步加剧。[③]《洛杉矶时报》的报道以

---

① 在一篇人民网刊出的专题报道中，径直使用“民粹”和“反美”来评价查韦斯的执政特点。《查韦斯逝世后的委内瑞拉》，人民网，2013 年 3 月 6 日，http：//world. people. com. cn/n/2013/0306/。

② “Hugo Chavez, passionate but polarizing Venezuelan president, dead at 58,” *The Washington Post*, 6 March, 2013, http：//www. washingtonpost. com/world.

③ “Hugo Chavez of Venezuela dies,” *The New York Times*, 5 March, 2013, https：//www. nytimes. com/2013/03/06.

"委内瑞拉穷人的英雄"来评价查韦斯，认为他的民粹举措招致了中产阶级和精英阶层的不满，使得委内瑞拉社会继续两极分化，不得不借助外国贷款来继续执行其政策。有趣的是，在该报同时进行的一项有2200多名读者参与的调查中，有超过六成的读者认为查韦斯的遗产对于委内瑞拉将来的发展不会产生积极影响。①

有些媒体和智库的评价则更趋负面。英国《金融时报》的社评就以《拉美不再需要查韦斯"神话"》为题，对查韦斯持批判态度。社评认为查韦斯有独裁野心，他所推行的政策并没有人们普遍认为的那么有成效，反而带来一系列社会问题。因此，查韦斯之死也就标志着所谓拉美开倒车时代的结束。② 美国《外交政策》杂志刊文称查韦斯的梦想总是不切实际且无法实现，反而留下经济衰退、犯罪频发等问题考验其继任者。③ 美国布鲁金斯学会刊出的一篇短评认为，委内瑞拉存在着的消费资料短缺，严重的通货膨胀，医疗设施不完备等顽疾，查韦斯难辞其咎，尽管民众将其看作圣人。④

归纳而言，对于查韦斯的评价，各家媒体和智库一方面对于查韦斯在任期间对于委内瑞拉中下阶层的贡献给予正面评价，但另一方面对于他在经济和社会发展方面的失策进行更为深入的批评。评论者之所以会对后一个方面大费笔墨，原因在于想要借此探寻马杜罗在面临查韦斯遗留下的大量疑难问题时，是否会延续查韦斯的路线和政策，如果延续的话，这些路线和政策在未来会产生什么影响。

例如袁东振指出的，由于马杜罗在意识形态上甚至比查韦斯更为激进，因此马杜罗会坚定地执行查韦斯的路线和政策，即使在某种程度上，其执政的风格可能会趋于温和。而吴洪英则进一步指出，由于查韦斯的一系列路线政策已

① "President Hugo Chavez dies at 58; hero to Venezuela's poor," *Los Angeles Times*, 6 March, 2013, http://www.latimes.com/news.

② FT社评：《拉美不再需要"查韦斯神话"》，FT中文网，2013年3月7日，http://www.ftchinese.com/story/。

③ Michael Shifter, "A Bolivarian Dream Deferred," *Foreign Policy*, 24 June, 2013, http://www.foreignpolicy.com/articles/2013/06/24/.

④ Diana Villiers Negroponte, "Chavez's Death and a Forthcoming Political Battle in Venezuela," *The Brookings Institution*, 6 March, 2013, http://www.brookings.edu/blogs/up-front/posts/.

经上升成为委内瑞拉整个国家的治国方略，因此，即使是反对派上台，也难有重大变更。[①] 而在查韦斯去世后，委内瑞拉反对派领导人卡普里莱斯发表谈话的基调更为注重呼吁国家团结。[②] 与这两位国内学者类似，在与中国社会科学院相关学者进行座谈后，布鲁金斯学会的研究员戴安娜·尼葛洛庞帝（Diana Negroponte）同样也认为，马杜罗会继续在住房、教育和医疗方面进行社会投资，以实现查韦斯的梦想。她援引加拿大丰业银行（Scotiabank）发布的报告认为，干涉主义的公共政策仍将继续。[③]

从马杜罗就任以来的表现来看，查韦斯的遗产在后查韦斯时代不断发酵，令马杜罗难以有更大的施展空间。

首先，马杜罗一直都被视为最没有可能的查韦斯后继者，他的合法性除了是查韦斯的指定接班人以外别无更为雄厚的基础，一方面来自统一社会主义党党内的压力，另一方面来自党外反对派的杯葛，都会让马杜罗的后续执政面临重重困难。在这样的情况下，马杜罗只能继续实行查韦斯在任时制定的大政方针，也只有这样才能稳固自己执政的根基。然而查韦斯留下了大量的负面政治遗产，包括国内基本的消费资料匮乏以及对媒体舆论的压制，这一部分的施政内容已经造成了大量的不满，马杜罗面临着进退维谷的微妙境地。

其次，马杜罗依然在姿态上延续了“反美斗士”的形象。在查韦斯刚刚逝世时，复旦大学的张建新教授在《东方早报》上撰文指出，查韦斯之死会导致拉美左翼政权群的激进反美主义终结。[④] 而其他学者则有不同意见，《查韦斯传》的作者，中国社会科学院拉丁美洲所研究员徐世澄在接受人民日报社属刊物采访时认为，查韦斯的反美是务实的和实用主义的反美，委美之间经济的互补关系决定了查韦斯反美是口号大于实质[⑤]。如果所谓的反美斗士本身

---

① 魏香镜等：《查韦斯“缺席”会否影响拉美“左转”》，《南方日报》2013 年 1 月 11 日。

② 《世界各地政要评查韦斯去世》，《华尔街日报》中文网，2013 年 3 月 6 日，http://www.cn.wsj.com/gb/20130306/。

③ Diana Villiers Negroponte, “Maduro as President of Venezuela: What to Expect,” The Brookings Institution, 16 April, 2013, http://www.brookings.edu/blogs/up-front/posts/2013/04/16.

④ 张建新：《激进反美主义的终结》，《东方早报》2013 年 3 月 7 日。

⑤ 张卫中等：《查韦斯，两面大旗举一生》，《环球人物》2013 年第 7 期；新加坡国立大学访问学者赵灵敏认为，反美是外界对查韦斯的最大误解；赵灵敏：《委内瑞拉左翼的深层挑战》，《华夏日报》2013 年 4 月 18 日。

只是一种姿态，那么激进反美主义的终结就无从谈起了[①]。马杜罗在这一方面很难有突破，甚至于反美斗士的姿态能不能延续都是未定之数。

"棱镜门"事件主角斯诺登对于委内瑞拉来说不啻为提高国际威望的良好契机，然而马杜罗当局整体应对迟缓无力，乔治城大学的拉美研究专家迈克尔·施福特（Michael Shifter）尖锐地指出，查韦斯留下的负面遗产拖累了马杜罗，在复杂的国内政治压迫下，马杜罗只能尽可能地舍弃次优先度目标，而将大部分精力投入到巩固政权稳定和延续上。[②]

再次，查韦斯的地区影响力是需要进一步深入探讨的问题。拉美地区自独立战争以来一直存在着民主和独裁的周期性钟摆效应。[③] 一方面，这确实说明了"拉美资产阶级民主制度的脆弱性"，然而也在另一方面说明了拉美各国政治局势的传染性。自独立战争以来，拉美就保持着领袖人物示范、全地区纷纷效仿的局面。以玻利瓦尔后继者自居的查韦斯也不例外，21 世纪初以来的拉美"社会主义热"就是这种传染性的最新体现。虽然饱受西方媒体和学者的指摘，但是这股热潮并没有从根本上破坏拉美地区各国的民主制度，各国左翼力量都是通过普选上台执政，因此这一热潮依然体现的是拉美政治的固有特性和地区一个时期的政治思潮。

目前来看，虽然查韦斯逝世了，但是这股热潮仍然没有消退，各国左翼仍然具有一定实力，因此，团结拉美左翼政权群的任务就还是需要一位克里斯玛式的人物出现。然而，马杜罗现在尚没有足够实力和魅力接替查韦斯的拉美左翼领袖地位。在评论者的猜测中，徐世澄认为，厄瓜多尔总统科雷亚有可能成为拉美左翼新领袖[④]；迈克尔·施福特认为来自巴西的领导人成为领袖的可能性大一些[⑤]；而巴西学者若昂·蒙特认为，拉美各国领导人都因为种种原因限

---

① 对于反美主义类型学的研究表明，很难认为意识形态和实质性的反美是天然联系在一起的。参见卡赞斯坦和基欧汉编《世界政治中的反美主义》，中国人民大学出版社，2012。

② Michael Shifter, "A Bolivarian Dream Deferred," *Foreign Policy*, 24 June, 2013, http://www.foreignpolicy.com/articles/2013/06/24/.

③ 参见苏振兴主编《拉美国家现代化进程研究》，社会科学文献出版社，2006。

④ 徐世澄：《值得关注的拉美目前形势》，《当代世界》2013 年第 2 期。

⑤ Michael Shifter, "A Bolivarian Dream Deferred," *Foreign Policy*, 24 June, 2013http://www.foreignpolicy.com/articles/2013/06/24/.

制而无法充当领袖，因此拉美左翼将会出现群龙无首的局面①。有鉴于巴西国内民众不满情绪的高涨，群龙无首的判断更为客观一些。

最后，评论者一直批评或者担忧查韦斯经济发展模式。查韦斯模式的脆性②也正在于此，通过出卖单一的初级资源来换取大量收入并以这些收入分配给底层民众，从而支撑政权稳固。这样的模式在油价大幅推高的背景下确实有效，查韦斯任内推行的各项“使命”借此获得一定的成效。然而，这一模式的弊端也显而易见，过于依赖石油而本身又没有石油的定价权，因此必须在油价红利没有消失之前尽早转型，建立完备的产业结构，使得经济发展效果稳定化。在这方面，查韦斯显然做得还不够，而马杜罗显然也拿不出更多的办法。因此，有委内瑞拉国内评论者甚至据此提出委内瑞拉会不会成为一个失败国家的问题。③

总体而言，查韦斯留下的而马杜罗正在面对的是一个沉重的遗产。在查韦斯受之无愧取得成功的方面，马杜罗面临着如何保持乃至于发扬光大的巨大压力，而在查韦斯做得不尽如人意的方面，马杜罗则面临着如何矫正乃至根治的艰巨任务。因此，不管对查韦斯的评价如何，要想求新求变，马杜罗还存在着调整和适应的难题。据此而言，马杜罗在后查韦斯时代的头几年过渡期内的表现将对他的政治生涯、委内瑞拉国家走向乃至于拉美左翼政权群的发展趋势产生巨大影响，而从目下而言，马杜罗还远远没能及格，接下来的路还有很长。

## 二　巴西百万民众大游行

同样是“钦定”接班人，相对于马杜罗来说，罗塞夫高票当选以来，巴

① 朱幸福：《后查韦斯时代，拉美左翼去往何方?》，《文汇报》2013 年 3 月 7 日。

② 脆性的概念来源于金观涛和刘青峰分析中国古代社会的超稳定结构。金、刘二人认为中国古代社会的三个子系统互为表里，任何一个出现不适，就会出现大系统崩溃（这种系统论的观点在国际关系上的运用就是结构现实主义）。因此，金、刘认为中国古代社会是一个脆性结构。本文在此将拉美国家的经济和政治结构称为双脆结构。在经济中过于依赖大宗商品贸易，在政治中过于依赖一党独大体制所形成的政治稳定局面，这两层的脆性结构，在国家力量发挥重大作用的再分配体制之下得以勾连，形成双脆结构，这也是一种稳定结构。关于脆性和超稳定结构，参见金观涛、刘青峰《兴盛与危机：论中国古代封建社会的超稳定结构》，湖南人民出版社，1984；金观涛、刘青峰《开放中的变迁：再论中国社会超稳定结构》，法律出版社，2011。

③ Juan Nagells, “Venezuela becoming a failed state?”, *Foreign Policy*, 16 May, 2013, http: //transitions. foreignpolicy. com/posts/2013/05/16/.

西政局一直平稳有序。罗塞夫身上既有激进的武装革命背景，同时也有丰富的从基层到联邦政府的从政履历，由她主持制定的“加速增长计划”更为她在当选总统之前就赢得良好的声誉和民望。①

然而，本来被认为2014年10月连任机会极大的罗塞夫却在今年巴西举办国际足联联合会杯期间遭遇民众大规模抗议。抗议的直接导火索是6月11日巴西11个州首府的公交车票价统一上涨0.2雷亚尔（约合0.58人民币）②。随即在巴西最为富庶的圣保罗州和里约热内卢州爆发了连续多天的游行示威。6月14日是巴西联合会杯开幕之日。场内运动员激战正酣，场外抗议浪潮持续高涨。抗议民众的关注议题开始扩展，从单纯的对公交车票涨价的不满开始转向抗议政府斥巨资举办联合会杯以及接下来的世界杯而不在社会公共服务方面加大投入。③

据巴西媒体的报道，早在2009年，举办世界杯的预算就高达277亿雷亚尔（约合142亿美元），光巴西利亚和福塔莱萨两个承办城市的预算就超过了南非世界杯的总成本（35亿美元）。④ 而如今，这一预算已经达到200亿美元。⑤ 南非在艰难的经济背景下，勉强做到了收支平衡，而预算超南非6倍多的巴西是否也能做到，民众对此并不持乐观态度。而或许更能激起民愤的是，举办世界杯的利润还要大量上缴国际足联。南非世界杯国际足联收入80亿美元，利润达到创纪录的32亿美元。⑥ 据信这届世界杯，国际足联获取的利润在20亿美元以上。⑦ 与此相对的是公交车票涨价会让里约热内卢市每年收入

① 周志伟：《罗塞夫：巴西女总统?》，中国拉丁美洲网，2010年10月15日，http://ilas.cass.cn/cn/。

② 颜欢：《公交调价激怒巴西民众》，人民网，2013年6月14日，http://world.people.com.cn/n/2013/0614/。

③ 韩旭阳：《抗议巨资办世界杯　巴西20万人示威》，《新京报》2013年6月19日。

④ 陈威华，赵焱：《巴西世界杯承办费用将超过德国和南非世界杯》，新华网，2009年7月6日，http://news.xinhuanet.com/sports/2009-07/06/。

⑤ 颜强：《体育盛会：丰碑还是墓碑?》，FT中文网，2013年7月3日，http://www.ftchinese.com/story/。

⑥ 王康：《FIFA入账80亿美元：南非世界杯乘数效应》，21世纪网，2010年7月13日，http://www.21cbh.com/HTML/2010-7-13/5NMDAwMDE4NjQ5Nw.html。

⑦ 颜强：《体育盛会：丰碑还是墓碑?》，FT中文网，2013年7月3日，http://www.ftchinese.com/story/001051217。

增加 2.25 亿美元。[①]

巴西官方的反应极为迟缓，在圣保罗州首先爆发抗议示威之时，该州州长还在巴黎为圣保罗承办 2020 年世界博览会而努力。[②] 有报道称，罗塞夫试图和抗议者站在一起，但没能发挥作用。[③] 示威游行最终演变为巴西全国范围内的百万人大游行。

《纽约时报》的报道称，一个被视为民主榜样的大国，被一场公众暴动击败。[④] 罗塞夫不得不取消访日行程，发表总统讲话来安抚民众。[⑤] 然而，此时民众抗议的焦点已经转变成了对长期积累的不满的总爆发。罗塞夫的一举一动都处于民众的抗议声浪之中。

评论者们对原因的分析大抵不离三点内容。首先，这次大规模的示威游行是长期积累所造成的。巴西社会经济发展中的痼疾一直无法得到有效解决，民众积压的不满久久得不到纾解。中国现代国际关系研究院拉美所副研究员孙岩峰在《人民日报·海外版》撰文认为，腐败、高通胀、犯罪泛滥、医疗教育等议题处置失当，致使普通民众长期积累了不满。这才是这次游行示威的根本原因。[⑥] 德国海因里希·伯尔基金会驻里约热内卢办事处负责人达维德·巴特尔特同样也认为，民众积郁已久的改革需求在这次示威游行中被激发。[⑦]

其次，被一些评论者特别提到的还有高税收。《新华每日电讯》刊出的评论认为，巴西的税收制度是全世界最繁复的，巴西国民税负沉重，“2011 年政府税收收入相当于国内生产总值的 35.88%”，而民众没有能够得到相应的公共服务。[⑧] 这自然也就牵出了对于税收收入再分配的诘责。有评论指出，巴西

---

① 高美，韩旭阳：《巴西政府“让步”抗议民众不买账》，《新京报》2013 年 6 月 21 日。

② 《巴西圣保罗市民连续三天示威抗议公车高票价》，环球网，2013 年 6 月 13 日，http://world.huanqiu.com/exclusive/2013－06/4021252.html。

③ 韩旭阳：《抗议巨资办世界杯　巴西 20 万人示威》，《新京报》2013 年 6 月 19 日。

④ 《巴西 100 多个城市掀起百万人大示威》，环球网，2013 年 6 月 22 日，http://world.huanqiu.com/exclusive/2013－06/4052521.html。

⑤ 《巴西总统：从严反腐　善待公款》，《新京报》2013 年 6 月 23 日。

⑥ 孙岩峰：《大规模骚乱敲响巴西发展警钟》，《人民日报·海外版》2013 年 6 月 22 日。

⑦ 《巴西抗议浪潮为何愈演愈烈》，新华网，2013 年 6 月 24 日，http://news.xinhuanet.com/world/2013－06/24/c_ 124901553.htm。

⑧ 杨飞：《百万巴西民众抗议世界杯为哪般》，《新华每日电讯》2013 年 6 月 26 日。

的高关税一方面保护了国内产业发展，但同时却让国内消费者背上了沉重的包袱，在这样的情况下，还不注意民生，反而把大量税收收入用于举办体育比赛和大型活动上去。①

最后，有评论者将对于这次游行示威的评价落脚在了巴西政治体制上。虽然对巴西的民主体制仍然抱正面评价，但是罗塞夫的执政风格却受到评论者批评。伍德罗·威尔逊国际中心学者巴西研究所所长保罗·索特罗指出，罗塞夫的决策方式过于集中封闭，导致一方面外界不知道政府方面的具体决策过程，另一方面使得政府方面对外界的变化反应过于迟缓。②

然而，评论者的这三个方面的原因分析，缺乏一些必要的分析纵深。实际上，被评论者一直忽视的内容在于巴西的经济结构过于依赖大宗商品出口。巴西是世界上最大的铁矿石、橘汁、蔗糖和咖啡出口国，是第二大大豆出口国。③ 其中铁矿石的出口占到巴西外贸总出口额的20% ~25%。④ 在金砖国家，尤其是中国发展迅猛的情况下，大量的初级资源需求使得巴西大宗商品的出口旺盛，在高税收政策下，保证了巴西政府可以有充足的资源提升民生水平，使得巴西经济得到持续明显上升以及保持了巴西国内政局的稳定。

随着金砖国家国内产能过剩，产业结构调整和全球经济不景气，大宗商品需求量的减少，导致了巴西的大宗商品出口受到一定影响。相关专业人士的分析指出，巴西的高质量铁矿石在需求减少的情况下，正在逐步丧失其品质溢价，即使澳大利亚丧失运费溢价，巴西出口铁矿石的利润率也会不断降低。⑤来自证券机构的研究报告指出，竞争力提高和经济增长的长效方法仍在于经济结构改革，大宗商品繁荣不再的局面，令 2013 年以来的几项关键经济数据十

---

① 《独家分析：巴西人为何抗议世界杯》，新浪网，2013 年 6 月 22 日，http：//news. sina. com. cn/w/sd/2013 - 06 - 22/120827469934. shtml。

② 保罗·索特罗：《巴西人为何走上街头?》，FT 中文网，2013 年 6 月 25 日，http：//www. ftchinese. com/story/00105106。

③ Kenneth Rapoza," Can Mexico Overtake Brazil By 2022?", *Forbes*, 15 Aug, 2012. http：//www. forbes. com/sites/kenrapoza/2012/08/11/can - mexico - overtake - brazil - by - 2022.

④ 《中国经济放缓可能迫使巴西大宗商品出口重心转移》，和讯网，2011 年 8 月 29 日，http：//futures. hexun. com/2011 - 08 - 29/132900055. html。

⑤ 《巴西正失去铁矿石溢价》，FT 中文网，2013 年 4 月 22 日，http：//www. ftchinese. com/story/001050065。

分不乐观。①

这里面呈现的问题是，巴西经济由于存在较为严重的依赖大宗商品的情势，因此经济结构存在一定的脆性。这一脆性迁延到政治局势上，会促使政治家采取更为短视的行为。美国经济学家布坎南曾经在《赤字中的民主》中谈到，在民主体制下，为选票而征战的政治家更为倾向于扩大赤字，追求短期利益。② 这一理论准确地解释了为什么现在世界各主要发达国家债台高筑。而对于民主体制较为完备但却是发展中国家的巴西，政治家同样也追求不断地扩大公共开支，以讨好尽可能多的选民，延续自己的职业生涯。但是发达国家由于经济发展较为成熟，在国际市场上经验丰富，长期赤字财政造成的影响被控制在一定范围内，由此引发的社会动荡尚在可控范围内，但即便如此，还是产生了类似“占领华尔街”这样的遍及全美乃至于全球的社会抗争运动。而在经济结构更为单一脆弱的发展中国家巴西，赤字财政对社会造成了更为剧烈更加难以控制的影响。此次巴西大规模的游行示威，其背后的逻辑线正在于此。

## 三　斯诺登事件中的拉美国家

2013 年 5 月 20 日，爱德华·斯诺登登上去中国香港的飞机，由此引发了国际社会持续近三个月的关注。在美国方面吊销了斯诺登的美国护照之后，变成无国籍人士的斯诺登就开始了寻求庇护的漫长过程。在向 21 个国家③发出了庇护申请后（见表 1），拉美的五个反美政权，委内瑞拉、玻利维亚、尼加拉瓜、厄瓜多尔和巴西给出了不同的答案，引发外界的好奇。而最终斯诺登拒绝了拉美的邀请而选择留在俄罗斯则更是出乎意料。

---

① 银河证券：《巴西经济回落》，腾讯网，2013 年 6 月 25 日，http://finance.qq.com/a/20130625/016405.htm。

② 布坎南、瓦格纳：《赤字中的民主：凯恩斯勋爵的政治遗产》，刘廷安、罗光译，北京经济学院出版社，1988。

③ 有消息称，斯诺登在向二十一国提交了庇护申请后，又追加申请了六国，但这六国的具体情况不明。Bolivia, Venezuela and Nicaragua offer Snowden asylum, BBC, 6 July, 2013, http://www.bbc.co.uk/news/。

**表 1　各国对斯诺登庇护申请的回应**

| 态度 | 国家 |
| --- | --- |
| 明确同意 | 委内瑞拉、玻利维亚、尼加拉瓜 |
| 模糊同意 | 俄罗斯 |
| 明确拒绝 | 芬兰、法国、德国、挪威、波兰、瑞士、厄瓜多尔、印度、巴西 |
| 模糊拒绝 | 奥地利、冰岛、爱尔兰、意大利、西班牙、西班牙 |
| 无表态 | 中国、古巴 |

2013 年 7 月 5 日，马杜罗在委内瑞拉建国 202 周年的纪念典礼上，正式向斯诺登发出邀请，震惊了国际社会。随后另外两个拉美国家玻利维亚和尼加拉瓜也向斯诺登抛出了橄榄枝。虽然如此，此前最被看好的目的地厄瓜多尔，则是出尔反尔，最终拒绝了斯诺登的庇护申请。

厄瓜多尔此前曾为维基解密的创始人阿桑奇提供了在厄瓜多尔驻英国大使馆的庇护，而阿桑奇以及维基解密又被视为斯诺登出逃和披露“棱镜门”文件的幕后推手，因此，外界很自然地猜测斯诺登最终会前往厄瓜多尔，或者进入厄瓜多尔在莫斯科的使馆进行避难。战略和国际问题研究中心（CSIS）就刊文认为斯诺登的前途只有三种选择，而去厄瓜多尔或者去莫斯科的厄瓜多尔使馆是斯诺登应该认真考虑的最佳和次佳选项。①

事实上，厄瓜多尔总统科亚雷曾一度被视为拉美左翼政权群新一代的领袖，担负着接过查韦斯遗留下的玻利瓦尔革命的重任。因此，在这样一种情势下，外界也很容易联系到拉美政权群整体上的意识形态反美的特点。斯诺登事件是一个绝佳的机会，可以使反美主义国家找到新的反美论据。而即使是亲美的国家，也绝对不会允许美国中央情报局在本国境内无限制地实施监听，因此也不会阻挠反美主义国家在这个方面对美国的谴责。这样，由厄瓜多尔出面庇护斯诺登也就成了凝聚新的拉美左翼政权群的机会和动力。②

① Carl Meacham, “Snowden, Latin America, and Russia,” *CSIS*, Jul 18 2013, http://csis.org/publication/snowden.

② Olga Khazan, “Why Edward Snowden Is Looking to Ecuador for Asylum,” *The Atlantic*, Jun 23 2013, http://www.theatlantic.com/international/archive/2013/06/why-edward-snowden-is-looking-to-ecuador-for-asylum/277139.

然而，在和美国副总统拜登通电话之后，科亚雷的态度突然发生一百八十度转变，声称庇护斯诺登是一个错误。[①] 具体的谈话内容被称为高级机密而被拒绝公之于众。[②] 因此，外界很难直接了解科亚雷这样做的具体理由是什么，但是这件事情却鲜明地体现出拉美政权群除了口头反美之外，很难有更为具体和更有效力的动作去反制美国，即使美国并不占理。

马克·肯尼迪（Mark Kennedy）认为，斯诺登事件事关美国全球领导地位是否可以继续保持下去的大局，因此美国政府应当高度重视，倾尽全力。[③] 如果美国果真如此的话，那么确实不是厄瓜多尔这样的一个小国所能够应对的。不管反美主义的意识形态诉求多么强烈，国际政治格局是无法撼动的。根据西班牙媒体的报道，仅仅因为委内瑞拉同意了斯诺登的庇护申请，美国就在考虑对委展开制裁。[④] 由此可以看出科亚雷在和拜登通电话时所承受的压力。

来自卡内基国际和平基金会的拉美研究专家莫伊斯·纳姆（Moises Naim）则从厄瓜多尔国内政治的角度来分析这一事件[⑤]，他认为科亚雷治下的厄瓜多尔对于言论自由的保护程度并不高，而斯诺登之所以选择香港作为出逃第一站，就是看中了香港对言论自由的得力保护。因此，斯诺登去厄瓜多尔后，要么闭嘴，要么成为一枚定时炸弹，随时可能会使科亚雷面临美国的压力。因此，科亚雷选择知难而退也算是明智之举。意识形态的激烈诉求最终还是让位于国家利益的理性计算。

然而，即便是如此，斯诺登最终还是选择了留在俄罗斯，而不是同意他的

---

① Rory Carroll, "Ecuador says it blundered over Snowden travel document," *The Guardian*, 3 July 2013, http://www.theguardian.com/world/2013/jul/02/ecuador-rafael-correa-snowden-mistake.

② "Ecuador's Correa says Biden asked him to deny Edward Snowden asylum," *The Guardian*, 29 June 2013, http://www.theguardian.com/world/2013/jun/29/edward-snowden-biden-correa-talks.

③ Mark R. Kennedy, "Snowden Affair Shows America Must Work Harder to Lead," *Foreign Policy*, August 2, 2013, http://shadow.foreignpolicy.com/posts/2013/08/02/.

④ 《外媒称委内瑞拉或将因斯诺登事件遭美国报复》，凤凰网，2013 年 7 月 21 日，http://news.ifeng.com/world/special/sndxiemi/content-3/detail_2013_07/21/27735794_0.shtml。

⑤ Moises Naim, "Ecuador Is No Haven for Homegrown Whistleblowers," *Financial Times*, June 28 2013, http://blogs.ft.com/the-a-list/2013/06/28/ecuador-is-no-haven-for-homegrown-whistleblowers.

庇护申请的三个拉美国家。从他一个人的选择上，可以看出查韦斯之后，拉美左翼政权群在世界政治舞台上的影响力进一步下降。斯诺登在为去厄瓜多尔庇护做出了很多努力之后，最终却遭遇了失败。这个问题并非是孤例，拉美各国都可能会遭遇这样的结局。在美国的传统势力范围内，想要摆脱美国的影响几乎是不可能的。连斯诺登的人身安全可能都无法得到保证。在查韦斯逝世、巴西大游行以及科亚雷临阵退缩的大背景下，拉美政权群在转型和震荡重整阶段的脆弱暴露无遗，这绝对会在斯诺登关于未来避难地的考量上减分。

长期稳定性这个选项会在斯诺登的优先度排名中靠前，而如果当下的以意识形态反美为主要诉求之一的左翼政权崩溃，而由亲美或者不希望与美国对立的政权接手，那么斯诺登的处境又会回到无所依恃的境地。换句话说，拉美各个左翼政权现在无法证明自己会成为美国永久的对手，而俄罗斯却大不一样。因此，可以肯定的是，即使俄罗斯不是最优的选择，也要比拉美国家理想得多。

斯诺登于8月1日走出了机场，但是“棱镜门”事件却并未结束。美国和英国的监听范围比“棱镜计划”更广。拉美国家也多有牵涉其中。不难想象，斯诺登拒绝了拉美，但是拉美却短期内拒绝不了斯诺登。

## 结　语

透过2013年拉美国家各自面临的窘境的分析，有许多具有一定普遍意义的推论可以被恰当地予以说明。

首先，各国在某种程度上都发生了托克维尔效应①。在经济发展人民富足之后，施加在人民身上的锁链变得更加难以接受。巴西和委内瑞拉在各自左翼政府的中长时段的治理下，经济水平和社会风貌都得到了一定的发展。巴西对于地区平衡发展战略的矢志践行②和委内瑞拉的“使命”都被认为是改善了各自国家内中下层民众的生活水平。然而，富足之后的人民却越来越察觉到体制

① 张宇燕：《“托克维尔效应”之效应》，中国证券网，2007年8月3日，http://www.cnstock.com/jrpl/2007-08/。

② 杨志敏：《地区发展不平衡及其治理——巴西案例研究》，《拉美国家社会转型期的困惑》，中国社会科学出版社，2010，第405~428页。

的弊病和社会整体的沉闷，由此引发的不满使得社会处于动荡不安的隐患之下。

在上文已经提及的经济脆性的背景下，这两个国家都存在着程度不一的一党独大政党制度。委内瑞拉统一社会主义党（及其前身）和巴西劳工党都已经掌控各自国家政权超过10年。这两个政党通过长期执政，积累了雄厚的基础，包括对经济资源极强的提取能力，保证其可以通过直接地改善底层民众的生活而继续赢得支持并执政。虽然如此，在民主体制下，同时也是为了满足民众一贯的需要，政治家不得不持续地扩大公共开支，而当经济脆性的弊端显现的时候，公共开支的步伐就远远大于了国家财政可以承受的范围，这样就会导致债台高筑，税负指数升高以及公共服务的劣性增长等，这就使得民众不得不在日常生活中承受通货膨胀的危害和劣质的公共服务，这样也就逐渐积累了对当前执政党的不满情绪，这种不满情绪经过点燃蔓延后，很容易形成大规模的社会运动。这在委内瑞拉更为明显，而劳工党在这次大规模游行示威后也面临着类似的困难。这都导致了在政治体制方面，两个国家也存在一定的脆性。

其次，无论查韦斯多么亲古巴反美国，但委美经济关系的互补——即委内瑞拉石油出口大量依赖美国——使得查韦斯的反美只能是一种姿态。

事实上，大宗商品对于两国的影响都是巨大的。正是依靠国家主导的从大宗商品中获取的巨大利益的再分配，才使得双脆结构之间获得了有效的支撑点。在政治家短期行为的驱动下，发展中国家并不难获取类似“黄金十年”的功绩。然而这种模式[①]的延续性难以保证。

在这种情况下，依附现象不仅没有得到缓解，反而由于双脆结构的出现而加重了。更为有趣的是，随着新兴国家的崛起，依附的对象除了原来的发达国家之外，一些新兴的发展中国家也成为依附的对象。甚至程度还加深了：这些新兴国家国内经济的起高走低对于依附国的影响甚至更为严重。

在这种情况下，早已陷入停滞的南南合作可以被重新激活。查韦斯在拉美

① 孙岩峰将这种模式归纳为“重增长、弱发展、轻平衡”，孙岩峰：《大规模骚乱敲响巴西发展警钟》，《人民日报·海外版》2013年6月22日；保罗·索特罗将这种模式归纳为“基于消费而不是投资的增长模式”，保罗·索特罗：《巴西人为何走上街头?》，FT中文网，2013年6月25日，见 http://www.ftchinese.com/story/00105106。

左翼政权群中所进行的南南合作举措可以继续扩大，这也昭示着，金砖国家之间的协商机制存在进一步加强和深化的需要。

最后，对于拉美左翼政权群来说，在美国战略重心东移的背景下，各国获得了一定的调整和改革的空间，只要把握机会，左翼政权尚还有余地自我更新。在查韦斯的倡导下，拉美左翼政权群之间形成了多个地区组织①，但是到目前为止，这些地区一体化成就成果并不显著。

与此相对的是，以非左翼政权②为班底的太平洋联盟的前景却被评论者看好。这一联盟之所以能够发挥巨大作用，并且获得亚太国家的重视，其主要原因有二：第一是尽量不受国内政治和意识形态的干扰，以务实的态度开展贸易谈判，促进各国竞争力提升和经济发展；第二是准确地判断了环太平洋贸易的形势，积极地与东盟和中日韩接触和谈判。③

太平洋联盟的成功（至少在目前来看是如此）至少对于拉美左翼政权群具有两方面的启发意义。一方面，这些政权存在着利用这条已经开拓的渠道来扩大环太平洋贸易的可能，然而对于其中的一些自由贸易设限是否能够接受，还或未可知。另一方面，这些政权可以将已经存在的各种“替代方案”务实化，不再过分拘泥于政治意识形态的宣示，而是按照“早收”方法，积极地与东亚各国开展贸易，以此来规避过分一致的双脆结构集团互相影响畸形发展的恶果。

中拉关系应该顺着这一思路深入探讨开展更为深入和务实的合作的可能。尤其是在中国周边压力骤然增大的局面下，从更为广阔的战略视角审视中国所面临的大环境，力图跳出软硬包围圈，在环太平洋的广阔区域上和霸权国家形成必要的对冲和制衡，在缓解自身困境的同时也为维护亚太地区的稳定和安全贡献力量。

---

① 成晓叶、孟庆凯：《拉美左翼政权的历史、现状及展望》，载《南京政治学院学报》2013 年第 3 期。

② 左翼政权和非左翼政权的划分请见成晓叶、孟庆凯：《拉美左冀政权的历史、现状及展望》《南京政治学院学报》2013 年第 3 期；徐世澄：《中国学者对拉美左翼政府的政策分析》，《拉丁美洲研究》2009 年第 31 卷增刊 2。

③ Carlo Dade and Carl Meacham, “The Pacific Alliance: An Example of Lessons Learned,” *CSIS*, 11 Jul, 2013. http://csis.org/publication/pacific－alliance－example－lessons－learned.

## 参考文献

〔美〕布坎南、瓦格纳：《赤字中的民主：凯恩斯勋爵的政治遗产》，刘廷安、罗光译北京经济学院出版社，1988。

金观涛、刘青峰：《兴盛与危机：论中国古代封建社会的超稳定结构》，湖南人民出版社，1984。

〔美〕卡赞斯坦和基欧汉编《世界政治中的反美主义》，中国人民大学出版社，2012。

〔法〕托克维尔：《旧制度与大革命》，商务印书馆，1992。

苏振兴编《拉美国家现代化进程研究》，社会科学文献出版社，2006。

徐世澄：《值得关注的拉美目前形势》，《当代世界》2013 年第 2 期。

FT 社评：《拉美不再需要“查韦斯神话”》，FT 中文网，2013 年 3 月 7 日，http://www.ftchinese.com/story/001049315。

魏香镜等：《查韦斯“缺席”会否影响拉美“左转”》，《南方日报》2013 年 1 月 11 日。

孙岩峰：《大规模骚乱敲响巴西发展警钟》，《人民日报·海外版》2013 年 6 月 22 日。

《世界各地政要评查韦斯去世》，《华尔街日报》中文网，2013 年 3 月 6 日，http://www.cn.wsj.com/gb/20130306/bam115102.asp。

Diana Villiers Negroponte, “Maduro as President of Venezuela: What to Expect,” The Brookings Institution, 16 April, 2013, http://www.brookings.edu/blogs/up-front/posts/2013/04/16.

Michael Shifter, “A Bolivarian Dream Deferred,” *Foreign Policy*, 24 June, 2013, http://www.foreignpolicy.com/articles/2013/06/24/.

“Hugo Chavez, passionate but polarizing Venezuelan president, dead at 58,” *The Washington Post*, 6 March, 2013http://www.washingtonpost.com/world/.

“Hugo Chavez of Venezuela dies,” *The New York Times*, 5 March, 2013, https://www.nytimes.com/2013/03/06/world.

“President Hugo Chavez dies at 58; hero to Venezuela's poor,” *Los Angeles Times*, 6 March, 2013, http://www.latimes.com/news/obituaries/.

Michael Shifter, “A Bolivarian Dream Deferred,” *Foreign Policy*, 24 June, 2013, http://www.foreignpolicy.com/articles/2013/06/24.

Diana Villiers Negroponte, “Chavez's Death and a Forthcoming Political Battle in Venezuela,” *The Brookings Institution*, 6 March, 2013, http://www.brookings.edu/blogs/up-front/posts.

环球网，http：//world. huanqiu. com。
新华网，http：//news. xinhuanet. com。
新浪网，http：//news. sina. com. cn。
人民网，http：//www. people. com. cn。
FT 中文网，http：//www. ftchinese. com。

# 国际关系理论与当代思潮

International Relations Theories andontemporary Trends

## Y.17

# 国际关系研究：一年来的新进展

袁正清　赵　洋*

**摘　要：**

本报告浏览了一年以来国外主流国际关系研究期刊上所发表的文章，并择其部分具有代表性的文献进行评述，从一个侧面勾画出当前国际关系研究的发展趋势。本文认为，目前国际学界对于国际关系的研究出现了若干新动向，包括中国议题在研究中所占的比重持续上升、理论研究与现实问题的结合日益紧密、对国际组织的关注度日益提高、对规范扩散探讨日益深化等。这些新趋势值得国内学界关注。

**关键词：**

中国外交　国际组织　建构主义　规范　安全

---

* 袁正清，博士，中国社会科学院世界经济与政治研究所研究员，主要研究领域为国际关系理论和国际组织；赵洋，中国社会科学院研究生院2011级博士生。

## 一　关注中国议题

随着中国地位的上升，国外学术界对中国的关注热度有增无减，关注领域和关注视角也越来越多样化。

近些年来，关于中国外交取向的讨论成为一个热门话题。一些学者认为中国外交越来越独断专行，其表现是：在哥本哈根气候大会上表现出强硬的立场、对2010年美国向台湾出售武器和允许达赖访问表达了强烈不满、在南海岛屿争端问题上表现得更强硬、对日本在2010年9月在中日撞船事件当中逮捕中方船长的行为做出了激烈的反应等都是中国独断强硬的表现。对中国外交取向的这种判断，江忆恩（Alastair Iain Johnston）认为是有问题的。① 理由是：第一，它忽视了在2010年以前中国在涉及主权和领土问题的外交政策上所表现出的一贯的“独断专行”；第二，它错误地解读了2010年以来的很多具体的案例。江忆恩认为，要确定中国外交是否变得越来越独断专行首先需要明确两个问题：一是需要一个关于独断专行的明确定义；二是需要证明相比于此前，在2010年之后外交在这些问题当中所起的作用更大。但是事实上那些声称中国独断专行的人士既没有关于这一概念的明确定义，也不能确定外交在这些事件中的作用比先前更大。对此，江忆恩使用了一个相对简单的定义，即独断专行的外交意味着明确威胁对另一个行为体施加比以前更高的制裁措施。

根据这一相对简单的定义，我们就不能认为中国外交在2010年之后变得更加独断专行了，因为冷战结束以来中国在涉及主权和领土问题上的表现一贯如此。例如，在1995～1996年的台海危机期间，中国人民解放军进行了大规模的军事演习，以此告诫美国不要介入台湾问题；在1999年的中国驻南斯拉夫大使馆被炸事件中，中国官方和民间都持续数月激烈批判美国；在2001年的撞机事件中，中国在长达一周多的时间将美国的军事人员扣为

① Alastair Iain Johnston, “How New and Assertive Is China’s New Assertiveness?” *International Security*, Vol. 37, No. 4, 2013, pp. 7－48.

人质，以迫使美国做出让步。在这些先前的案例中，中国做出反应的激烈程度要远远超过2010年以后的案例，因此没有证据证明在2010年以后中国外交发生了转向。

江忆恩进一步指出认为中国独断专行的人士所犯的三个错误：因变量选择不当、缺乏历史比较以及错误地归纳了因果关系。在选择因变量的问题上，很多人只注意到了能够证明他们的观点的证据，而忽视了相反的证据。因此无论是美国媒体还是评论人士，他们往往忽视了中美之间正在进行的一些合作行为，包括美国不断增长的对中国的出口、中美之间在联合国安理会的投票当中越来越保持一致、中国支持安理会制裁伊朗的1929号决议、北京遵照其2009年同美国的协议同达赖喇嘛进行谈判，以及中国在二十国集团多伦多峰会之前允许人民币继续升值等等。同时，中国在2010年以后还继续广泛参与各种全球和地区层次的多边国际制度。因此，要观察中国是否正在变得越来越独断专行，就需要同时关注中国的合作和不合作行为，而不是仅仅抓住不合作行为不放手。通过这种观察，江忆恩认为没有证据表明中国外交正在变得越来越独断专行。

金骏远（Avery Goldstein）则分析了中美两国之间的危机管理问题。① 他指出中国在短时期内相对于美国还将处于弱小的状态，因此不会挑战美国的全球利益，中美两国之间最大的危险则来自于这两个拥有核武器的国家可能被卷入一场危机当中。尽管爆发这种可能引发战争的危机以及这种危机升级到使用军事力量的程度的可能性很小，但是这种危机的潜在的灾难性后果驱使人们要去更好地分析和理解导致这种危机的机制，决策者们也需要明确这种危机可能引发的问题。同时，2010年以来所出现的一些新情况——特别是中国同相关国家在东部和南部中国海的争议——显示出中国有可能同这些国家在西太平洋卷入军事冲突，而这将会导致中美之间的敌对上升。中美之间爆发危机的可能性甚至大于历史上美国和苏联之间爆发危机的可能性。因为在冷战时期美国和苏联相互承认对方至关重要的利益，而这就降低了引发危机的可能性。然而，

① Avery Goldstein, "First Thing First: The Pressing Danger of Crisis Instability in U. S. -China Relations," *International Security*, Vol. 37, No. 4, 2013, pp. 49 – 89.

当前中美之间对于双方至关重要的利益还没有达成美苏之间的那种共识。中美双方都没有明确自己不可跨越的“红线”在哪里，而这就增加了一方有可能会采取招致对方激烈反应的行动的可能性。这种行动就有可能引发危机，因为另一方会坚定地维护先前并没有明确表明的利益。对于对方不惜以武力来捍卫的至关重要的利益的不确定性导致两国中的一方有可能采取冒险的行动，而采取行动的一方仅仅认为这种行动是在巩固现状。然而，另外一方却可能将这种行动看作是挑衅性的行为，从而引发危机。两国之间对于对方至关重要的利益缺乏理解是引发危机的最大的隐患。

张峰（Feng Zhang）则通过对比美国例外论，研究了“中国例外论”（Chinese exceptionalism）的问题。① 他指出如果例外论意味着独一无二的社会和政治价值、历史遗产以及外交经验的话，那么毫无疑问中国有着自身的例外论。事实上，任何一个国家都可以拥有这种意义上的例外论，但由于中国是一个迅速崛起的大国，因此对于它的外交行为的研究将比对其他国家的研究更有意义。

张峰指出，从历史上看，中国的例外论来自于统治者和政治精英对于中国在当时已知的世界上的中心性和优越性的认知，因此其外交政策体现了中国“仁”的本质，并且形成了厚往薄来的封贡体系（tribute system）。古代所谓“中国”，实际上就是“中央王国”（central state）的含义，它意味着这个国家处于已知世界的核心位置上，并且在文化上、道德上和物质上都要优越于其他国家，这种思想就形成了中国的“天下”观。这种观念的影响一直持续下来，甚至在毛泽东时代中国追求世界革命也是这种观念的体现。因为追求世界革命就意味着中国致力于追求大国地位，并且认为自己在道德上占有制高点。因此，张峰认为毛泽东时代的中国外交属于革命性的天下主义。至于当代的中国例外论，张峰认为它仍然在形成过程当中，并指出了它所具有的三个特点：大国改良主义、仁慈的和平主义和和谐的包容主义。很明显，这三个特征同古代和革命时期的中国例外论有重叠的地方，这就表明中国例外论是以自身的历史

① Feng Zhang, “The Rise of Chinese Exceptionalism in International Relations,” *European Journal of International Relations*, Vol. 19, No. 2, 2013, pp. 305 - 328.

和文化为基础的。同美国例外论不同，中国例外论具有更多的包容性和和平性。

美国例外论是基于美国在道德上和政治上具有独一无二性这一观念，并且认为美国的使命和责任就在于将它的制度和信念——包括自由、民主、法制和资本主义等——推广到全世界。根据这种例外论，美国会不遗余力地向其他国家推广自身的价值观。相比之下，中国例外论则不具有这种进攻性的倾向，它尊重和包容其他国家的政治价值和政治体系，并且不寻求将自己的价值观强加于人。美国例外论中的使命感和自我正义感使它的外交政策充满了道德特征，并且致力于按照自身的意志来重塑世界，而中国则采取了一种和平和具有包容性的外交政策，并且寻求建立一个和谐和多样性的世界。

戴维·斯科特（David A. Scott）则将关注点集中在中国和欧盟在看待国际关系方面的差异上，指出中国更倾向于强调国际关系的“多极化”（multipolarity），而欧洲则更倾向于强调“多边主义”（multilateralism）。[①] 斯科特指出，多极化指的是一种权力分配的状态，也就是说权力集中在几个超级大国当中，而多边主义则是一种过程，是一种包含了若干个国家一起采取行动的行为方式。斯科特认为在这两个词的使用方面，有四个特点值得关注。首先，相比较于欧盟，中国更经常在外交话语中采用多极化这一词。其次，在过去的十年当中，两个政治实体都更多地使用了多边主义一词，但是欧盟对这一词的使用包含了更多的规范性价值，而中国则更多的是在工具性地使用这个词。再次，存在着一种长期的、会影响到国家身份的社会化过程，这一过程来自于中国同欧盟的互动，通过这一过程中国开始更多地从工具性地使用多边主义一词转向规范性地使用这个词。最后，多极化和多边主义这两个词本身的含义也在发展变化，它们一定意义上相互重叠，并且通过包含地区和各种跨国性力量的作用而拓宽了自身的含义。

就中国而言，它参与国际体系的过程就是一个接受和内化各种规范的过程。在多极化这一术语的使用方面，中国也越来越多地赋予它规范性的含义，

---

① David A. Scott, “Multipolarity, Multilateralism and Beyond...? EU-China Understanding of the International System,” *International Relations*, Vol. 27, No. 1, 2013, pp. 30-51.

也就是更多地强调观念性因素，包括遵守和支持国际法和国际制度，以及培育一种强烈的地区身份感等等，而不是仅仅强调物质性力量的分配。这种变化就是社会化对于中国国家身份的影响，中国在同国际社会的互动过程中也在一定程度上改变了对于自身的身份定位，从单纯的物质性大国转向了同时具有物质性和规范性力量的大国。

彼得·克里斯滕森（Peter M. Kristensen）和瑞斯·尼尔森（Ras T. Nielsen）将关注点集中在了国际关系研究中的“中国学派”问题，意在揭示中国学者对于建立国际关系研究中的“中国学派”越来越感兴趣的社会学原因。① 两位作者通过运用兰德尔·科林斯（Randall Collins）的知识创新模型来分析中国学派的建立，指出竞争和对立是导致知识创新的主要推动力，中国学派的兴起实际上是内部和外部因素互动的产物。就内部因素而言，主要同中国国内环境对于学术创新的推动力有关。为了能够在学术界取得一个卓越的地位，中国国内的学者们都寻求最大限度地发掘一个同其他人所不同的观点，以便得到其他人的关注。就国际关系研究而言，创立一个“中国学派”则是达到这种标新立异的效果的最佳途径。这就是所谓的“小数法则”（law of small numbers）在发挥作用，即一个人必须同他的竞争对手们保持不同才能获得关注。这样，“中国学派”的理论创新就是由一小部分突出观点之间的对立所推动的。也就是说，在竞争性的学术环境当中，学者们要追求自身的成就就必须在理论创新方面有所突破，而这就构成了他们建构“中国学派”的推动力。就外部因素而言，主要涉及中国的社会和政治变革以及物质实力的变化，具体而言，它包括中国的地缘政治崛起、中国的国内政治改革使得政治因素对学术研究的影响越来越小，从而推动了各种对立性和竞争性的学术观点的出现、中国的经济发展为学术研究提供了更多的物质资源并且推动了科研机构的经济独立，以及中国科研机构的组织结构的变化为学者们进行创新提供了更多的刺激因素。

---

① Peter M. Kristensen and Ras T. Nielsen, “Constructing a Chinese International Relations Theory: A Sociological Approach to Intellectual Innovation,” *International Political Sociology*, Vol. 7, No. 1, 2013, pp. 19 - 40.

## 二　国际组织研究的新发展

国际组织一直是国际关系研究的重要领域，尤其是在关于全球治理的研究中，无论是国际组织还是非政府组织，其地位、作用和身份以及对主权国家的影响都为学者所关注。

安德里亚·奥尔森纳（Andrea Oelsner）通过结合组织研究的相关理论，提出了国际组织的“制度身份”（institutional identity）的概念。① 他认为制度身份有助于帮助国际组织在组织内部和组织外部增加自身的凸显性和重要性。

从组织内部来看，组织身份帮助国际组织将自身的形象投身到其成员国身上，从而加强了国际组织的合法性。从组织外部来看，它有助于增强组织的可信度和提高组织的名誉。同时，制度身份还具有时间性的效果，它可以帮助在组织内部和外部将组织相关性的观念传递到未来，使组织的重要性可以一直保持下去。同以往的研究不同，奥尔森纳将国际组织看作是一种独立的施动者，因此可以发展出自身独特的身份。这就意味着国际组织是一种具有自身特性的本体社会行为体（ontological social actor），它们可以作为一个单一的个体同其他行为体进行互动。

根据组织理论，组织都是拥有特定的身份和身份需求的。也就是说，由多个个体所组成的集体行为体同个体行为体一样具有身份。这是因为同个体一样，集体行为体也需要一种自我定义和自我理解，以便有效地在社会环境当中进行互动。通过这种自我理解，它们可以满足对于从属于一个更大的归属（category）和具有独一无二性的需求。此外，这种自我理解也给予组织一种超越时间的持久感，以及帮助体系中的其他行为体将组织看作是一个单一的个体，从而推动有效的互动。当然，不能将组织身份简单地同个体身份进行模拟，因为个体拥有先于对身份的表述而存在的内在特征，诸如性别和特定的生理和种族特征等等。也就是说，尽管个体的身份是社会性建构的，但是它们有

① Andrea Oelsner, “The Institutional Identity of Regional Organizations, or Mercosur's Identity Crisis,” *International Studies Quarterly*, Vol. 57, No. 1, 2013, pp. 115 - 127.

一些特征是固有的。然而，集体行为体本身就是由个体或其他集体出于特定目的所组成的社会性产物，因此缺乏这些固有的特征。对此，奥尔森纳指出组织的创始成员的最初选择对于建构组织的身份具有重要意义，其对于组织身份的作用就相当于固有特征对于个体身份的作用。这是因为当这些创始成员决定建立一个组织的时候，它们会在不同的组织形式当中进行选择，从而将组织放入到一个身份归属当中。例如，南方共同市场（Mercosur）的创始成员国希望该组织成为一个共同市场，而这就构成了这一组织身份的核心。

莫尼卡·巴尔（Monika Bauhr）和纳格曼·纳斯瑞图斯（Naghmen Nasiritousi）则将研究重点放在了国际组织影响国家政府的方式方面。[①] 她们指出，传统的理性主义和建构主义对于国际组织研究的关注点的区别主要集中在国际组织对政府施加影响的方式上。在理性主义看来，国际组织之所以能对国家产生影响，是因为国家认为遵守国际组织的要求符合其自身的利益，其行为符合后果逻辑；而在建构主义看来，国家这样做是因为国际组织具有合法性，其行为符合适当性逻辑。

这两种解释主要关注国际组织的权力的来源，其本体论各有不同，前者侧重于物质维度，后者则侧重于规范维度。但是她们指出仅有这两种观点是不够的，还不足以解释国际组织施加权力的方式以及产生预期效果的条件。为此，她们提出对国际组织的权力的解释除“物质－规范”（material-normative）维度之外还要增加一个“争论－整合”（contestation-integration）的维度，而这两种维度的侧重点不同。前者侧重于关注国际组织施加在国家政府身上的压力的类型，而后者则关注国际组织给国家政府施加压力的方式。国际组织既可以对现有的秩序提出争论和质疑，也可以将国家政府整合到现有的秩序当中。

争论作为国际组织的一种权力类型，建立在国际组织试图向它们希望影响的政府施加偏好的机会之上，其主要方式是对目标国的国内秩序提出质疑；而整合则是国际组织将国家政府吸收到现有的国际秩序当中。根据这种观点，国际组织不仅仅具有提出一种理想规范和为规范规定相关含义的规范性权力，以

① Monika Bauhr and Naghmeh Nasiritousi, “How do International Organizations Promote Quality of Goverance? Contestation, Integration and the Limits of IO Power,” *International Studies Review*, Vol. 14, No. 4, 2012, pp. 541 –566.

及施加物质刺激甚至是强制手段的物质性权力，还具有扩散和传播规范的权力，而这主要是通过争论和整合来实现的。因此，“争论－整合”维度的提出促进了人们对于国际组织用来推动规范扩散的权力方式的理解。事实上，“争论－整合”维度同“物质－规范”维度是相互交织在一起的，其实现可以包含传统上认为属于“物质－规范”维度的多种过程，如强制、说服和社会学习等，即可以同时包含物质性手段和规范性手段。具体而言，如果国际组织希望通过争论来实现其影响国内制度的功能，它既可以使用对国家进行分级和评估的规范性权力，也可以使用对经济援助施加限制条件的物质性权力；如果国际组织要通过整合实现这种功能，它也既可以使用推动国家同国际组织互动的规范性权力，也可以使用扩大国际组织的规模的物质性权力。

除政府间组织外，也有一些学者将研究重点集中在非政府组织上。安娜·奥汉（Anna Ohanyan）重点关注了作为外部环境的网络制度主义（network institutionalism）对于非政府组织的影响。[①] 这种制度主义更关注全球公民社会等非国家、非政府因素对于国际组织的影响，因而在当今的全球化时代无疑具有很强的借鉴意义。

这种制度主义主要有三个特点：第一，它超越了将国家看作是研究非政府组织的唯一参照点的传统观点，将更多非国家因素引入研究当中；第二，它关注非政府组织在当前的环境和网络中的“嵌入性”（embededness）；第三，它承认权力在网络内部和网络之间会发生扩散（diffusion），并且将权力看成是关系性的和动态的，而不是只有一种固定的形态。这种观点认为组织和制度是有区别的，制度是通过社会合法性而建立的，并且通过重复的社会行为和强有力的规范体系来增强；而同制度相比，组织缺乏这些资源，因此它们更容易受到外部环境的影响。网络则是组织间的联盟，它通过其成员之间的资源依赖而得以维持和增强。但是如果网络能够进化为可持续的和长期的全球治理机制的话，那么它就可能会具有更深厚的制度性影响。总体上，网络制度主义将网络看成是组织和制度之间的中介因素，它在组织制度化的过程中扮演了重要的角色。

---

① Anna Ohanyan, “Network Institutionalism and NGO studies,” *International Studies Perspective*, Vol. 13, No. 4, 2012, pp. 366－389.

网络制度主义有以下四个主要的理论命题：第一，网络、结构和组织领域以及非政府组织之间的关系是相互构成性的；第二，这种关系既可以是合作性的，也可以是冲突性的；第三，非政府组织在网络中具有独特的施动性；第四，国家是分裂性（disaggregated）的和网络化的，是作为联合行为体的非政府组织定义它们的身份的诸多权威来源当中的一个。网络制度主义在全球治理结构当中赋予非政府组织以一种制度身份，而不仅仅是一种组织身份，因此非政府组织在当前的全球治理结构当中所体现的特点不仅仅是数量上的急剧增加，而且是性质上的变化，即组织的制度化趋势。

金东旭（Dongwook Kim）则研究了非政府组织同全球人权制度扩散的关系，认为国际组织在推动国家接受人权制度方面发挥了重要的作用。① 如果从常理来看，国家并没有必要接受联合国国家人权制度（National human rights institution，NHRI）这样一个对自己进行外部约束的独立制度，然而事实上大部分国家都接受了这一制度。对此，金东旭给出的解释在于国际人权非政府组织在这一过程中发挥了重要的作用。具体来说，人权非政府组织主要采取了两种途径：第一，通过在联合国和本体行为体之间协调人权和国家人权制度的话语，人权非政府组织使得国家政府更有可能通过建立一种国家人权制度来满足社会需求和提高自身的合法性。第二，通过推动国际羞辱（shaming）和增加抵制的风险，人权非政府组织使得目标国政府更有可能将采纳联合国国家人权观念作为一种政治让步，以便更好地应对它们的人权和公共关系问题。

金东旭通过对从1979～2004年联合国179个发展中国家的统计分析中发现，人权非政府组织在推动国家制定建立国家人权制度的立法方面具有显著的积极效果。他的研究显示，国际人权非政府组织对于国家的影响不仅仅在于在短期内阻止侵犯人权的行为，还包括推动国家建立维护人权长期可持续发展的制度。总体上看，这一项研究发现了以往的国际组织研究所没有发现的国际人权非政府组织同联合国政策扩散之间的因果关系，并且可以进一步推动关于人权和跨国活动问题的研究。

---

① Dongwook Kim, "International Nongovernmental Organizations and the Global Diffusion of National Human Rights Institutions," *International Organizations*, Vol. 67, No. 3, 2013, pp. 505–539.

## 三　建构主义研究的新发展

建构主义理论是国际关系的主流理论之一，正在向纵深发展。

夏洛特·爱波斯坦（Charlotte Epstein）结合语言学和心理学将施动性研究带入到建构主义当中，从而在一定程度上弥补了主流建构主义对于施动性关注不足的问题。[①] 在她看来，理性主义和建构主义理论实际上提供了两种对于施动性的理解，理性主义者将行为体看作是以自我利益为中心的，而建构主义者则将施动者看作是具有反思能力的“自我”（self），它在一个更加宽泛的社会性结构当中处于同他者的互动中。但是在爱波斯坦看来以温特（Alexander Wendt）为代表的主流建构主义者对于施动性的理解仍然是不完整的，因为温特所谓的“弱势的物质主义”（rump materialism）同时同理性行为体和反思性的自我相抵触。基于这个观点，爱波斯坦借用法国哲学家雅克·拉康（Jacques Lacan）的思想提出了第三种施动性的概念，即将施动者看作是一种社会性地嵌入语言当中的“说话的主体”（speaking subject），并指出这一主体为理解国际关系中的施动性提供了一种非个体主义的基础。这种主体对于理论发展的贡献在于，它提供了一种独特的理解自我的视角，而这种视角可以建立一种国际政治的关系性社会理论。

说话的主体强调的是施动者之间的关系性，它认为施动者之间的互动相互建构了它们的核心自我。具体来说，爱波斯坦认为霍布斯（Thomas Hobbes）所谓的“利维坦”（Leviathan）就表明了这种施动者之间的关系性，而这可以通过对霍布斯进行拉康式的解读来发现。从拉康式的视角来看，霍布斯的利维坦实际上反映了拉康所谓的“象征性”（symbolic），它包括一个集体层次的维度和一个个体层次的维度。在集体层次上，象征性是政治秩序本身的可能性条件。从象征性的角度来看，利维坦所表明的不是一种特定类型的以主权为基础的政治秩序，而是一种使得有规则的互动成为可能的条件，离开了这一条件就

---

① Charlotte Epstein, “Theorizing Agency in Hobbes's Wake: The Rational Actor, the Self, or the Speaking Subject?” *International Organizations*, Vol. 67, No. 2, 2013, p. 288.

只能存在着混乱的状态。对于霍布斯来说，这一条件就是语言。这样，所谓的霍布斯式的无政府状态的基础就不是他的自然状态假定，而是利维坦的象征性。在个体的层次上，象征性代表着他者，而只有在相对于他者的关系中一个自我才能成为自我。爱波斯坦指出，在个体层面上利维坦所发挥的作用就类似于拉康的“他者”的作用。霍布斯在描述自然人同利维坦订立契约时所领悟到的是个体进入了一个象征性的秩序当中，用拉康的话来说就是幼儿开始学习说话。自然人同利维坦订立契约和幼儿学习说话都意味着他们进入了这样一种象征性秩序当中，即从根本上抛弃了那种原始的、自然的状态。这样，拉康的“说话的主体”就成为国际政治的关系性理论的基础，因为它建立在自我对于他者的构成性依赖的基础之上。

特德·霍普夫（Ted Hopf）则研究了常识建构主义（common-sense constructivism）同世界政治中的霸权的关系，同时阐述了科克斯（Robert Cox）的新葛兰西主义（neo-Gramscism）霸权理论的不足。[①] 霍普夫指出，科克斯在运用葛兰西的思想来分析霸权的时候，忽视了他的一个重要的观点，即大众的常识在塑造霸权中的作用。在科克斯看来，观念或意识形态是精英关于政治经济的社会建构物，而忽视了公众的常识性认知，即公众关于社会生活的被认为是理所应当的观念的影响。另一方面，主流建构主义理论也往往忽视了公众在国家身份建构当中的作用。例如结构建构主义所关注的国家身份产生于国家在国际体系中同其他国家的互动，而并没有注意到国家在同它们自身的社会的互动当中同样塑造了身份。为了解决这个不足，霍普夫将常识（common sense）这一概念引入建构主义当中，并且分析它同国家政治精英的意识形态的关系。同时，这种研究有助于加深对于实践（practice）和习惯（habit）等新近被引入建构主义的概念的理解，因为根据常识建构主义国家是在没有对成本和收益以及规范性约束进行有意识的反思的条件下行动的。

霍普夫选择俄罗斯作为他的实证研究案例。从物质基础上看，俄罗斯在当今世界上仍然是一个半外围国家，它的人口预期寿命、国内生产总值和对外直

① Ted Hopf, “Common-sense Constructivism and Hegemony in World Politics,” *International Organizations*, Vol. 67, No. 2, 2013, pp. 317 – 354.

接投资水平等都远远落后于美欧等发达经济体。同时，它在政治上也孤立于西方国家。从这些角度来看，俄罗斯并不是一个霸权国。在对于国家身份的定位上，俄罗斯的精英基本上将其看作是一个半外围国家，并且致力于成为西方民主国家当中的一个成员，也就是融入到西方的霸权之中。但是俄罗斯公众的常识同精英们的观点并不一致。俄罗斯公众既不希望积极融入到西方霸权体系当中，也没有将俄罗斯看作是一个半外围的国家。他们的身份观融入了一种"新苏联"（neo-Soviet）的特征，使得它同民主国家并不完全相符。同时，俄罗斯的精英们也并没有成功地使他们的新自由主义意识形态同公众的常识保持一致。事实上，相较于精英的话语，俄罗斯公众的常识同国家的客观物质地位更加相符。这意味着俄罗斯公众的常识对于国际体系中的权力分配产生了影响，即它阻碍了俄罗斯从半外围进入西方霸权核心的行动。

斯蒂芬·贝尔（Stephen Bell）同样关注施动性的问题，具体而言，就是政府和国家领导人的施动性在结构性权力（structural power）的环境当中发挥了重要的作用。① 所谓的结构性权力不同于强制性的权力，它不是关注权力能够直接产生影响的维度以及可以观察到的特性，而是认为权力会以一种更加间接和分散的方式发挥影响，诸如塑造偏好和影响其他行为体在其中做出决定的结构性环境。贝尔的主要关注点是涉及商业利益的结构性权力的作用，而这就需要引入建构主义作为理论支撑，因为结构性权力本身并没有关注政府和国家领导人看待和解读商业权力挑战的方式。这也就是说需要研究国家领导人对于结构性权力的观念，因为这种观念在塑造结构性权力时起着非常重要的作用。

因此，贝尔指出观念可以帮助建构权力关系。同传统的认为权力塑造了观念的观点不同，贝尔认为是观念塑造了权力。具体来说，国家领导人所持有的观念塑造了他们掌控自身的命运的能力，并且在一个具体的环境当中减少或者缓解了结构性权力的作用。据此，贝尔指出建构主义研究应当在一定程度上转变研究方向，从单纯关注观念性结构转向更多地关注施动者产生和使用观念的方式。也就是说，这种观点认为建构主义应当关注处于同更宽泛的制度性、结

① Stephen Bell, "The Power of Ideas: The Ideational Shape of the Structural Power of Business," *International Studies Quarterly*, Vol. 56, No. 4, 2012, pp. 661–673.

构性和观念性环境的相互塑造过程当中的施动者，同时，环境的作用也不能忽视，因为它也帮助塑造了观念和施动者的行为。这样看来，贝尔强调施动者和结构之间的相互构成性关系，而不仅仅是强调结构对于施动者的影响。他的观点符合建构主义的如下两个立场：第一，观念塑造或建构了行动的环境；第二，观念也塑造或建构了施动者自身，特别是它们的利益、偏好和身份。

## 四　对国际规范的再思考

国际规范的传播、扩散及其对国家行为的影响长期以来一直是国际关系研究的重点之一，随着全球化的深入发展，学界对于规范的关注也在不断加深。

罗斯玛丽·福特（Rosemary Foot）和安德鲁·沃尔特（Andrew Walter）以美国和中国为例，研究了国际规范对于大国行为的影响。① 在他们看来，主流建构主义理论主要关注规范所独立具有的塑造、推动和约束国家行为的力量，而理性主义理论则认为规范涉及国家在全球层次上的战略利益，或者是在国内层次上的政治经济关注。但是，当前这两种理论对于国家遵守规范的行为的解释都是不完整的，因为国家的遵约行为在不同时期和不同的问题领域总是在不断变化。例如中国和美国作为世界上的两个主要的大国，本应是最不受国际规范的限制的国家。但是这两个国家也会遵守相关的国际规范，尽管其行为同国际规范的一致程度会随着规范所涉及的领域的变化而变化。然而无论是建构主义还是理性主义，都只关注了规范在整体上对于国家的影响，却没有注意不同领域所存在的具体规范对于国家行为的塑造作用。

为此，他们提出了一个“修正的建构主义路径”（modified constructivism approach）来解释国家“选择性”遵守规范的现象。他们指出，在影响国家的遵约行为方面，有三个变量是至关重要的：第一，国际规范同国内主导规范之间的搭配程度，第二，行为体对于全球秩序框架当中的程序性和实质性合法性的理解；第三，行为体对于它们自己和有意义的他者的行为对全球权力等级所

---

① Rosemary Foot and Andrew Walter, “Global Norms and Major State Behavior: The Case of China and the United States,” *European Journal of International Relations*, Vol. 19, No. 2, 2013, pp. 329 – 352.

产生的影响的理解。但是在不同的条件下，这些变量的重要性是不同的。在这里影响这些变量的重要性的一个重要因素就是规范所涉及的问题领域在国内的凸显性（salience），也就是全球规范和相关的行为规则直接影响国内的社会和政治生活的程度。当凸显性高的时候，国际规范同国内规范之间的搭配度问题对于遵约行为而言就是最重要的，而另外两个变量就不那么重要了，反之，当凸显性低的时候，搭配度问题就不那么重要了，而另外两个变量的重要性则上升了。如果搭配度比较低，那么一个国家的政府就不太容易受到国内社会和政治约束的影响，而此时全球规范同国内规范之间的关系也不是很清楚。

他们选择了中美两国在五个问题领域当中的遵约行为，包括武力使用的有限性、对国家的宏观经济政策监管、核不扩散、气候保护和财政约束。在这些问题领域都存在着相关的国际规范，而这些问题在中美两国国内的凸显性以及它们同这些国家内部的主导规范之间的搭配度也不尽相同，从而导致了两国在这些领域当中的遵约行为的不同。例如，在武力使用有限性方面，该领域的规范主要包含除防卫外不得使用武力和保护责任（responsibility to protect）两个方面的内容。该规范在中国国内的凸显程度较低，而在美国则较高。就搭配度来看，除防卫外不得使用武力的原则同中美两国的国内主导规范的搭配度都不高，而保护责任原则同美国国内规范的搭配度比其同中国国内规范的搭配度要高。这些特征就导致了两国对于这一规范的遵约程度的不同：对于美国而言，它对于国家的自我防卫有多重解释，因此不大遵守除防卫外不得使用武力的原则，而对于保护责任的态度则比较矛盾，即有时候坚持这一原则，而有的时候又反对该原则。对于中国而言，在改革开放以后，对于除防卫外不得使用武力原则的遵守程度不断提高，并且在1979年以后没有大规模使用过武力，而对于保护责任原则则持保留态度，但是也不阻碍这一原则的实施。

黛安娜·庞克（Diana Panke）和乌尔里奇·彼得森（Ulrich Petersohn）则研究了规范消失的问题。[①] 他们指出，现有的国际关系理论主要研究规范的传

① Diana Panke and Ulrich Petersohn, "Why International Norms Disappears Sometimes," *European Journal of International Relations*, Vol. 18, No. 4, 2013, pp. 719 – 742.

播和扩散，而对于规范的退化和消失的问题缺乏关注。在他们看来，国际关系中并不缺乏规范退化甚至彻底消失的实例，但是这种现象的出现是有条件的，并不是国家所有的侵犯规范的行为都会导致规范的消失。首先，其他国家或国际行为体可以单独或集体地对侵犯规范的国家采取制裁行为，而这有助于制止对于规范的侵犯并且重塑遵约行为。其次，即使其他行为体不愿意或没有能力制裁侵犯规范的国家，它们也可以选择不模仿该国侵犯规范的行为。在这种条件下，尽管规范受到了不同程度的挑战，它们也还会存在下去。只有在一个行为体对规范的侵犯激发了其他行为体同样的行为的时候，规范才会被取代或消失。如果其他行为体也采取侵犯规范的行为而不是谴责或制裁首先侵犯规范的国家的话，就会出现大规模侵犯规范的情况。这样，侵犯规范的行为本身就会变成一种“规范”而不再是一种例外。

有两个主要原因导致规范会受到大规模的侵犯：第一，规范所处的环境高度不稳定。在稳定的环境当中，侵犯规范的成本非常高，因此规范不容易受到侵犯。如果国家认为规范是有效的，它们就不会废止这些规范。这样，侵犯规范的行为就会越来越被看作是不当行为并最终会受到惩罚。在这种环境中，如果国家想侵犯规范，它更可能采取的手段是破坏规范得以实施的环境而不是公开挑战规范。因此这种情况下更有可能发生的是对规范的渐进式的侵犯，即限制规范的适用范围而不是直接挑战规范的合法性和权威。相反，在不稳定的环境当中，由于规范本身的标准就是不确定的，对于规范不满意的行为体可以直接质疑规范的目标，并且可以通过改变环境来证明侵犯规范的行为是正当的。同时，如果环境的变化证明旧规范已经失去了效果，那么其他行为体就会支持废除规范的行为，而不是运用自身的资源来维护旧规范。第二，规范内容的精确性越高，规范越容易受到直接的侵犯。如果规范的内容不精确，那么国家就可以在侵犯规范的模糊性的同时遵守规范的主导原则，而内容精确的规范则不允许它们这样做。如果内容精确的规范处在不稳定的环境当中，公开和直接的规范侵犯行为就更加容易导致规范的衰退。同时，规范的衰退也会具有两种表现形式：它被新规范取代或直接消失。如果不存在着竞争性的规范，那么受到侵犯的规范就倾向于彻底消失；如果存在着竞争性的规范，那么受到侵犯的规范就倾向于部分或全部地被新规范所取代。

## 五　核危机研究与安全分析

马太·克洛宁（Matthew Kroenig）分析了核优势、国家的决心（resolve）同核危机的结果之间的关系。① 从一种核边缘理论出发，他发展出一种观察核危机结果的理论框架。通过将国家的核优势同其对国家决心的影响联系起来，克洛宁指出核优势对于核危机的结果而言有直接的影响。克洛宁强调之所以研究核危机，是因为由于认识到直接军事冲突的危害性，当前的核国家都将核危机作为解决争端的主要方式。在核危机当中，国家通过提高核战争的风险来向对方施加压力，直到双方当中的一方屈服而不再冒爆发核战争的风险为止。

克洛宁认为要解释核危机的结果，就需要将核边缘理论同关于核优势的研究结合起来。通过将战略核平衡整合到标准的核边缘理论模型当中，他表明核危机是关于风险承担的竞争。同时，核优势——也就是一个国家的核武库相对于其对手的领先地位——增加了一个国家愿意参与到核危机当中的倾向。克洛宁指出享有核优势的国家相对于其对手而言具有更大的有效决心，而这使它们在核危机当中可以采取更加强硬的态度，从而增加了它们取胜的希望。对于所有国家而言，核战争的成本都是不可接受的。因此具有核优势的国家由于相对于其对手而言更有可能在核危机当中坚持下去，所以它们取胜的希望也就更大。克洛宁认为国家之间的决心对比和核优势并不是两个相互独立的变量，应当将它们结合起来体现核竞争的逻辑。

在实证研究方面，通过对 52 起核危机进行统计分析，克洛宁验证了他的结论。实证研究显示出了国家的核优势、决心同核危机的结果之间的关系，例如美国相对于苏联的核优势使它成为古巴导弹危机中的胜利方，因为它达到了迫使苏联从古巴撤回导弹的目标。同样，印度在 2001 年同巴基斯坦之间的格尔吉尔危机（Kargil crisis）中也因自身的核优势而成为了胜利方。事实上，克洛宁的统计分析表明，在能区分出优势方与劣势方的危机当中，优势方的获胜

① Matthew Kroenig, "Nuclear Superiority and the Balance of Resolve: Explaining Nuclear Crisis Outcomes," *International Organizations*, Vol. 67, No. 1, 2013, pp. 141 - 171.

概率为54%，而劣势方仅仅为15%。在他所选择的52个案例中，有18个可以区分出优胜方和失败方，其中有14个案例的获胜方相对于其对手而言具有明显的核优势。据此，克洛宁指出先前将国家的决心同核优势对立起来，认为决心而不是优势是影响核危机结果的主要因素的观点是站不住脚的，因为正是核优势才帮助国家在危机中建立了决心。

阿米尔·鲁普维奇（Amir Lupovici）则通过借鉴哥本哈根学派的安全化（securitization）理论，提出了和平化（pacification）的概念。① 同哥本哈根学派对于安全问题的理解一样，鲁普维奇指出人们必须将和平也看作是一种主体间的现象，认识到它是通过社会建构、话语和实践而产生的。所谓和平化，就是将一个问题建构为和平的一部分或同和平联系起来，而这样做的目的在于为特定的政策提供支持。当目标观众接受了这种和平的框定（framing）的时候，和平化就可以取得成功。同时，和平化的过程可以分为三个阶段，即框定取得和平的先决条件、将一个协议框定为和平协议以及将一个问题框定为可以增强和平的状态。具体而言，这三个阶段的特征如表1所示：

**表1　和平化过程三阶段**

| 和平化的阶段 | 框定形式 | 实例 |
| --- | --- | --- |
| 取得和平的先决条件 | 只要国家A不做X，我们就不能同国家A有和平 | 民主和平 |
| 一个和平协议 | X协议是和平协议 | 奥斯陆协议 |
| 增强和平的状态 | 做X将会维持或增强和平 | 和平公园（Peace Parks） |

由于和平化理论建立在安全化理论的基础之上，鲁普维奇也提出了哥本哈根学派的安全化理论的六点不足。第一，它过于强调言语行为和安全中所包含的语义学（semantics）。第二，它对于不同类型的言语行为没有给予足够的关注。第三，它忽视了对安全的象征性表现。第四，它忽视了那些不能表达安全的行为体的安全问题。第五，它没有在安全的言语行为和其后果之间进行区

① Amir Lupovici, "Pacification: Toward a Theory of the Social Construction of Peace," *International Studies Review*, Vol. 15, No. 2, 2013, pp. 204 - 228.

分。第六，它低估了非语言的实践行为。总体上看，安全化理论过于依赖于言语行为，而这就限制了它对于安全（或不安全）的日常生产的理解，因此也就导致了难以在正常政治和紧急政治之间进行明确的区分。因此，和平化理论就需要避免上述缺陷。同时，鲁普维奇也指出和平化的效果是双重的，既可以有积极的效果，也可以有消极的效果。从积极的方面来说，和平化可以推动和平的实现。从消极的方面来说，其后果有三个：第一，和平化推动者背后所隐藏的动机可能不是推动和平，而是通过框定和平来实现其他的政策目标。第二，即使是真诚的和平化行为也会导致意想不到的后果，正如和平公园的建立也可能会加剧冲突一样。第三，和平化可能会导致错误的预期，正如奥斯陆协议所显示的。因此，如同安全化一样，和平化也应当谨慎使用，避免产生消极的后果。

## 结　语

本文对一年以来国际关系主流研究期刊上的文章进行了梳理，从中可以看出学科发展的一些新趋势：理论同实际问题相结合的倾向越来越明显，学者们不再是单纯描述某一种理论，而是致力于用理论来分析和解决实际的具体问题；与中国相关的议题在国际关系研究中所占的比重明显增大，各种期刊当中均有多篇以中国为研究对象的文章；国际组织在国际关系研究中仍然是一个重要关注方向，并且将社会学等学科的理论引入组织研究的倾向越来越明显；国际规范扩散的研究在深化，学科之间的渗透和借鉴非常明显，跨学科的交流日益凸显。这些新趋势值得国内学界关注。

**参考文献**

Bauhr, Monika and Naghmeh Nasiritousi, "How do International Organizations Promote Quality of Goverance? Contestation, Integration and the Limits of IO Power," *International Studies Review*, Vol. 14, No. 4, 2012, pp. 541 – 566.

Bell, Stephen, "The Power of Ideas: The Ideational Shape of the Structural Power of

*Business*," *International Studies Quarterly*, Vol. 56, No. 4, 2012, pp. 661 – 673.

Epstein, Charlotte, "Theorizing Agency in Hobbes's Wake: The Rational Actor, the Self, or the Speaking Subject?," *International Organizations*, Vol. 67, No. 2, 2013, p. 288.

Feng Zhang, "The Rise of Chinese Exceptionalism in International Relations," *European Journal of International Relations*, Vol. 19, No. 2, 2013, pp. 305 – 328.

Foot, Rosemary. and Andrew Walter, "Global Norms and Major State Behavior: The Case of China and the United States," *European Journal of International Relations*, Vol. 19, No. 2, 2013, pp. 329 – 352.

Goldstein, Avery, "First Thing First: The Pressing Danger of Crisis Instability in U. S. - China Relations," *International Security*, Vol. 37, No. 4, 2013, pp. 49 – 89.

Hopf, Ted, "Common-sense Constructivism and Hegemony in World Politics," *International Organizations*, Vol. 67, No. 2, 2013, pp. 317 – 354.

Johnston, Alastair Iain, "How New and Assertive Is China's New Assertiveness?" *International Security*, Vol. 37, No. 4, 2013, pp. 7 – 48.

Kim, Dongwook, "International Nongovernmental Organizations and the Global Diffusion of National Human Rights Institutions," *International Organizations*, Vol. 67, No. 3, 2013, pp. 505 – 539.

Kristensen, Peter M, and Ras T, Nielsen, "Constructing a Chinese International Relations Theory: A Sociological Approach to Intellectual Innovation," *International Political Sociology*, Vol. 7, No. 1, 2013, pp. 19 – 40.

Kroenig, Matthew, "Nuclear Superiority and the Balance of Resolve: Explaining Nuclear Crisis Outcomes," *International Organizations*, Vol. 67, No. 1, 2013, pp. 141 – 171.

Lupovici, Amir, "Pacifization: Toward a Theory of the Social Construction of Peace," *International Studies Review*, Vol. 15, No. 2, 2013, pp. 204 – 228.

Oelsner, Andrea, "The Institutional Identity of Regional Organizations, or Mercosur's Identity Crisis," *International Studies Quarterly*, Vol. 57, No. 1, 2013, pp. 115 – 127.

Ohanyan, Anna, "Network Institutionalism and NGO studies," *International Studies Perspective*, Vol. 13, No. 4, 2012, pp. 366 – 389.

Panke, Diana. and Ulrich Petersohn, "Why International Norms Disappears Sometimes," *European Journal of International Relations*, Vol. 18, No. 4, 2013, pp. 719 – 742.

Scott, David A. Multipolarity, "Multilateralism and Beyond…? EU-China Understanding of the International System," *International Relations*, Vol. 27, No. 1, 2013, pp. 30 – 51.

Y.18

# 西方学者关于中东北非变局与民主化关系的思考

彭成义*

**摘　要：**

中东北非变局与该地区民主化的关系问题一直是西方的观察者关注讨论的核心议题。从变局前西方观察家对于该地区威权政体固若金汤导致的灰心及对民主化的臆想，到序幕开始时多个威权政体如多米诺骨牌般轰然倒下带来的冲击，再到剧至中场时的复杂和混乱以及变局被伊斯兰势力绑架的忧虑，到最后重燃对历史潮流的信仰与憧憬，西方主流视角对于中东北非变局与民主化关系的观点真可谓一波三折。这篇报告就将对这些思想动向进行一个全景式的扫描与梳理，以期对西方思想界的主流观点有一个宏观把握，并从中得出一些有益的启示。

**关键词：**

中东北非　民主化　阿拉伯之春

近年来国际上的一件大事无疑是中东北非的变局，而围绕此展开的思考与讨论在全球思想界都可谓蔚为壮观。其中西方思想界非常关心的一个议题就是这些变局与民主化的关系，这篇报告就将对这些思想动向进行一个全景式的扫描与梳理。

* 彭成义，中国社会科学院世界经济与政治研究所助理研究员，香港城市大学哲学博士，加拿大英属哥伦比亚大学硕士和圣托马斯大学学士，研究方向为世界政治哲学、全球政治思潮、中国崛起对世界的影响等。

## 一　中东北非变局引发西方的关注

中东北非变局在西方被称作“阿拉伯之春”（The Arab Spring），又称为“阿拉伯觉醒”“阿拉伯起义”等，是指自2010年年底在北非和西亚的阿拉伯国家和其他地区的一些国家发生的一系列以“民主”和“经济”等为主题的反政府运动。其导火索是2010年12月17日发生在突尼斯的一起青年人自焚事件。这一事件激起了突尼斯广大民众的同情，也激起了突尼斯人长期以来对失业率飙升、物价飞涨以及政府腐败的潜藏愤怒，致使当地居民与突尼斯国民卫队发生冲突，随后冲突蔓延到全国多处，形成全国范围内的大规模社会骚乱，并致使突尼斯的本·阿里政权倒台。随后，这场肇始于突尼斯的民众反政府浪潮如潮水般席卷整个阿拉伯世界，使稳坐江山数十年之久的政治强人和独裁者如多米诺骨牌般接二连三地倒下。革命运动浪潮先后波及埃及、利比亚、也门、叙利亚等国，阿尔及利亚、约旦、沙特、阿曼、巴林、摩洛哥、科威特、黎巴嫩、卡塔尔等其他阿拉伯国家，部分非阿拉伯国家也都受到不同程度的影响，并发生了一系列抗议示威活动，但大都因政府的让步或示威规模不大而逐渐趋于平静。

截至2013年9月，此次阿拉伯革命已经推翻了4个国家政权。2011年1月14日晚，突尼斯前总统本·阿里流亡沙特；18天后的埃及示威浪潮导致穆巴拉克在2011年2月11日宣布正式下台，权力移交军方；利比亚领袖卡扎菲的统治在2011年8月23日被推翻，2011年10月20日，卡扎菲被俘身亡；2012年2月27日，也门政治协议正式生效，总统萨利赫退位。其他一些国家则深陷内战，如叙利亚；埃及的民选政府也在执政一年后在民众的抗议声中被军方罢黜，并陷入混乱的边沿。

西方思想界对于中东北非变局之于民主意义的重点关注可想而知。一方面，对于民主自由的执著与信仰，不管是在西方的大多数知识精英还是普通大众那里都是根深蒂固的，更不用说那些讲究政治正确上去的政客或是以此谋生的公务员。另一方面，当2009年爆发的金融危机与强势崛起的新兴国家严重冲击了西方各界对于自由民主制度的信心或曰自大后，中东北非2011年爆发的大规模抗议政府浪潮，以及相应的专制政体像多米诺骨牌似的轰然坍塌，则极大地激发了他们对于西方制度的信念与热情。① 关于中东北非变局与民主的讨论更是充斥网络、书籍、报刊等等。比如通过谷歌搜索“阿拉伯之春”与“民主”两个关键词，就出来2200万相关的词条。以此为关键词的文章也多达几十篇之多，其中有分析其原因的，分析其地区影响的，也有分析其对历史或国际格局长远意义的等等。罗德里奇（Routledge）出版社则准备推出一本参考书，主题就是关于阿拉伯之春与民主化的关系。② 它不仅将深入考察民主化如何支持了阿拉伯之春、阿拉伯之春如何点燃民主化的火花，还将深入探讨这场政治“海啸”对于地区内外的影响，及其对民主或民主化故事增添的新的内容。了解和把握这些思想动向一方面有助于我们熟谙西方的立场和看法，另一方面可以加深我们对中东北非变局的理解，并有助于我们在知己知彼的情况下更好地做出事关中东的战略部署或外交决策。

本报告将以中东北非变局发生以来西方出版的书籍、期刊及报纸文章为考察对象，选择比较有代表性的观点进行梳理与介绍，然后结合2013年以来最新的发展态势进行一些简要的讨论，并希能从中得出一些有益的启示。

## 二　对变局前威权体制下民主化的臆想

在变局发生前夕，阿拉伯世界属于全球民主化浪潮唯一不曾触及的地区。这里的政体类型多样，包括混合政体，比如黎巴嫩、科威特和伊拉克，君主政体，威权型共和政体等等，唯独没有牢固的民主政体。③ 如果再追溯远一点的话，这个地区的国家在刚刚从殖民者手中独立出来时就显示了较强的专制特性。比如独立时带有一些选举、议会或者准民主特征的国家如叙利亚、埃及、伊拉克和苏丹等很快被军事政变所推翻或陷入内战。其他一些国家则直接从殖

① 对于前者，参见 Joshua Kurlantzick，*Democracy in Retreat*：*The Revolt of the Middle Class and the Worldwide Decline of Representative Government*，USA：Oxford University Press，2013。

② Sadiki，Larbi，*Routledge Handbook of the Arab Spring*：*Rethinking Democratization*. London，UK：Routledge，2014.

③ Miller and Martini et al.，*Democratization in the Arab World Prospects and Lessons from Around the Globe*，US：Rand Corporation，2012，p. xviii.

民者手中发展成威权型的立宪君主政体，如约旦、摩洛哥、科威特和巴林，或者绝对的君主制，如沙特、阿曼、卡塔尔、阿联酋等。还有少数则在成功的民族独立运动后发展成一党制的国家，如阿尔及利亚和南也门。①

尽管广大亚非拉其他地区在后殖民时代也常见威权政体，并且也时常伴随内乱，但是当其他地区在20世纪70～90年代经历所谓的第三波民主化浪潮的时候，阿拉伯地区却纹丝不动，显示了极强的威权政体的韧性。这种韧性在美国自由之家发布的自由指数里也有所体现。自由之家每年给不同国家的政治与公民自由打分，分值从1～7分不等，其中1表示最自由、7最不自由。按照此指数，非洲国家加总的自由分值（即政治自由分值加上公民自由分值）从1980年的11.9下降到2006年的8.2，然后略微上升到2010年的8.6；亚洲从1980年的8.4进步到2010年的6.8；美洲则从1980年的6.8下降到2010年的4.6。但是中东北非整体的政治与公民自由得分则基本没有改变，从1980年的10.5上升到2010年的10.6。②

另外，中东北非专制政体的稳固性从学者研究的旨趣变化也能见到一些端倪。80年代之前，基本上没有关于该区域民主化可能性的研究。研究该地区的学者多半将精力集中于别的议题，而专门研究民主化的学者则基本忽略了此一区域。但大体上在经历1990～1991的海湾战争之后，由于不少国家施行了一定程度的政治改革，西方学者对该区域自由化和民主化的研究则逐渐增多起来，但是这时期的主流观点仍认为民主的前景在该地区最多也就是“可能”，而不是不可阻挡的趋势或者结果。到了90年代末期，因为该地区多数国家的政治改革未见成效，这又导致更多对该地区民主化可能的怀疑。这也是一些学者嘲笑90年代初期西方学者对于中东民主研究热情上升的原因主要是美国价值观外交战略及西方政治学科对民主的偏见所致。对此，很多学者进行了批评，并提出一个“后民主化”的研究思路，即实事求是地研究阿拉伯世界政治的现状，而不是人为地将西方的偏好和臆想投射于该地区

① Brynen and Moore, et al., *Beyond the Arab Spring: Authoritarianism and Democratization in the Arab World*, US: Lynne Rienner Publishers, 2013, p. 4.

② Brynen and Moore, et al., *Beyond the Arab Spring: Authoritarianism and Democratization in the Arab World*, US: Lynne Rienner Publishers, 2013, p. 4.

的研究思路。① 也就是在这样的情况下，对于中东北非政治研究的情况在新世纪第一个十年走向了另一个极端：只专注于为何该地区的专制制度能如此牢固。该领域研究的顶级期刊《比较政治》在2004年也专门推出一期特辑探讨中东北非的政体何以如此例外的绝缘于全球的民主化进程。②

对于阿拉伯世界专制政体牢固性，学界和政界为此提出了不同的理论解释，并大致可分为四种观点。第一种观点强调阿拉伯世界缺少民主的文化前提，比如缺少对参与型政府及个人权利的重视与尊崇等。其中一些人也认为伊斯兰教或者阿拉伯社会的部落起源培育了一种盲从权威的文化。第二种观点强调阿拉伯世界的地理位置因素。比如该区域丰富的石油资源为这里的政府强化专制统治提供了得天独厚的条件，因为他们可以通过源源不断的石油收入来奖励追随者，收买反对派，并建立一个有效的国家恐吓和暴力机器。第三种观点认为外部势力尤其是美国在该地区维稳及保护以色列的努力导致了这些政权的顽固，包括反恐的需要。第四种观点则强调该地区威权政府通过改善管治的形态和权力的分布而成功“升级”，从而削弱或延缓了要求政治变革的力量和尝试。③

## 三　出人意料的“多米诺骨牌”倒台及其冲击

然而，就是在这样的背景下，中东北非政治变局的“多米诺骨牌”大剧

① 参见 Morten Valbjørn and André Bank, “Examining the ‘Post’ in Post-Democratization: the Future of Middle Eastern Political Rule Through Lenses of the Past,” *Middle East Critique* 19, 3 (Fall 2010); Francesco Cavatorta, “The Convergence of Governance: Upgrading Authoritarianism in the ArabWorld, and Downgrading Democracy Elsewhere?” *Middle East Critique* 19, 3 (Fall 2010); Rex Brynen, Bahgat Korany, and Paul Noble, “Trends, Trajectories, or Interesting Possibilities? Some Conclusions on Arab Democratization and Its Study,” in Brynen, Korany, and Noble, *Political Liberalization and Democratization in the Arab World*, vol. 1, *Theoretical Perspectives*, p. 334。

② Eva Bellin, “The Robustness of Authoritarianism in the Middle East: Exceptionalism in Comparative Perspective,” *Comparative Politics* 36, 2 (January 2004), p. 139. 该特辑文章在修改后还被收录进 Marsha Pripstein Posusney and Michele Penner Angrist, eds., *Authoritarianism in the Middle East: Regimes and Resistance*, Boulder: Lynne Rienner, 2005。

③ Miller and Martini, 2012, pp. xviii – xix; Steven Heydemann, *Upgrading Authoritarianism in the Arab World*, Washington, DC: Brookings Institution, October 2007.

拉开了。2010年底突尼斯一小商贩的自焚，引发了反政府示威的狂潮并导致了本·阿里政府的迅速倒台。尽管在此之前也有一些分析质疑阿拉伯国家权威政权的稳定性，但是发生于2011年1月14日的突尼斯革命还是让许多西方观察家感觉突然。让他们诧异的原因一方面是其政局发展变化的速度，另一方面是阿拉伯之春的序幕从突尼斯开始。本·阿里政府花了23年精心打造的既得利益网络、内部安全部队、民主的假象等等在短短的29天时间里就轰然坍塌。鉴于突尼斯较好的经济表现、庞大的中产阶级，及世俗价值观，很少有人会认为突尼斯会成为中东北非反政府浪潮的突破口。

西方观察家欣喜地发现在经过公平公开的议会选举后，突尼斯很快跨过民主的最低门槛而进入民主化国家的行列。这在西方观察家眼中具有极端重要的意义：它是阿拉伯世界继70年代中期黎巴嫩垮台后及伊拉克复杂情况除外出现的第一个民主国家；它的成功将为该地区其他国家树立典范。而在突尼斯总统本·阿里逃亡沙特之后的一个月，执掌政权30年的埃及总统穆巴拉克也被迫下台。埃及的革命甚至更为迅速，仅仅花了短短18天就完成了革命的阶段，尽管事后表明其过渡到新的政治体制从一开始就不那么顺利。① 但是在西方观察家眼中，突尼斯和埃及较之利比亚、也门和叙利亚等还是处于更为有利的民主化的位置。其他国家要么内部分裂，要么因为政局变换而陷入内战。所以他们对于突尼斯和埃及是给予了厚望，希望他们能成为该地区其他国家民主化的榜样。利比亚在西方的直接干预下也实现了政权的更迭，也门也进行了和平的演变，只有叙利亚当前仍深陷内战。

由上回顾所示，中东北非2011年以来的反政府示威浪潮无疑严重摧毁了之前被视为固若金汤的阿拉伯世界威权体制。这使西方政客与观察家深受鼓舞，并极大地增强了他们对于自由民主的信念。突尼斯总统、前人权活动家蒙塞夫·马尔祖基在接受《卫报》记者采访时就说："阿拉伯之春是民主制度的

① 正如一些学者指出的，埃及的新领袖面临的是一个非常复杂的体制环境，这其中包含一些民主实践的虚饰、压制型的惯常策略及一个福利社会。当时的经济状况较差，政治与公民组织也不发达，伊斯兰势力除外，并且革命遗留下来的是一个机会主义的表面的和解。参见 Miller and Martini et al., *Democratization in the Arab World Prospects and Lessons from Around the Globe*, US: Rand Corporation, 2012, p. xx。

胜利”;《纽约时报》专栏作家托马斯·弗里德曼也写道,阿拉伯人民向暴力极端主义和我们过去一直支持的、滥用职权的专制政府给出了自己的答案,那就是民主制度。①

事实上他们的这种乐观态度在其他一些著作中也得到了支持或者体现。比如麦马瑞(David McMurray)与索默思(Amanda Ufheil-Somers)编撰的新书《阿拉伯革命:军事民主在中东的扩散》(*The Arab Revolts*: *Dispatches on Militant Democracy in the Middle East*)就详尽地分析了阿拉伯之春,作为本土自下而上的争取民主、自由和个人尊严的一场地区群众运动,何以是几十年来积累的必然结果,而不是偶然的爆发所致。② 相似地,法国著名研究中东问题的专家费卢(Jean-Pierre Filiu)的专著《阿拉伯革命:民主起义的十个教训》(*The Arab Revolution*: *Ten Lessons from the Democratic Uprising*)也强调了中东北非变局的深厚历史根源,并且特别强调了年轻人及现代科技提供的社交媒体在变局中发挥的重要作用。③ 英国牛津大学著名的穆斯林学者拉马丹(Tariq Ramadan)在其新著《伊斯兰与阿拉伯觉醒》(*Islam and the Arab Awakening*)中也指出西方在促进中东北非变局方面发挥的作用,比如美国的政府和私人组织对于青年领袖的培训,尤其是在社交媒体和互联网的使用方面,和西方放弃对该地区专制政府无条件支持的措施等等。不过拉马丹认为阿拉伯之春并非西方一手炮制的,而且事实上这些大众运动及其后果是不可控的。独裁者们虽已不可逆的成为过去,但是民主的进程却刚刚开始,而且很多的问题还有待解决,比如宗教应该发挥的角色,伊斯兰原则和目标该如何重新思考与定位,及伊斯兰主义与世俗主义间能否避免无益的两极化争吵等等。尽管面临这些问题,拉马丹还是表明了谨慎的乐观,并且认为阿拉伯世界向民主转型成功的关

---

① 引自 Joshua Kurlantzick, "One Step Forward, Two Steps Back: Democracy is in retreat, and there's a surprising culprit," *Foreign Policy*, March 4, 2013。

② David McMurray and Amanda Ufheil-Somers, eds. *The Arab Revolts*: *Dispatches on Militant Democracy in the Middle East*, Bloomington, Indiana: Indiana University Press, 2013.

③ Jean-Pierre Filiu, *The Arab Revolution*: *Ten Lessons from the Democratic Uprising*, UK: Oxford University Press, 2011. 对于专门探讨现代科技在埃及革命中的作用,参见 Mohammed el-Nawawy and Sahar Khamis, *Egyptian Revolution 2.0*: *Political Blogging*, *Civic Engagement*, *and Citizen Journalism*, UK: Palgrave Macmillan, 2013。

键在于公民社会的培育。①

受此激发，西方学者将阿拉伯之春看做是第四波民主化浪潮开始的观点也开始涌现并常有学者将其与历史上的几大政权更迭浪潮相提并论。第四波民主化浪潮是继著名自由主义学者、哈佛大学政治学教授亨廷顿关于全球三波民主化浪潮的一项提法。在其著名著作《第三波——20世纪后期民主化浪潮》中亨廷顿明确表示：在托克维尔观察到近代民主在美国出现的近一个半世纪之后，一波接一波的民主化浪潮冲击着独裁的堤岸，每一波浪潮都比前一波进的更多，退得更少。回顾全球民主化运动，他将全球民主化运动分成三个浪潮：第一次民主浪潮是19世纪发生在欧美的民主革命；第二次民主浪潮发生在二战之后；第三次民主浪潮发生在20世纪70年代中期之后。在中东北非反政府浪潮风起云涌之时，一大批的观察家、政客确实将阿拉伯之春看做是第四波民主化浪潮的开始。就连自称是美国“永远的异见者、反对派”和“左翼知识分子领袖”的美国著名语言学家诺姆·乔姆斯基也承认：“这次阿拉伯世界失火了。”这种看法也被国内的一些学者所认同。比如国务院国际问题研究中心前副总干事、中国社会科学院荣誉学部委员何方在接受采访时就说：“北非政权更迭标志着第二次世界大战后世界范围的政治民主化潮流开始出现第四波。”②

国外也不乏以此为标题的书籍问世，比如霍华德（Philip N. Howard）和侯赛因（Muzammil M. Hussain）的新书《民主的第四波？——数字媒体与阿拉伯之春》（*Democracy's Fourth Wave? Digital Media and the Arab Spring*）就是一例。③ 还有人将中东北非的政治变局与历史上的几波政权更迭浪潮，如1848年后的欧洲革命、1989后的东欧剧变及前些年的颜色革命等相提并论并加以专门研究。美国乔治·华盛顿大学教授霍尔（Hale）在他的文章《政权更迭狂潮：我们从1848年革命到2011年阿拉伯起义学到了什么?》（*Regime*

① Tariq Ramadan, *Islam and the Arab Awakening*, US: Oxford University Press, 2012.

② 马国川：《政治民主化潮流第四波——访国务院国际问题研究中心前副总干事何方》，http://magazine.caijing.com.cn/2011-08-28/110831141.html。

③ Philip N. Howard and Muzammil M. Hussain, *Democracy's Fourth Wave? Digital Media and the Arab Spring*, USA: Oxford University Press, 2013.

*Change Cascades: What We Have Learned from the 1848 Revolutions to the 2011 Arab Uprisings?*）中就专门探讨了“政权更迭狂潮”（Regime Change Cascades）的概念、案例、研究中遇到的问题，及导致这种现象的原因及机制等。[①]

## 四　事态的复杂化导致对自由民主的忧虑

不过除了剧变带来的短暂欢呼之外，中东北非政局的发展与变化并非尽如人意。很快西方观察家就发现阿拉伯之春不管是过程还是结果都非常复杂，并不是西方期望见到的民主化。首先，革命过程中民众的诉求多元，既有经济方面的民生诉求，也有政治方面的权力重组、反对腐败诉求，其目的并不单纯在于推翻现任政府，建立民主制。其次，运动方式多种多样，既有温和的示威罢工抗议和网络积极行动，也有极端的自焚起义暴动甚至战争。最后，政府的反应和结局不一。从目前已经表现的结果来看，有突尼斯、埃及、利比亚三国政府被推翻，其中突尼斯本·阿里逃亡，埃及穆巴拉克成为阶下囚，而利比亚独裁者卡扎菲死于非命；也门、巴林、叙利亚反对派揭竿起义，虽然政府有不同程度的让步和妥协，但政府和反对派并未取得一致，未来走向很不明朗；阿尔及利亚、伊拉克和以色列边界地区发生大型示威，政府已经做出积极让步和改革，局面趋于平静；而黎巴嫩、约旦、科威特、摩洛哥、阿曼和沙特等国，政府则对民众做出重大妥协或让步，承诺进行相关改革，局势基本平稳。[②]

这也得到其他一些学者的支持。比如因巴尔（Efraim Inbar）编著的新书就考察了当前复杂的形势，包括国内外和地区内外势力的错综交织，不同因素如经济、宗教和政治等等的相互作用等。[③] 戴维斯（John Davis）编著的新书《阿拉伯之春和阿拉伯解冻：未完的革命及对民主的追寻》（*The Arab Spring*

---

① Henry E. Hale. “Regime Change Cascades: What We Have Learned from the 1848 Revolutions to the 2011 Arab Uprisings,” *Annual Review of Political Science*, 2013, 16: 331 –353.

② 汪仲启：《如何把握“阿拉伯之春”的复杂面相?》，http: //www. cnsunlight. net/template/news_page. asp? id =2854。

③ Efraim Inbar, Ed. *The Arab Spring, Democracy and Security: Domestic and International Ramifications*. London, UK: Routledge, 2013.

*and Arab Thaw*：*Unfinished Revolutions and the Quest for Democracy*）则集中考察了抗议运动成功与不成功的策略，执政者的反制措施，地区和国际势力的反应和参与，内部不同性别和不同族群的态度等等，并指出阿拉伯之春已经进入一场旷日持久的融冰时期。① 安可顾问公司2012年对欧美200位意见领袖的调查也显示他们认为中东北非政治、经济、社会环境的发展较之2011年都有所恶化。②

还有人另辟蹊径，认为这些起义跟民主无关，而更多的是底层民众发泄愤怒而已。比如鉴于年轻人在其中发挥的重要作用，普林斯顿的历史学家刘易斯（Bernard Lewis）在革命初期就关注到年轻人通过阿拉伯之春来释放性压力的功能。在他看来，伊斯兰世界里西方式比较随便的性行为并不存在，所以如果一个年轻的男性要解决这方面的需求，只有两种可能，一个是婚姻，另一个就是去逛妓院。但是这些地区新近成长起来的广大年轻男子却挣不到足够多的钱去娶妻或者找小姐，但是肆虐的性欲却随着信息科技及西方文化的传播而不断增长，于是他们只好要么选择自杀式炸弹袭击去另一个天堂寻找天使，要么则与不断积累的挫折感为伴。③ 基辛格也指出中东北非的变局不一定是民主化的变革，而是平民主义政治变革的体现。④

除事态发展的复杂之外，西方不少学者也担心阿拉伯世界并没有相应的向民主化前进的环境，比如对人权、法治和宽容的尊崇等。比如资深的中东问题专家，曾做过六任美国国务卿顾问的戴维·米勒就指出，一个不太好并且政治上不正确的真相却是阿拉伯人更擅长于争夺权力而不是分享它。⑤ 诺贝尔和平奖得主奈保尔（Naipaul）对阿拉伯之春的第一反应也是“没什么，它会来也

---

① John Davis, Ed. *The Arab Spring and Arab Thaw*：*Unfinished Revolutions and the Quest for Democracy*, UK：Ashgate, 2013.

② APCO Worldwide. “Western Pessimism over Arab Spring's Impact Increasing,” APCO Worldwide website, http：//www.apcoworldwide.com/content/news/press_releases2012/western_pessimism0716.aspx.

③ David Horovitz, “A Mass Expression of Outrage Against Injustice,” *Jerusalem Post*, February 25, 2011, www.jpost.com/Opinion/Columnists/Article.aspx? id = 209770.

④ “The Fourth Wave of Democratization,” the Institute for Regional and International Studies (IRIS) website, http：//iris-bg.org/files/stID-25-07-13.pdf, p. 3.

⑤ Aaron David Miller, “The Stalled Arab Spring,” *The National Interest*, June 6, 2012, nationalinterest.org/commentary/the-stalled-arab-spring-7014.

会去，并会回到原点；伊斯兰世界的革命事件往往会以混乱和独裁而告终”①。而且这种悲观主义情绪在美国有蔓延的趋势。比如2012年10月皮尤研究中心的民调就显示近60%的美国人不相信中东北非的变局将导致中东地区人民生活的持久改善，大多数美国人（54%）也认为阿拉伯世界更重要的是稳定，即使这意味着更少一些的民主。②

西方学者不仅担心形势复杂失控，更担心辛辛苦苦经营数十载而结出的阿拉伯之春果实被其他势力所窃取。他们最怕的莫过于1979年伊朗革命的重演。事实上，在革命之初，以色列总理内塔尼亚胡就很明确地指出阿拉伯之春实质是一场“伊斯兰的，反西方的，反自由的，反以色列的，和反民主的浪潮”③。他的这种论调后来得到了很多学者的附和。比如因2008年就预测埃及会发生革命而名声大噪的布兰德尼（John Bradley）在其第四部关于中东问题的专著中就专门说明中东北非变局何以已被伊斯兰势力所绑架。这从其书名《阿拉伯之春之后：伊斯兰分子如何劫持了阿拉伯起义》（*After the Arab Spring*：*How Islamists Hijacked The Middle East Revolts*）就可见一斑。因为他的先见之明及对中东北非地区的语言、文化及实际情况的深刻把握，他的观点引起了西方及该地区媒体的极大关注。英国一份有着近两百年历史的杂志《观众》甚至宣称中东的局势竟然毫无二致地向着布兰德尼预测的方向演进。④

同样的，中东问题专家达尔维什（Nonie Darwish）在其新著《我们不知的恶魔：阿拉伯革命黑暗的一面》（*The Devil We Don't Know*：*The Dark Side of Revolutions in the Middle East*）就断言阿拉伯之春带来的不是民主自由和新的经济机会，而是新的暴力和镇压。除了剖析伊斯兰势力何以得以窃取阿拉伯之春的

---

① Isaac Chotiner, “V. S. Naipaul on the Arab Spring, Authors He Loathes, and the Books He will Never Write,” *The New Republic*, www. newrepublic. com/article/110946/vs – naipaul – thearab – spring – authors – he – loathes – and – the – books – he – will – never – write.

② Pew Research Center, “On Eve of Foreign Debate, Growing Pessimism about Arab Spring Aftermath,” October 18, 2012, www. people – press. org/2012/10/18/on – eve – of – foreign – debate – growing – pessimismabout – arab – spring – aftermath/.

③ Barak Ravid, “Netanyahu: Arab Spring Pushing Mideast East Backward, Not Forward,” *Haaretz*, November 24, 2011.

④ John Bradley, *After the Arab Spring*: *How Islamists Hijacked The Middle East Revolts*, UK: Palgrave Macmillan, 2012.

果实外，该书的一大亮点就是其从历史中去寻找佐证。比如通过回顾该地区自1923年奥斯曼帝国坍塌以来的历史，达尔维什发现一直困扰着中东伊斯兰国家的革命和专政的周期背后，不管每个周期具体的驱动和表现如何，都有一条主线，那就是都是伊斯兰国家。他们的伊斯兰教凌驾于一切之上，并禁止言论和宗教的自由，及性别平等，甚至任何拒绝进行圣战的领袖都可能被罢黜。① 与此思路相近的则是2013年9月刚出版的著名中东问题专家梯比（Bassam Tibi）的新书《伊斯兰教国家：阿拉伯之春与民主化》（*The Sharia State: Arab Spring and Democratization*）。他曾在哥廷根大学和康奈尔大学任过教，其专著被译成16国语言，并且荣膺过德国总统亲自颁发的最高国家奖项。该书的主要观点就是阿拉伯之春并非什么民主的春天或者革命，而是伊斯兰政治秩序的重建。②

此外，部分西方学者还担心在西方下滑的吸引力与援助能力下，中东北非会被中国的另一种模式所牵引。比如就有人指出鉴于美欧受金融危机及经济不景气的持续影响，他们的自由民主制度的吸引力已经严重下滑，而且他们对中东北非国家民主化施以援手的意愿和能力也大打折扣。最可能对这些地区施以援手的是中国和比较近的卡塔尔，但是这些快速发展的国家对于促进民主化没有丝毫兴趣。按照自由之家的统计，全球自由度已经连续五年下滑并且大多数威权国家正变得更加独裁。德国贝塔斯曼基金会也指出当前存在民主质量下滑的问题，而且高度缺陷的民主国家从2006～2010年的五年间已经上升了一倍。此外，本来西方政客和观察家还寄望稳定的新兴民主国家如印度、印尼、南非、巴西和土耳其等能为推动全球的民主和人权保护做点贡献，但是结果却是当他们获得权力和地位以后，他们也变得像冷血的现实主义者。也正因为此，在他们看来，激起西方各界极大信心与热情的阿拉伯之春不过是当前全球民主下滑现实的一颗烟幕弹，而所谓的第四波民主化浪潮也至多成为大海中的一丝涟漪而已。③

---

① Nonie Darwish, *The Devil We Don't Know: The Dark Side of Revolutions in the Middle East*, US: Wiley, 2012.

② Bassam Tibi, *The Sharia State: Arab Spring and Democratization*, London, UK: Routledge, 2013.

③ Raymond Tham. "Premature Speculation: The Arab Spring Cannot Be Considered as Democracy's Fourth Wave," the Economy Watch, http://www.economywatch.com/economy-business-and-finance-news/premature-speculation-the-arab-spring-cannot-be-considered-as-democracy-fourth-wave.24-08.html.

## 五　从土耳其、巴西和埃及大规模抗议中看到的希望

在中东北非发生变局的两年多时间里，正如上面所述，西方主流观点可谓有喜有忧。不过最新的一些事态变化则似乎朝着他们更多期望看到的方向发展，尽管原来持悲观立场的人士部分还继续保留他们悲观的看法。这些最新事态变化包括土耳其和巴西2013年5、6月份遭遇的数百万人游行示威活动及埃及的反政府示威活动和军事政变。

针对今年5、6月份在土耳其、巴西和埃及前后发生的大规模抗议示威运动，西方的主流观察家又从中获得一些乐观和兴奋的理由。比如美国中东论坛主席丹尼尔·派普斯（Daniel Pipes）就于6月4日在《洛杉矶时报》网站发表文章指出土耳其的抗议示威是个好消息。这些运动可以帮助土耳其避免朝着独裁、伊斯兰化及越来越无赖的道路上走下去，并使它的世俗的、民主的和亲西方的遗产得以复兴。① 路透社专栏作家、两次获得普利策奖的调查记者戴维·罗德（David Rohde）也在美国《大西洋》月刊撰文指出，全球中产阶级正在觉醒并发动起义。他认为虽然发生在上述国家的抗议活动的规模、关注点和覆盖范围都不尽相同，但是这不是在制造混乱而是新兴的民主的表现。其中有两个特征值得肯定。第一，迅速发展的社交媒体对这些国家的政治运动产生了不小的影响，并加快了组织政治活动的进度；第二，这三个国家的政治运动都对基本的个人权利和负责任的政府提出了要求。② 这种观点也得到提出著名的“历史终结论”的福山的认同，正如他在《华尔街日报》撰文指出的那样，全球日渐增多的政治抗议运动和骚乱都有一个共同的特点，那就是政府不再能满足日益富足和受过良好教育的中产阶级的诉求。③

① Daniel Pipes. “The good news in Turkey,” *Los Angeles Times*, June 4th, 2013, http://articles.latimes.com/2013/jun/04/opinion/la-oe-pipes-turkey-erdogan-protests-20130604.

② David Rohde. “The Revolt of the Global Middle Class,” *The Atlantic*, June 23ed, 2013, http://www.theatlantic.com/international/archive/2013/06/the-revolt-of-the-global-middle-class/277125/.

③ Francis Fukuyama. “The Middle-Class Revolution,” *The Wall Street Journal*, June 28th, 2013, http://online.wsj.com/article/SB10001424127887323873904578571472700348086.html.

而对于埃及民选总统穆尔西的罢黜事件，西方多数观察家是给予了正面的解读。比如法国《世界报》7 月 5 日的一篇文章的标题就是《伊斯兰极端主义者执政失败标志着阿拉伯革命的转折点》，其立场和观点自然可想而知。① 同样的，传统基金会网站刊登的一篇文章《埃及：退一步后的前进》也认为埃及的再次革命对于埃及的民主进程是有益的，因为穆尔西已经成为民主的威胁并且埃及已经处于内战爆发的火山口，而军方的干预有助于维护秩序并且推进民主的转型。② 美国伍德罗·威尔逊中心也发布该中心中东项目主任伊斯凡蒂亚里（Haleh Esfandiari）的文章《埃及：伊斯兰主义者的沉浮》（*Egypt: Islamist Ascent, Islamist Descent*），认为埃及的最新局势表明伊斯兰主义者地位的上升已过顶点并开始下降。③ 美国《耶鲁全球化》在线杂志 7 月 25 日发表的曾担任埃及大使及外交事务助理部长，现为耶鲁大学客座教授的沙克尔（Sallama Shaker）的文章。在沙克尔看来，埃及军方最近罢黜民选总统并非一场政变，而是“渴望和平与和谐地生活在一起，以公民身份享有平等权利”的人民所有的权力，这可以鼓舞其他国家沮丧的公民或是军方势力，迈向一条不确定的通向经济改革、社会正义和负责任的政府的道路。④

当然，对于中东北非最新事态的发展除了乐观的观点外，原来悲观的人也不乏悲观的理由。德国之声电台网站 8 月 12 日就发表该台非洲部主任乌特·舍费尔的一篇评论，题为《偷来的民主》。在舍费尔看来，将一名独裁者赶下去是一回事，建立民主又是一回事。但是鉴于当前形势的发展，本来被寄予厚望成为中东北非民主转型典范的突尼斯和埃及距离民主的成功似乎越来越远。舍费尔认为建立民主意味着不断寻求妥协和共同点，并需要建立可靠的机制、明确的游戏规则、宽容和不断的谈判等，但是当前两国世俗派与伊斯兰派之间

---

① 参见《法报称穆尔西执政失败标志着阿拉伯“革命”转折点到来》，《参考资料》2013 年 7 月 9 日。

② James Jay Carafano and James Phillips. “Egypt: A Way Forward After a Step Back,” Heritage Website, http://www.heritage.org/research/reports/2013/07/egypt-a-way-forward-after-a-step-back.

③ Haleh Esfandiari. “Egypt: Islamist Ascent, Islamist Descent,” the Wilson Center website, http://www.wilsoncenter.org/publication/egypt-islamist-ascent-islamist-descent.

④ 赛莱迈·沙克尔：《埃及为何重要》，《耶鲁全球化》2013 年 7 月 25 日，http://yaleglobal.yale.edu/cn/content/%E5%9F%83%E5%8F%8A%E4%B8%BA%E4。

的鸿沟却在不断加深。[1] 美国《外交》杂志网站也在7月9日发表题为《即使好政变也是坏的》的文章。作者恩卡纳西翁（Encarnacion）首先澄清了他早在2002年就提出用以形容委内瑞拉政变的公民社会政变概念。其特点是通过持续抗议活动推翻民选的领导人，并且通常通过公民社会与军队的伙伴关系。在恩卡纳西翁看来，不管政变背后的人如何辩解他们的目的是为了拯救民主，他们的手法都是不对的，其结果只能是铲除民主，因为这就是托克维尔描述的公民社会的肆意妄为：它没有耐心谨慎地努力改善民主的质量，而是气恼又焦躁，策划实施既突然又极端的政治变革。而且在与委内瑞拉与菲律宾的类似政变比较后，恩卡纳西翁认为埃及的情况可能更为危险，因为该起政变很有可能将埃及拖入内战的泥潭。[2] 俄罗斯一中东问题专家更是断言中东北非的革命已经走向灭亡。正如作者格沃尔格·米尔扎扬指出，军事政变使埃及失去了建立稳定的合法民主政权的最后机会。无论埃及的穆斯林与世俗居民谁胜谁负，国家都将面临经济衰退。政变已经向整个伊斯兰世界发出了明确信号，说明西方式的民主化对穆斯林并不合适。[3]

## 结 语

综上所述，西方观察家对于中东北非变局与民主化关系的看法多样，并且也随着局势的发展变化而相应做着调整。总的来说，他们在看待中东北非的变局上意识形态偏见仍根深蒂固。不管他们的背景、立场、观点如何，他们对此问题的出发点和判断标尺都是西方的自由民主。只是在具体前景的展望上可能因为考察的侧重点不一样而得出悲观或乐观的看法。在这种偏见下，自由和民主甚至可以对立起来，以至于一个国家如果通过合法的渠道选举出来的领导集团如果不亲西方，在他们的主流看来也是不民主的或者不自由的。这体现了他

① 引自《德媒说埃及和突尼斯“政治变革”结局难料并可能危及世界》，《参考资料》2013年8月23日。

② 引自《美媒载文说埃及公民社会“政变”能重启民主的观点过于乐观》，《参考资料》2013年7月17日。

③ 引自《外媒：“阿拉伯之春”走向自我毁灭》，新华国际网站，2013年7月9日，http://news.xinhuanet.com/world/2013-07/09/c_124978946.htm.

们极度缺乏对自己意识形态偏见的反思和察觉。另外，从西方关于中东北非变局之于民主化意义的思考变迁来看，西方观察家的短视暴露无遗。首先，他们对于中东北非的骤变毫无思想上的准备。其次，当变化发生时则深受鼓舞，但是鉴于短期形势的发展又不免悲观沮丧。随着时间的推移，当事态发展朝着他们期待的方向演进时，则又喜出望外。这是典型的短视者的心态与观点，全无一点定力与远见。

尽管如此，中东北非变局的大方向似乎还是朝着西方观察家憧憬的方向缓缓前行。这或许也暗合了西方一些稍有远见的观察家的视角。比如美国丹佛大学教授乔纳森·阿德尔曼在其文章《为什么我们应该对中东保持耐心》中就指出，民主初生时遇到的问题并不限于中东北非，在世界的很多地方，民主的道路都常常被政治强人、宗教冲突和不宽容所阻断。对世界上许多新兴的民主国家而言，民主的道路都是艰辛的。即使是那些成熟的欧美民主国家，民主的果实也是经历了漫长而卓绝的奋斗过程才获得的。[①] 今年年初《外交事务》发表的哥伦比亚大学伯尔曼教授的文章《阿拉伯之春的希望：一分痛苦一分收获》也秉持了相似的观点，并详尽考察了法国、意大利和德国的民主化经验来加以支持。[②] 法国《世界报》记者让·比恩鲍姆耶也撰文指出，虽然西方在经济和军事领域的主导地位都在弱化，但是它的政治影响力却看似矛盾地在增强，借用法国政治学家贝朗特·巴迪的话，埃及也好，阿尔及利亚也罢，又或者是伊朗或者是印度，参与抗议的行为体一旦仅仅满足于关于身份认同、种族或者宗教的口号就很难对事态发展施加影响，所以为了开启现实前景，这些行为体都必须“引进”西方的政治观和政治做法。[③]

但是西方观察家所认识不到的却是这种历史走向很可能是西方民主化输出及对长远历史憧憬的自我实现。事实上，从一个旁观者角度看来，中东北非

① Jonathan Adelman. “Why we should be patient with Middle East,” CNN, http://globalpublicsquare.blogs.cnn.com/2013/08/13/why－we－should－be－patient－with－middle－east/.

② Sheri Berman. “The Promise of the Arab Spring: In Political Development, No Gain Without Pain,” *Foreign Affairs*, Jan./Feb, 2013.

③ 引自《法报称西亚北非乱局表明西方“民主文明”的影响力增强》，《参考资料》2013年9月10日。

变局可以说是西方强大的军事、经济和意识形态压力和渗透导致的必然结果。尽管对于具体的策略及实施方式上西方内部存在分歧，在推进非自由民主国家和地区民主化这样大是大非的问题上西方则基本存在共识。而西方政体的一大特色可以说就是“全民皆兵”，所以中东北非的变局其实很早就已经注定了。小布什发动伊拉克战争的一大动机就是希望能开启中东的民主化进程，现在看来中东北非过去两年的变局或许也和此战略脱不了干系。虽然囿于反恐及维护地区现实利益的需要，以美国为首的西方表面上对中东北非地区的独裁政府的压力有限，但是其私下对于社会层面的渗透则不难想象，尤其是通过非政府组织的所作所为。碍于西方强大的意识形态偏见和狂热，及为此提供后盾的强大的军事和经济实力基础，西方的政府和人民必将确保这些地区朝着自己的方向发展方才善罢甘休。而这从埃及发生的所谓的公民社会政变就可见一斑。料想叙利亚局势早晚可能也会如此，尽管俄罗斯附带中国在阿萨德政权后面的力挺可能延缓了西方所力推的历史步伐。这些或许尤其值得我们高度重视并加紧研究。

## 参考文献

Anderson, Lisa. “Searching where the Light Shines: Studying Democratization in the Middle East,” *Annual Review of Political Science* 9 (2006).

APCO Worldwide. “Western Pessimism over Arab Spring's Impact Increasing,” retrieved on APCO Worldwide website on August 16th, 2013 at http://www.apcoworldwide.com/content/news/press_releases2012/western_pessimism0716.aspx.

Bassam Tibi, *The Sharia State: Arab Spring and Democratization*. London, UK: Routledge, 2013.

David McMurray and Amanda Ufheil-Somers, eds. *The Arab Revolts: Dispatches on Militant Democracy in the Middle East*, Bloomington, Indiana: Indiana University Press, 2013.

Eva Bellin, “The Robustness of Authoritarianism in the Middle East: Exceptionalism in Comparative Perspective,” *Comparative Politics* 36, 2 (January 2004).

Efraim Inbar, Ed. *The Arab Spring, Democracy and Security: Domestic and International Ramifications*, London, UK: Routledge, 2013.

Francesco Cavatorta, “The Convergence of Governance: Upgrading Authoritarianism in the

ArabWorld, and Downgrading Democracy Elsewhere?" *Middle East Critique* 19, 3 (Fall 2010)。

Henry E. Hale, "Regime Change Cascades: What We Have Learned from the 1848 Revolutions to the 2011 Arab Uprisings." *Annual Review of Political Science*, 2013, 16: 331 – 53.

John Bradley, *After the Arab Spring: How Islamists Hijacked The Middle East Revolts.* UK: Palgrave Macmillan, 2012.

John Davis. Ed, *The Arab Spring and Arab Thaw: Unfinished Revolutions and the Quest for Democracy.* UK: Ashgate, 2013.

Jean-Pierre Filiu. *The Arab Revolution: Ten Lessons from the Democratic Uprising.* UK: Oxford University Press, 2011.

Joshua Kurlantzick, "One Step Forward, Two Steps Back: Democracy is in retreat, and there's a surprising culprit," *Foreign Policy*, March 4, 2013.

Joshua Kurlantzick. *Democracy in Retreat: The Revolt of the Middle Class and the Worldwide Decline of Representative Government.* USA: Oxford University Press, 2013.

Miller and Martini et al., *Democratization in the Arab World Prospects and Lessons from Around the Globe.* US: Rand Corporation, 2012.

Mohammed el-Nawawy and Sahar Khamis. *Egyptian Revolution 2.0: Political Blogging, Civic Engagement, and Citizen Journalism.* UK: Palgrave Macmillan, 2013.

Morten Valbjφrn and André Bank, "Examining the 'Post' in Post-Democratization: the Future of Middle Eastern Political Rule Through Lenses of the Past," *Middle East Critique* 19, 3 (Fall 2010).

Nonie Darwish, *The Devil We Don't Know: The Dark Side of Revolutions in the Middle East.* US: Wiley, 2012.

Philip N. Howard and Muzammil M. Hussain, *Democracy's Fourth Wave?: Digital Media and the Arab Spring.* USA: Oxford University Press, 2013.

Rex Brynen, Bahgat Korany, and Paul Noble, "Trends, Trajectories, or Interesting Possibilities?

"Some Conclusions on Arab Democratization and Its Study," in Brynen, Korany, and Noble, *Political Liberalization and Democratization in the Arab World, vol. 1, Theoretical Perspectives.* p. 334.

Steven Heydemann, *Upgrading Authoritarianism in the Arab World*, Washington, D. C.: Brookings Institution, October 2007.

Sadiki, Larbi. *Routledge Handbook of the Arab Spring: Rethinking Democratization.* London, UK: Routledge, 2014.

Tariq Ramadan. *Islam and the Arab Awakening.* US: Oxford University Press, 2012.

# Abstract*

The *Annual Report on International Politics and Security* (*2014*) is one of the series of annual reports on the international situation. The purpose of this book is to describe and analyse the overall international political and security situation and to attempt to make corresponding predictions.

In regard to relations among the great powers and international security, this book makes a special analysis on the "new type of relations among major powers", as well as the current relations among China, Russia and the United States. The security environment in China's neighboring regions, global armed conflicts and the global military situation are also focuses of this part. In the part of global lssues and global governance, the authors conduct an in-depth analysis on major global issues Such as terrorism, energy, international migration and global commons, revealing both international competitions and multilateral cooperation on these global issues. The North Korean nuclear crisis, Cybersecurity, marine and island disputes, Latin America hotspots, the West Asia and North Africa situation are key focuses of attention in this report. The authors make their comments on hotspot issues in this year Such as China-US Cybersecurity, the Snowdon events, the death of Hugo Chávez, and the Syrian crisis. In the part of international organizations, this book focuses on the development of the United Nations and NATO in the field of international peace and security. This book also includes a review on the study of international relations theories and on western scholars' views on political changes and democratization in the Middle East and North Africa.

---

* English proofreading by Nancy Hearst, the Fairbank Collection of the H. C. Fung Library, Harvard University.

The authors of this volume offer generalizations regarding the basic characteristics of the contemporary international situation by researching facts and data and presenting possible prospects. The volume is a good reference source for researchers on international studies, foreign policy decision-makers, and readers who are concerned about development in the international situation.

# Contents*



**Abstract**: The international situation in 2013 was still in a transitional period of structural adjustments. After the United States, Russia, and China completed their presidential elections and uadership succession, there have been some new features in the interactions among the major war countries. The unrest in North Africa and the Middle East entered its third year, the Syrian war continued, and the countries undergoing democratic transition continued to suffer from political turmoil. The growth of national military expenditures was closely related to the regional security situation, as naval armaments became a major trend in the military spending of many countries. Terrorism was still rampant and the focus of U. S. counter-terrorism actions shifted to Africa. The United States is expected to overtake Russia as the world's largest oil and gas producer, likely bringing about a reshaping of the patterns in world energy markets. Territorial and maritime disputes remained the greatest challenge to the security in China' s ueighboring regions. China will need more diplomatic efforts and wisdom to make a significant breakthrough in settling these disputes.

**Keywords**: International Power Structure; Middle Eastern and North African Unrest; Asia-Pacific Rebalancing; Territorial Disputes; Global Issues

---

* English proofreading by Nancy Hearst, the Fairbank Collection of the H. C. Fung Library, Harvard University.

**Abstract**: Based on both the international and domestic situations, the author analyses the purpose and nature of the American "return to Asia strategy" and its "Asia-Pacific rebalancing strategy." The author believes that the crisis of capitalism is deteriorating gravely and the change in the name of the "return to Asia strategy" to the "Asia-Pacific rebalancing strategy" is due to the onset of the economic "disaster." The tactic of the U. S. authorities is to use its "soft power" to transfer the economic crisis to Asia. The author emphasizes that world socialism is still at a low ebb and it is necessary to cooperate with capitalist societies, but it is also necessary to clearly understand the current situation and trends in the development of socialism.

**Keywords**: Socialism; Capitalism; American Rebalancing Strategy



**Abstract**: After the Manor meeting of the Chinese and U. S. presidents, a new type of relations among the great powers has emerged. In order to establish strategic mutual trust, there have been frequent interactions among top-level officials from the two countries. At the same time, bilateral relations between the United States and Russia this year reached their lowest point within the past five years. Although the tension between China and the United States is due to deep structural conflicts, a severing of the relations can be avoided as long as the two countries have smooth and effective exchanges of information and there exist crisis management mechanisms. President Obama's "restart" program with Russia has been a fiasco and U. S. -Russia relations are facing increasing challenges. But there are no structural antagonisms between the United States and Russia, so U. S. -Russia relations are likely to improve whenever either side needs the other. China and Russia will continuously coordinate their foreign policies with respect to certain issues due to similar international pressures. Trilateral relations among China, Russia, and the United States are not typical "triangular relations" even though there exist certain relations among the three. Neither in terms of subjective willngness nor in terms of objective ability have there emerged any two sides that are at once capable of restraining a third while shaping the international situation.

**Keywords**: New Model of Great Power Relations; Sino-U. S. Relations; U. S. -Russian Relations; Sino-Russian Relations; Triangular Relations

## Y. 4 China's Border Security Situation, 2011 –2012

*Wang Lei* / 054

**Abstract**: During the past year, China has faced four challenges with respect to the security situation along its borders. First, the United States continued to promote a "rebalancing" strategy, and Sino-U. S. diplomatic frictions and strategic competition increased significantly. Second, the marine territorial disputes between China and its neighboring countries deteriorated. Third, China faced significantly increased military pressures and security dilemmas along its periphery. Furthermore, frequent outbreaks of regional hotspot issues weakened stability in China's surroundings. Although the surrounding environment remained relatively stable overall, the conflicts have not yet been replaced by cooperation and cooperation has not yet become a main trend. In the new era, difficulties in safeguarding peace and stability along the borders have increased.

**Keywords**: Security in neighboring regions; Rebalancing Strategy; Strategic Containment

## Y. 5 Major Armed Conflicts in the World and an Assessment of the Military Situation: 2012 –2013

*Xu Jin* / 069

**Abstract**: The world's major armed conflicts from 2012 to 2013 were almost the same as those in the previous year. The Middle East, South Asia, and Northeast Africa were the scenes of most of the armed conflicts. The Afghanistan war, the civil war in Syria, and the civil armed conflicts in Iraq, India, Pakistan, and Mali attracted global attention. Global military expenditures in 2012 were somewhat less than expenditures in 2011. The United States was still No. 1 in the world in terms of annual military expenditures. The Western and Central European countries continued to cut their military expenditures and the pace of growth of military expenditures in the Asian-Pacific countries was slowing, but the Middle Eastern and North African countries increased their military expenditures significantly during the last year.

**Keywords**: Armed Conflicts; Civil War in Syria; Sectarian Conflicts; Military Expenditures; Armaments

## Y. 6 Global Terrorism and Counter-Terrorism: 2012 – 2013



**Abstract**: Based on authoritative statistics, in 2012 the international anti-terrorism situation eased while remaining stable. However, based on trends in the development of global terrorism, the independence of the Al-Qaida affiliates is increasing and becoming more dangerous; and the areas of active terrorism are expanding and the anti-terrorist front is becoming larger. In some countries major cases of terrorism are frequent, and the means of terrorism are more brutal and cold-blooded. The anti-terrorism situation in 2013 was not optimistic; in some countries there was a rebound. Several major events during the year reflected a number of features of the global anti-terrorism situation: the expansion of terrorist organizations posed significant threats to some weak states; "lone wolf" terrorist attacks against Western society increased; the United States was not absolutely safe; the contradictions between national security and individual freedom tended to intensify; the combination of chemical weapons and terrorism became a real threat; Africa was one of the main battlefields of anti-terrorism; and the terrorists provoked growing sectarian opposition.

**Keywords**: Terrorism; Al-Qaida Affiliates; Chemical Weapons Attacks; Africa

## Y. 7 Global Energy Politics: The General Situation and Hotspots in 2012 –2013



**Abstract**: In the past more than one year, global energy politics underwent a period of relative stability. This article examines the following cases which are regarded as annual hotspots. Canada diversified its energy development. The new president in Venezuela failed to improve U. S. -Venezuelan relations. The poor security situation did not hinder the resurgence of the oil and gas industry in Libya. Energy cooperation initially recovered because of the détente between Sudan and South Sudan. Energy development in Iraq accelerated in the south and the north respectively. The new president in Iran obtained an early success in détente with United States. After his inauguration as president again in May 2012, Putin reaped many achievements from his energy policy of "looking east." The Arctic disputes performed a duet. Nuclear power stations cautiously recovered.

**Keywords**: 2013 Global Energy Politics; General Situation; Hotspots

## Y. 8 The Global Commons: Governance and Strategic Gaming



**Abstract**: The global commons, a relatively new strategic and security field, appears on the agenda of many countries. The attitudes and "games" among countries may serve as the main driving force in the shaping of a "new world order." Based on the examples of the polar regions, outer space, the high seas, and other areas, this article focuses on the strategic significance and governance situation of the global commons. The existence of a global commons created a series of governance difficulties. At the same time, it might lead some countries to a "gray zone" of conflicts. There is a higher level of uncertainty. Countries are facing new opportunities and strategic challenges, therefore miscarriages of justice may occur. However, these areas bear considerable importance that cannot afford to be ignored, requiring a shift in comprehensive strategic thinking about changes among the great powers and China's strategic thinking.

**Keywords**: Global Commons; Polar Regions; Outer Space; High Seas

## Y. 9 International Migration Policies and Immigration Issues in the Korean Peninsula *Yang Jingmin* / 162

**Abstract**: In 2013 the immigration issue was highlighted by vicious social incidents. Migration policies in the traditional immigration countries, such as the United States and nations in Western Europe, were not successful. These countries faced problems of border management for irregular migrants as well as various social issues, especially difficulties of social integration. Reforms of national immigration policies will continue along with domestic political struggles, sudden vicious domestic social incidents, as well as changes in the international security situation. Cases of violence, such as the Boston Marathon bombing, the London street violence, and the Amiens riots, highlight the social instabilities caused by complex race relations, terrorist attacks, and instabilities in the international security situation, and also reveal the absence of rights and social protection for the migrants who belong to vulnerable groups. China, as a new destination for immigrants, also faces some of these relevant issues. It is urgent that China develop and improve its legislation regarding immigration.

**Keywords**: Countries of Destination for Migrants; Migration Policies; Social Integration

## Y. 10 Latest Trends and Challenges for NATO

*Gao Hua* / 190

**Abstract**: After the Cold War, NATO changed from a military alliance to a security and political alliance. In 2012 and 2013, while ensuring the safety of its members, NATO continued to have its own global influence. In its traditional security fields NATO continued to implement action in Afghanistan, deploying a missile defense system and adjusting its military command and force structure. In addition, NATO dealt with new security challenges from non-traditional security fields, including anti-terrorism, the Internet, energy, and so forth. Meanwhile, it continued to expand and deepen relations with its partner countries. It is noteworthy that on the brink of war caused by the "chemical weapons attacks" in Syria, NATO did not replicate the mode of military action that it carried out in Kosovo, Afghanistan, and Libya. NATO made it clear that it would not become involved in the war. NATO is currently facing many challenges. The first challenge is that the defense budgets in the European countries are under great pressures due to the economic crisis, thus weakening NATO's military actions and political cohesion and possibly having a lethal impact on the future development of NATO. Hence, NATO leaders have repeatedly emphasized their new concepts of "smart defense" and "collective sharing" in any situation.

**Keywords**: NATO; Security-Political Alliances; Latest Trends; Challenges

## Y. 11 The United Nations and International Peace and Security

*Li Dongyan* / 212

**Abstract**: In 2013 armed conflicts and instabilities in Africa and the Middle East remained the main focus of the Security Council. The UN established a new peacekeeping mission in Mali and continued to strengthen the peacekeeping mission in the Congo (DRC). In addition, related UN agencies launched large-scale humanitarian assistance operations to deal with the unprecedented Syrian refugee crisis. The UN also made great efforts to promote U. S. -Russian talks on Syria. Issues such as civilian protection, arms control, and prevention of sexual violence were key focuses in the United Nations. In the field of peace and security, the role of regional organizations was increasing. Groups like the G8, G20, and the BRIC countries also attempted to play a greater role in this field, but these groups have not become a joint force in the area of peace and security. In 2013 China decided to send new peacekeeping troops to Mali and Liberia. Supporters of UN reform are gathering force in preparation for a new wave of reform.

**Keywords**: United Nations; Peace and Security; Peacekeeping; Civilian Protection; Humanitarianism

## Y. 12 A New Round in the Nuclear Crisis and the Security Situation in the Korean Peninsula



**Abstract**: During the past year, the satellite launch and the nuclear test in the DPRK set off another round of a nuclear crisis in North Korea. Currently, some new trends in the security situation in the Korean peninsula are emerging: North Korea's missile technology and the weaponization of its nuclear capabilities are making significant progress; the principle of denuclearization of the Korean peninsula is facing a serious challenge; military competition and military confrontations are spreading in Northeast Asia; and the foreign policies and strategies of related nations are also undergoing new changes. In the new period, China will face serious challenges to safeguard peace and stability in the Korean peninsula.

**Keywords**: North Korean Nuclear Crisis; Six-Party Talks; Nuclear Tests

## Y. 13 Global Sea and Island Disputes



**Abstract**: Maritime and island disputes have been an issue of concern among politicians and scholars in various countries during recent years. Over the past few years, global maritime and island disputes have occurred in succession, with an increase in both quantity and complexity. Typical cases have aroused public interest, such as the Northern Territories (Southern Kurils) disputes, the Liancourt Islands (Takeshima) disputes, the South China Sea disputes, the Malvinas (Falkland) Islands disputes, and the Gibraltar disputes. Some countries are attempting to tackle the disputes through political and legal approaches, and some cases were successfully resolved whereas others still exist and have even deteriorated. Legal approaches will probably become the mainstream, even though some countries may prefer to solve the disputes by political approaches.

**Keywords**: Maritime Disputes; Island Disputes; Political Approaches; Legal Approaches

## Y. 14 Cybersecurity and International Relations: Conflicts and Challenges *Lang Ping* / 266

**Abstract**: As cybersecurity gradually moved from low politics toward high politics, it has become a significant diplomatic and security issue with increasing influence and prominence in international politics. The year 2013 witnessed a turning point for cybersecurity as it figured on the summit and diplomatic agendas of the world's major countries. A report released by Mandiant, an American computer security firm, that accused the Chinese army of supporting Chinese hackers against many American companies in recent years, finally put the cybersecurity issue on the top of the Sino-U. S. agenda. Edward Snowden, the whistleblower who exposed the biggest intelligence leak in the history of the National Security Agency, put the United States in an embarrassing situation as it was denounced by the "victim" countries of the PRISM project throughout the world, thus seriously affecting its foreign relations with Russia, the EU, and Latin America. As an important political, security, and diplomatic issue, cybersecurity will present new security conflicts and challenges to the world's major countries; meanwhile, collaboration and cooperation should be further promoted to ensure the stability and security of global cyberspace.

**Keywords**: Cybersecurity; Cyber Governance; PRISM; Relations among the Major Countries

## Y. 15 The Unstable Situation in West Asia and North Africa



**Abstract**: West Asia and North Africa witnessed intensified conflicts and constant war in 2013. The Syrian civil war, the Iranian nuclear crisis, and the Arab democratic revolutions remained hotspots of international media concern, and Turkey's and Egypt's street protests intensified the regional situation. Geopolitics in the Middle East is attempting to rebalance and reconfigure the new situations. With respect to the regional structure, Egypt has been unable to restore its previous international prestige, Saudi Arabia has become more influential, and the political situation throughout the Arab world is undergoing fragmentation. With respect to the outside, the United States is still the world's most influential power, Europe can hardly play a main role, and Russia has strongly returned to the frontline. The reorganization of the strategic configuration will profoundly influence the relationship among the great powers and international order.

**Keywords**: West Asia and North Africa; Crisis in Syria; Egyptian Upheaval; Transformation of the Arab Countries

## Y. 16 Review of the Hotspots in Latin America



**Abstract**: The death of Chávez, the protests in Brazil, and Ed Snowden made 2013 a key year for the left wing in Latin America. How Maduro will deal with the issues left over from Chávez will be vitally significant for Venezuela as well as for the other Latin America countries. But his achievements have been far from satisfactory. President Rousseff should apologize for her delayed response in dealing with the unexpected protests and in-depth problems in Brazil. In addition, Snowden's ultimate rejection of the Latin American countries reflected their dilemma. At the critical point when a group of countries are reconstructing their regimes, these countries should focus on easing the Tocqueville effect and adjust their industrial structures and strengthen their regional integration.

**Keywords**: Chávez; Maduro; Snowden; Venezuela; Massive Demonstrations in Brazil

## Y. 17 The Study of International Relations: Some New Progress during the Year *Yuan Zhengqing, Zhao Yang* / 316

**Abstract**: After browsing some typical articles published in the major journals on International Relations (IR) in the past year, this report analyses and assesses them in the hopes of further understanding trends in the development of IR. The article argues that some new trends in the area of IR can be observed, including the substantial increase in the study of China issues, the tightening of the combination of theory and practical issues, increasing attention to international organizations, and deepening of debates on norm diffusion. By arranging and analyzing the above-noted articles, this report reflects some of the latest achievements in IR during past year, thus revealing some new orientations.

**Keywords**: Chinese Diplomacy; International Organizations; Constructivism; International Norms; International Security

## Y. 18 Western Scholars on the Relationship between the Political Changes in the Middle East and North Africa (MENA) and Democratization

*Peng Chengyi* / 336

**Abstract**: The relationship between the political changes in MENA and democratization has become a hot topic among Western observers. From the discouragement caused by the persistence of authoritarian regimes in this region as well as the vain search for signs of democratization, to the wave of successive domino-like regime collapses, to the increase in the complexity and chaos in the midst of the events, and finally to the rekindling of hope after witnessing mass protests in countries such as Turkey, Brazil, and Iran, Western observers' view of the Arab Spring have changed according to the twists and turns of the course of events. This article seeks to present a panoramic view of the events in order to obtain a firmer grasp of Western views of the Arab Spring and to draw some inspirations from it.

**Keywords**: MENA; Arab Spring; Democratization; Arab Revolt

社会科学文献出版社

# 皮书系列

“皮书”起源于十七、十八世纪的英国，主要指官方或社会组织正式发表的重要文件或报告，多以“白皮书”命名。在中国，“皮书”这一概念被社会广泛接受，并被成功运作、发展成为一种全新的出版形态，则源于中国社会科学院社会科学文献出版社。

皮书是对中国与世界发展状况和热点问题进行年度监测，以专业的角度、专家的视野和实证研究方法，针对某一领域或区域现状与发展态势展开分析和预测，具备权威性、前沿性、原创性、实证性、时效性等特点的连续性公开出版物，由一系列权威研究报告组成。皮书系列是社会科学文献出版社编辑出版的蓝皮书、绿皮书、黄皮书等的统称。

皮书系列的作者以中国社会科学院、著名高校、地方社会科学院的研究人员为主，多为国内一流研究机构的权威专家学者，他们的看法和观点代表了学界对中国与世界的现实和未来最高水平的解读与分析。

自 20 世纪 90 年代末推出以《经济蓝皮书》为开端的皮书系列以来，社会科学文献出版社至今已累计出版皮书千余部，内容涵盖经济、社会、政法、文化传媒、行业、地方发展、国际形势等领域。皮书系列已成为社会科学文献出版社的著名图书品牌和中国社会科学院的知名学术品牌。

皮书系列在数字出版和国际出版方面成就斐然。皮书数据库被评为“2008~2009 年度数字出版知名品牌”；《经济蓝皮书》《社会蓝皮书》等十几种皮书每年还由国外知名学术出版机构出版英文版、俄文版、韩文版和日文版，面向全球发行。

2011 年，皮书系列正式列入“十二五”国家重点出版规划项目；2012 年，部分重点皮书列入中国社会科学院承担的国家哲学社会科学创新工程项目；2014 年，35 种院外皮书使用“中国社会科学院创新工程学术出版项目”标识。

# 法律声明

权威·前沿·原创

社会科学文献出版社

# 皮书系列

## 2014年

盘点年度资讯 预测时代前程

社会科学文献出版社 学术传播中心 编制

# 社长致辞

我们是图书出版者，更是人文社会科学内容资源供应商；

我们背靠中国社会科学院，面向中国与世界人文社会科学界，坚持为人文社会科学的繁荣与发展服务；

我们精心打造权威信息资源整合平台，坚持为中国经济与社会的繁荣与发展提供决策咨询服务；

我们以读者定位自身，立志让爱书人读到好书，让求知者获得知识；

我们精心编辑、设计每一本好书以形成品牌张力，以优秀的品牌形象服务读者，开拓市场；

我们始终坚持“创社科经典，出传世文献”的经营理念，坚持“权威、前沿、原创”的产品特色；

我们“以人为本”，提倡阳光下创业，员工与企业共享发展之成果；

我们立足于现实，认真对待我们的优势、劣势，我们更着眼于未来，以不断的学习与创新适应不断变化的世界，以不断的努力提升自己的实力；

我们愿与社会各界友好合作，共享人文社会科学发展之成果，共同推动中国学术出版乃至内容产业的繁荣与发展。

社会科学文献出版社社长

中国社会学会秘书长

2014 年 1 月

“皮书”起源于十七、十八世纪的英国，主要指官方或社会组织正式发表的重要文件或报告，多以“白皮书”命名。在中国，“皮书”这一概念被社会广泛接受，并被成功运作、发展成为一种全新的出版形态，则源于中国社会科学院社会科学文献出版社。

皮书是对中国与世界发展状况和热点问题进行年度监测，以专家和学术的视角，针对某一领域或区域现状与发展态势展开分析和预测，具备权威性、前沿性、原创性、实证性、时效性等特点的连续性公开出版物，由一系列权威研究报告组成。皮书系列是社会科学文献出版社编辑出版的蓝皮书、绿皮书、黄皮书等的统称。

皮书系列的作者以中国社会科学院、著名高校、地方社会科学院的研究人员为主，多为国内一流研究机构的权威专家学者，他们的看法和观点代表了学界对中国与世界的现实和未来最高水平的解读与分析。

自 20 世纪 90 年代末推出以经济蓝皮书为开端的皮书系列以来，至今已出版皮书近 1000 余部，内容涵盖经济、社会、政法、文化传媒、行业、地方发展、国际形势等领域。皮书系列已成为社会科学文献出版社的著名图书品牌和中国社会科学院的知名学术品牌。

皮书系列在数字出版和国际出版方面成就斐然。皮书数据库被评为“2008~2009 年度数字出版知名品牌”；经济蓝皮书、社会蓝皮书等十几种皮书每年还由国外知名学术出版机构出版英文版、俄文版、韩文版和日文版，面向全球发行。

2011 年，皮书系列正式列入“十二五”国家重点出版规划项目，一年一度的皮书年会升格由中国社会科学院主办；2012 年，部分重点皮书列入中国社会科学院承担的国家哲学社会科学创新工程项目。

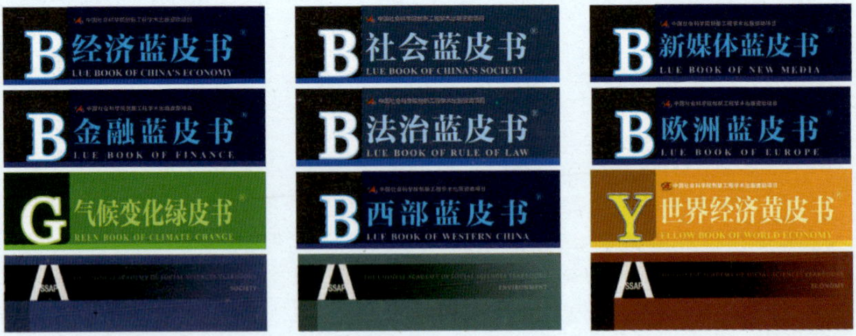

# 经 济 类

经济类皮书涵盖宏观经济、城市经济、大区域经济，
提供权威、前沿的分析与预测

## 经济蓝皮书

**2014 年中国经济形势分析与预测（赠阅读卡）**

李 扬 / 主编　　2013 年 12 月出版　　估价 :69.00 元

◆ 本书课题为“总理基金项目”，由著名经济学家李扬领衔，联合数十家科研机构、国家部委和高等院校的专家共同撰写，对 2013 年中国宏观及微观经济形势，特别是全球金融危机及其对中国经济的影响进行了深入分析，并且提出了 2014 年经济走势的预测。

## 世界经济黄皮书

**2014 年世界经济形势分析与预测（赠阅读卡）**

王洛林　张宇燕 / 主编　　2014 年 1 月出版　　估价 :69.00 元

◆ 2013 年的世界经济仍旧行进在坎坷复苏的道路上。发达经济体经济复苏继续巩固，美国和日本经济进入低速增长通道，欧元区结束衰退并呈复苏迹象。本书展望 2014 年世界经济，预计全球经济增长仍将维持在中低速的水平上。

## 工业化蓝皮书

**中国工业化进程报告（2014）（赠阅读卡）**

黄群慧　吕　铁　李晓华　等 / 著　2014 年 11 月出版　估价 :89.00 元

◆ 中国的工业化是事关中华民族复兴的伟大事业，分析跟踪研究中国的工业化进程，无疑具有重大意义。科学评价与客观认识我国的工业化水平，对于我国明确自身发展中的优势和不足，对于经济结构的升级与转型，对于制定经济发展政策，从而提升我国的现代化水平具有重要作用。

## 金融蓝皮书

**中国金融发展报告（2014）（赠阅读卡）**

李 扬 王国刚 / 主编 2013 年 12 月出版 定价 :69.00 元

◆ 由中国社会科学院金融研究所组织编写的《中国金融发展报告（2014）》，概括和分析了 2013 年中国金融发展和运行中的各方面情况，研讨和评论了 2013 年发生的主要金融事件。本书由业内专家和青年精英联合编著，有利于读者了解掌握 2013 年中国的金融状况，把握 2014 年中国金融的走势。

## 城市竞争力蓝皮书

**中国城市竞争力报告 No.12（赠阅读卡）**

倪鹏飞 / 主编 2014 年 5 月出版 估价 :89.00 元

◆ 本书由中国社会科学院城市与竞争力研究中心主任倪鹏飞主持编写，汇集了众多研究城市经济问题的专家学者关于城市竞争力研究的最新成果。本报告构建了一套科学的城市竞争力评价指标体系，采用第一手数据材料，对国内重点城市年度竞争力格局变化进行客观分析和综合比较、排名，对研究城市经济及城市竞争力极具参考价值。

## 中国省域竞争力蓝皮书

**中国省域经济综合竞争力发展报告（2012~2013）（赠阅读卡）**

李建平 李闽榕 高燕京 / 主编 2014 年 3 月出版 估价 :188.00 元

◆ 本书充分运用数理分析、空间分析、规范分析与实证分析相结合、定性分析与定量分析相结合的方法，建立起比较科学完善、符合中国国情的省域经济综合竞争力指标评价体系及数学模型，对 2011~2012 年中国内地 31 个省、市、区的经济综合竞争力进行全面、深入、科学的总体评价与比较分析。

## 农村经济绿皮书

**中国农村经济形势分析与预测 (2013~2014)（赠阅读卡）**

中国社会科学院农村发展研究所 国家统计局农村社会经济调查司 / 著

2014 年 4 月出版 估价 :59.00 元

◆ 本书对 2013 年中国农业和农村经济运行情况进行了系统的分析和评价，对 2014 年中国农业和农村经济发展趋势进行了预测，并提出相应的政策建议，专题部分将围绕某个重大的理论和现实问题进行多维、深入、细致的分析和探讨。

## 西部蓝皮书

### 中国西部经济发展报告（2014）（赠阅读卡）

姚慧琴　徐璋勇 / 主编　　2014 年 7 月出版　　估价 :69.00 元

◆　本书由西北大学中国西部经济发展研究中心主编，汇集了源自西部本土以及国内研究西部问题的权威专家的第一手资料，对国家实施西部大开发战略进行年度动态跟踪，并对 2014 年西部经济、社会发展态势进行预测和展望。

## 气候变化绿皮书

### 应对气候变化报告（2014）（赠阅读卡）

王伟光　郑国光 / 主编　　2014 年 11 月出版　　估价 :79.00 元

◆　本书由社科院城环所和国家气候中心共同组织编写，各篇报告的作者长期从事气候变化科学问题、社会经济影响，以及国际气候制度等领域的研究工作，密切跟踪国际谈判的进程，参与国家应对气候变化相关政策的咨询，有丰富的理论与实践经验。

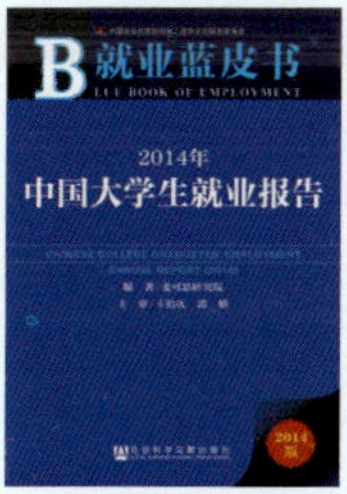


## 就业蓝皮书

### 2014 年中国大学生就业报告（赠阅读卡）

麦可思研究院 / 编著　王伯庆　郭　娇 / 主审
2014 年 6 月出版　估价 :98.00 元

◆　本书是迄今为止关于中国应届大学毕业生就业、大学毕业生中期职业发展及高等教育人口流动情况的视野最为宽广、资料最为翔实、分类最为精细的实证调查和定量研究；为我国教育主管部门的教育决策提供了极有价值的参考。

## 企业社会责任蓝皮书

### 中国企业社会责任研究报告（2014）（赠阅读卡）

黄群慧　彭华岗　钟宏武　张　蒽 / 编著
2014 年　11 月出版　估价 :69.00 元

◆　本书系中国社会科学院经济学部企业社会责任研究中心组织编写的《企业社会责任蓝皮书》2014 年分册。该书在对企业社会责任进行宏观总体研究的基础上，根据 2013 年企业社会责任及相关背景进行了创新研究，在全国企业中观层面对企业健全社会责任管理体系提供了弥足珍贵的丰富信息。

# 社会政法类

社会政法类皮书聚焦社会发展领域的热点、难点问题，
提供权威、原创的资讯与视点

## 社会蓝皮书

**2014 年中国社会形势分析与预测（赠阅读卡）**

李培林　陈光金　张　翼 / 主编　2013 年 12 月出版　估价 :69.00 元

◆　本报告是中国社会科学院“社会形势分析与预测”课题组 2014 年度分析报告，由中国社会科学院社会学研究所组织研究机构专家、高校学者和政府研究人员撰写。对 2013 年中国社会发展的各个方面内容进行了权威解读，同时对 2014 年社会形势发展趋势进行了预测。

## 法治蓝皮书

**中国法治发展报告 No.12（2014）（赠阅读卡）**

李　林　田　禾 / 主编　　2014 年 2 月出版　　估价 :98.00 元

◆　本年度法治蓝皮书一如既往秉承关注中国法治发展进程中的焦点问题的特点，回顾总结了 2013 年度中国法治发展取得的成就和存在的不足，并对 2014 年中国法治发展形势进行了预测和展望。

## 民间组织蓝皮书

**中国民间组织报告（2014）(赠阅读卡）**

黄晓勇 / 主编　　2014 年 8 月出版　　估价 :69.00 元

◆　本报告是中国社会科学院“民间组织与公共治理研究”课题组推出的第五本民间组织蓝皮书。基于国家权威统计数据、实地调研和广泛搜集的资料，本报告对 2012 年以来我国民间组织的发展现状、热点专题、改革趋势等问题进行了深入研究，并提出了相应的政策建议。

## 社会保障绿皮书

### 中国社会保障发展报告（2014）No.6（赠阅读卡）

王延中 / 主编　2014 年 9 月出版　估价 :69.00 元

◆　社会保障是调节收入分配的重要工具，随着社会保障制度的不断建立健全、社会保障覆盖面的不断扩大和社会保障资金的不断增加，社会保障在调节收入分配中的重要性不断提高。本书全面评述了 2013 年以来社会保障制度各个主要领域的发展情况。

## 环境绿皮书

### 中国环境发展报告（2014）（赠阅读卡）

刘鉴强 / 主编　2014 年 4 月出版　估价 :69.00 元

◆　本书由民间环保组织“自然之友”组织编写，由特别关注、生态保护、宜居城市、可持续消费以及政策与治理等版块构成，以公共利益的视角记录、审视和思考中国环境状况，呈现 2013 年中国环境与可持续发展领域的全局态势，用深刻的思考、科学的数据分析 2013 年的环境热点事件。

## 教育蓝皮书

### 中国教育发展报告（2014）(赠阅读卡）

杨东平 / 主编　2014 年 3 月出版　估价 :69.00 元

◆　本书站在教育前沿，突出教育中的问题，特别是对当前教育改革中出现的教育公平、高校教育结构调整、义务教育均衡发展等问题进行了深入分析，从教育的内在发展谈教育，又从外部条件来谈教育，具有重要的现实意义，对我国的教育体制的改革与发展具有一定的学术价值和参考意义。

## 反腐倡廉蓝皮书

### 中国反腐倡廉建设报告 No.3（赠阅读卡）

中国社会科学院中国廉政研究中心 / 主编
2013 年 12 月出版　估价 :79.00 元

◆　本书抓住了若干社会热点和焦点问题，全面反映了新时期新阶段中国反腐倡廉面对的严峻局面，以及中国共产党反腐倡廉建设的新实践新成果。根据实地调研、问卷调查和舆情分析，梳理了当下社会普遍关注的与反腐败密切相关的热点问题。

# 行业报告类

行业报告类皮书立足重点行业、新兴行业领域，
提供及时、前瞻的数据与信息

## 房地产蓝皮书

**中国房地产发展报告 No.11（赠阅读卡）**

魏后凯　李景国 / 主编　　2014 年 4 月出版　　估价 :79.00 元

◆　本书由中国社会科学院城市发展与环境研究所组织编写，秉承客观公正、科学中立的原则，深度解析 2013 年中国房地产发展的形势和存在的主要矛盾，并预测 2014 年及未来 10 年或更长时间的房地产发展大势。观点精辟，数据翔实，对关注房地产市场的各阶层人士极具参考价值。

## 旅游绿皮书

**2013~2014 年中国旅游发展分析与预测（赠阅读卡）**

宋　瑞 / 主编　　2013 年 12 月出版　　定价 :69.00 元

◆　如何从全球的视野理性审视中国旅游，如何在世界旅游版图上客观定位中国，如何积极有效地推进中国旅游的世界化，如何制定中国实现世界旅游强国梦想的线路图？本年度开始，《旅游绿皮书》将围绕“世界与中国”这一主题进行系列研究，以期为推进中国旅游的长远发展提供科学参考和智力支持。

## 信息化蓝皮书

**中国信息化形势分析与预测（2014）（赠阅读卡）**

周宏仁 / 主编　　2014 年 7 月出版　　估价 :98.00 元

◆　本书在以中国信息化发展的分析和预测为重点的同时，反映了过去一年间中国信息化关注的重点和热点，视野宽阔，观点新颖，内容丰富，数据翔实，对中国信息化的发展有很强的指导性，可读性很强。

## 企业蓝皮书

**中国企业竞争力报告（2014）（赠阅读卡）**

金　碚 / 主编　　2014 年 11 月出版　　估价 :89.00 元

◆　中国经济正处于新一轮的经济波动中，如何保持稳健的经营心态和经营方式并进一步求发展，对于企业保持并提升核心竞争力至关重要。本书利用上市公司的财务数据，研究上市公司竞争力变化的最新趋势，探索进一步提升中国企业国际竞争力的有效途径，这无论对实践工作者还是理论研究者都具有重大意义。

## 食品药品蓝皮书

**食品药品安全与监管政策研究报告（2014）（赠阅读卡）**

唐民皓 / 主编　　2014 年 7 月出版　　估价 :69.00 元

◆　食品药品安全是当下社会关注的焦点问题之一，如何破解食品药品安全监管重点难点问题是需要以社会合力才能解决的系统工程。本书围绕安全热点问题、监管重点问题和政策焦点问题，注重于对食品药品公共政策和行政监管体制的探索和研究。

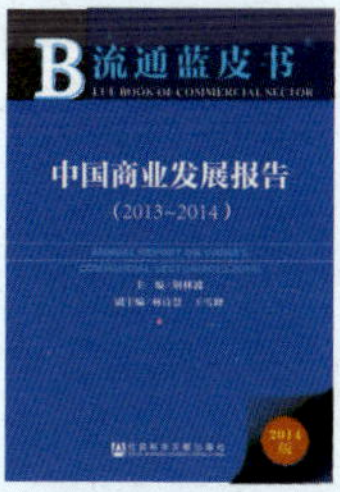


## 流通蓝皮书

**中国商业发展报告（2013~2014）（赠阅读卡）**

荆林波 / 主编　　2014 年 5 月出版　　估价 :89.00 元

◆　《中国商业发展报告》是中国社会科学院财经战略研究院与香港利丰研究中心合作的成果，并且在 2010 年开始以中英文版同步在全球发行。蓝皮书从关注中国宏观经济出发，突出中国流通业的宏观背景反映了本年度中国流通业发展的状况。

## 住房绿皮书

**中国住房发展报告（2013~2014）（赠阅读卡）**

倪鹏飞 / 主编　　2013 年 12 月出版　　估价 :79.00 元

◆　本报告从宏观背景、市场主体、市场体系、公共政策和年度主题五个方面，对中国住宅市场体系做了全面系统的分析、预测与评价，并给出了相关政策建议，并在评述 2012~2013 年住房及相关市场走势的基础上，预测了 2013~2014 年住房及相关市场的发展变化。

# 国别与地区类

国别与地区类皮书关注全球重点国家与地区，
提供全面、独特的解读与研究

## 亚太蓝皮书

**亚太地区发展报告（2014）（赠阅读卡）**

李向阳 / 主编　2013 年 12 月出版　定价 :69.00 元

◆　本书是由中国社会科学院亚太与全球战略研究院精心打造的又一品牌皮书，关注时下亚太地区局势发展动向里隐藏的中长趋势，剖析亚太地区政治与安全格局下的区域形势最新动向以及地区关系发展的热点问题，并对 2014 年亚太地区重大动态作出前瞻性的分析与预测。

## 日本蓝皮书

**日本研究报告（2014）（赠阅读卡）**

李　薇 / 主编　2014 年 2 月出版　估价 :69.00 元

◆　本书由中华日本学会、中国社会科学院日本研究所合作推出，是以中国社会科学院日本研究所的研究人员为主完成的研究成果。对 2013 年日本的政治、外交、经济、社会文化作了回顾、分析与展望，并收录了该年度日本大事记。

## 欧洲蓝皮书

**欧洲发展报告 (2013~2014)（赠阅读卡）**

周　弘 / 主编　2014 年 3 月出版　估价 :89.00 元

◆　本年度的欧洲发展报告，对欧洲经济、政治、社会、外交等面的形式进行了跟踪介绍与分析。力求反映作为一个整体的欧盟及 30 多个欧洲国家在 2013 年出现的各种变化。

## 拉美黄皮书

**拉丁美洲和加勒比发展报告（2013~2014）（赠阅读卡）**

吴白乙 / 主编　2014 年 4 月出版　估价 :89.00 元

◆　本书是中国社会科学院拉丁美洲研究所的第 13 份关于拉丁美洲和加勒比地区发展形势状况的年度报告。本书对 2013 年拉丁美洲和加勒比地区诸国的政治、经济、社会、外交等方面的发展情况做了系统介绍，对该地区相关国家的热点及焦点问题进行了总结和分析，并在此基础上对该地区各国 2014 年的发展前景做出预测。

## 澳门蓝皮书

**澳门经济社会发展报告（2013~2014）（赠阅读卡）**

吴志良　郝雨凡 / 主编　2014 年 3 月出版　估价 :79.00 元

◆　本书集中反映 2013 年本澳各个领域的发展动态，总结评价近年澳门政治、经济、社会的总体变化，同时对 2014 年社会经济情况作初步预测。

## 日本经济蓝皮书

**日本经济与中日经贸关系研究报告（2014）（赠阅读卡）**

王洛林　张季风 / 主编　2014 年 5 月出版　估价 :79.00 元

◆　本书对当前日本经济以及中日经济合作的发展动态进行了多角度、全景式的深度分析。本报告回顾并展望了 2013~2014 年度日本宏观经济的运行状况。此外，本报告还收录了大量来自于日本政府权威机构的数据图表，具有极高的参考价值。

## 美国蓝皮书

**美国问题研究报告（2014）（赠阅读卡）**

黄　平　倪　峰 / 主编　2014 年 6 月出版　估价 :89.00 元

◆　本书是由中国社会科学院美国所主持完成的研究成果，它回顾了美国 2013 年的经济、政治形势与外交战略，对 2013 年以来美国内政外交发生的重大事件以及重要政策进行了较为全面的回顾和梳理。

# 地方发展类

地方发展类皮书关注大陆各省份、经济区域，
提供科学、多元的预判与咨政信息

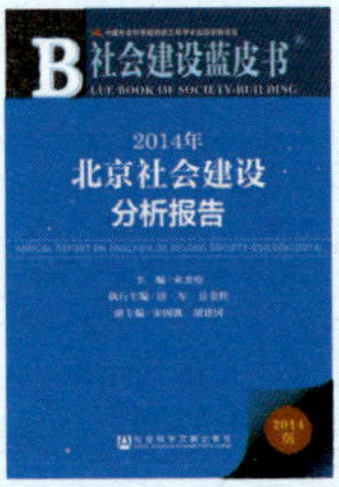


## 社会建设蓝皮书

**2014 年北京社会建设分析报告（赠阅读卡）**

宋贵伦 / 主编　2014 年 4 月出版　估价 :69.00 元

◆　本书依据社会学理论框架和分析方法，对北京市的人口、就业、分配、社会阶层以及城乡关系等社会学基本问题进行了广泛调研与分析，对广受社会关注的住房、教育、医疗、养老、交通等社会热点问题做了深刻了解与剖析，对日益显现的征地搬迁、外籍人口管理、群体性心理障碍等进行了有益探讨。

## 温州蓝皮书

**2014 年温州经济社会形势分析与预测（赠阅读卡）**

潘忠强　王春光　金　浩 / 主编　2014 年 4 月出版　估价：69.00 元

◆　本书是由中共温州市委党校与中国社会科学院社会学研究所合作推出的第七本“温州经济社会形势分析与预测”年度报告，深入全面分析了 2013 年温州经济、社会、政治、文化发展的主要特点、经验、成效与不足，提出了相应的政策建议。

## 上海蓝皮书

**上海资源环境发展报告（2014）（赠阅读卡）**

周冯琦　汤庆合　王利民 / 著　2014 年 1 月出版　估价：59.00 元

◆　本书在上海所面临资源环境风险的来源、程度、成因、对策等方面作了些有益的探索，希望能对有关部门完善上海的资源环境风险防控工作提供一些有价值的参考，也让普通民众更全面地了解上海资源环境风险及其防控的图景。

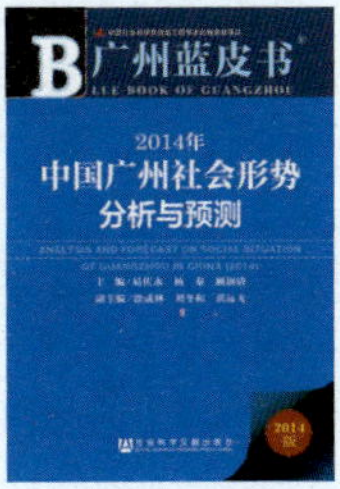


## 广州蓝皮书

**2014 年中国广州社会形势分析与预测（赠阅读卡）**

易佐永　杨　秦　顾涧清 / 主编　　2014 年 5 月出版　　估价 :65.00 元

◆　本书由广州大学与广州市委宣传部、广州市人力资源和社会保障局联合主编，汇集了广州科研团体、高等院校和政府部门诸多社会问题研究专家、学者和实际部门工作者的最新研究成果，是关于广州社会运行情况和相关专题分析与预测的重要参考资料。

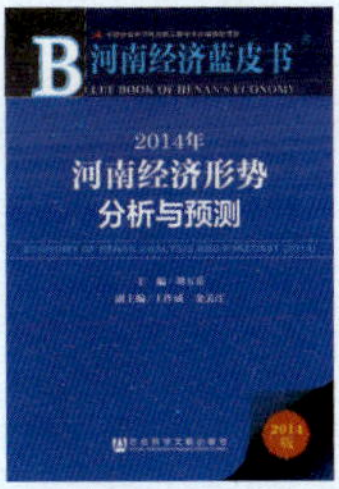


## 河南经济蓝皮书

**2014 年河南经济形势分析与预测（赠阅读卡）**

胡五岳 / 主编　2014 年 4 月出版　估价 :59.00 元

◆　本书由河南省统计局主持编纂。该分析与展望以 2013 年最新年度统计数据为基础，科学研判河南经济发展的脉络轨迹、分析年度运行态势；以客观翔实、权威资料为特征，突出科学性、前瞻性和可操作性，服务于科学决策和科学发展。

## 陕西蓝皮书

**陕西社会发展报告（2014）（赠阅读卡）**

任宗哲　石　英　江　波 / 主编　2014 年 1 月出版　估价 :65.00 元

◆　本书系统而全面地描述了陕西省 2013 年社会发展各个领域所取得的成就、存在的问题、面临的挑战及其应对思路，为更好地思考 2014 年陕西发展前景、政策指向和工作策略等方面提供了一个较为简洁清晰的参考蓝本。

## 上海蓝皮书

**上海经济发展报告（2014）（赠阅读卡）**

沈开艳 / 主编　2014 年 1 月出版　估价 :69.00 元

◆　本书系上海社会科学院系列之一，报告对 2014 年上海经济增长与发展趋势的进行了预测，把握了上海经济发展的脉搏和学术研究的前沿。

### 广州蓝皮书

**广州经济发展报告(2014)(赠阅读卡)**

李江涛　刘江华 / 主编　2014 年 6 月出版　估价 :65.00 元

◆　本书是由广州市社会科学院主持编写的"广州蓝皮书"系列之一，本报告对广州 2013 年宏观经济运行情况作了深入分析，对 2014 年宏观经济走势进行了合理预测，并在此基础上提出了相应的政策建议。

# 文 化 传 媒 类

文化传媒类皮书透视文化领域、文化产业，
探索文化大繁荣、大发展的路径

### 新媒体蓝皮书

**中国新媒体发展报告 No.4(2013)(赠阅读卡)**

唐绪军 / 主编　2014 年 6 月出版　估价 :69.00 元

◆　本书由中国社会科学院新闻与传播研究所和上海大学合作编写，在构建新媒体发展研究基本框架的基础上，全面梳理 2013 年中国新媒体发展现状，发表最前沿的网络媒体深度调查数据和研究成果，并对新媒体发展的未来趋势做出预测。

### 舆情蓝皮书

**中国社会舆情与危机管理报告(2014)(赠阅读卡)**

谢耘耕 / 主编　2014 年 8 月出版　估价 :85.00 元

◆　本书由上海交通大学舆情研究实验室和危机管理研究中心主编，已被列入教育部人文社会科学研究报告培育项目。本书以新媒体环境下的中国社会为立足点，对 2013 年中国社会舆情、分类舆情等进行了深入系统的研究，并预测了 2014 年社会舆情走势。

# 经济类

**产业蓝皮书**
中国产业竞争力报告（2014） No.4
著(编)者:张其仔　2014年5月出版 / 估价:79.00元

**长三角蓝皮书**
2014年率先基本实现现代化的长三角
著(编)者:刘志彪　2014年6月出版 / 估价:120.00元

**城市竞争力蓝皮书**
中国城市竞争力报告No.12
著(编)者:倪鹏飞　2014年5月出版 / 估价:89.00元

**城市蓝皮书**
中国城市发展报告No.7
著(编)者:潘家华 魏后凯　2014年7月出版 / 估价:69.00元

**城市群蓝皮书**
中国城市群发展指数报告(2014)
著(编)者:刘士林 刘新静　2014年10月出版 / 估价:59.00元

**城乡统筹蓝皮书**
中国城乡统筹发展报告（2014）
著(编)者:程志强、潘晨光　2014年3月出版 / 估价:59.00元

**城乡一体化蓝皮书**
中国城乡一体化发展报告（2014）
著(编)者:汝信 付崇兰　2014年8月出版 / 估价:59.00元

**城镇化蓝皮书**
中国城镇化健康发展报告（2014）
著(编)者:张占斌　2014年10月出版 / 估价:69.00元

**低碳发展蓝皮书**
中国低碳发展报告（2014）
著(编)者:齐晔　2014年7月出版 / 估价:69.00元

**低碳经济蓝皮书**
中国低碳经济发展报告（2014）
著(编)者:薛进军 赵忠秀　2014年5月出版 / 估价:79.00元

**东北蓝皮书**
中国东北地区发展报告（2014）
著(编)者:鲍振东 曹晓峰　2014年8月出版 / 估价:79.00元

**发展和改革蓝皮书**
中国经济发展和体制改革报告No.7
著(编)者:邹东涛　2014年7月出版 / 估价:79.00元

**工业化蓝皮书**
中国工业化进程报告（2014）
著(编)者: 黄群慧 吕铁 李晓华 等
2014年11月出版 / 估价:89.00元

**国际城市蓝皮书**
国际城市发展报告（2014）
著(编)者:屠启宇　2014年1月出版 / 估价:69.00元

**国家创新蓝皮书**
国家创新发展报告（2013~2014）
著(编)者:陈劲　2014年3月出版 / 估价:69.00元

**国家竞争力蓝皮书**
中国国家竞争力报告No.2
著(编)者:倪鹏飞　2014年10月出版 / 估价:98.00元

**宏观经济蓝皮书**
中国经济增长报告（2014）
著(编)者:张平 刘霞辉　2014年10月出版 / 估价:69.00元

**减贫蓝皮书**
中国减贫与社会发展报告
著(编)者:黄承伟　2014年7月出版 / 估价:69.00元

**金融蓝皮书**
中国金融发展报告（2014）
著(编)者:李扬 王国刚　2013年12月出版 / 定价:69.00元

**经济蓝皮书**
2014年中国经济形势分析与预测
著(编)者:李扬　2013年12月出版 / 估价:69.00元

**经济蓝皮书春季号**
中国经济前景分析——2014年春季报告
著(编)者:李扬　2014年4月出版 / 估价:59.00元

**经济信息绿皮书**
中国与世界经济发展报告（2014）
著(编)者:王长胜　2013年12月出版 / 定价:69.00元

**就业蓝皮书**
2014年中国大学生就业报告
著(编)者:麦可思研究院　2014年6月出版 / 估价:98.00元

**民营经济蓝皮书**
中国民营经济发展报告No.10（2013～2014）
著(编)者:黄孟复　2014年9月出版 / 估价:69.00元

**民营企业蓝皮书**
中国民营企业竞争力报告No.7（2014）
著(编)者:刘迎秋　2014年1月出版 / 估价:79.00元

**农村绿皮书**
中国农村经济形势分析与预测（2014）
著(编)者:中国社会科学院农村发展研究所
国家统计局农村社会经济调查司 著
2014年4月出版 / 估价:59.00元

**企业公民蓝皮书**
中国企业公民报告No.4
著(编)者:邹东涛　2014年7月出版 / 估价:69.00元

**企业社会责任蓝皮书**
中国企业社会责任研究报告（2014）
著(编)者:黄群慧 彭华岗 钟宏武 等
2014年11月出版 / 估价:59.00元

**气候变化绿皮书**
应对气候变化报告（2014）
著(编)者:王伟光 郑国光　2014年11月出版 / 估价:79.00元

**区域蓝皮书**
中国区域经济发展报告（2014）
著(编)者:梁昊光　2014年4月出版 / 估价:69.00元

**人口与劳动绿皮书**
中国人口与劳动问题报告No.15
著(编)者:蔡昉　2014年6月出版 / 估价:69.00元

**生态经济（建设）绿皮书**
中国经济（建设）发展报告（2013~2014）
著(编)者:黄浩涛　李周　2014年10月出版 / 估价:69.00元

**世界经济黄皮书**
2014年世界经济形势分析与预测
著(编)者:王洛林 张宇燕　2014年1月出版 / 估价:69.00元

**西北蓝皮书**
中国西北发展报告（2014）
著(编)者:张进海　陈冬红　段庆林　2014年1月出版 / 定价:65.00元

**西部蓝皮书**
中国西部发展报告（2014）
著(编)者:姚慧琴 徐璋勇　2014年7月出版 / 估价:69.00元

**新型城镇化蓝皮书**
新型城镇化发展报告（2014）
著(编)者:沈体雁 李伟 宋敏　2014年3月出版 / 估价:69.00元

**新兴经济体蓝皮书**
金砖国家发展报告（2014）
著(编)者:林跃勤 周文　2014年3月出版 / 估价:79.00元

**循环经济绿皮书**
中国循环经济发展报告（2013~2014）
著(编)者:齐建国　2014年12月出版 / 估价:69.00元

**中部竞争力蓝皮书**
中国中部经济社会竞争力报告（2014）
著(编)者:教育部人文社会科学重点研究基地
南昌大学中国中部经济社会发展研究中心
2014年7月出版 / 估价:59.00元

**中部蓝皮书**
中国中部地区发展报告（2014）
著(编)者:朱有志　2014年10月出版 / 估价:59.00元

**中国科技蓝皮书**
中国科技发展报告（2014）
著(编)者:陈劲　2014年4月出版 / 估价:69.00元

**中国省域竞争力蓝皮书**
中国省域经济综合竞争力发展报告（2012~2013）
著(编)者:李建平 李闽榕 高燕京　2014年3月出版 / 估价:188.00

**中三角蓝皮书**
长江中游城市群发展报告（2013~2014）
著(编)者:秦尊文　2014年6月出版 / 估价:69.00元

**中小城市绿皮书**
中国中小城市发展报告（2014）
著(编)者:中国城市经济学会中小城市经济发展委员会
《中国中小城市发展报告》编纂委员会
2014年10月出版 / 估价:98.00元

**中原蓝皮书**
中原经济区发展报告（2014）
著(编)者:刘怀廉　2014年6月出版 / 估价:68.00元

## 社会政法类

**殡葬绿皮书**
中国殡葬事业发展报告（2014）
著(编)者:朱勇 副主编 李伯森　2014年3月出版 / 估价:59.00元

**城市创新蓝皮书**
中国城市创新报告（2014）
著(编)者:周天勇　旷建伟　2014年7月出版 / 估价:69.00元

**城市管理蓝皮书**
中国城市管理报告2014
著(编)者:谭维克 刘林　2014年7月出版 / 估价:98.00元

**城市生活质量蓝皮书**
中国城市生活质量指数报告（2014）
著(编)者:张平　2014年7月出版 / 估价:59.00元

**城市政府能力蓝皮书**
中国城市政府公共服务能力评估报告（2014）
著(编)者:何艳玲　2014年7月出版 / 估价:59.00元

**创新蓝皮书**
创新型国家建设报告（2014）
著(编)者:詹正茂　2014年7月出版 / 估价:69.00元

**慈善蓝皮书**
中国慈善发展报告（2014）
著(编)者:杨团　2014年6月出版 / 估价:69.00元

**法治蓝皮书**
中国法治发展报告No.12（2014）
著(编)者:李林　田禾　2014年2月出版 / 估价:98.00元

**反腐倡廉蓝皮书**
中国反腐倡廉建设报告No.3
著(编)者:李秋芳　2013年12月出版 / 估价:79.00元

**非传统安全蓝皮书**
中国非传统安全研究报告（2014）
著(编)者:余潇枫　2014年5月出版 / 估价:69.00元

**妇女发展蓝皮书**
福建省妇女发展报告（2014）
著(编)者:刘群英　2014年10月出版 / 估价:58.00元

**妇女发展蓝皮书**
中国妇女发展报告No.5
著(编)者:王金玲 高小贤　2014年5月出版 / 估价:65.00元

**妇女教育蓝皮书**
中国妇女教育发展报告No.3
著(编)者:张李玺　2014年10月出版 / 估价:69.00元

**公共服务满意度蓝皮书**
中国城市公共服务评价报告（2014）
著(编)者:胡伟　2014年11月出版 / 估价:69.00元

**公共服务蓝皮书**
中国城市基本公共服务力评价（2014）
著(编)者:侯惠勤 辛向阳 易定宏
2014年10月出版 / 估价:55.00元

**公民科学素质蓝皮书**
中国公民科学素质调查报告（2013~2014）
著(编)者:李群　许佳军　2014年2月出版 / 估价:69.00元

**公益蓝皮书**
中国公益发展报告（2014）
著(编)者:朱健刚　2014年5月出版 / 估价:78.00元

**国际人才蓝皮书**
中国海归创业发展报告（2014）No.2
著(编)者:王辉耀 路江涌　2014年10月出版 / 估价:69.00元

**国际人才蓝皮书**
中国留学发展报告（2014） No.3
著(编)者:王辉耀　2014年9月出版 / 估价:59.00元

**行政改革蓝皮书**
中国行政体制改革报告（2014）No.3
著(编)者:魏礼群　2014年3月出版 / 估价:69.00元

**华侨华人蓝皮书**
华侨华人研究报告（2014）
著(编)者:丘进　2014年5月出版 / 估价:128.00元

**环境竞争力绿皮书**
中国省域环境竞争力发展报告（2014）
著(编)者:李建平 李闽榕 王金南
2014年12月出版 / 估价:148.00元

**环境绿皮书**
中国环境发展报告（2014）
著(编)者:刘鉴强　2014年4月出版 / 估价:69.00元

**基本公共服务蓝皮书**
中国省级政府基本公共服务发展报告（2014）
著(编)者:孙德超　2014年1月出版 / 估价:69.00元

**基金会透明度蓝皮书**
中国基金会透明度发展研究报告（2014）
著(编)者:基金会中心网　2014年7月出版 / 估价:79.00元

**教师蓝皮书**
中国中小学教师发展报告（2014）
著(编)者:曾晓东　2014年4月出版 / 估价:59.00元

**教育蓝皮书**
中国教育发展报告（2014）
著(编)者:杨东平　2014年3月出版 / 估价:69.00元

**科普蓝皮书**
中国科普基础设施发展报告（2014）
著(编)者:任福君　2014年6月出版 / 估价:79.00元

**口腔健康蓝皮书**
中国口腔健康发展报告（2014）
著(编)者:胡德渝　2014年12月出版 / 估价:59.00元

**老龄蓝皮书**
中国老龄事业发展报告（2014）
著(编)者:吴玉韶　2014年2月出版 / 估价:59.00元

**连片特困区蓝皮书**
中国连片特困区发展报告（2014）
著(编)者:丁建军　冷志明　游俊　2014年3月出版 / 估价:79.00元

**民间组织蓝皮书**
中国民间组织报告（2014）
著(编)者:黄晓勇　2014年8月出版 / 估价:69.00元

**民族发展蓝皮书**
中国民族区域自治发展报告（2014）
著(编)者:郝时远　2014年6月出版 / 估价:98.00元

**女性生活蓝皮书**
中国女性生活状况报告No.8（2014）
著(编)者:韩湘景　2014年3月出版 / 估价:78.00元

**汽车社会蓝皮书**
中国汽车社会发展报告（2014）
著(编)者:王俊秀　2014年1月出版 / 估价:59.00元

**青年蓝皮书**
中国青年发展报告（2014）No.2
著(编)者:廉思　2014年6月出版 / 估价:59.00元

**全球环境竞争力绿皮书**
全球环境竞争力发展报告（2014）
著(编)者:李建平　李闽榕　王金南　2014年11月出版 / 估价:69.00元

**青少年蓝皮书**
中国未成年人新媒体运用报告（2014）
著(编)者:李文革　沈杰　季为民　2014年6月出版 / 估价:69.00元

区域人才蓝皮书
中国区域人才竞争力报告No.2
著(编)者:桂昭明 王辉耀 2014年6月出版 / 估价:69.00元

人才蓝皮书
中国人才发展报告（2014）
著(编)者:潘晨光 2014年10月出版 / 估价:79.00元

人权蓝皮书
中国人权事业发展报告No.4（2014）
著(编)者:李君如 2014年7月出版 / 估价:98.00元

世界人才蓝皮书
全球人才发展报告No.1
著(编)者:孙学玉 张冠梓 2013年12月出版 / 估价:69.00元

社会保障绿皮书
中国社会保障发展报告（2014）No.6
著(编)者:王延中 2014年4月出版 / 估价:69.00元

社会工作蓝皮书
中国社会工作发展报告（2013~2014）
著(编)者:王杰秀 邹文开 2014年8月出版 / 估价:59.00元

社会管理蓝皮书
中国社会管理创新报告No.3
著(编)者:连玉明 2014年9月出版 / 估价:79.00元

社会蓝皮书
2014年中国社会形势分析与预测
著(编)者:李培林 陈光金 张翼 2013年12月出版 / 估价:69.00元

社会体制蓝皮书
中国社会体制改革报告（2014）No.2
著(编)者:龚维斌 2014年5月出版 / 估价:59.00元

社会心态蓝皮书
2014年中国社会心态研究报告
著(编)者:王俊秀 杨宜音 2014年1月出版 / 估价:59.00元

生态城市绿皮书
中国生态城市建设发展报告（2014）
著(编)者:李景源 孙伟平 刘举科 2014年6月出版 / 估价:128.00元

生态文明绿皮书
中国省域生态文明建设评价报告（ECI 2014）
著(编)者:严耕 2014年9月出版 / 估价:98.00元

世界创新竞争力黄皮书
世界创新竞争力发展报告（2014）
著(编)者:李建平 李闽榕 赵新力 2014年11月出版 / 估价:128.00元

水与发展蓝皮书
中国水风险评估报告（2014）
著(编)者:苏杨 2014年9月出版 / 估价:69.00元

危机管理蓝皮书
中国危机管理报告（2014）
著(编)者:文学国 范正青 2014年8月出版 / 估价:79.00元

小康蓝皮书
中国全面建设小康社会监测报告（2014）
著(编)者:潘璠 2014年11月出版 / 估价:59.00元

形象危机应对蓝皮书
形象危机应对研究报告（2014）
著(编)者:唐钧 2014年9月出版 / 估价:118.00元

政治参与蓝皮书
中国政治参与报告（2014）
著(编)者:房宁 2014年7月出版 / 估价:58.00元

政治发展蓝皮书
中国政治发展报告（2014）
著(编)者:房宁 杨海蛟 2014年6月出版 / 估价:98.00元

宗教蓝皮书
中国宗教报告（2014）
著(编)者:金泽 邱永辉 2014年8月出版 / 估价:59.00元

社会组织蓝皮书
中国社会组织评估报告（2014）
著(编)者:徐家良 2014年3月出版 / 估价:69.00元

政府绩效评估蓝皮书
中国地方政府绩效评估报告（2014）
著(编)者:贠杰 2014年9月出版 / 估价:69.00元

## 行业报告类

保健蓝皮书
中国保健服务产业发展报告No.2
著(编)者:中国保健协会 中共中央党校
2014年7月出版 / 估价:198.00元

保健蓝皮书
中国保健食品产业发展报告No.2
著(编)者:中国保健协会
中国社会科学院食品药品产业发展与监管研究中心
2014年7月出版 / 估价:198.00元

保健蓝皮书
中国保健用品产业发展报告No.2
著(编)者:中国保健协会 2014年3月出版 / 估价:198.00元

保险蓝皮书
中国保险业竞争力报告（2014）
著(编)者:罗忠敏 2014年1月出版 / 估价:98.00元

**餐饮产业蓝皮书**
中国餐饮产业发展报告（2014）
著(编)者:中国烹饪协会 中国社会科学院财经战略研究院
2014年5月出版 / 估价:59.00元

**测绘地理信息蓝皮书**
中国地理信息产业发展报告（2014）
著(编)者:徐德明 2014年12月出版 / 估价:98.00元

**茶业蓝皮书**
中国茶产业发展报告（2014）
著(编)者:李闽榕 杨江帆 2014年4月出版 / 估价:79.00元

**产权市场蓝皮书**
中国产权市场发展报告（2014）
著(编)者:曹和平 2014年1月出版 / 估价:69.00元

**产业安全蓝皮书**
中国出版与传媒安全报告（2014）
著(编)者:北京交通大学中国产业安全研究中心
2014年1月出版 / 估价:59.00元

**产业安全蓝皮书**
中国医疗产业安全报告（2014）
著(编)者:北京交通大学中国产业安全研究中心
2014年1月出版 / 估价:59.00元

**产业安全蓝皮书**
中国医疗产业安全报告（2014）
著(编)者:李孟刚 2014年7月出版 / 估价:69.00元

**产业安全蓝皮书**
中国文化产业安全蓝皮书(2013~2014)
著(编)者:高海涛 刘益 2014年3月出版 / 估价:69.00元

**产业安全蓝皮书**
中国出版传媒产业安全报告（2014）
著(编)者:孙万军 王玉海 2014年12月出版 / 估价:69.00元

**典当业蓝皮书**
中国典当行业发展报告（2013~2014）
著(编)者:黄育华 王力 张红地
2014年10月出版 / 估价:69.00元

**电子商务蓝皮书**
中国城市电子商务影响力报告（2014）
著(编)者:荆林波 2014年5月出版 / 估价:69.00元

**电子政务蓝皮书**
中国电子政务发展报告（2014）
著(编)者:洪毅 王长胜 2014年2月出版 / 估价:59.00元

**杜仲产业绿皮书**
中国杜仲橡胶资源与产业发展报告（2014）
著(编)者:杜红岩 胡文臻 俞瑞
2014年9月出版 / 估价:99.00元

**房地产蓝皮书**
中国房地产发展报告No.11
著(编)者:魏后凯 李景国 2014年4月出版 / 估价:79.00元

**服务外包蓝皮书**
中国服务外包产业发展报告（2014）
著(编)者:王晓红 李皓 2014年4月出版 / 估价:89.00元

**高端消费蓝皮书**
中国高端消费市场研究报告
著(编)者:依绍华 王雪峰 2013年12月出版 / 估价:69.00元

**会展经济蓝皮书**
中国会展经济发展报告（2014）
著(编)者:过聚荣 2014年9月出版 / 估价:65.00元

**会展蓝皮书**
中外会展业动态评估年度报告（2014）
著(编)者:张敏 2014年8月出版 / 估价:68.00元

**基金会绿皮书**
中国基金会发展独立研究报告（2014）
著(编)者:基金会中心网 2014年8月出版 / 估价:58.00元

**交通运输蓝皮书**
中国交通运输服务发展报告（2014）
著(编)者:林晓言 卜伟 武剑红
2014年10月出版 / 估价:69.00元

**金融监管蓝皮书**
中国金融监管报告（2014）
著(编)者:胡滨 2014年9月出版 / 估价:65.00元

**金融蓝皮书**
中国金融中心发展报告（2014）
著(编)者:中国社会科学院金融研究所
中国博士后特华科研工作站 王力 黄育华
2014年10月出版 / 估价:59.00元

**金融蓝皮书**
中国商业银行竞争力报告（2014）
著(编)者:王松奇 2014年5月出版 / 估价:79.00元

**金融蓝皮书**
中国金融发展报告（2014）
著(编)者:李扬 王国刚 2013年12月出版 / 估价:69.00元

**金融蓝皮书**
中国金融法治报告（2014）
著(编)者:胡滨 全先银 2014年3月出版 / 估价:65.00元

**金融蓝皮书**
中国金融产品与服务报告（2014）
著(编)者:殷剑峰 2014年6月出版 / 估价:59.00元

**金融信息服务蓝皮书**
金融信息服务业发展报告（2014）
著(编)者:鲁广锦 2014年11月出版 / 估价:69.00元

**抗衰老医学蓝皮书**
抗衰老医学发展报告（2014）
著(编)者:罗伯特・高德曼 罗纳德・科莱兹
尼尔・布什 朱敏 金大鹏 郭弋
2014年3月出版 / 估价:69.00元

**客车蓝皮书**
中国客车产业发展报告（2014）
著(编)者:姚蔚 2014年12月出版 / 估价:69.00元

**科学传播蓝皮书**
中国科学传播报告（2014）
著(编)者:詹正茂 2014年4月出版 / 估价:69.00元

**流通蓝皮书**
中国商业发展报告（2014）
著(编)者:荆林波 2014年5月出版 / 估价:89.00元

**旅游安全蓝皮书**
中国旅游安全报告（2014）
著(编)者:郑向敏 谢朝武 2014年6月出版 / 估价:79.00元

**旅游绿皮书**
2013~2014年中国旅游发展分析与预测
著(编)者:宋瑞 2013年12月出版 / 估价:69.00元

**旅游城市绿皮书**
世界旅游城市发展报告（2013~2014）
著(编)者:张辉 2014年1月出版 / 估价:69.00元

**贸易蓝皮书**
中国贸易发展报告（2014）
著(编)者:荆林波 2014年5月出版 / 估价:49.00元

**民营医院蓝皮书**
中国民营医院发展报告（2014）
著(编)者:朱幼棣 2014年10月出版 / 估价:69.00元

**闽商蓝皮书**
闽商发展报告（2014）
著(编)者:李闽榕 王日根 2014年12月出版 / 估价:69.00元

**能源蓝皮书**
中国能源发展报告（2014）
著(编)者:崔民选 王军生 陈义和
2014年10月出版 / 估价:59.00元

**农产品流通蓝皮书**
中国农产品流通产业发展报告（2014）
著(编)者:贾敬敦 王炳南 张玉玺 张鹏毅 陈丽华
2014年9月出版 / 估价:89.00元

**期货蓝皮书**
中国期货市场发展报告（2014）
著(编)者:荆林波 2014年6月出版 / 估价:98.00元

**企业蓝皮书**
中国企业竞争力报告（2014）
著(编)者:金碚 2014年11月出版 / 估价:89.00元

**汽车安全蓝皮书**
中国汽车安全发展报告（2014）
著(编)者:赵福全 孙小端 等 2014年1月出版 / 估价:69.00元

**汽车蓝皮书**
中国汽车产业发展报告（2014）
著(编)者:国务院发展研究中心产业经济研究部
中国汽车工程学会 大众汽车集团（中国）
2014年7月出版 / 估价:79.00元

**清洁能源蓝皮书**
国际清洁能源发展报告（2014）
著(编)者:国际清洁能源论坛（澳门）
2014年9月出版 / 估价:89.00元

**人力资源蓝皮书**
中国人力资源发展报告（2014）
著(编)者:吴江 2014年9月出版 / 估价:69.00元

**软件和信息服务业蓝皮书**
中国软件和信息服务业发展报告（2014）
著(编)者:洪京一 工业和信息化部电子科学技术情报研究所
2014年6月出版 / 估价:98.00元

**商会蓝皮书**
中国商会发展报告 No.4（2014）
著(编)者:黄孟复 2014年4月出版 / 估价:59.00元

**商品市场蓝皮书**
中国商品市场发展报告（2014）
著(编)者:荆林波 2014年7月出版 / 估价:59.00元

**上市公司蓝皮书**
中国上市公司非财务信息披露报告（2014）
著(编)者:钟宏武 张旺 张蒽 等
2014年12月出版 / 估价:59.00元

**食品药品蓝皮书**
食品药品安全与监管政策研究报告（2014）
著(编)者:唐民皓 2014年7月出版 / 估价:69.00元

**世界能源蓝皮书**
世界能源发展报告（2014）
著(编)者:黄晓勇 2014年9月出版 / 估价:99.00元

**私募市场蓝皮书**
中国私募股权市场发展报告（2014）
著(编)者:曹和平 2014年4月出版 / 估价:69.00元

**体育蓝皮书**
中国体育产业发展报告（2014）
著(编)者:阮伟 钟秉枢 2013年2月出版 / 估价:69.00元

**体育蓝皮书·公共体育服务**
中国公共体育服务发展报告（2014）
著(编)者:戴健　　2014年12月出版 / 估价:69.00元

**投资蓝皮书**
中国投资发展报告（2014）
著(编)者:杨庆蔚　　2014年4月出版 / 估价:79.00元

**投资蓝皮书**
中国企业海外投资发展报告（2013~2014）
著(编)者:陈文晖　薛誉华　　2013年12月出版 / 估价:69.00元

**物联网蓝皮书**
中国物联网发展报告（2014）
著(编)者:龚六堂　　2014年1月出版 / 估价:59.00元

**西部工业蓝皮书**
中国西部工业发展报告（2014）
著(编)者:方行明 刘方健 姜凌等
2014年9月出版 / 估价:69.00元

**西部金融蓝皮书**
中国西部金融发展报告（2014）
著(编)者:李忠民　　2014年10月出版 / 估价:69.00元

**新能源汽车蓝皮书**
中国新能源汽车产业发展报告（2014）
著(编)者:中国汽车技术研究中心
日产（中国）投资有限公司
东风汽车有限公司
2014年9月出版 / 估价:69.00元

**信托蓝皮书**
中国信托业研究报告（2014）
著(编)者:中建投信托研究中心　中国建设建投研究院
2014年9月出版 / 估价:59.00元

**信托蓝皮书**
中国信托投资报告（2014）
著(编)者:杨金龙　刘屹　　2014年7月出版 / 估价:69.00元

**信息化蓝皮书**
中国信息化形势分析与预测（2014）
著(编)者:周宏仁　　2014年7月出版 / 估价:98.00元

**信用蓝皮书**
中国信用发展报告（2014）
著(编)者:章政 田侃　　2014年4月出版 / 估价:69.00元

**休闲绿皮书**
2014年中国休闲发展报告
著(编)者:刘德谦　唐兵　宋瑞
2014年6月出版 / 估价:59.00元

**养老产业蓝皮书**
中国养老产业发展报告（2013~2014年）
著(编)者:张车伟　　2014年1月出版 / 估价:69.00元

**移动互联网蓝皮书**
中国移动互联网发展报告（2014）
著(编)者:官建文　　2014年5月出版 / 估价:79.00元

**医药蓝皮书**
中国药品市场报告（2014）
著(编)者:程锦锥 朱恒鹏　　2014年12月出版 / 估价:79.00元

**中国林业竞争力蓝皮书**
中国省域林业竞争力发展报告No.2（2014）（上下册）
著(编)者:郑传芳 李闽榕 张春霞 张会儒
2014年8月出版 / 估价:139.00元

**中国农业竞争力蓝皮书**
中国省域农业竞争力发展报告No.2（2014）
著(编)者:郑传芳 宋洪远 李闽榕 张春霞
2014年7月出版 / 估价:128.00元

**中国信托市场蓝皮书**
中国信托业市场报告（2013~2014）
著(编)者:李旸　　2014年10月出版 / 估价:69.00元

**中国总部经济蓝皮书**
中国总部经济发展报告（2014）
著(编)者:赵弘　　2014年9月出版 / 估价:69.00元

**珠三角流通蓝皮书**
珠三角商圈发展研究报告（2014）
著(编)者:王先庆 林至颖　　2014年8月出版 / 估价:69.00元

**住房绿皮书**
中国住房发展报告（2013~2014）
著(编)者:倪鹏飞　　2013年12月出版 / 估价:79.00元

**资本市场蓝皮书**
中国场外交易市场发展报告（2014）
著(编)者:高峦　　2014年3月出版 / 估价:79.00元

**资产管理蓝皮书**
中国信托业发展报告（2014）
著(编)者:智信资产管理研究院　　2014年7月出版 / 估价:69.00元

**支付清算蓝皮书**
中国支付清算发展报告（2014）
著(编)者:杨涛　　2014年4月出版 / 估价:45.00元

# 文化传媒类

**传媒蓝皮书**
中国传媒产业发展报告（2014）
著(编)者:崔保国　2014年4月出版 / 估价:79.00元

**传媒竞争力蓝皮书**
中国传媒国际竞争力研究报告（2014）
著(编)者:李本乾　2014年9月出版 / 估价:69.00元

**创意城市蓝皮书**
武汉市文化创意产业发展报告（2014）
著(编)者:张京成　黄永林　2014年10月出版 / 估价:69.00元

**电视蓝皮书**
中国电视产业发展报告（2014）
著(编)者:卢斌　2014年4月出版 / 估价:79.00元

**电影蓝皮书**
中国电影出版发展报告（2014）
著(编)者:卢斌　2014年4月出版 / 估价:79.00元

**动漫蓝皮书**
中国动漫产业发展报告（2014）
著(编)者:卢斌　郑玉明　牛兴侦　2014年4月出版 / 估价:79.00元

**广电蓝皮书**
中国广播电影电视发展报告（2014）
著(编)者:庞井君　杨明品　李岚
2014年6月出版 / 估价:88.00元

**广告主蓝皮书**
中国广告主营销传播趋势报告N0.8
著(编)者:中国传媒大学广告主研究所
中国广告主营销传播创新研究课题组
黄升民　杜国清　邵华冬等
2014年5月出版 / 估价:98.00元

**国际传播蓝皮书**
中国国际传播发展报告（2014）
著(编)者:胡正荣　李继东　姬德强
2014年1月出版 / 估价:69.00元

**纪录片蓝皮书**
中国纪录片发展报告（2014）
著(编)者:何苏六　2014年10月出版 / 估价:89.00元

**两岸文化蓝皮书**
两岸文化产业合作发展报告（2014）
著(编)者:胡惠林 肖夏勇　2014年6月出版 / 估价:59.00元

**媒介与女性蓝皮书**
中国媒介与女性发展报告（2014）
著(编)者:刘利群　2014年8月出版 / 估价:69.00元

**全球传媒蓝皮书**
全球传媒产业发展报告（2014）
著(编)者:胡正荣　2014年12月出版 / 估价:79.00元

**视听新媒体蓝皮书**
中国视听新媒体发展报告（2014）
著(编)者:庞井君　2014年6月出版 / 估价:148.00元

**文化创新蓝皮书**
中国文化创新报告（2014）No.5
著(编)者:于平　傅才武　2014年7月出版 / 估价:79.00元

**文化科技蓝皮书**
文化科技融合与创意城市发展报告（2014）
著(编)者:李凤亮　于平　2014年7月出版 / 估价:79.00元

**文化蓝皮书**
2014年中国文化产业发展报告
著(编)者:张晓明　胡惠林　章建刚
2014年3月出版 / 估价:69.00元

**文化蓝皮书**
中国文化产业供需协调增长测评报（2013）
著(编)者:高书生　王亚楠　2014年5月出版 / 估价:79.00元

**文化蓝皮书**
中国城镇文化消费需求景气评价报告（2014）
著(编)者:王亚南　张晓明　祁述裕
2014年5月出版 / 估价:79.00元

**文化蓝皮书**
中国公共文化服务发展报告（2014）
著(编)者:于群 李国新　2014年10月出版 / 估价:98.00元

**文化蓝皮书**
中国文化消费需求景气评价报告（2014）
著(编)者:王亚南　2014年5月出版 / 估价:79.00元

**文化蓝皮书**
中国乡村文化消费需求景气评价报告（2014）
著(编)者:王亚南　2014年5月出版 / 估价:79.00元

**文化蓝皮书**
中国中心城市文化消费需求景气评价报告（2014）
著(编)者:王亚南　2014年5月出版 / 估价:79.00元

**文化蓝皮书**
中国少数民族文化发展报告（2014）
著(编)者:武翠英 张晓明 张学进
2014年3月出版 / 估价:69.00元

**文化建设蓝皮书**
中国文化建设发展报告（2014）
著(编)者:江畅　孙伟平　2014年3月出版 / 估价:69.00元

**文化品牌蓝皮书**
中国文化品牌发展报告（2014）
著(编)者:欧阳友权　2014年5月出版 / 估价:75.00元

**文化软实力蓝皮书**
中国文化软实力研究报告（2014）
著(编)者:张国祚　2014年7月出版 / 估价:79.00元

**文化遗产蓝皮书**
中国文化遗产事业发展报告（2014）
著(编)者:刘世锦　2014年3月出版 / 估价:79.00元

**文学蓝皮书**
中国文情报告（2014）
著(编)者:白烨　2014年5月出版 / 估价:59.00元

**新媒体蓝皮书**
中国新媒体发展报告No.5（2014）
著(编)者:唐绪军　2014年6月出版 / 估价:69.00元

**移动互联网蓝皮书**
中国移动互联网发展报告（2014）
著(编)者:官建文　2014年4月出版 / 估价:79.00元

**游戏蓝皮书**
中国游戏产业发展报告（2014）
著(编)者:卢斌　2014年4月出版 / 估价:79.00元

**舆情蓝皮书**
中国社会舆情与危机管理报告（2014）
著(编)者:谢耘耕　2014年8月出版 / 估价:85.00元

**粤港澳台文化蓝皮书**
粤港澳台文化创意产业发展报告（2014）
著(编)者:丁未　2014年4月出版 / 估价:69.00元

# 地方发展类

**安徽蓝皮书**
安徽社会发展报告（2014）
著(编)者:程桦　2014年4月出版 / 估价:79.00元

**安徽社会建设蓝皮书**
安徽社会建设分析报告（2014）
著(编)者:黄家海　王开玉　蔡宪　2014年4月出版 / 估价:69.00元

**北京蓝皮书**
北京城乡发展报告（2014）
著(编)者:黄序　2014年4月出版 / 估价:59.00元

**北京蓝皮书**
北京公共服务发展报告（2014）
著(编)者:张耘　2014年3月出版 / 估价:65.00元

**北京蓝皮书**
北京经济发展报告（2014）
著(编)者:赵弘　2014年4月出版 / 估价:59.00元

**北京蓝皮书**
北京社会发展报告（2014）
著(编)者:缪青　2014年10月出版 / 估价:59.00元

**北京蓝皮书**
北京文化发展报告（2014）
著(编)者:李建盛　2014年5月出版 / 估价:69.00元

**北京蓝皮书**
中国社区发展报告（2014）
著(编)者:于燕燕　2014年8月出版 / 估价:59.00元

**北京蓝皮书**
北京公共服务发展报告（2014）
著(编)者:施昌奎　2014年8月出版 / 估价:59.00元

**北京旅游绿皮书**
北京旅游发展报告（2014）
著(编)者:鲁勇　2014年7月出版 / 估价:98.00元

**北京律师蓝皮书**
北京律师发展报告No.2（2014）
著(编)者:王隽　周塞军　2014年9月出版 / 估价:79.00元

**北京人才蓝皮书**
北京人才发展报告（2014）
著(编)者:于淼　2014年10月出版 / 估价:89.00元

**城乡一体化蓝皮书**
中国城乡一体化发展报告·北京卷（2014）
著(编)者:张宝秀　黄序　2014年6月出版 / 估价:59.00元

**创意城市蓝皮书**
北京文化创意产业发展报告（2014）
著(编)者:张京成　王国华　2014年10月出版 / 估价:69.00元

**创意城市蓝皮书**
青岛文化创意产业发展报告（2014）
著(编)者:马达　2014年5月出版 / 估价:69.00元

**创意城市蓝皮书**
无锡文化创意产业发展报告（2014）
著(编)者:庄若江　张鸣年　2014年8月出版 / 估价:75.00元

**服务业蓝皮书**
广东现代服务业发展报告（2014）
著(编)者:祁明 程晓　2014年1月出版 / 估价:69.00元

**甘肃蓝皮书**
甘肃舆情分析与预测（2014）
著(编)者:陈双梅 郝树声　2014年1月出版 / 估价:69.00元

**甘肃蓝皮书**
甘肃县域社会发展评价报告（2014）
著(编)者:魏胜文　2014年1月出版 / 估价:69.00元

**甘肃蓝皮书**
甘肃经济发展分析与预测（2014）
著(编)者:魏胜文　2014年1月出版 / 估价:69.00元

**甘肃蓝皮书**
甘肃社会发展分析与预测（2014）
著(编)者:安文华　2014年1月出版 / 估价:69.00元

**甘肃蓝皮书**
甘肃文化发展分析与预测（2014）
著(编)者:周小华　2014年1月出版 / 估价:69.00元

**广东蓝皮书**
广东省电子商务发展报告（2014）
著(编)者:黄建明 祁明　2014年11月出版 / 估价:69.00元

**广东蓝皮书**
广东社会工作发展报告（2014）
著(编)者:罗观翠　2013年12月出版 / 估价:69.00元

**广东外经贸蓝皮书**
广东对外经济贸易发展研究报告（2014）
著(编)者:陈万灵　2014年3月出版 / 估价:65.00元

**广西北部湾经济区蓝皮书**
广西北部湾经济区开放开发报告（2014）
著(编)者:广西北部湾经济区规划建设管理委员会办公室
广西社会科学院 广西北部湾发展研究院
2014年7月出版 / 估价:69.00元

**广州蓝皮书**
2014年中国广州经济形势分析与预测
著(编)者:庾建设 郭志勇 沈奎　2014年6月出版 / 估价:69.00元

**广州蓝皮书**
2014年中国广州社会形势分析与预测
著(编)者:易佐永 杨秦 顾涧清　2014年5月出版 / 估价:65.00元

**广州蓝皮书**
广州城市国际化发展报告（2014）
著(编)者:朱名宏　2014年9月出版 / 估价:59.00元

**广州蓝皮书**
广州创新型城市发展报告（2014）
著(编)者:李江涛　2014年8月出版 / 估价:59.00元

**广州蓝皮书**
广州经济发展报告（2014）
著(编)者:李江涛 刘江华　2014年6月出版 / 估价:65.00元

**广州蓝皮书**
广州农村发展报告（2014）
著(编)者:李江涛 汤锦华　2014年8月出版 / 估价:59.00元

**广州蓝皮书**
广州青年发展报告（2014）
著(编)者:魏国华 张强　2014年9月出版 / 估价:65.00元

**广州蓝皮书**
广州汽车产业发展报告（2014）
著(编)者:李江涛 杨再高　2014年10月出版 / 估价:69.00元

**广州蓝皮书**
广州商贸业发展报告（2014）
著(编)者:陈家成 王旭东 荀振英
2014年7月出版 / 估价:69.00元

**广州蓝皮书**
广州文化创意产业发展报告（2014）
著(编)者:甘新　2014年10月出版 / 估价:59.00元

**广州蓝皮书**
中国广州城市建设发展报告（2014）
著(编)者:董皞 冼伟雄 李俊夫
2014年8月出版 / 估价:69.00元

**广州蓝皮书**
中国广州科技与信息化发展报告（2014）
著(编)者:庾建设 谢学宁　2014年8月出版 / 估价:59.00元

**广州蓝皮书**
中国广州文化创意产业发展报告（2014）
著(编)者:甘新　2014年10月出版 / 估价:59.00元

**广州蓝皮书**
中国广州文化发展报告（2014）
著(编)者:徐俊忠 汤应武 陆志强
2014年8月出版 / 估价:69.00元

**贵州蓝皮书**
贵州法治发展报告（2014）
著(编)者:吴大华　2014年3月出版 / 估价:69.00元

**贵州蓝皮书**
贵州社会发展报告（2014）
著(编)者:王兴骥　2014年3月出版 / 估价:59.00元

**贵州蓝皮书**
贵州农村扶贫开发报告（2014）
著(编)者:王朝新 宋明　2014年3月出版 / 估价:69.00元

**贵州蓝皮书**
贵州文化产业发展报告（2014）
著(编)者:李建国　2014年3月出版 / 估价:69.00元

**海淀蓝皮书**
海淀区文化和科技融合发展报告（2014）
著(编)者:陈名杰 孟景伟　　2014年5月出版 / 估价:75.00元

**海峡经济区蓝皮书**
海峡经济区发展报告（2014）
著(编)者:李闽榕 王秉安 谢明辉（台湾）
2014年10月出版 / 估价:78.00元

**海峡西岸蓝皮书**
海峡西岸经济区发展报告（2014）
著(编)者:福建省人民政府发展研究中心
2014年9月出版 / 估价:85.00元

**杭州蓝皮书**
杭州市妇女发展报告（2014）
著(编)者:魏颖 揭爱花　　2014年2月出版 / 估价:69.00元

**河北蓝皮书**
河北省经济发展报告（2014）
著(编)者:马树强 张贵　　2013年12月出版 / 估价:69.00元

**河北蓝皮书**
河北经济社会发展报告（2014）
著(编)者:周文夫　　2013年12月出版 / 估价:69.00元

**河南经济蓝皮书**
2014年河南经济形势分析与预测
著(编)者:胡五岳　　2014年3月出版 / 估价:65.00元

**河南蓝皮书**
2014年河南社会形势分析与预测
著(编)者:刘道兴 牛苏林　　2014年1月出版 / 估价:[illegible]0.00元

**河南蓝皮书**
河南城市发展报告（2014）
著(编)者:林宪斋 王建国　　2014年1月出版 / 估价:69.00元

**河南蓝皮书**
河南经济发展报告（2014）
著(编)者:喻新安　　2014年1月出版 / 估价:59.00元

**河南蓝皮书**
河南文化发展报告（2014）
著(编)者:谷建全 卫绍生　　2014年1月出版 / 估价:69.00元

**河南蓝皮书**
河南工业发展报告（2014）
著(编)者:龚绍东　　2014年1月出版 / 估价:59.00元

**黑龙江产业蓝皮书**
黑龙江产业发展报告（2014）
著(编)者:于渤　　2014年10月出版 / 估价:79.00元

**黑龙江蓝皮书**
黑龙江经济发展报告（2014）
著(编)者:曲伟　　2014年1月出版 / 估价:59.00元

**黑龙江蓝皮书**
黑龙江社会发展报告（2014）
著(编)者:艾书琴　　2014年1月出版 / 估价:69.00元

**湖南城市蓝皮书**
城市社会管理
著(编)者:罗海藩　　2014年10月出版 / 估价:59.00元

**湖南蓝皮书**
2014年湖南产业发展报告
著(编)者:梁志峰　　2014年5月出版 / 估价:89.00元

**湖南蓝皮书**
2014年湖南法治发展报告
著(编)者:梁志峰　　2014年5月出版 / 估价:79.00元

**湖南蓝皮书**
2014年湖南经济展望
著(编)者:梁志峰　　2014年5月出版 / 估价:79.00元

**湖南蓝皮书**
2014年湖南两型社会发展报告
著(编)者:梁志峰　　2014年5月出版 / 估价:79.00元

**湖南县域绿皮书**
湖南县域发展报告No.2
著(编)者:朱有志 袁准 周小毛　　2014年7月出版 / 估价:69.00元

**沪港蓝皮书**
沪港发展报告（2014）
著(编)者:尤安山　　2014年9月出版 / 估价:69.00元

**吉林蓝皮书**
2014年吉林经济社会形势分析与预测
著(编)者:马克　　2014年1月出版 / 估价:69.00元

**江苏法治蓝皮书**
江苏法治发展报告No.3（2014）
著(编)者:李力 龚廷泰 严海良　　2014年8月出版 / 估价:88.00元

**京津冀蓝皮书**
京津冀区域一体化发展报告（2014）
著(编)者:文魁 祝尔娟　　2014年3月出版 / 估价:89.00元

**经济特区蓝皮书**
中国经济特区发展报告（2014）
著(编)者:陶一桃　　2014年3月出版 / 估价:89.00元

**辽宁蓝皮书**
2014年辽宁经济社会形势分析与预测
著(编)者:曹晓峰 张晶 张卓民　　2014年1月出版 / 估价:69.00元

**流通蓝皮书**
湖南省商贸流通产业发展报告No.2
著(编)者:柳思维　　2014年10月出版 / 估价:75.00元

**内蒙古蓝皮书**
内蒙古经济发展蓝皮书(2013~2014)
著(编)者:黄育华　2014年7月出版 / 估价:69.00元

**内蒙古蓝皮书**
内蒙古反腐倡廉建设报告No.1
著(编)者:张志华　无极　2013年12月出版 / 估价:69.00元

**浦东新区蓝皮书**
上海浦东经济发展报告（2014）
著(编)者:左学金　陆沪根　2014年1月出版 / 估价:59.00元

**侨乡蓝皮书**
中国侨乡发展报告（2014）
著(编)者:郑一省　2013年12月出版 / 估价:69.00元

**青海蓝皮书**
2014年青海经济社会形势分析与预测
著(编)者:赵宗福　2014年2月出版 / 估价:69.00元

**人口与健康蓝皮书**
深圳人口与健康发展报告（2014）
著(编)者:陆杰华　江捍平　2014年10月出版 / 估价:98.00元

**山西蓝皮书**
山西资源型经济转型发展报告（2014）
著(编)者:李志强　容和平　2014年3月出版 / 估价:79.00元

**陕西蓝皮书**
陕西经济发展报告（2014）
著(编)者:任宗哲　石英　裴成荣　2014年3月出版 / 估价:65.00元

**陕西蓝皮书**
陕西社会发展报告（2014）
著(编)者:任宗哲　石英　江波　2014年1月出版 / 估价:65.00元

**陕西蓝皮书**
陕西文化发展报告（2014）
著(编)者:任宗哲　石英　王长寿　2014年3月出版 / 估价:59.00元

**上海蓝皮书**
上海传媒发展报告（2014）
著(编)者:强荧　焦雨虹　2014年1月出版 / 估价:59.00元

**上海蓝皮书**
上海法治发展报告（2014）
著(编)者:潘世伟　叶青　2014年1月出版 / 估价:59.00元

**上海蓝皮书**
上海经济发展报告（2014）
著(编)者:沈开艳　2014年1月出版 / 估价:69.00元

**上海蓝皮书**
上海社会发展报告（2014）
著(编)者:卢汉龙　周海旺　2014年1月出版 / 估价:59.00元

**上海蓝皮书**
上海文化发展报告（2014）
著(编)者:蒯大申　2014年1月出版 / 估价:59.00元

**上海蓝皮书**
上海文学发展报告（2014）
著(编)者:陈圣来　2014年1月出版 / 估价:59.00元

**上海蓝皮书**
上海资源环境发展报告（2014）
著(编)者:周冯琦　汤庆合　王利民　2014年1月出版 / 估价:59.0

**上海社会保障绿皮书**
上海社会保障改革与发展报告（2013~2014）
著(编)者:汪泓　2014年1月出版 / 估价:65.00元

**社会建设蓝皮书**
2014年北京社会建设分析报告
著(编)者:宋贵伦　2014年4月出版 / 估价:69.00元

**深圳蓝皮书**
深圳经济发展报告（2014）
著(编)者:吴忠　2014年6月出版 / 估价:69.00元

**深圳蓝皮书**
深圳劳动关系发展报告（2014）
著(编)者:汤庭芬　2014年6月出版 / 估价:69.00元

**深圳蓝皮书**
深圳社会发展报告（2014）
著(编)者:吴忠　余智晟　2014年7月出版 / 估价:69.00元

**四川蓝皮书**
四川文化产业发展报告（2014）
著(编)者:向宝云　2014年1月出版 / 估价:69.00元

**温州蓝皮书**
2014年温州经济社会形势分析与预测
著(编)者:潘忠强　王春光　金浩　2014年4月出版 / 估价:69.00元

**温州蓝皮书**
浙江温州金融综合改革试验区发展报告（2013~201
著(编)者:钱水土　王去非　李义超
2014年4月出版 / 估价:69.00元

**扬州蓝皮书**
扬州经济社会发展报告（2014）
著(编)者:张爱军　2014年1月出版 / 估价:78.00元

**义乌蓝皮书**
浙江义乌市国际贸易综合改革试验区发展报告（2013~2014）
著(编)者:马淑琴　刘文革　周松强
2014年4月出版 / 估价:69.00元

**云南蓝皮书**
中国面向西南开放重要桥头堡建设发展报告（2014）
著(编)者:刘绍怀　2014年12月出版 / 估价:69.00元

**长株潭城市群蓝皮书**
长株潭城市群发展报告（2014）
著(编)者:张萍　2014年10月出版 / 估价:69.00元

**郑州蓝皮书**
2014年郑州文化发展报告
著(编)者:王哲　2014年7月出版 / 估价:69.00元

**中国省会经济圈蓝皮书**
合肥经济圈经济社会发展报告No.4(2013~2014)
著(编)者:董昭礼　2014年4月出版 / 估价:79.00元

# 国别与地区类

**G20国家创新竞争力黄皮书**
二十国集团(G20)国家创新竞争力发展报告(2014)
著(编)者:李建平 李闽榕 赵新力
2014年9月出版 / 估价:118.00元

**澳门蓝皮书**
澳门经济社会发展报告(2013~2014)
著(编)者:吴志良 郝雨凡　2014年3月出版 / 估价:79.00元

**北部湾蓝皮书**
泛北部湾合作发展报告(2014)
著(编)者:吕余生　2014年7月出版 / 估价:79.00元

**大湄公河次区域蓝皮书**
大湄公河次区域合作发展报告(2014)
著(编)者:刘稚　2014年8月出版 / 估价:79.00元

**大洋洲蓝皮书**
大洋洲发展报告(2014)
著(编)者:魏明海 喻常森　2014年7月出版 / 估价:69.00元

**德国蓝皮书**
德国发展报告(2014)
著(编)者:李乐曾 郑春荣等　2014年5月出版 / 估价:69.00元

**东北亚黄皮书**
东北亚地区政治与安全报告(2014)
著(编)者:黄凤志 刘雪莲　2014年6月出版 / 估价:69.00元

**东盟黄皮书**
东盟发展报告(2014)
著(编)者:黄兴球 庄国土　2014年12月出版 / 估价:68.00元

**东南亚蓝皮书**
东南亚地区发展报告(2014)
著(编)者:王勤　2014年11月出版 / 估价:59.00元

**俄罗斯黄皮书**
俄罗斯发展报告(2014)
著(编)者:李永全　2014年7月出版 / 估价:79.00元

**非洲黄皮书**
非洲发展报告No.15(2014)
著(编)者:张宏明　2014年7月出版 / 估价:79.00元

**港澳珠三角蓝皮书**
粤港澳区域合作与发展报告(2014)
著(编)者:梁庆寅 陈广汉　2014年6月出版 / 估价:59.00元

**国际形势黄皮书**
全球政治与安全报告(2014)
著(编)者:李慎明 张宇燕　2014年1月出版 / 估价:69.00元

**韩国蓝皮书**
韩国发展报告(2014)
著(编)者:牛林杰 刘宝全　2014年6月出版 / 估价:69.00元

**加拿大蓝皮书**
加拿大国情研究报告(2014)
著(编)者:仲伟合 唐小松　2013年12月出版 / 估价:[illegible]9.00元

**柬埔寨蓝皮书**
柬埔寨国情报告(2014)
著(编)者:毕世鸿　2014年6月出版 / 估价:79.00元

**拉美黄皮书**
拉丁美洲和加勒比发展报告(2014)
著(编)者:吴白乙 刘维广　2014年4月出版 / 估价:89.00元

**老挝蓝皮书**
老挝国情报告(2014)
著(编)者:卢光盛 方芸 吕星　2014年6月出版 / 估价:79.00元

**美国蓝皮书**
美国问题研究报告(2014)
著(编)者:黄平 倪峰　2014年5月出版 / 估价:79.00元

**缅甸蓝皮书**
缅甸国情报告(2014)
著(编)者:李晨阳　2014年4月出版 / 估价:79.00元

**欧亚大陆桥发展蓝皮书**
欧亚大陆桥发展报告(2014)
著(编)者:李忠民　2014年10月出版 / 估价:59.00元

**欧洲蓝皮书**
欧洲发展报告(2014)
著(编)者:周弘　2014年3月出版 / 估价:79.00元

**葡语国家蓝皮书**
巴西发展与中巴关系报告2014（中英文）
著(编)者:张曙光 David T. Ritchie
2014年8月出版 / 估价:69.00元

**日本经济蓝皮书**
日本经济与中日经贸关系发展报告（2014）
著(编)者:王洛林 张季风 2014年5月出版 / 估价:79.00元

**日本蓝皮书**
日本发展报告（2014）
著(编)者:李薇 2014年2月出版 / 估价:69.00元

**上海合作组织黄皮书**
上海合作组织发展报告（2014）
著(编)者:李进峰 吴宏伟 李伟 2014年9月出版 / 估价:98.00元

**世界创新竞争力黄皮书**
世界创新竞争力发展报告（2014）
著(编)者:李建平 2014年1月出版 / 估价:148.00元

**世界能源黄皮书**
世界能源分析与展望（2013~2014）
著(编)者:张宇燕 等 2014年1月出版 / 估价:69.00元

**世界社会主义黄皮书**
世界社会主义跟踪研究报告（2014）
著(编)者:李慎明 2014年5月出版 / 估价:189.00元

**泰国蓝皮书**
泰国国情报告（2014）
著(编)者:邹春萌 2014年6月出版 / 估价:79.00元

**亚太蓝皮书**
亚太地区发展报告（2014）
著(编)者:李向阳 2013年12月出版 / 估价:69.00元

**印度蓝皮书**
印度国情报告（2014）
著(编)者:吕昭义 2014年1月出版 / 估价:69.00元

**印度洋地区蓝皮书**
印度洋地区发展报告（2014）
著(编)者:汪戎 万广华 2014年6月出版 / 估价:79.00元

**越南蓝皮书**
越南国情报告（2014）
著(编)者:吕余生 2014年8月出版 / 估价:65.00元

**中东黄皮书**
中东发展报告No.15（2014）
著(编)者:杨光 2014年10月出版 / 估价:59.00元

**中欧关系蓝皮书**
中国与欧洲关系发展报告（2014）
著(编)者:周弘 2013年12月出版 / 估价:69.00元

**中亚黄皮书**
中亚国家发展报告（2014）
著(编)者:孙力 2014年9月出版 / 估价:79.00元

# 皮书大事记

☆ 2012年12月，《中国社会科学院皮书资助规定（试行）》由中国社会科学院科研局正式颁布实施。

☆ 2011年，部分重点皮书纳入院创新工程。

☆ 2011年8月，2011年皮书年会在安徽合肥举行，这是皮书年会首次由中国社会科学院主办。

☆ 2011年2月，“2011年全国皮书研讨会”在北京京西宾馆举行。王伟光院长（时任常务副院长）出席并讲话。本次会议标志着皮书及皮书研创出版从一个具体出版单位的出版产品和出版活动上升为由中国社会科学院牵头的国家哲学社会科学智库产品和创新活动。

☆ 2010年9月，“2010年中国经济社会形势报告会暨第十一次全国皮书工作研讨会”在福建福州举行，高全立副院长参加会议并做学术报告。

☆ 2010年9月，皮书学术委员会成立，由我院李扬副院长领衔，并由在各个学科领域有一定的学术影响力、了解皮书编创出版并持续关注皮书品牌的专家学者组成。皮书学术委员会的成立为进一步提高皮书这一品牌的学术质量、为学术界构建一个更大的学术出版与学术推广平台提供了专家支持。

☆ 2009年8月，“2009年中国经济社会形势分析与预测暨第十次皮书工作研讨会”在辽宁丹东举行。李扬副院长参加本次会议，本次会议颁发了首届优秀皮书奖，我院多部皮书获奖。

社会科学文献出版社成立于1985年，是直属于中国社会科学院的人文社会科学专业学术出版机构。

成立以来，特别是1998年实施第二次创业以来，依托于中国社会科学院丰厚的学术出版和专家学者两大资源，坚持“创社科经典，出传世文献”的出版理念和“权威、前沿、原创”的产品定位，社科文献立足内涵式发展道路，从战略层面推动学术出版的五大能力建设，逐步走上了学术产品的系列化、规模化、数字化、国际化、市场化经营道路。

先后策划出版了著名的图书品牌和学术品牌“皮书”系列、“列国志”、“社科文献精品译库”、“中国史话”、“全球化译丛”、“气候变化与人类发展译丛”“近世中国”等一大批既有学术影响又有市场价值的系列图书。形成了较强的学术出版能力和资源整合能力，年发稿3.5亿字，年出版新书1200余种，承印发行中国社科院院属期刊近70种。

2012年，《社会科学文献出版社学术著作出版规范》修订完成。同年10月，社会科学文献出版社参加了由新闻出版总署召开加强学术著作出版规范座谈会，并代表50多家出版社发起实施学术著作出版规范的倡议。2013年，社会科学文献出版社参与新闻出版总署学术著作规范国家标准的起草工作。

依托于雄厚的出版资源整合能力，社会科学文献出版社长期以来一直致力于从内容资源和数字平台两个方面实现传统出版的再造，并先后推出了皮书数据库、列国志数据库、中国田野调查数据库等一系列数字产品。

在国内原创著作、国外名家经典著作大量出版，数字出版突飞猛进的同时，社会科学文献出版社在学术出版国际化方面也取得了不俗的成绩。先后与荷兰博睿等十余家国际出版机构合作面向海外推出了《经济蓝皮书》《社会蓝皮书》等十余种皮书的英文版、俄文版、日文版等。

此外，社会科学文献出版社积极与中央和地方各类媒体合作，联合大型书店、学术书店、机场书店、网络书店、图书馆，逐步构建起了强大的学术图书的内容传播力和社会影响力，学术图书的媒体曝光率居全国之首，图书馆藏率居于全国出版机构前十位。

作为已经开启第三次创业梦想的人文社会科学学术出版机构，社会科学文献出版社结合社会需求、自身的条件以及行业发展，提出了新的创业目标：精心打造人文社会科学成果推广平台，发展成为一家集图书、期刊、声像电子和数字出版物为一体，面向海内外高端读者和客户，具备独特竞争力的人文社会科学内容资源供应商和海内外知名的专业学术出版机构。

# 皮书数据库

# www.pishu.com.cn

## 皮书数据库三期即将上线

- 皮书数据库（SSDB）是社会科学文献出版社整合现有皮书资源开发的在线数字产品，全面收录“皮书系列”的内容资源，并以此为基础整合大量相关资讯构建而成。

- 皮书数据库现有中国经济发展数据库、中国社会发展数据库、世界经济与国际政治数据库等子库，覆盖经济、社会、文化等多个行业、领域，现有报告30000多篇，总字数超过5亿字，并以每年4000多篇的速度不断更新累积。2009年7月，皮书数据库荣获“2008～2009年中国数字出版知名品牌”。

- 2011年3月，皮书数据库二期正式上线，开发了更加灵活便捷的检索系统，可以实现精确查找和模糊匹配，并与纸书发行基本同步，可为读者提供更加广泛的资讯服务。

## 更多信息请登录

中国皮书网
http://www.pishu.cn

中国皮书网的BLOG [编辑]
http://blog.sina.com.cn/pishu

中国皮书网
http://www.pishu.cn

皮书微博
http://weibo.com/pishu

皮书博客
http://blog.sina.com.cn/pishu

皮书微信
皮书说

## 请到各地书店皮书专架 / 专柜购买，也可办理邮购

**咨询 / 邮购电话：** 010-59367028　59367070　　**邮　　箱：** duzhe@ssap.cn

**邮购地址：** 北京市西城区北三环中路甲29号院3号楼华龙大厦13层读者服务中心

**邮　　编：** 100029

**银行户名：** 社会科学文献出版社

**开户银行：** 中国工商银行北京北太平庄支行

**账　　号：** 0200010019200365434

**网上书店：** 010-59367070　qq：1265056568

**网　　址：** www.ssap.com.cn　　www.pishu.cn